O Mosteiro de Shaolin

Coleção Estudos
Dirigida por J. Guinsburg

Equipe de realização – Edição de texto: Jonathan Busato; Revisão: Marcio Honorio
de Godoy; Sobrecapa: Sergio Kon; Produção: Ricardo W. Neves, Sergio Kon, Luiz
Henrique Soares e Raquel Fernandes Abranches.

Meir Shahar

O MOSTEIRO DE SHAOLIN
HISTÓRIA, RELIGIÃO
E AS ARTES MARCIAIS CHINESAS

Tradução: Rodrigo Wolff Apolloni
e Rodrigo Borges de Faveri

Título do original em inglês
The Shaolin Monastery: History, Religion and the Chinese Martial Arts

© 2008 University of Hawai'i Press

CIP-Brasil. Catalogação na Fonte
Sindicato Nacional dos Editores de Livros, RJ

S537m

Shahar, Meir, 1959-
    O mosteiro de Shaolin : história, religião e as artes
marciais chinesas / Meir Shahar; tradução: Rodrigo Wolff
Apolloni e Rodrigo Borges de Faveri. – São Paulo: Perspectiva,
2011.
    44 il. (Estudos ; 284)

    Tradução de: The Shaolin monastery: history, religion,
and the Chinese martial arts
    Inclui bibliografia e índice
    ISBN 978-85-273-0905-9

    1. Shao lin si – História. 2. Artes marciais – China.
3. Mosteiros budistas – China. I. Título. II. Série.

11-1814.   CDD: 294.36570951
               CDU: 242-523.6

01.04.11   05.04.11   025508

Direitos reservados em língua portuguesa à
EDITORA PERSPECTIVA S.A.

Av. Brigadeiro Luís Antônio, 3025
01401-000 São Paulo SP Brasil
Telefax: (011) 3885-8388
www.editoraperspectiva.com.br

2011

Para Noga Zhang Hui.

Sumário

Apresentação –
Rodrigo Wolff Apolloni e Rodrigo Borges de Faveri XIII

Introdução XIX

PARTE I:
ORIGENS DE UMA TRADIÇÃO MILITAR (500-900)

1. O Mosteiro 3

2. Servindo ao Imperador 21

PARTE II:
SISTEMATIZANDO A PRÁTICA MARCIAL (900-1600)

3. Defendendo a Nação 75

4. As Lendas do Bastão 119

PARTE III:
COMBATE DE MÃOS E AUTOCULTIVO (1600-1900)

    5. Combate de Mãos Livres 165

    6. Ginástica 201

    7. Suspeitos de Rebelião 273

CONCLUSÃO:
História, Religião e Artes Marciais Chinesas 297

APÊNDICE:
Algumas edições do *Clássico da Transformação
dos Tendões* 307

Glossário 309

Bibliografia 317

Índice 341

Agradecimentos

As contribuições de dois amigos foram especialmente importantes para a consecução deste estudo: a de A' de, meu guia ao mosteiro de Shaolin – que generosamente compartilhou comigo seu profundo conhecimento sobre a história e os tesouros epigráficos do antigo sítio budista chinês; e a de Gene Ching, que me revelou as complexidades do mundo marcial contemporâneo. Sua dedicação à arte marcial foi uma fonte de inspiração.

Eu perturbei nada menos do que cinco *scholars* para a leitura de meu manuscrito – sou profundamente grato por seus comentários e sugestões. São eles Bernard Faure, Barend J. ter Haar, Valerie Hansen, Patrick Hanan e John Kieschnick. Pelo conselhos, materiais raros e/ou hospitalidade fornecidos, tenho débito também com Carl Bielefeldt, Susan Bush, Stanley E. Henning, Wilt Idema, Paul Katz, Li Fengmao, Liao Chao-heng, Wu Jen-shu, Zhou Qiufang, Zhou Weiliang e Robin Yates. Um auxílio de valor incalculável foi dado por Dina Shahar, Gideon Zorea e Patrick Lugo. Patricia Crosby, da editora da universidade do Havaí, foi prestimosa e encorajadora ao longo de todo o processo de produção.

Minha pesquisa foi beneficiada por uma bolsa cedida pela Israel Science Foundation (n. 851) e o período de produção do texto foi possibilitado pela generosidade da Yad-Hanadiv Foundation, de Jerusalém.

Apresentação:
O Desvelar Histórico de Shaolin

A afirmação recente da China como potência econômica de alcance global tem efeitos diretos sobre a vida de milhões de pessoas. Hoje, já não há quem não tenha adquirido ou utilizado algum bem "made in China", de componentes eletrônicos e autopeças a roupas e tênis. Em um cenário no qual, muitas vezes, as grandes marcas estabelecem um padrão cada vez mais assemelhado de consumo, porém, essa presença nacional acaba passando despercebida para o consumidor, que certamente não consome um tênis ou celular "chinês", mas da marca "x" ou "y".

É possível, portanto, que o maior elemento a distanciar a China atual de uma real condição de potência global seja o fosso que separa o público ocidental (em especial, o brasileiro) de sua extraordinariamente antiga, rica e diversificada produção cultural. Os chineses representam, hoje, cerca de um quinto da população humana; ainda assim, desconhecemos enormemente seus idiomas, história, poesia, literatura e contribuições à ciência e ao pensamento.

Não é tempo, porém, de fazer um *mea culpa*, posto que uma série de variáveis históricas – a difícil consolidação política da China recente, passando pelo período de isolamento autoimposto pelos próprios chineses e pela hegemonia de bens culturais "made in USA" – acabaram por determinar essa situação. Mais importante do que encontrar explicações para o distanciamento é tentar perceber, na medida do possível, que contribuições culturais a China pode – e deve – dar ao mundo nas próximas décadas.

Um exemplo notável do papel que os bens culturais chineses podem desempenhar em um cenário transcultural é anterior, mesmo, à recente consolidação econômica e política chinesa. Ele reside no universo marcial chinês, cultivado ao longo de séculos pelo Império do Meio – nas artes corporais, poesia, teatro, literatura e religiosidade – e popularizado a partir dos anos de 1960 pelo cinema e pela televisão. Ao encantar multidões em todo o mundo, figuras como Bruce Lee, Jackie Chan, Jet Li e Kwai Chang Cane (personagem do seriado de tevê "Kung-Fu", interpretado por David Carradine) ampliaram o alcance da antiga "Literatura *Wǔxiá*" (武俠). Hoje, a cultura marcial chinesa não está apenas nas academias de Kung-Fu, Tai-Chi-Chuan e Chi Kung, mas em um imaginário que se inspira em e inspira o cinema de ação, os jogos eletrônicos, as histórias em quadrinhos e mesmo uma estética mais ampla. Já não é uma cultura local, mas transnacional, que merece ser compreendida em profundidade.

Em *O Mosteiro de Shaolin: História, Religião e as Artes Marciais Chinesas*, Meir Shahar – um dos grandes nomes no universo dos estudos chineses na atualidade – desvenda um ícone da marcialidade: o mosteiro budista de Shaolin. Situado na província de Henan, na área central da China, Shaolin é, provavelmente, um dos mais famosos complexos budistas do mundo. Surpreendentemente, porém, é mais conhecido e reverenciado por praticantes de artes marciais e amantes da "cultura pop" do que pelos próprios budistas – isso apesar de ser considerado o berço do budismo Chan (Zen), o local que, segundo a tradição, abrigou o patriarca indiano Bodhidharma por volta do século V.

A razão do sucesso junto a um público aparentemente tão desconectado do caminho do Darma – e da baixa popularidade junto à comunidade budista – está na figura dos monges boxeadores, personagens que há séculos povoam o imaginário chinês e que, com o sucesso do cinema de Kung-Fu (a partir do final da década de 1960), ganharam o Ocidente. Que caminhos levaram um centro de difusão do budismo – religião que tem na não violência o primeiro de seus preceitos – a se colocar no âmago de

APRESENTAÇÃO   XV

uma das mais famosas tradições guerreiras do mundo? De que
forma seus monges lidaram com o conflito entre o pacifismo e
a prática marcial? Como as autoridades religiosas budistas e os
governantes chineses encaravam essas personagens?

Partindo de questões como essas, a obra de Shahar mostra,
por exemplo, o papel da política no primeiro engajamento militar dos monges (na passagem das dinastias Sui para Tang) e
a importância da desagregação institucional Ming para o surgimento de uma tradição marcial sistematizada em Shaolin.
Indica, também, as formas encontradas pela comunidade monástica de Shaolin para legitimar teologicamente o próprio uso
da violência e, com isso, escapar de uma grave contradição em
relação ao seu cânone religioso.

A obra também chama a atenção para questões interessan-
tíssimas relativas, por exemplo, à iconografia budista – por que
o budismo, apesar de seu apelo à não violência, possui tantas
divindades armadas e de aparência feroz? –, à estrutura orga-
nizacional dos mosteiros budistas na China – qual o papel das
comunidades "semimonásticas" que cresciam ao redor dos monastérios? – e às relações entre o governo imperial chinês e os
clérigos – por que os monges de Shaolin se tornaram "modelo
de virtude" para muitos governantes? Como eles ganharam o
status de "heróis fundadores" do movimento subversivo político chinês, do Kung-Fu e até da moderna máfia chinesa?

A obra é dividida em três partes. A primeira, com dois capítulos, abrange o ingresso do budismo na China, as disputas iniciais
entre budistas e taoístas pelos *loci* sagrados (as montanhas) e o
florescimento da religião de Buda em Henan (que, nos primeiros
séculos da Era Comum, durante a dinastia Sui, se tornou um dos
mais prósperos centros budistas do mundo); traz, também, informações sobre o episódio que envolveu os monges na luta pelo
poder imperial durante a dinastia Tang e selou o "destino marcial"
de Shaolin; por fim, mostra como, já em seus primeiros séculos de
existência, o mosteiro via-se às voltas com questionamentos relativos à autorização do uso da violência, e como os monges apelaram a uma iconografia centrada em divindades ferozes, como o
bodisatva Vajrapāni, para legitimar sua atividade guerreira.

A segunda parte, em outros dois capítulos, aprofunda informações sobre a marcialidade no mosteiro entre os séculos x

e xvii, e também traz informações a respeito de como, a partir das técnicas de bastão, monges e intelectuais confucionistas interessados nas artes marciais populares iniciaram a sistematização dos modernos "estilos de Kung-Fu da família Shaolin". Nessa parte, Shahar retoma e aprofunda um dos assuntos mais interessantes de seu campo de trabalho: aquele relativo à produção, pelos próprios clérigos, de um mito legitimador de suas atitudes, no caso o da divindade armada Jinnaluo, que combatia os inimigos do Darma com fenomenais golpes de bastão.

Na terceira parte, dividida em três capítulos, o autor aponta outros desenvolvimentos marciais em Shaolin (a passagem das técnicas de bastão para as de mãos livres e de uso de armas como lanças e espadas); mostra, também, as aproximações entre arte marcial monástica e medicina tradicional chinesa, e como elas podem ter contribuído para a transformação de Bodhidharma em "patriarca do Kung-Fu"; aponta, enfim, os caminhos que levaram Shaolin a ocupar, em nossa época, o posto de "berço de todas as artes marciais". O mosteiro, vale observar, foi integralmente restaurado pelo governo chinês nos anos de 1980 e recebe, atualmente, cerca de um milhão de turistas por ano.

Ainda que não tenha adentrado, em sua pesquisa, na evolução de Shaolin durante o século xx – o autor faz questão de observar isso logo na introdução do trabalho, afirmando que o tema "requer a atenção do especialista em história chinesa moderna" –, Shahar volta várias vezes a atenção ao atual monastério para tentar compreender aspectos de seu passado. Citando o medievalista Marc Bloch, observa que "o conhecimento do presente é necessário para a compreensão do passado". De fato, foi através da observação da atual "sociedade de Shaolin" e de sua comparação com referências de períodos históricos mais recuados, que ele pôde propor respostas a alguns questionamentos centrais. É o caso, por exemplo, daquele que envolve a profunda devoção marcial e o abandono dos preceitos dietéticos por muitos dentre os "monges boxeadores". Sendo a vida clerical budista em um mosteiro Chan tão cercada de afazeres instrumentais e religiosos (que vão de obter alimentos a meditar), como muitos clérigos encontravam tempo para praticar, sistematizar e ensinar técnicas de combate? Que tipo de permissão tinham vários desses monges, que se viam desobrigados do regime vegetariano-abstêmio tão

APRESENTAÇÃO   XVII

caro ao budismo chinês? As explicações estão na estrutura social do mosteiro, que hoje, como no século XVI, abrange uma comunidade não monástica, e nas diversas classes de monges e "semimonges" que transitam na fronteira geográfico-simbólica entre o "sagrado" e o "profano": Shaolin registra não apenas clérigos ordenados que residem em suas instalações, mas também monges itinerantes (formados nas tradições religiosa e marcial que, no entanto, vivem fora do mosteiro), professores de artes marciais que "tomaram emprestado o hábito" (para melhor vender seu serviço profissional) e alunos que aprenderam a combater lá e que circulam por suas instalações, porém permanecem na laicidade.

Trata-se, enfim, de uma obra importante, que lança luz sobre temas interessantíssimos, caros não apenas aos estudiosos do budismo e das ciências da religião, mas do próprio Kung-Fu. E faz isso na razão em que, ao se debruçar sobre a história de Shaolin, "dessacraliza" alguns assuntos – como, por exemplo, a relação entre budismo e violência – e fornece, no caso especial dos praticantes de Kung-Fu, informações documentais que permitem uma leitura crítica dos inúmeros "mitos de academia" que, misturando tradição oral chinesa e produtos da indústria cultural, povoam o imaginário marcial do Ocidente.

Agradecemos ao autor do livro, Meir Shahar, pela possibilidade de apresentar ao público brasileiro informações tão relevantes. Agradecemos também aos nossos mestres na arte marcial – Chan Kowk Wai, Lee Chung Deh, Rogério Leal Soares e Jorge Jefremovas – pela possibilidade de acesso a um conjunto de práticas corporais e simbólicas tão rico de significados.

Rodrigo Wolff Apolloni e Rodrigo Borges de Faveri

Rodrigo Wolff Apolloni aproximou-se da cultura chinesa graças à arte marcial. É praticante de longa data do estilo Shaolin do Norte e herdeiro, nessa senda, do grão-mestre Chan Kowk Wai. Em termos acadêmicos, ampliou essa aproximação em sua dissertação de mestrado (pela PUC-SP, sob orientação de Frank Usarski), na qual examina a transplantação da arte marcial chinesa para o Brasil; atualmente, está concluindo um doutorado em Sociologia na Universidade Federal do Paraná (UFPR).

Rodrigo Borges de Faveri é mestre em Teoria e Análise Linguística pela Universidade Federal de Santa Catarina (UFSC) e doutorando em História e Filosofia da Linguística pela Universidade Federal do Paraná (UFPR). Possui interesse pela cultura, história e filosofia chinesa e oriental em geral desde que iniciou a prática do estilo Shaolin do Norte, atividade a que se dedicou por aproximadamente dez anos. Apesar de encontrar-se afastado da prática do estilo, reconhece a grande influência do pensamento e da prática marcial chinesa na sua formação como um todo.

Introdução

Nesse início de século XXI, é possível afirmar que o mosteiro de Shaolin se tornou o mais famoso templo budista do mundo. O motivo não está em sua contribuição à evolução do budismo chinês ou nos tesouros acumulados ao longo de seus 1500 anos de existência. Tampouco as lendas que associam o mosteiro ao fundador mítico do budismo Chan (Zen), Bodhidharma, são o motivo de sua fama. De fato, o mosteiro de Shaolin é mundialmente reconhecido por sua presumível relação com as artes marciais chinesas.

A disseminação das artes marciais chinesas nos países ocidentais é um dos aspectos mais intrigantes do encontro cultural entre a China e o moderno Ocidente. Apresentando uma síntese única de objetivos militares, terapêuticos e religiosos, essas artes atraem milhares de praticantes ocidentais. Frequentemente apresentadas como originárias do mosteiro de Shaolin, elas disseminam a fama do templo entre um grande número de pessoas não necessariamente familiarizadas com a fé budista.

Além disso, não praticantes também têm sido expostos ao mito de Shaolin. Começando pelos filmes estrelados por Bruce Lee (Li Xiaolong, 1940-1973) na década de 1960 e culminando com a espetacular habilidade de outro ator chinês, Jet Li (Li

XX   O MOSTEIRO DE SHAOLIN

Lianjie, 1963), o Templo de Shaolin vem sendo celebrado em inúmeras produções, que desempenham um importante papel na disseminação de sua fama.

Mas, afinal, a fama de Shaolin é justificada? Seus monges praticavam alguma arte marcial? Se a resposta a essas questões for afirmativa, sua atividade militar daria ensejo a uma série de questionamentos, religiosos, políticos e militares, dentre outros. De início, o especialista em budismo poderia se chocar com a óbvia contradição entre o treinamento militar monástico e a proibição budista da violência. Como os monges de Shaolin poderiam desrespeitar um dos preceitos fundamentais de sua fé, aquele que proíbe o envolvimento com práticas de guerra? Eles não se sentiriam desconfortáveis ao seguir para o campo de batalha? Tentariam, de algum modo, dissimular essa transgressão à lei monástica budista?

Poder-se-ia argumentar, é claro, que indivíduos e grupos sempre encontram formas de justificar as próprias violações às ideologias que professam. Nesse sentido, a *contradição* entre o budismo e a prática marcial é menos interessante do que a sua *conexão*. Afinal, as práticas marciais de Shaolin estão intimamente relacionadas ao budismo? Os atuais monges de Shaolin afirmam enfaticamente que seu regime marcial é uma forma de prática espiritual. O abade Yongxin se refere à tradição marcial de Shaolin pelo termo "Chan Marcial" (*wuchan*), querendo afirmar que os exercícios físicos são uma ferramenta para o cultivo da consciência religiosa. Alguns praticantes argumentam, ainda, que é possível perceber uma "lógica Chan" no método de combate Shaolin (diferente da verificada em outros estilos marciais chineses, como o *Taiji Quan*). A sequência de posturas de combate da técnica Shaolin, explicam, cria padrões apenas para em seguida destruí-los, liberando, assim, o praticante de noções preconcebidas. Tais afirmações não devem ser menosprezadas – pelo contrário: o historiador deve traçar as suas origens.

Outras conexões entre budismo e prática marcial podem ainda existir. Já no período medieval chinês*, o mosteiro Shaolin possuía grande extensão de terras; em tempos conturbados,

---

*   Que se inicia com a dinastia Tang e segue até o início da dinastia Ming (N. da T.).

INTRODUÇÃO   XXI

essa propriedade deveria ser garantida por meios militares. A prática marcial em Shaolin pode ter derivado, portanto, da necessidade econômica de manter a salvo as propriedades do mosteiro. Necessidades práticas podem ter sido sancionadas a partir de precedentes divinos. Chama a atenção o fato de que uma religião com intenções pacíficas como o budismo tenha chegado à China com todo um arsenal de divindades bélicas. A iconografia budista cerca o Buda de divindades pesadamente armadas, de aparência feroz, que esmagam demônios sob os pés. Tais divindades guardiãs podem ter fornecido uma justificativa religiosa para a violência monástica: se o mais venerável dentre todos os seres carecia da proteção de deuses marciais, é certo que a comunidade monástica também demandava a proteção de monges lutadores.

Nenhuma investigação da prática marcial monástica chinesa estaria completa sem a referência à possibilidade de influências nativas. Ginástica e exercícios respiratórios associados a técnicas de circulação interna da energia vital (*qi* ou *chi*) têm sido praticados na China desde pelo menos os primeiros séculos antes da Era Cristã. Considerados valiosos para a longevidade e o autocultivo espiritual, esses exercícios foram incorporados, no início do período medieval, à então emergente prática religiosa taoísta. Eles viriam, inclusive, a se tornar um elemento integral da busca taoísta pela imortalidade. É possível que essa antiga tradição de ginástica de orientação religiosa tenha influenciado as técnicas de combate de Shaolin. Nesse caso, as artes marciais budistas chinesas podem ser interpretadas como mais um exemplo de achinesamento do budismo.

As implicações da prática marcial budista não são apenas religiosas – exércitos de monges devem ter exercido também um papel político. Regimes imperiais chineses do passado, assim como os seus sucessores comunistas contemporâneos, sempre desconfiaram de supostas intenções de rebelião por parte de organizações religiosas. Como poderiam tolerar a prática militar monástica? O historiador político investigaria, entretanto, se o Estado buscou suprimir a prática marcial Shaolin ou se, ao contrário, empregou monges lutadores para seus próprios fins militares. Como demonstram os capítulos que se seguem, a resposta varia de um período a outro. Enquanto monges de Shaolin prestaram serviços militares leais à dinastia Ming (1368-1644), pelos quais foram generosamente recompensados com a proteção do Estado, suas relações com a dinastia Qing (1644-1911) foram de caráter ambivalente. Oficiais Qing temiam – provavelmente não sem razão – que alguns membros de Shaolin pudessem participar de revoltas sectárias.

Praticantes e também historiadores das artes marciais estariam mais interessados na evolução das *técnicas* do que nas suas implicações religiosas ou políticas. Quando surgiram as artes marciais de Shaolin? Para tratar dessa questão, precisamos distinguir *atividades* militares de *técnicas* de combate. Já no início da dinastia Tang (618-907), os monges de Shaolin estiveram envolvidos em atividades bélicas, apesar de não haver evidência de que, naquele período, tivessem já se especializado em uma arte marcial específica, e muito menos desenvolvido seu próprio sistema de combate. Os monges provavelmente levavam ao campo de batalha armamentos comuns ao período Tang, utilizando táticas militares comuns a outros soldados do período medieval.

No tocante às técnicas marciais desenvolvidas no próprio mosteiro, estas foram criadas em dois períodos, cada qual com vários séculos de duração. No primeiro deles, iniciado por volta do século XII e que atingiu seu apogeu no século XVI, os monges de Shaolin especializaram-se no combate com o bastão. No período final da dinastia Ming, suas técnicas com essa arma eram consideradas as melhores em toda a China. No segundo período, que vai do século XVI até os dias de hoje, os monges aperfeiçoaram suas técnicas sem o uso de armas, o que gradualmente reduziu a importância do bastão como elemento dominante na prática marcial de Shaolin. No século XXI, os métodos Shaolin de combate com os punhos (*quan* ou *chuan*) espalharam-se por todo o mundo. É preciso enfatizar que, ao longo da história do mosteiro, os monges também praticaram técnicas de combate com espadas, lanças e outras armas de corte, que se revelaram mais efetivas, em batalhas reais, do que o bastão e as mãos nuas.

Desde as pesquisas pioneiras de Tang Hao (1897-1959), nos anos de 1930, tem-se produzido um avanço significativo no estudo da história das artes marciais. Não obstante, a evolução das técnicas chinesas de combate não foi ainda comple-

INTRODUÇÃO   XXIII

tamente estabelecida, e ainda há lacunas importantes a suprir. O desenvolvimento do combate ao estilo de Shaolin poderia contribuir para a compreensão da história das artes marciais em geral. Significativamente, o combate de mãos livres do mosteiro surgiu no mesmo período (final da era Ming e início da era Qing) em que outros estilos de luta – tais como o *Taiji Quan* e o *Xingyi Quan* – emergiam. Como mostraremos nos próximos capítulos, a transição Ming-Qing foi um período crucial na história das artes marciais; nele é que a ginástica taoísta e as técnicas de respiração foram integradas à luta de mãos livres, estabelecendo uma síntese entre combate, cura e autodesenvolvimento. Pode-se argumentar que essa combinação única de objetivos marciais, terapêuticos e religiosos é a explicação-chave para o apelo que as artes marciais possuem na China e também no Ocidente contemporâneo.

Este livro diz respeito a todos esses problemas: militares, políticos e religiosos. Antes, porém, de analisá-los, uma questão fundamental deve ser respondida: os monges de Shaolin praticaram técnicas de combate e, em caso afirmativo, desde quando? No período final do período imperial chinês, um gigantesco conjunto de lendas cresceu a partir do mosteiro Shaolin. As artes marciais chinesas foram envolvidas em uma elaborada mitologia que as inscreveu entre santos budistas e imortais taoístas.

Difundida pelo mundo a partir de manuais de treinamento, novelas e filmes, essa mitologia se tornou parte de nossa própria mitologia. Para examinar a evolução do combate de Shaolin, seria necessário, consequentemente, separar – na medida do possível – mito de história. O resultado é um registro que abrange quinze séculos, a partir da fundação de Shaolin, inclui as campanhas militares relacionadas ao mosteiro durante a dinastia Tang, os serviços militares prestados à dinastia Ming, a evolução das técnicas de bastão e, mais tarde, das técnicas de mãos livres, bem como as desconfortáveis relações com a dinastia Qing – que duraram até o século XIX.

Qualquer tentativa de investigar a história do combate relacionado aos monges é confrontada com a relutância dos autores budistas em registrar esses dados. Mesmo apesar das críticas de alguns clérigos eminentes à atividade guerreira –

XXIV   O MOSTEIRO DE SHAOLIN

que nos fornecem uma importante informação a respeito do tema –, a resposta budista típica foi o silêncio. No vasto corpo historiográfico do cânone budista chinês, não há referências às atividades militares de Shaolin, que se colocavam em contradição com a lei monástica. Diante dessa ausência, a epigrafia provou ser uma fonte inestimável. O mosteiro de Shaolin guarda inúmeras inscrições que lançam luz sobre suas atividades militares em um período que vai do século VII ao XIX. Enquanto estelas* gravadas durante as dinastias Tang e Ming registram presentes imperiais dados aos monges em reconhecimento por seus serviços militares, inscrições da dinastia Qing alertavam os monges para que não se engajassem em atividades rebeldes. Outras informações também foram gravadas em pedra: as estupas funerárias construídas em Shaolin durante o período Ming têm gravados epitáfios que listam batalhas específicas das quais os monges tomaram parte.

A epigrafia é nossa fonte mais importante de pesquisa sobre as atividades militares em Shaolin até o século XIV. A partir da Idade Média chinesa, porém, a situação muda dramaticamente: as artes marciais de Shaolin foram saudadas em todos os gêneros literários chineses dos séculos XVI e XVII, e seus monges figuram em dezenas, senão centenas de textos dos períodos Ming e Qing tardios. Houve, provavelmente, diversas causas para o aumento do interesse, durante o período Ming tardio (e Qing), pelo combate monástico.

A primeira dessas causas é, provavelmente, o declínio do exército hereditário Ming, que forçou a governo a fazer uso de outras forças militares, dentre as quais as tropas monásticas. O período Ming tardio representou o ápice dos exércitos de monges, e as artes marciais foram praticadas em templos por todo o império chinês. Monges guerreiros foram engajados em numerosas campanhas militares, e sua contribuição para a defesa nacional foi registrada em obras oficiais como "Genuínos Registros Ming" (*Ming shi lu*) e "História de Ming" (*Ming shi*). A bravura e habilidades de combate das tropas de clérigos – de Shaolin e outros mosteiros – foram igualmente saudadas em crônicas a respeito de batalhas específicas. A contribuição dos

---

*   Marcos de pedra retangulares e lisos, fixados verticalmente no solo e usados para inscrições (N. da T.).

INTRODUÇÃO   XXV

exércitos monásticos para a campanha antipirataria do século
XVI, por exemplo, foi repetidamente elogiada em tratados sobre defesa costeira.

Uma segunda razão para a profusão de fontes sobre as técnicas de combate de Shaolin durante os séculos XVI e XVII foi o
crescimento do mercado editorial. As artes marciais de Shaolin
foram caracterizadas em novos gêneros literários, surgidos na
etapa final da dinastia Ming, bem como em gêneros mais antigos e que então proliferavam. Elas aparecem em tratados militares e manuais de artes marciais; em registros locais e histórias
monásticas (que, em contraste com as histórias do budismo
chinês, mencionam monges guerreiros); em enciclopédias familiares, guias de viagem e memórias; assim como em uma
grande variedade de peças de ficção produzidas nos idiomas
clássico e vernáculo.

A conquista manchu de 1644 fornece um terceiro importante fator na historiografia do combate de Shaolin. A
humilhante derrota dos nacionais chineses por um grupo "estrangeiro" direcionou a atenção da elite letrada para as artes
marciais populares, antes consideradas como não merecedoras
de documentação. Intelectuais renomados, como Gu Yanwu
(1613-1682), Huang Zongxi (1610-1695) e seu filho, Huang
Baijia (1643-?), reconheceram e adquiriam interesse pelas
técnicas populares de combate porque sua refinada educação
confucionista formal havia falhado na defesa da nação. Esses
intelectuais não foram motivados pela ingênua crença de que o
combate com as mãos nuas poderia suplantar os conquistado-
res estrangeiros, mas encararam as artes marciais como forma
de restaurar a confiança nacional – algo semelhante às tentativas chinesas dos séculos XIX e XX de restaurar o corpo político
da nação pelo fortalecimento do corpo de cada cidadão[1].

O grande medievalista Marc Bloch observou que o conhecimento do presente é necessário para a compreensão do passado[2]. Em várias ocasiões, a prática contemporânea em Shaolin

---

1. A comparação foi feita por D. Wile em *Lost T'ai-chi Classics*, p. 25-30. A respeito do discurso sobre a construção da nação e o treinamento marcial, ver
   também A.D. Morris, *Marrow of the Nation*, p. 185-229; e *Zhongguo jindai
   tiyu shi*, p. 127-145, 265-296.
2. *The Historian's Craft*, p. 45.

esclareceu-me acerca de aspectos históricos do templo. Isso é especialmente verdadeiro quando observamos a fluidez da comunidade de Shaolin, de que os monges residentes não constituem mais do que uma minoria central. Além dos clérigos ordenados que viviam dentro do templo, muitos praticantes de arte marcial de estilo Shaolin – monges e também leigos – treinaram no mosteiro, mas deixaram suas instalações para seguir carreiras independentes, alguns abrindo suas próprias escolas de artes marciais. Esses alunos de Shaolin normalmente não observavam os regulamentos monásticos (especialmente os relacionados à lei dietética budista que proibia o consumo de carne), assim como seus antecessores imperiais tardios podem ter se engajado em revoltas sectárias. Durante o período Qing, oficiais do governo censuraram as atividades criminosas da comunidade itinerante de Shaolin; chegaram mesmo a atribuir ao próprio mosteiro intenções sediciosas. O monastério foi considerado suspeito não por sua própria insubordinação, mas em função de suas íntimas conexões com uma incontrolável e fluida comunidade marcial considerada potencialmente perigosa.

Assim, nos casos em que a elucidação de um problema histórico demandou referência a condições atuais, adentrei o campo da observação etnográfica. Apesar disso, a história moderna de Shaolin deverá aguardar outro estudo. Tendo se iniciado em meados do século XIX, a evolução marcial recente ou "moderna" do mosteiro esteve intimamente relacionada ao destino das modernas artes marciais chinesas. Alguns temas ligados à história recente de Shaolin – como o traumático encontro com o Ocidente e a tentativa de salvar a raça pelo treinamento marcial; o nascimento da mídia moderna (jornais, televisão e cinema) e seu papel na difusão das artes marciais; a promoção de esportes marciais normatizados na República Popular da China e a tentativa do governo chinês (na qual o orgulho nacional é articulado) de incluí-los nas Olimpíadas – mesmo que sejam aqui por mim comentados, requerem, a atenção do especialista em História Chinesa moderna.

Parte I

Origens de uma Tradição Militar (500-900)

1. O Mosteiro

A história de Shaolin abrange um período de quinze séculos. O mosteiro foi fundado na última década do século v por um monge indiano identificado, nas fontes chinesas, como Batuo ou Fotuo. Está situado no montanhoso condado de Dengfeng, na área central de Henan, cerca de 48 quilômetros a sudeste de Luoyang e cerca de 72 quilômetros a sudoeste de Zengzhou, a moderna capital da província de Henan (Mapa 1). Os picos do imponente monte Song se elevam acima do templo. Ainda que atualmente a área do condado seja estéril, na época de instalação do templo toda a região era coberta por florestas[1].

Em relação à sua população, de cerca de cem milhões de pessoas, Henan é, atualmente, a maior das províncias chinesas. Afastada da próspera costa, é, também, uma das mais

---

1. Sobre o mosteiro de Shaolin, ver Fu Mei, *Song Shu* (prefácio de 1612); Jing Rizhen, *Shuo song* (prefácio de 1721) e *Shaolin si zhi* (prefácio de 1748), compilado por Ye Feng et al., revisado por Shi Yizan et al. As três obras mencionadas também estão disponíveis em uma edição moderna, em *Song yue wenxian congkan*. A melhor história moderna é *Shaolin fanggu*, de Wen Yucheng. Ver também Xu Changqing, *Shaolin si yu Zhongguo wenhua*; *Shaolin si ziliao ji*, editada por Wu Gu e Liu Zhixue; *Shaolin si ziliao ji xu bian*, editada por Wu Gu e Yao Yuan; *Xin bian Shaolin si zhi*; e o verbete Shôrinji em Mochizuki Shinkô, *Bukkyō daijiten*, v. 3, p. 2806-2807.

MAPA 1: *Localização do mosteiro de Shaolin.*

pobres[2]. Vilarejos empoeirados se alinham ao longo da estrada que liga o aeroporto de Zengzhou ao mosteiro de Shaolin. O ar é pesadamente poluído pelo carvão transportado das minas próximas em caminhões. A pobreza da vizinhança ressalta a importância do mosteiro para a economia da região. Desde o final da década de 1990, o templo atraiu mais de um milhão de turistas a cada ano. A hospedagem, alimentação e transporte desses modernos peregrinos determinaram o surgimento de uma indústria de turismo que desempenha papel significativo na economia do condado de Dengfeng; sozinha, a venda anual de ingressos para o templo chega a US$ 5 milhões[3].

Da perspectiva do condado, estudantes são mais valiosos do que turistas. Dengfeng é o lar de setenta mil aspirantes a artista marcial. Eles estudam em dezenas de escolas de luta que surgiram nas cercanias do mosteiro a partir da década de 1980. Admitindo estudantes com idade a partir de seis anos, essas escolas oferecem treinamento marcial abrangente, asso-

2. Dentre as 32 províncias e municipalidades autônomas chinesas, Henan ocupa a vigésima sexta posição em consumo doméstico, a vigésima oitava posição em receita líquida anual *per capita* dos agregados familiares rurais e a vigésima nona em receita líquida anual *per capita* dos residentes urbanos. Esses dados são de 1999 e foram obtidos de *China Statistical Yearbook* 2000, p. 70, 332 e 319, respectivamente.
3. O preço do ingresso individual é 40 yuan, ou US$ 5,00. A renda gerada pela venda de ingressos é dividida entre o mosteiro e as autoridades provinciais (informação recolhida pelo autor em visita ao templo no final da década de 1990).

O MOSTEIRO

ciado a conteúdos escolares obrigatórios como matemática e língua chinesa[4]. Apenas uma fração desses futuros graduados é ordenada monge de Shaolin. A maioria se torna artista marcial profissional, ganhando a vida como instrutores de educação física, soldados em unidades militares de elite ou guarda-costas avulsos de homens de negócio influentes. Os melhores podem ser chamados para a seleção nacional, enquanto outros podem sonhar com uma carreira na indústria do cinema; ao menos um estudante de Dengfeng, Shi Xiaolong (nascido em 1988), se tornou um astro do cinema internacional antes de completar quinze anos. O jovem Shi estrelou mais de dez filmes de Kung-Fu em Hong Kong e inúmeros episódios de seus próprios seriados de tevê[5].

Os benefícios do templo de Shaolin são sentidos em toda Henan, não apenas no condado de Dengfeng. No início dos anos de 1990, as autoridades provinciais capitalizaram o renome internacional do mosteiro. Associadas ao seu abade, elas deram início ao Festival de Artes Marciais de Shaolin (*Shaolin wushu jie*), evento bianual realizado simultaneamente no templo e na capital da província. O festival atrai atletas e entusiastas marciais de todo o mundo a Henan. É celebrado pela mídia nacional chinesa e anunciado pela Administração Nacional de Turismo da China internacionalmente[6].

A intensa comercialização de Shaolin deixa perplexos alguns de seus devotos. Budistas devotos e artistas marciais comprometidos aspiram à serenidade do autocultivo. O templo os choca ao se mostrar como um "supermercado marcial" voltado aos não iniciados. Esse desapontamento é compartilhado por peregrinos de séculos atrás. Em períodos recuados, como o da dinastia Ming, alguns crentes eram perturbados pela excessiva riqueza do local, que consideravam contrária à ideologia budista. No início do século XVII, um magistrado do condado de Dengfeng chamado Fu Mei (período de maior expressão: 1610) lamentava:

4. Ver os ensaios United Nations, Divided Shaolin; Battling to be Shaolin's Best; e 13,000 Warriors of Taguo, de G. Ching, *Kung Fu Tai Chi*; ver também So Many Paths. Which Shaolin Is Real?, de H. W. French, *The New York Times*.
5. Ver G. Ching, In the Dragon's Den, *Kung Fu Tai Chi*.
6. Ver G. Ching, United Nations, Divided Shaolin, *Kung Fu Tai Chi*, p. 11.

6 O MOSTEIRO DE SHAOLIN

as grandiosas mansões e o esplêndido mobiliário de Shaolin lembram a residência de um funcionário graduado de governo. De fato, o declínio do ensinamento budista é muito grande. Pensando nos sábios budistas de antigamente, só se pode suspirar profundamente[7].

Ainda que a primeira impressão de Fu Mei sobre Shaolin tenha sido de desapontamento, ele tinha bastante clara a enorme contribuição do mosteiro para a evolução do budismo chinês e, pode-se afirmar, para a própria cultura chinesa. Com efeito, ele próprio começou a escrever uma história do templo, intitulada (em referência às montanhas próximas) *O Livro do Monte Song (Song Shu)*[8]. Esse trabalho inclui as biografias de monges eminentes de Shaolin pertencentes a todas as seitas chinesas, do Chan à chamada Terra Pura. A obra traz, ainda, transcrições das estelas de Shaolin, algumas datadas dos séculos VI e VII. O templo de Shaolin reúne uma coleção de cerca de duas centenas de inscrições gravadas em pedra. De valor incalculável, foram conferidas por patronos poderosos, da imperatriz Wu (684-705) ao imperador Qianlong (1736-1795). Fornecem, ao historiador, informações de extraordinária importância sobre a religião, a economia e a administração pública na China imperial.

O livro de Fu Mei não foi o primeiro e nem o único a ser produzido sobre Shaolin. Em sua história de 1500 anos, o mosteiro foi celebrado em incontáveis composições literárias, um universo que abrange desde poemas a alentadas monografias. Imperadores, funcionários públicos e poetas elogiaram em verso e prosa a beleza das muralhas e torres de Shaolin. As obras-primas artísticas fazem do mosteiro um local de importância única para os historiadores da pintura e escultura chinesas[9]. Sua "Floresta de Estupas" (*Talin*), tesouro da arquitetura budista, contém mais de duzentas estupas (pagodes) – o maior número em toda a China. Normalmente usadas para guardar as cinzas de monges eminentes, essas elegantes estruturas de

7. *Song shu*, 9.35a.
8. O trabalho de Fu Mei, abrange todos os lugares sagrados situados nas montanhas (tanto budistas como taoístas). Ainda assim, a maior parte do trabalho é dedicada a materiais relacionados a Shaolin.
9. Ver *Shaolin si qianfodian bihua*; *Shaolin si shike yishu*, org. por Su Siyi et al.; e os três volumes de *Zhongguo Shaolin si becke Juan*, org. geral de Yongxin.

O MOSTEIRO

pedra foram gravadas com importantes textos sobre a história do budismo medieval[10].

Por que a tradição budista colocou Shaolin em uma posição tão proeminente? Quais eram as fontes da riqueza do templo? Por que seus monges praticavam artes marciais? Vamos iniciar nossa investigação a partir da localização do templo, nas encostas do sagrado monte Song.

SANTIDADE

"Na China, as montanhas são divindades", escreveu um dos pioneiros da sinologia ocidental[11]. De fato, a tradição religiosa chinesa atribuiu poderes numinosos aos picos. Locais chineses de peregrinação – independente da afiliação religiosa – estão invariavelmente localizados em cenários alpinos[12]. Situado na encosta do monte Song, o mosteiro de Shaolin não é uma exceção. O nome "Song" não se refere a um único pico, mas a todo um grupo de montanhas que abrange o cenário de leste a oeste através do condado de Dengfeng. Os pontos mais altos dessas montanhas são os montes Taishi, a oeste (com 1440 metros ou 4724 pés acima do nível do mar), e Shaoshi, a leste (1512 metros ou 4961 pés acima do mar). O mosteiro de Shaolin está localizado abaixo deste último. O nome reflete, provavelmente, sua localização na pequena floresta (*lin*) do monte *Shao*shi – daí *Shaolin*.

O monte Song ocupava uma posição de proeminência entre as montanhas sagradas chinesas muito antes da fundação do mosteiro de Shaolin. Já nos primeiros séculos antes de Cristo foi escolhido como um dos "Cinco Picos Sagrados" (*Wuyue*) que serviam como protetores do Estado[13]. De acordo com a "Cosmogonia de Cinco Fases", essas montanhas divinizadas

---

10. A estupa de Faru (638-689), por exemplo, fornece um importante esclarecimento sobre a evolução da genealogia Chan; sobre essa estupa (que está localizada fora dos limites da "Floresta de Estupas" de Shaolin), ver Wen Yucheng, *Shaolin fanggu*, pp. 99-105; e Cole, *It´s All in the Framing: Desire and Innocence in Early Chan Narratives*.

11. E. Chavannes (1865-1918), *Le T'ai chan*, p. 3.

12. Ver S. Naquin; Chün-fang Yü (orgs.), *Pilgrims and Sacred Sites in China*, p. 11.

13. Ver P.W. Kroll, Verses from on High: The Ascent of T'ai Shan, *T'oung Pao*, p. 225.

8 O MOSTEIRO DE SHAOLIN

ficavam voltadas para o norte (monte Heng), sul (monte Heng), leste (monte Tai), oeste (monte Hua) e centro (monte Song). Em 110 a.C., o imperador Han Wudi (que reinou entre 140 e 87 a.c.) escalou o "Sagrado Monte Central" (monte Song) e ofereceu sacrifício aos deuses da montanha[14]. Com isso, deu início a uma tradição que durou até o século VII, quando a imperatriz Wu promoveu no mesmo local o mais elaborado de todos os ritos imperiais de legitimação: o sacrifício *fengshan*. Nessa ocasião, a imperatriz mudou o nome do condado situado nas cercanias da montanha – assim como seu próprio título real – para Dengfeng (literalmente, "organizando o *feng* [sacrifício]")[15].

A importância do monte Song nos cultos imperiais se refletiu nos primeiros séculos depois de Cristo na geografia sagrada nascida da religião taoísta. A montanha se tornou objeto de peregrinações taoístas reais ou imaginárias. Enquanto taoístas eminentes como Zhang Daoling (período de maior expressão: 142), Kou Qianzhi (365-448) e Sima Chengzhen (647-735) residiram na montanha[16], muitos místicos "viajavam" até lá sem deixar seus gabinetes. Com auxílio de mapas ou diagramas de imaginação espiritual, como o "Mapa da Verdadeira Forma dos Cinco Picos" (*Wu yue zhen xing shan tu*), eles alcançavam a montanha através da meditação. Ainda no período medieval, o enorme Templo Taoísta do Pico Central (*Zhongyue miao*) foi estabelecido no monte Song. Ele está entre os maiores e mais antigos templos taoístas da China. Atualmente abriga monges e, em uma ala separada, freiras pertencentes à Seita da Perfeita Realização (*Quanzhen*)[17].

14. Ver Fu Mei, *Song shu*, 4.2b-3a.
15. Ainda em 676, a imperatriz Wu convencera o então imperador reinante Gaozong a realizar o sacrifício *fengshan* no monte Song. Ainda assim, em função de uma incursão tibetana, o plano foi abandonado. Eventualmente, a imperatriz realizou o sacrifício naquele local em 696 em nome de sua própria dinastia, Zhou. Ver Fu Mei, *Song shu*, 4.5b. Ver também H.J. Wechsler, *Offerings of Jade and Silk*, p. 188-189, 192, e E. Chavannes, *Le T'ai chan*, p. 194-202.
16. Ver Wen Yucheng, *Shaolin fanggu*, p. 5-7, e B. Faure, Relics and Flesh Bodies: The Creation of Ch'an Pilgrimage, em S. Naquin; Chün-fang Yü (orgs.), *Pilgrims and Sacred Sites in China*, p. 154-155.
17. A idade do templo é incerta. Seria possível traçar sua história até o século II. Ver Fu Mei, *Song shu*, 3.8a-b. Ver também o verbete "Zhonyue miao" em *Zhonghua Daojiao da cidian*, p. 1167.

O MOSTEIRO

Religiões tendem a se apropriar dos lugares sagrados de outras religiões (Jerusalém é um exemplo disso). Assim, quando missionários budistas chegaram à China, nos primeiros séculos da era cristã, rapidamente perceberam o potencial religioso do monte Song. Ainda no século III, um mosteiro budista foi estabelecido no local, que, por volta do século VI, abrigava nada menos que seis templos pertencentes à religião[18]. A "conquista budista" da montanha (na denominação de Bernard Faure) envolveu a criação de uma nova mitologia que conectou o pico chinês à fé nascida na Índia. Essa mitologia está centrada na figura do lendário fundador da escola Chan (em japonês, Zen): Bodhidharma[19].

O século VIII testemunhou o florescimento de uma nova escola do budismo chinês. Isso é indicado pelo significado de seu nome: "meditação" (*chan*, em chinês; *dhyāna* em sânscrito). Uma das novas características da escola Chan era a crença de que a verdade transmitida por Buda podia ser diretamente transmitida de mestre a discípulo. Pelo menos em teoria, não havia mais a necessidade de se estudar escrituras. Pelo contrário: o acesso imediato da mente ao darma (*xinfa*) poderia ser dado do professor ao aluno. Para legitimar essa afirmação, os mestres Chan foram levados a mostrar que seu próprio acesso ao darma foi alcançado graças a uma linhagem de transmissão mestre-discípulo iniciada pelo próprio Buda. Assim, durante o século VIII, autores do budismo Chan forneceram um passado à sua própria escola. Eles produziram uma genealogia de patriarcas chineses – e, mais remotamente, indianos – que os conectavam à fonte original da fé budista[20].

Os autores budistas prestam especial atenção ao patriarca que, afirmam, trouxe os ensinamentos da Índia para a China. Eles atribuíram esse papel ao obscuro Bodhidharma (em chinês, Damo), a quem veneram como fundador de sua escola. Ao longo do século XX, Bodhidharma foi objeto de intensas

18. Ver Yang Xuanzhi, *Luoyang qielan ji* (cerca de 547), 5228. Ver também a tradução, por Yi-t'ung Wang, do trabalho de Yang Hsüan-chih, *A Record of Buddhist Monasteries in Lo-yang*, p. 248. Yang Xuanzhi não faz alusão ao mosteiro de Shaolin. Wen Yucheng, em *Shaolin fanggu*, p. 14-16, especula que o mosteiro Daochang, referido por Yang, seja o mosteiro de Shaolin.

19. Ver B. Faure, op. cit., p. 155-165.

20. Ver P. Yampolsky, *The Platform Sutra of the Sixth Patriarch*, p. 1-57.

10 O MOSTEIRO DE SHAOLIN

pesquisas acadêmicas. Pensadores chineses, japoneses e ocidentais normalmente aceitam a historicidade desse missionário indiano (ou, segundo outra versão, persa) que chegou à China por volta de 480 e propagou o darma em Luoyang até cerca de 520. Contudo, os pesquisadores são céticos quanto ao papel desempenhado por Bodhidharma no desenvolvimento da escola Chan (que emergiu no cenário chinês pelo menos um século depois de sua morte). Mesmo que Bodhidharma tenha pregado uma doutrina que influenciou pensadores Chan, a atribuição da escola à sua pessoa é considerada uma lenda por muitos historiadores[21].

Para nossos propósitos, o significado do mito de Bodhidharma está em sua associação com o monte Song. Durante as últimas décadas do século VII, essa montanha se tornou um importante centro de ensinamento Chan, a ponto de o mosteiro de Shaolin se tornar a casa de mestres eminentes como Faru (638-689) e Huian (?-709). Esses antigos praticantes Chan foram provavelmente responsáveis pela conexão entre Bodhidharma e o Pico Sagrado Central[22]. Foi no monte Song, afirmavam, que o idoso patriarca indiano (que afirmava ter mais de cem anos) transmitira o darma a seu primeiro discípulo chinês – e primeiro patriarca nativo – Huike (cerca de 485 a cerca de 555). O monte Song se tornou, assim, o ponto simbólico de intersecção entre os domínios do budismo e a China.

A evolução das lendas relativas a Bodhidharma no contexto do monte Song pode ser traçada através da literatura medieval. Na obra *Registro dos Mosteiros Budistas em Luoyang* (*Luoyang qielan ji*), datada de cerca de 547, afirma-se que o patriarca visitou a cidade, mas não há qualquer alusão à montanha próxima. Aproximadamente um século mais tarde, a *Continuação das Biografias de Monges Eminentes* (*Xu Gaoseng zhuan*), de 645, descreve Bodhidharma como ativo na região do "monte Song-Luoyang". Então, em obras datadas ainda do século VIII, como *Registro Precioso da Transmissão do Darma*

---

21. Para um sumário dos trabalhos acadêmicos recentes, ver J.R. McRae, *The Northern School and the Formation of Early Ch'an Buddhism*, p. 15-19; e B. Faure, *Le Traité de Bodhidharma*, p. 13-22.

22. Ver Faure, Relics and Flesh Bodies, em S. Naquin; Chüng-fang Yü (orgs.), op. cit., p. 156-157. Sobre Faru e Huian (também conhecido como Laoan), ver McRae, op. cit., p. 43-44 e 56-59, respectivamente.

O MOSTEIRO

(*Chuanfa baoiji*, de cerca de 710), Bodhidharma é identificado não apenas com o monte Song, mas mais especificamente com o mosteiro de Shaolin, onde supostamente ele teria permanecido por muitos anos meditando diante de uma parede. O *Registro Precioso* também menciona as provações sofridas por Huike quando, no mosteiro, ele recebeu a instrução de Bodhidharma. Para provar seu desapego, Huike amputou o próprio braço e o ofereceu ao patriarca indiano, que, em resposta, o levou à Iluminação[23].

As lendas produzidas durante a dinastia Tang são enriquecidas nas coleções hagiográficas da dinastia Song. No século XI, a obra *Registro da Transmissão da Lâmpada do Período Jing* (*Jing de Chuangdeng lu*), de 1004, embeleza as histórias do século VIII sobre Bodhidharma com detalhes dramáticos. Era uma noite gelada, afirma, quando Huike procurou as orientações do santo no mosteiro de Shaolin. O discípulo chinês permaneceu imóvel na neve congelante, esperando pela atenção de Bodhidharma. Então, em um súbito acesso de zelo religioso, decepou o próprio braço. "Minha mente não está em paz", confessou. "Por favor, pacifique-a para mim". "Traga sua mente aqui e eu a pacificarei para você", respondeu Bodhidharma. "Eu procurei por minha mente", replicou Huike, "mas não a encontro em nenhum lugar" – nesse ponto, foi necessário a Bodhidharma apenas concluir: "Agora, pacifiquei por completo sua mente para você"[24].

A associação de Bodhidharma com Shaolin, que pode ser traçada em escritos canônicos, é igualmente atestada por evidências arqueológicas no próprio templo. Estelas de Shaolin revelam o processo gradual pelo qual o santo indiano foi ligado ao templo chinês. Uma inscrição em uma estela datada de 728 é o mais antigo registro epigráfico a indicar a residência de Bodhidharma no monte Song; outra, datada de 798, já mostra Huike no dramático gesto de entrega do braço amputado

---

23. Ver, respectivamente, Yang Xuanzhi, *Luoyang qielan ji*, 1.26-28, e a tradução de Yi-t'ung Wang, de Yang Hsüan-chih, *A Record of Buddhist Monasteries in Lo-yang*, pp. 20-21; Daoxuan, *Xu Gaoseng zhuan*, *Taishō shinshū daizōkō* (na sequência de "T"), n. 2060,50, p. 552a; e *Chuanfa baoji*, compilado por Du Fei, T, n. 2838,85, p. 1291c.

24. Esta é a tradução de J.R. McRae, op. cit., p. 16; o texto original é de Daoyuan, *Jingde chuandeng lu*, T, n. 2076, 51, p. 219b.

12   O MOSTEIRO DE SHAOLIN

ao patriarca[25]. Então, um grande número de estelas dos séculos XIII e XIV apresenta o mito completo, nos moldes em que
aparece em hagiografias do período Song como o *Registro da
Transmissão da Lâmpada do Período Jing*. Essa obra é citada,
por exemplo, na seguinte estela de Shaolin:

> Depois que nove anos se passaram Bodhidharma quis retor-
> nar ao oeste, para a Índia. Então, ele comandou seus discípulos, di-
> zendo: "O tempo está próximo; cada um de vocês deveria dizer o
> que alcançou".
> Nesse momento, o discípulo Daofu respondeu: "Como eu vejo,
> a função do Tao consiste em não se ligar a escrituras e não ser parte
> das escrituras".
> O mestre respondeu: "Você alcançou minha pele".
> A freira Zongchi disse: "Meu entendimento, agora, é de que isso
> é algo como a alegria de ver a terra búdica de *Akshobhya*: reconhe-
> cível à primeira vista, não reconhecível à segunda vista".
> O mestre respondeu: "Você alcançou a minha carne".
> Daoyu disse: "Os quatro elementos são, na raiz, vazios, e os cinco
> *skandhas* não têm existência; do meu ponto de vista, não há um
> único darma que possa ser alcançado".
> O mestre respondeu: "Você alcançou meus ossos".
> Finalmente, Huike, depois de fazer uma prostração, apenas
> permaneceu em seu lugar. O mestre falou: "Você alcançou minha
> medula"[26].

Nesse texto do período Song, a classificação que Bodhidharma faz de seus alunos é expressa metaforicamente: a resposta silenciosa de Huike faz com que ele ganhe a "medula" do
santo, nominalmente, a essência de seus ensinamentos. Séculos
mais tarde, as palavras do patriarca ganhariam uma interpretação radicalmente diferente. Com o crescimento da tradição

25. Ver, respectivamente, de Pei Cui (cerca de 670-736), *Shaolin si bei* (A Estela do
    Mosteiro de Shaolin) (728), em *Quan Tang wen*, org. por Dong Gao, 279.1253;
    e Gu Shaolian (período de maior expressão: 800), Song yue Shaolin xin zao
    chu ku ji (Registro da Reconstrução da Cozinha e do Depósito do Mosteiro e
    Shaolin no Monte Song) (798), em Fu Mei, *Song shu*, 20.13b.
26. Esta é a tradução de T. Griffith Foulk em seu Sung Controversies Concerning
    the "Separate Transmission" of Ch'an, em N. Peter; D.A. Getz (orgs.), *Bu-
    ddhism in the Sung*, p. 246. O original é de Daoyuan, *Jingde chuandeng lu*, T,
    n. 2076,51, p. 219b-c. A estela de Shaolin que cita esse texto data de 1346; ver
    Wen Yucheng, *Shaolin fanggu*, p. 47.

FIG. 1: *Bodhidharma segue para o Leste com um sapato na mão (estela de Shaolin, 1209).*

FIG. 2: *Bodhidharma caminha sobre um caule lançado nas águas do rio Yangtzé (estela de Shaolin, 1624).*

O MOSTEIRO

marcial em Shaolin, a "medula" era tomada literalmente como o nome de um manual secreto – *O Clássico da Limpeza da Medula* (*Xisui jin*) – que Bodhidharma teria dado, literalmente, ao discípulo escolhido. Contendo as ginásticas secretas do santo, esse tratado permaneceu secreto por mais de um milênio. Então, no século XVII, emergiu "miraculosamente" para influenciar as artes marciais imperiais mais recentes.

Ao contar o desenvolvimento do mito de Bodhidharma, as estelas de Shaolin também revelam a evolução de suas representações visuais. Uma gravação datada de 1209 mostra o patriarca descalço e com um sapato na mão, em referência à lenda de sua ressurreição (Fig. 1)[27]. Após a morte de Bodhidharma, informa a lenda, um emissário chinês à Ásia Central encontrou o santo, que caminhava descalço e trazia um único pé de sapato à mão. Bodhidharma explicou ao assustado diplomata que ele estava retornando à sua nativa Índia. Quando o emissário voltou para a China e contou sua história, a sepultura de Bodhidharma foi prontamente aberta. Ela estava vazia, à exceção do outro pé de sapato[28].

A figura de Bodhidharma carregando o calçado tornou-se um motivo-padrão na arte Chan. Outra imagem do século XIII que se tornou extremamente popular apresenta o mestre caminhando sobre um frágil caule lançado sobre as revoltas águas do rio Yangtzé (Fig. 2)[29]. Ícones de Bodhidharma sobre a cana flutuante tendem a mostrá-lo com traços mais cômicos. O personagem é barbudo e traz um brinco, e o artista tomou o cuidado de ressaltar suas características estrangeiras: o grande nariz e as sobrancelhas espessas. Essa imagem denuncia uma

27. A mais antiga das estelas em questão data de 1222; ver Wen Yucheng, *Shaolin fanggu*, p. 49, e *Xin bian Shaolin si zhi*, p. 83.
28. Ver Daoyuan, *Jingde chuandeng lu*, T, n. 2075,51, p. 220b.
29. A mais antiga estela de Shaolin representando Bodhidharma sobre a cana flutuante data de 1307, e pinturas ainda mais antigas (século XIII) foram preservadas em outros lugares. Ver C. Lachman, Why Did the Patriarch Cross the River?, *Asia Major*, n. 2. A estela de 1307 de Shaolin é reproduzida em *Zhongguo Shaolin si*, v. 2, p. 75. Pessoalmente, não estou convencido do argumento de Lachman (p. 255) de que o motivo do "caminhante sobre a cana" existia já no século XI. Cao Shibang, por outro lado, sugere que ele surgiu durante as campanhas Jin de 1129 contra os Song do Sul. Dizia-se que as defesas destes últimos no Yangtzé eram tão frágeis que o inimigo poderia "cruzar o rio sobre um caule de palha". Ver Cao Shibang, *Yiwei dujiang yu chi roubiancai*.

16 O MOSTEIRO DE SHAOLIN

percepção chinesa comum do santo como um excêntrico. O barrigudo Buda Maitreya, o palhaço divino Daoji e os idiossincráticos *arhats* (*luohan*) são todos descritos na arte e literatura chinesas como loucos sagrados, cuja divindade é disfarçada por uma excêntrica fachada[30].

A veneração a Bodhidharma no mosteiro de Shaolin culminou em 1125, com a construção de um templo especial em sua honra. Como se acreditava que o patriarca gastara a maior parte de seu tempo em meditação solitária, seu santuário foi erguido a cerca de oitocentos metros a noroeste do próprio monastério. Comumente conhecido como a "Ermida do Primeiro Patriarca" (*Chuzu an*), foi preservado até nossos dias. Alegremente ornamentado com relevos de pássaros, peixes e divindades budistas, esse templo é considerado uma obra-prima dos gravados em pedra do período Song[31].

Com o estabelecimento do santuário de Bodhidharma, uma espécie de "circuito de peregrinação" se desenvolveu no monte Song[32]. Ele inclui os lugares associados ao santo: o mosteiro de Shaolin, a "Ermida do Primeiro Patriarca" e – dentre todas as paradas, a mais sagrada – a caverna onde, acredita-se, ele meditava. Como se afirma que Bodhidharma esteve sentado imóvel naquele local por nove anos, sua sombra permanece impressa na parede da caverna, no ponto em que sua imagem permaneceu visível por séculos[33]. Os atuais visitantes do mosteiro de Shaolin são apresentados – dentro do templo – a uma grande pedra gravada com a imagem do santo em meditação. Supostamente, essa pedra foi trazida ao templo da caverna de Bodhidharma, do próprio local onde sua sombra havia sido gravada[34].

Quando os monges de Shaolin construíram o santuário de Bodhidharma, o budismo Chan estava ganhando popularidade.

30. Ver M. Shahar, *Crazy Ji*, p. 30-45.
31. Ver Fu Mei, *Song shu*, 3.24b-25a; Wen Yucheng, *Shaolin fanggu*, p. 169-172; e *Xin bian Shaolin si zhi*, p. 39 a 42.
32. Ver B. Faure, Relics and Flesh Bodies, em S. Naquin; Chün-fang Yü (orgs.), em op. cit., p. 162.
33. Ver, por exemplo, o relato da viagem de Du Mu (1459-1525) ao mosteiro de Shaolin em seu *Jin xie linlang*, 20.8a. Comparar também com Du Mu, *You mingshan ji*, 1.18a-23a.
34. Ver Wen Yucheng, *Shaolin fanggu*, p. 50-51.

O MOSTEIRO   17

Durante a dinastia Song, viria a se tornar a mais influente escola do budismo chinês. O aumento da importância da escola Chan elevou seu suposto fundador a uma posição central no panteão budista. A associação estreita entre o santo e Shaolin tem implicações significativas, portanto, para o *status* do monastério: Bodhidharma reforçou a santidade de Shaolin. Meio milênio depois, durante a transição das dinastias Ming-Qing, o patriarca também foi associado à tradição marcial do mosteiro.

PATROCÍNIOS

A figura de Bodhidharma conferiu carisma a Shaolin: imperadores dotaram o mosteiro de riqueza. Situada a cerca de 48 quilômetros a noroeste do mosteiro, a cidade de Luoyang serviu como sede do governo durante a maior parte do período imperial. Foi capital das dinastias Han do Leste (25-220), Wei (220-265), Jin do Oeste (265-316), Wei do Norte (495-534) e Sui (581-618), além de ter sido escolhida como capital secundária pela dinastia Tang (618-907). A proximidade em relação ao centro administrativo fez com que o mosteiro gozasse do favor imperial, que lhe assegurava as riquezas.

O primeiro patrocinador do mosteiro de Shaolin foi o devoto imperador Xiaowen (reinado de 471 a 499), que, em 495, transferiu a capital de sua dinastia (Wei Tuoba do Norte, que reinou entre 385 e 534) de Pingcheng (a atual Datong, em Shanxi) para Luoyang. No ano seguinte, o monarca forneceu ao monge indiano Batuo os fundos necessários ao estabelecimento do mosteiro de Shaolin. Batuo, também referido em fontes chinesas como Fotuo, havia conhecido o imperador vários anos antes. Ele ganhara o patrocínio de Xiaowen desde que chegara em Pingcheng, via Rota da Seda, no ano de 490[35].

---

35. Ver *Wei shu*, 114.3040; a tradução de J.R. Ware, Wei Shou on Buddhism, *T'oung Pao*, p. 155-156. Comparar também com Daoxuan, *Xu Gaoseng zhuan* (cerca de 660), T, n. 2060,50, p. 551; e Pei Cui, *Shaolin si bei*, em *Quan Tang wen*, 279.1252; M. Tonami, *The Shaolin Monastery Stele on Mount Song*, p. 32-33. Ver, ainda, Wen Yucheng, *Shaolin fanggu*, p. 9-13. O *Wei shu* e Pei Cui se referem ao fundador de Shaolin como Batuo; Daoxuan, como Fotuo. Alguns pesquisadores reconstruíram seu nome sânscrito como Buddhabhadra, assumindo, assim, que seu nome chinês completo seria Fotuobatuo.

18 O MOSTEIRO DE SHAOLIN

Batuo foi professor da doutrina budista e pintor de cenas religiosas[36]. Sob sua hábil liderança, Shaolin se tornou um centro de educação religiosa. O missionário estrangeiro convidou especialistas na lei monástica – figuras como Huiguang (487-536) e Daoping (488-559) – a ir ao mosteiro[37]. Ele estabeleceu lá uma "Sala de Tradução de Sutras" (*Fanjing Tang*) onde intelectuais do século VI, como Ratnamati (Lenamoti) e Bodhiruci (Putiliuzhi), verteram escrituras do sânscrito para o chinês. Com efeito, a fama da academia de traduções de Shaolin era tamanha que, em 645, o grande intelectual Xuanzang (596-664) solicitou ao imperador Taizong (que reinou entre 627 e 649) permissão para viver lá. Em seu pedido – negado pelo imperador, que desejava manter o eminente monge a seu lado –, Xuanzang citou as realizações de Bodhiruci como a razão por sua opção pelo mosteiro de Shaolin[38].

Shaolin era apenas um dentre os numerosos monastérios estabelecidos pelos Wei do Norte em sua nova capital. O imperador Xiaowen e seus sucessores marcaram o início de um espetacular crescimento do budismo em Luoyang. Durante as décadas em que a corte esteve estabelecida ali, a cidade construiu mais de mil templos budistas, cujos telhados dourados, dizia-se, deslumbravam os olhos[39]. A generosidade com que esses templos foram dotados está vividamente registrada na obra da época *Registro dos Mosteiros Budistas em Luoyang*, de 547:

Príncipes, duques e oficiais graduados doavam coisas valiosas, como elefantes e cavalos, tão generosamente quanto se elas fossem sapatos tirados de seus pés. As pessoas e famílias ricas se desfaziam de

36. Daoxuan cita um mural pintado por Batuo, cuja biografia está incluída na obra de Zhang Yanyuan (período de maior expressão: 850) *Lidai ming hua ji* (Registro de Pinturas Famosas ao Longo das Eras). Ver Daoxuan, *Xu Gaoseng zhuan*, T, n. 2060, 50, p. 551b; e W.R.B. Acker, *Some T'ang and pré-T'ang Texts on Chinese Paintings*, parte 1, p. 184-186, parte 2, 7.93. Ver também P. Pelliot, Notes sur quelques artistes des Six Dynasties et des T'ang. *T'oung Pao*, p. 236-265.

37. Ver Daoxuan, *Xu Gaoseng zhuan*, T, n. 2060,50, pp. 607b-608a e 50, p. 484b-c; ver também Wen Yucheng, *Shaolin fanggu*, pp. 34-37.

38. Ver Pei Cui, *Shaolin si bei*, em *Quan Tang wen*, 279.1252, e *Da Tang da Cien si Sanzang fashi zhuan* (668), por Huili e Yancong, T, n. 2053,50, p. 253c. Ver ainda Wen Yucheng, *Shaolin fanggu*, p. 24-28. Outra razão para a opção de Xuanzang pelo mosteiro de Shaolin foi a proximidade em relação à sua vila natal. Ver Daoxuan, *Xu Gaoseng zhuan*, T, n. 2060,50, p. 457c.

39. Ver, de Yang Hsüan-chich, *A Record of Buddhist Monasteries in Lo-yang*,p. 5, 7. Ver também K.K.S. Ch'en, *Buddhism in China: A Historical Survey*, p. 162-163.

O MOSTEIRO 19

seus tesouros tão facilmente como se eles fossem restos esquecidos. Como resultado, templos budistas eram construídos um ao lado do outro, e as estupas se erguiam em linhas uma após a outra. Pessoas competiam entre si para produzir ou copiar retratos de Buda. Estupas douradas se equiparavam, em altura, ao observatório imperial, e os salões budistas eram tão magníficos quanto os [ostensivamente perdulários] E-bang [palácio da dinastia Qin, 221-207 a.C.][40].

A magnificência dos mosteiros de telhados dourados de Luoyang não durou muito. Em 534, com a queda da capital dos Wei do Norte, a maioria de seus templos foi destruída. Ainda assim, outra expressão do fervor religioso dos Tuoba permaneceu intacta. Nos mesmos anos em que o mosteiro de Shaolin foi estabelecido, começava o trabalho daquele que viria a ser um dos maiores monumentos escultóricos budistas na Ásia. Milhares de imagens de Buda foram esculpidas na rocha de Longmen, nos arredores de Luoyang. Essas estátuas gigantes – algumas com mais de sessenta metros de altura – ainda contemplam majestosamente a correnteza do rio Yi, não perturbadas pelos efeitos do tempo[41].

O patrocínio de Xiaowen ao mosteiro de Shaolin teve continuidade pelas mãos de imperadores devotos das dinastias medievais que se seguiram. Dois exemplos notáveis são o imperador Wendi (que reinou de 581 a 604), da dinastia Sui, e a imperatriz Wu Zetian (que reinou de 684 a 705), da dinastia Tang. Wendi concedeu ao mosteiro uma área de 1400 acres (cerca de 570 hectares), na qual estava incluído um moinho movido a água[42] (no período medieval, moinhos eram uma fonte comum de divisas dos mosteiros)[43]. Wu Zetian, por sua vez, se sentia tão ligada a Shaolin que construiu lá uma estupa de nove andares pelo livramento da alma de sua mãe. Além disso, a imperatriz agraciou o mosteiro com um poema, que foi gravado em uma estela. Ambos os presentes podem ser admirados em Shaolin ainda hoje[44].

40. Essa é a tradução de Yi-t'ung Wang (Yang Hsüan-chich, *A Record of Buddhist Monasteries in Lo-yang*, p. 170-177).
41. Para uma análise geral, ver K.K.S. Ch'en, op. cit., p. 170-177.
42. Ver Pei Cui, *Shaolin si bei*, em *Quan Tang wen*, 279.1252.
43. Ver J. Gernet, *Buddhism in Chinese Society*, p. 142-150.
44. A carta da imperatriz relativa à "Estupa do Buda Maitreya Encarnado" (*Xiasheng Milefo ta*) foi gravada em 683 em uma estela de Shaolin. Ela foi transcrita na obra de Fu Mei, *Song shu*, 20.64a-b. O poema da imperatriz foi escrito

O MOSTEIRO DE SHAOLIN

Os esforços de proselitismo de imperadores devotos como Xiaowen transformaram a área central de Henan no que poderíamos descrever como uma "terra budista". Até hoje, a estrada de Shaolin a Luoyang é pontuada por vilarejos que carregam nomes budistas como Foguang (Luz de Buda). A cerca de vinte quilômetros de Shaolin, no vilarejo de Xuanzang, é possível encontrar um templo em homenagem ao famoso peregrino. Além, na estrada, está o enorme Templo do Cavalo Branco (*Baima Si*), que, datado do período Han do Leste, é considerado o mais antigo mosteiro budista chinês. Para quem se aproxima de Luoyang, as monumentais cavernas de Longmen se tornam visíveis. Foi nesse "reino budista" que, durante o período medieval, o mosteiro de Shaolin prosperou.

Situado em uma venerável montanha e no alcance de uma capital imperial, Shaolin se beneficiou tanto da santidade local quanto do patrocínio real. Sua localização elevada, acima de um centro governamental, também teve implicações militares. O mosteiro controlava a rota de montanha que ligava Luoyang a Dengfeng e mais longe, para o sudeste. Esse valor estratégico serviu como pano de fundo para o primeiro envolvimento dos monges com a guerra.

---

quando ela ainda era consorte do imperador Gaozong. Intitulado Cong jia xing Shaolin si (Seguindo a Carruagem do Imperador quando ele Agraciou o Mosteiro de Shaolin), foi incluído em *Quan Tang shi*, 5.58. A respeito da imperatriz e o mosteiro de Shaolin, ver Wen Yucheng, *Shaolin fanggu*, pp. 87-90. Sobre suas políticas para o budismo, ver S. Weinstein, *Buddhism under the T'ang*, p. 37-47.

2. Servindo ao Imperador

O budismo proíbe a violência. Afetando igualmente clérigos e seguidores leigos, o primeiro dos cinco preceitos budistas proíbe o assassinado de um ser vivo (*bu sha sheng*). A proibição se aplica a todos os seres sencientes, humanos e também animais. Ainda assim, o fardo moral do assassinato varia de acordo com o ser envolvido; matar um animal grande é considerado algo mais grave do que ferir um animal pequeno. O assassinato de um ser humano é a maior das ofensas; tal ação recebe a maior das retribuições no pós-vida e, se for cometida por um monge, envolve a expulsão permanente da ordem monástica[1].

A proibição budista da prática da violência tem implicações significativas para a atitude dessa religião em relação à guerra. O budismo esteve menos inclinado do que outras religiões a determinar a guerra como sanção. Não obstante algumas exceções, a maioria dos autores budistas se recusou a admitir a obrigação social ou política dos soldados de lutar. Ao contrário do hinduísmo, por exemplo, que alude à ida de guerreiros para o Paraíso, muitas escrituras budistas os veem punidos no inferno.

---

1. Ver P. Harvey, *Introduction to Buddhist Ethics*, p. 66, 94; e P. Demiéville, Le Bouddhisme et la guerre, *Choix d'etudes Bouddhiques*, p. 347-348.

O filósofo budista Vasubandhu (século v) vai mais longe ao afirmar que, mesmo se pressionados a lutar, os soldados não deveriam fazer isso, pela razão que é melhor morrer a matar. Na guerra, Vasubandhu frisa enfaticamente, a responsabilidade é coletiva, significando que ela é compartilhada – e não dividida – por todos. O soldado que mata e seu camarada que espera não matar são igualmente culpados, na razão em que ambos se alistaram para o mesmo propósito de morticínio[2].

A objeção budista à guerra foi traduzida em seu código monástico. As regulações *vinaya* de todas as escolas budistas indianas se estendem para prevenir a participação monástica na guerra. Monges são proibidos de portar armas e de se juntar a um exército. Não lhes é permitido lutar ou incitar outras pessoas a lutarem. Mesmo como espectadores passivos, são proibidos de ingressar em um campo de batalha, para não escutar os sons da guerra ou testemunhar seus horrores[3]. As biografias chinesas de monges eminentes revelam situações específicas nas quais essas personagens cumpriram tais leis: em 454, Guṇabhadra (Qiunabatuoluo) se recusou a tomar parte nas operações militares de seu patrono, o príncipe de Nanqiao, exclamando que "um monge não deveria se envolver em guerras"; e, em 645, Xuanzang declinou do convite do imperador Taizong para se juntar a ele na campanha coreana, citando a interdição *vinaya* relativa ao ingresso de monges em campos de batalha[4].

Enquanto a maioria dos clérigos chineses indubitavelmente observava a proibição relativa à guerra, houve quem – a despeito das tentativas budistas de ignorar a questão – não seguia essa orientação. Durante o período medieval, alguns monges lutaram, mas informações a seu respeito nas fontes budistas são escassas. Autores budistas eram relutantes em registrar transgressões do código monástico, preferindo ignorar a existência

2. Ver, de Vasubandhu, *Abhidharmakośaśtra*, traduzido para o chinês por Xuanzang, *Apidamo jushe lun*, T, n. 1558,29, p. 86b, e para o francês por L. de la Vallée Poussin, *L'Abhidharmakośa de Vasubandhu*, v. 3, p. 152.
3. Ver o Código Mahāyāna do século V (que foi provavelmente compilado na China) *Fanwang jin*, T, n. 1484,24, p. 1004b, 105c, 1007b; ver também Demiéville, op. cit., p. 353, e P. Harvey, op. cit., p. 254.
4. Ver, respectivamente, Huijiao, *Gaoseng zhuan*, T, n. 2059,50, p. 344c, traduzido por R. Shih, *Biographies des moines éminents*, p. 153; e *Da Tang da Cien si Sanzang fashi zhuan*, T, n. 2053,50, p. 253b, discutido por S. Weinstein, *Buddhism under the T'ang*, p. 24.

SERVINDO AO IMPERADOR

de monges guerreiros. O vasto conteúdo historiográfico do cânone contém apenas algumas poucas referências ao envolvimento monástico com guerras. Nos raros casos em que budistas
combatentes são mencionados, o fato é justificado pela coer-
ção da parte das autoridades seculares. Temos referências, por
exemplo, a monges da corte de Liang do Norte que, no século v,
foram forçados a combater os invasores de Wei do Norte[5].

Se formos confiar apenas nos testemunhos do clero, teremos a impressão de que os monges do período medieval raramente – se tanto – lutavam. Contudo, o que as autoridades
budistas tendem a ocultar, outros autores revelam. Os compila-
dores confucionistas de histórias chinesas registraram detalhadamente o envolvimento budista em rebeliões armadas – eles
buscavam provar, dessa forma, os perigos inerentes à fé estrangeira. Ao longo de toda a caótica fase de transição de poder entre as dinastias Sui-Tang (a década de 610), assinalaram nada
menos do que cinco revoltas das quais monges budistas participaram[6]. Essa atividade rebelde – muitas vezes de tonalidade
messiânica – se seguiu pelo período Tang (618-907). Em 815,
um monge originário de um mosteiro vizinho a Shaolin – o
Mosteiro do Pico Central (*Zhongyue si*) – chamado Yuanjing
(aprox. 735-815) desempenhou um papel central na tentativa
de golpe de estado promovida por Li Shidao (?-815). Quando
a revolta fracassou, Yuanjing foi submetido à tortura de praxe.
Um soldado foi destacado para quebrar suas canelas com uma
marreta, mas, por alguma razão, falhou. O corajoso clérigo então
ofereceu auxílio afastando as pernas, enquanto falava com sar-
cástico desprezo: "Você é incapaz até de quebrar a canela de um
camarada e, mesmo assim, se diz um sujeito durão? Bah!"[7]

5. Ver Daoxuan, *Xu Gaoseng zhuan*, T, n. 2060,50, p. 646c. Ver também a alusão
   de Zhipan ao monge Daoping (período de maior expressão: 756), que volun-
   tariamente se alistou para a guerra contra An Lushan, tendo sido premiado
   com o título de "Lorde General-em-Chefe da Insígnia Imperial" (*Fozu tongji*,
   de 1271, T, n. 2035,49, p. 375c).
6. Ver *Zizhi tongjian*, 182.5686-5687, 186.5833-5834, 187.5858, 188.5904; ver
   também S. Weinstein, op. cit., p. 154-155, n.1.
7. *Zizhi tongjian*, 239.7716-7717; *Jiu Tang shu*, 15.454; *Xin Tang shu*, 213.5993;
   ver também a biografia do líder militar regional Li Hanzi (842-899), que
   começou sua carreira como monge errante (*Xin Tang shu*, 187.5442-5445).
   Acerca dos monges guerreiros chineses, ver ainda Gu Yanwu, Shaolin seng

24 O MOSTEIRO DE SHAOLIN

E há, também, evidências arqueológicas. Manuscritos Tang tardios descobertos nas famosas cavernas Dunhuang, em Gansu, mostraram que monges desempenharam um papel ativo em combates ao longo da fronteira noroeste da China. Os monges de Dunhuang foram destacados para o serviço militar tanto por chineses como por tibetanos[8]. Um manuscrito, por exemplo, mostra que monges tiveram um papel central no chamado "Retorno ao Exército da Aliança" (*Guiyi Jun*), o qual, sob o comando do aventureiro chinês Zhang Yichao (período de maior expressão: 850), trouxe a região de Turfan para o domínio chinês[9].

No caso de Shaolin, os aspectos marciais são primariamente atestados por outra fonte arqueológica, a da epigrafia. Estelas gravadas, datadas do período medieval, registram pelo menos duas ocasiões em que monges pegaram em armas: a primeira foi nos anos finais da dinastia Sui (cerca de 610), quando eles rechaçaram um ataque de bandidos. A segunda se deu cerca de uma década mais tarde, quando auxiliaram o imperador Li Shimin (600-649) nas campanhas de fundação da dinastia Tang (618- 907). Sua heroica assistência à dinastia garantiu aos monges de Shaolin direitos de propriedade que as estelas foram erigidas para salvaguardar.

A importância do serviço militar prestado por Shaolin à Casa de Tang pode ser avaliada no contexto da política imperial para o budismo. Ao contrário dos governantes das dinastias anteriores (Wei do Norte e Sui), "os imperadores Tang, na maior parte dos casos, não demonstravam muito entusiasmo pelo budismo"[10]. A história de Tang foi marcada por tentativas de reduzir a influência econômica e política do budismo institucional. Essas tentativas culminaram, durante o reinado do imperador Wuzong (que reinou entre 841 e 846), em um grande expurgo da fé budista; centenas de monastérios foram destruídos e milhares de monges forçados a retornar à laicidade. Depois dessa perseguição religiosa, o budismo chinês

bing, em seu *Rizhilu jishi*, 29.21a-22b; Demiéville, op. cit., p. 357-368, e Wen Yucheng, *Shaolin fanggu*, pp. 141-142.

8. Ver Hao Chunwen, *Tang houqi Wudai Song chu Dunhuang seng ni de shehui shenghuo*, p. 104.

9. Ver Feng Peihong, P.3249 bei "jun ji can juan".

10. S. Weinstein, op. cit., p. 5.

SERVINDO AO IMPERADOR 25

jamais recuperou o poder institucional que detivera no período medieval.

Não fosse pela contribuição militar de Shaolin à fundação da dinastia, o mosteiro provavelmente teria sofrido as consequências vividas por inúmeras outras instituições semelhantes: no mínimo, não teria tido qualquer suporte do governo; poderia mesmo ter sido destruído. De forma contrastante, as inscrições nas estelas de Shaolin comprovam que o auxílio dos monges a Li Shimin lhes garantiu o patrocínio dos sucessores dinásticos, a maioria dos quais muito pouco simpática à fé budista. Evidentemente, a não observação, pelos budistas de Shaolin, da proibição relativa à violência assegurou a boa sorte do mosteiro durante o período Tang.

A heroica assistência dos monges de Shaolin a Li Shimin não foi registrada pelos historiadores budistas, que certamente ficaram desconsertados com tal iniciativa. No entanto, os registros não foram gravados em pedra no mosteiro para influenciar o comportamento dos futuros budistas, mas para recordar os oficiais Tang de sua dívida para com Shaolin. Com efeito, tais inscrições exemplificam a importância da epigrafia como fonte historiográfica budista. Gregory Schopen observou, em relação ao caso indiano, que "materiais inscritos nos mostram não apenas o que alguns budistas indianos letrados e educados escreveram, mas o que um número enorme de budistas praticantes de então faziam"[11]. Essa percepção é aplicável à China: as estelas de Shaolin revelam uma história não contada na historiografia budista chinesa – aquela relativa aos monges budistas que serviram a um imperador em campo de batalha.

A "ESTELA DO MOSTEIRO DE SHAOLIN", DE 728

Mais de uma centena de estelas gravadas ornamentam o mosteiro de Shaolin. São monumentos que abrangem toda a história do mosteiro. Enquanto as mais antigas datam dos séculos VI e VII, novas peças são continuamente acrescentadas. Em 2001, uma inscrição em Shaolin foi patrocinada pelo escritor

11. Ver G. Schopen, Two Problems in the History of Indian Buddhism, *Bones, Stones, and Buddhist Monks*, p. 30.

de *best-sellers* Jin Yong (nascido em 1924), cujas obras ficcionais sobre artes marciais destacam a heroica tradição marcial do mosteiro. Na impressionante coleção de documentos de pedra de Shaolin, a chamada "Estela do Mosteiro de Shaolin" (*Shaolin si bei*), de 728, aparece como a peça mais importante. Esse monumento de dimensões significativas – 3,4 metros de altura por 1,3 metro de largura – foi estudado por gerações de pesquisadores[12]. Ele possui sete textos gravados, produzidos entre 621 e 728. A despeito de suas diferentes datas, todos os textos versam sobre a contribuição dos guerreiros de Shaolin a uma das primeiras campanhas militares de Tang.

Quando em 618 Li Yuan (566-635) – o imperador Gaozu – proclamou a dinastia Tang em Chang'an, ele estava longe de ser o único dos pleiteantes ao trono da recém-derrubada dinastia Sui. Antes de o governo Tang se firmar de fato, Li Yuan precisou enfrentar inúmeros líderes militares que também ansiavam pelo poder. Um deles foi Wang Shichong (?-621), general de Sui que em 619 declarou-se imperador de uma nova dinastia, de nome Zheng. Como seus antecessores Sui, Wang estabeleceu sua capital em Luoyang e, do alto de seu poder, controlou virtualmente toda a província de Henan.

O segundo filho de Li Yuan, Li Shimin (600-649), foi encarregado de combater Wang Shichong. À época, Li Shimin possuía o título de "Príncipe de Qin" (*Qin Wang*). Cinco anos mais tarde, depois de um bem-sucedido golpe no qual eliminou seu irmão mais velho, ele sucedeu ao pai no trono imperial. Como imperador, estabeleceu a burocracia e o poder militar da dinastia Tang. Racionalizou a administração, implementou um novo código de leis e levou o exército imperial a

---

12. Sua autenticidade foi verificada por historiadores cuidadosos como Du Mu (1459-1525), Gu Yanwu (1613-1682), Wang Chang (1725-1806), Noboru Niida (1904-1966) e Mamoru Tonami (1937-). Ver Du Mu, *Jin xie linlang*, 12.1a-8b; Du Mu, *You mingshan ji*, 1.18a-23a; Gu Yanwu, *Jinshi wenzi ji*, 2.29b-30a, 3.34b-35b; Gu Yanwu, *Jinshi wenzi ji*, 29.21a-22b; Wang Chang, *Jinshi cuibian*, 41.1a-7a, 74.1a-8b, 77.15a-23a; N. Niida, *Tō Sō hōritsu bunsho no kenkyū*, p. 830-833; e M. Tonami, *The Shaolin Monastery Stele on Mount Song*. A monografia de Tonami inclui transcrições, assim como as traduções para o inglês das inscrições. Esse último documento foi produzido por Penelope Herbert com a ajuda de Tonami. Na sequência eu uso minhas próprias traduções, exceto em casos onde a autoria é destacada. Ver também as excelentes reproduções fotográficas da estela em *Zhongguo Shaolin si, beike juan*, p. 18-22.

uma série de vitórias sem paralelo na Ásia Central. Nas histórias tradicionais, que a ele se referem pelo nome institucional-religioso póstumo Taizong, seu reinado é descrito como uma era de ouro de virtude civil e poder militar[13].

A guerra de Li Shimin contra Wang Shichong durou quase um ano, de agosto de 620 a junho de 621. Li instruiu seus comandantes no sentido de refrear o desejo de atacar diretamente a capital de seu opositor. Ao invés disso, eles deveriam romper as linhas de suprimento de alimentos para Luoyang ocupando os pontos de contato estratégicos dos canais que levavam à cidade. Após vários meses dessa operação de enfraquecimento é que Li Shimin apertou o cerco de Luoyang. No outono de 621, a capital imperial estava reduzida à fome.

Nesse momento, outro rebelde originário da Casa de Sui, Dou Jiande (?-621), chegou para resgatar Wang Shichong. Ele, que havia estabelecido sua base de poder na região fronteiriça entre Shandog e Hebei, temia que uma vitória das forças Tang pudesse ser determinante para suas próprias ambições imperiais. Portanto, aceitou o apelo de Wang Shichong para formar ao menos uma aliança temporária contra Li Shimin e, em maio de 621, guiou seu exército para Luoyang. Li Shimin decidiu enfrentar Dou Jiande primeiro e, em seguida, atacar Wang Shichong. Em 28 de maio, ele pessoalmente liderou suas tropas em uma importante vitória sobre Dou Jiande no estratégico passo Hulao, localizado a cerca de 96 quilômetros a nordeste de Luoyang (Mapa 2). Após a derrota de Dou, Wang Shichong não teve outra escolha senão se render, e em quatro de junho de 621 Luoyang caiu nas mãos de Li Shimin. Pouco tempo depois, Dou Jiande foi executado e Wang Shichong acabou assassinado quando seguia para o exílio[14].

---

13. Ver H.J. Wechsler, T'ai-Tsung (Reign 626-49) The Consolidator, *The Cambridge History of China*; Zhao Keyao e Xu Daoxun, *Tang Taizong zhuan*. Sobre o gênio militar de Li Shimin, ver D. Graff, *Medieval Chinese Warfare*, p. 169-177.

14. Ver *Zizhi tongjian*, 189.5913-5924. Ver também as biografias de Wang Shichong e Dou Jiande em *Jiu Tang shu*, 54.2227-2243, e *Xin Tang shu*, 85.3689-3703. Para uma visão mais ampla, ver H.J. Wechsler, The Founding of the T'ang Dinasty: Kao-tsu (Reign 618-26), op. cit., p. 162-167, e Zhao Keyao e Xu Daoxun, *Tang Taizong zhuan*, p. 39-44. D.I. Graff, op. cit., p. 172-177, analisa a vitória militar de Hulao.

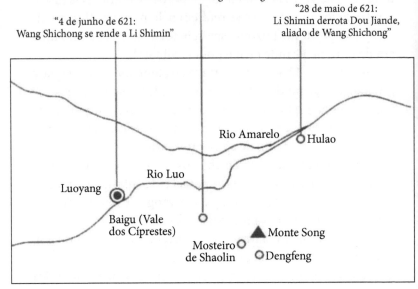

MAPA 2: *Contribuição de Shaolin para a campanha de Li Shimin contra Wang Shichong.*

A "Estela do Mosteiro de Shaolin" revela que monges de Shaolin participaram da campanha de Li Shimin contra Wang Shichong. Os textos nela inscritos atestam que, pouco antes da vitória do passo Hulao, monges derrotaram um contingente do exército de Wang Shichong que ocupava o estratégico monte Huanyuan, onde estava situada a chamada "Gleba do Vale do Cipreste" (*Baigu Zhuang*), pertencente ao mosteiro (Mapa 2). Os clérigos também capturaram o sobrinho de Wang Shichong, Wang Renze[15]. Em agradecimento, o futuro imperador Li Shimin lhes devolveu oficialmente o território do mosteiro que eles haviam liberado e indicou um dos monges como "comandante-em-chefe" (*Da Jiangjun*) de seu exército.

Os sete textos inscritos na "Estela do Mosteiro de Shaolin" incluem uma história da instituição, uma carta de agradecimento de Li Shimin e diversos documentos legais da dinastia Tang. Essas peças esclarecem as atividades militares dos monges a partir de vários ângulos.

---

15. Wang Shichong concedeu a Wang Renze o título nobiliárquico de "Príncipe de Tang" (*Tang Wang*). Ver *Jiu Tang shu*, 54.2232.

SERVINDO AO IMPERADOR   29

Texto 1:
A História do Mosteiro de Shaolin Segundo Pei Cui

O mais extenso dos sete textos inscritos na estela é uma detalhada história da instituição, produzida em 728 por um proeminente oficial do governo do imperador Xuanzong (que reinou de
712 a 755), o ministro de pessoal (*Libu shangshu*) Pei Cui (que
viveu entre cerca de 670 e 736)[16]. Pei alude a duas ocasiões nas
quais monges de Shaolin pegaram em armas – a primeira nos
últimos anos da dinastia Sui, quando seu monastério foi atacado
por bandidos, e a segunda uma década mais tarde, quando participaram da vitória de Li Shimin contra Wang Shichong:

Durante os anos finais do reinado de Daye (605-616), o império se desintegrou. Bandos de ladrões pilhavam a população, atacando
clérigos e leigos igualmente. Este monastério (Shaolin) foi pilhado por
bandidos itinerantes. Os monges ofereceram resistência e, em resposta,
os bandidos atearam fogo e queimaram as estupas e o pátio. Em um
instante, todos os edifícios do local pereciam nas chamas. Apenas a
Estupa do Espírito (*Lingta*) sobreviveu, visível à distância e grandiosa
como sempre. Os seres celestiais a protegeram. Os espíritos da montanha a abençoaram. Que divino poder foi capaz de tal realização [nesse
caso], é algo que ultrapassa tudo o que era antes conhecido.

Cinquenta *li* (aproximadamente 27 quilômetros) a noroeste do
mosteiro está a Gleba do Vale do Cipreste (*Baigu shu*). Picos coroados estão colocados lá juntos. Vales profundos por lá serpenteiam.
Montes de pedras alcançam o limite das nuvens. De lá é possível
vislumbrar a capital imperial (Luoyang). Seu pico mais alto alcança
o sol. Suas encostas presidem as rotas dos pássaros. Durante o período Jin (265-420), um forte (*wu*) foi construído lá. No período Qi,
serviu como local de instalação de uma sede administrativa (*jun*).
Quando Wang Chong (Wang Shichong) usurpou o título imperial,
estabeleceu lá uma prefeitura chamada Yuanzhou. Tirando vantagem da localização estratégica do lugar, ele instalou uma torre de
sinalização e também tropas. Ele montou um exército em Luoyi
(Luoyang) e planejava capturar o Templo Budista (Shaolin).

A augusta dinastia Tang vibrava com os idílicos dias ordenados
pelas cinco fases. Fora abençoada com o grande mandato de mil

16. A história de Pei ocupa um lado da estela. Os outros seis textos foram inscritos no outro lado. Sobre Pei, ver *Jiu Tang shu*, 100.3128-3129; *Xin Tang shu*,
130.4487-4488; e M. Tonami, op. cit., pp. 42-45, 50-52.

30   O MOSTEIRO DE SHAOLIN

anos. Dizimara as calamidades provocadas pela insaciável ganância dos tiranos. Livrara as pessoas dos desastres da grande adversidade. O imperador Taizong Wenhuang [Li Shimin] surgiu em Taiyuan[17]. Seu exército acampou em Guangwu[18]. Ergueu uma grande tenda de comando [para ouvir as opiniões dos conselheiros] e pessoalmente liderou suas tropas.

Os monges Zhicao, Huiyang, Tanzong e outros observaram para qual dos contendores estava direcionado o favor divino. Eles perceberam quem merecia os hinos de louvor, e lideraram a multidão na luta contra o exército rebelde. Eles peticionaram ao imperador para expressar sua completa submissão. Capturaram o sobrinho de [Wang Shi] Chong, Renze, assumindo assim sua aliança com esta dinastia.

Taizong reconheceu a lealdade e a coragem dos monges. Ele repetidamente publicou documentos oficiais expressando o apoio [do mosteiro de Shaolin]. Agraciou os monges com uma carta real de louvor, ao mesmo tempo em que concedeu ao monastério o suporte imperial. Ele agraciou o mosteiro com quarenta *qing* de terras [aproximadamente 560 acres] e um moinho d'água – esses bens constituem a Gleba do Vale do Cipreste (*Baigu zhuang*)[19].

A história de Pei Cui mostra a importância da Gleba do Vale do Cipreste como local, causa e recompensa dos monges pela participação na campanha de Li Shimin. As glebas monásticas medievais estavam normalmente situadas não nas extensamente cultivadas planícies aluviais, mas em regiões mais altas. Além das terras aráveis, abrangiam "florestas, bosquetes, pastos, jardins de montanha e pomares"[20]. A propriedade de Shaolin não era exceção. Concedida ao mosteiro pelo imperador Wendi (Yang Jian, que reinou entre 581 e 604), da dinastia Sui, a gleba estava localizada a sudoeste de Luoyang, no limite leste da cordilheira Song (Mapa 2)[21]. A íngreme Montanha do Caminho Sinuoso (*Huanyuan shan*) – assim chamada em

17. A revolta Tang começou em 617, em Taiyuan, Shanxi.
18. Guangwu está situado próximo a Hulao, onde Li Shimin derrotou o aliado de Wang Shichou, Dou Jiande.
19. Minha tradução segue a transcrição de Wang Chang em seu *Jinshi cuibian*, 77.16b-17b. Comparar, também, com *Quan Tang wen*, 279.1252, e M. Tonami, op. cit., p. 29-30.
20. J. Gernet, *Buddhism in Chinese Society*, p. 117.
21. Sobre as origens da gleba de Shaolin no período Sui, ver a história de Pei Cui tal como traduzida em Wang Chang, *Jinshi cuibian*, 77.17a.

SERVINDO AO IMPERADOR

virtude da sinuosa trilha que levava ao seu pico[22] – se erguia acima da gleba. "Picos coroados estão colocados lá juntos", escreveu Pei Cui. "Vales profundos por lá serpenteiam. Montes de pedras alcançam o limite das nuvens. De lá, é possível vislumbrar a capital imperial (Luoyang)."

A gleba foi estabelecida em um vale profundo, cercado, em toda a sua extensão, por ciprestes. A estrada de Luoyang a Dengfeng passava por esse vale. Ele era tão estreito e cheio de árvores que, segundo fontes medievais, os veículos que por ali circulavam não podiam fazer a volta na própria estrada[23]. Assim, a gleba de Shaolin controlava um passo crucial na estrada para a capital do oeste. Com efeito, seu valor militar havia sido reconhecido séculos antes de a região ser doada ao mosteiro. Em tempos recuados como o da dinastia Jin (265-420), uma fortificação (*wu*) fora estabelecida lá, e essa foi a região dos combates mais renhidos ao longo do século VII[24]. Até hoje o local é conhecido como "Forte do Vale do Cipreste" (*Baigu wu*)[25].

A importância estratégica da Gleba do Vale do Cipreste explica porque tanto Wang Shichong quanto Li Shimin estavam ansiosos por sua conquista. Pei Cui enfatiza que Wang "tomou vantagem da localização estratégica [do lugar]" (*cheng qi di xian*), instalando, ali, uma torre de sinalização e tropas. Além disso, o rebelde Sui usou o Vale do Cipreste para gerenciar a região. Ele estabeleceu uma sede municipal a que denominou, como a montanha próxima, Huanyuan[26]. Foi esse centro administrativo e militar que os monges conquistaram, ganhando a gratidão do futuro imperador.

22. Ver *Taiping huanyu ji*, 5.7a.
23. Idem, 4.2a.
24. O forte é primeiramente mencionado na obra *Jin History* e, de acordo com Pei Cui, foi estabelecido durante esse período (Jin). Ver "Jinshu", 119.3011. Ver também *Song shu*, 45.1372; *Zhou shu*, 15.246; e *Zizhi tongjian*, 117.3694, 170.5291.
25. Durante o período medieval, a própria gleba era algumas vezes denominada como Forte do Vale do Cipreste (em lugar de Gleba do Vale do Cipreste). Ver, por exemplo, a carta de Li Shimin aos monges, supra p. 33.
26. O *Jiu Tang shu* (54.2234) se refere a Huanyuan como "condado" (*xian*); Pei Cui, como o documento governamental de Shaolin de 632 (texto 4, abaixo), se refere ao local como "prefeitura" (*zhou*). O general Wang Junkuo atravessou Huanyuan (isto é, através da Gleba do Vale do Cipreste) ainda em outubro de 620. Mesmo assim, não estacionou tropas ali (comparar com *Jiu Tang shu*, 54.2234, e *Zizhi tongjian*, 188.5589). Essa conduta permitiu a Wang Shichong recapturar a estratégica área montanhosa, que ele viria a perder para os monges de Shaolin no dia 23 de maio de 621.

32   O MOSTEIRO DE SHAOLIN

Pei Cui não alude a um pedido do governo Tang no sentido de que os monges confrontassem Wang Shichong. Sua crônica sugere que o ataque foi de iniciativa dos próprios clérigos. Os monges certamente se ressentiam de Wang, que lhes roubara as terras. Ainda assim, por mais forte que fosse seu ressentimento, uma avaliação política também contribuiu para a ação militar. Pei observa que "os monges Zhicao, Huiyang, Tanzong e outros observaram para qual dos contendores estava direcionado o favor divino". Os clérigos de Shaolin provavelmente não debateram os méritos espirituais dos contendores, mas certamente qual deles tinha maiores possibilidades de vencer a guerra. Tivessem eles escolhido a parte errada na disputa, poderia haver sérios prejuízos para seu mosteiro. A escolha pela dinastia Tang, portanto, garantiu a prosperidade do templo de Shaolin pelos séculos seguintes.

O que poderia ter acontecido no caso de uma escolha política desastrada é sugerido por eventos ocorridos mais de mil anos depois. No início do século XX, os monges de Shaolin se viram envolvidos no conflito entre senhores da guerra que varreu as planícies do norte da China. Eles apoiaram o general Fan Zhongxiu (1888-1930) contra Shi Yousan (1891-1940). Quando criança, Fan havia estudado artes marciais no mosteiro de Shaolin, e presumivelmente por essa razão é que os monges decidiram apoiá-lo. O resultado foi desastroso: no dia 15 de março de 1928, Shi incendiou o mosteiro, destruindo alguns de seus antigos salões e torres. As chamas danificaram parcialmente a "Estela do Mosteiro de Shaolin", que registrava a astuta escolha feita por outros clérigos do mosteiro treze séculos antes[27].

Texto 2:
A Carta de Li Shimin, de 26 de Maio de 621

O próprio Li Shimin confirmou que os monges de Shaolin contribuíram para a sua campanha. Em 26 de maio de 621, três dias após os monges terem capturado o monte Huanyuan[28], o

27. Ver Wen Yucheng, *Shaolin fanggu*, p. 357-360. Sobre Fan Zhongxiu, ver *Min'guo renwu da cidian*, p. 1392.
28. A data da vitória dos monges é fornecida pelo veredicto do magistrado, de 632 (texto 4, abaixo).

FIG. 3: *A assinatura de Li Shimin (Shimin) copiada na estela de 728 em Shaolin.*

futuro imperador lhes endereçou uma carta de agradecimento. Ele estava em campo, preparando suas tropas para o confronto final com Dou Jiande, que ocorreria dois dias depois. Presumivelmente ditou a carta para um de seus secretários. O príncipe de Qin assinou a carta, e sua assinatura foi mais tarde copiada na estela (Fig. 3)[29]:

[De]: Defensor-em-Chefe, Diretor do Departamento de Assuntos de Estado, Diretor dos Departamentos Subsidiários de Assuntos de Estado nos Circuitos de Shandong e Yizhou, Governador Metropolitano de Yongzhou, Marquês Militar da Esquerda e da Direita, General-em-Chefe, Comandante-em-Chefe de Área com Poderes Extraordinários para Liangzhou, Pilar Supremo do Estado (*shang zhuguo*), Príncipe de Qin, [Li] Shimin,

[Para]: Deão (*shangzuo*) do Forte do Vale do Cipreste (*Baigu wu*) do Mosteiro de Shaolin, Abade e seus discípulos, assim como aos demais líderes militares e civis, oficiais, pessoas comuns e outros:

Recentemente, o caos se instalou sob o céu. Em parte alguma havia um senhor, e o mundo estava desmoronando. O Caminho dos

29. Acadêmicos cuidadosos como Gu Yanwu, *Jinshi wenzi ji*, 2.30a; N. Niida, op. cit., p. 833; e M. Tonami, op. cit., p. 3, concluíram que a assinatura é do próprio Li Shimin.

34 O MOSTEIRO DE SHAOLIN

Três Veículos (budismo) declinava. Isso causou a desintegração do Continente Jambudvipa (*Yanfu*). Cavalos de guerra varriam a terra. O Reino do Centro fervia, e todos os demônios se enfrentavam. Esta corte [a dinastia Tang] recebeu o divino augúrio de governar. Ela defende a correta fé budista. Cavalgando a fênix e girando a roda (*lun*, em sânscrito, *cakra*), glorifica o Grande Tesouro [da fé budista]. Portanto, a virtude vai alcançar as pessoas comuns e a educação instruirá a comunidade monástica. Assim, o povo gozará da graça de estar liberto do sofrimento e todos serão beneficiados com os favores do novo esteio.

Wang Shichong usurpou a posição de outra pessoa. Ele ousou se opor aos princípios celestiais. Cobiçou o Reino do Darma (a Gleba do Vale do Cipestre de Shaolin). Agiu imprudentemente, descumprindo as leis do Carma.

Agora, os ventos da virtude estão soprando longe, e a luz da razão está brilhando próxima. O óctuplo caminho budista[30] foi aberto, e por toda a terra santuários budistas estão sendo restaurados. O Mestre da Lei de Shaolin, junto com os outros monges, compreendeu profundamente as circunstâncias em transformação e se adaptou a elas. Os monges imediatamente perceberam que ação traria o fruto budista, e passaram a desenvolver um excelente plano. Juntos, retornaram ao Paraíso Terrestre (*fudi*). Eles capturaram o maldito bastardo (o sobrinho de Wang, Renze), e então limparam a Terra Pura (*jingtu*). Os resultados de sua respeitável observância e expressa lealdade se tornaram conhecidos na corte. Seu caminho de realização e autocultivo adicionam ainda mais glória a seu templo budista.

Nós ouvimos [acerca da contribuição de Shaolin] com prazer e apreciação. É algo que ultrapassa a imaginação e as palavras. O monastério deveria ser apoiado, e os monges, generosamente recompensados. Independente de mudança das circunstâncias, o mosteiro deveria ser suprido com uma renda fixa.

A crise na capital do leste será resolvida rapidamente. Ao mesmo tempo, nós deveríamos exortar as pessoas a agirem elas próprias e fazer uma contribuição; assim, darão exemplo às futuras gerações. Cada um deveria pacificamente compreender sua vocação anterior, juntos vivenciando as bênçãos celestiais.

Portanto, estou lhes enviando o Supremo Pilar do Estado, o Fundador da Dinastia, Duque Administrativo (*jun*) de Deguang,

---

30. O caminho óctuplo (ou senda óctupla) budista consiste de: entendimento correto, intenção correta, palavra correta, conduta correta, modo de vida correto, esforço correto, serenidade correta e meditação correta.

SERVINDO AO IMPERADOR 35

[Li] Anyuan (?-633)[31] para expressar meu apreço. Vocês podem enviar para cá um ou dois comandantes que fizeram uma contribuição, e eu me encontrarei com eles. Sem mais para o momento. O TRIGÉSIMO DO QUARTO MÊS [do quarto ano do período de reinado de Wude] (26 de maio de 621)[32].

Em uma primeira leitura, a carta de Li Shimin não expressa nada além de gratidão. Em rebuscada prosa, característica de suas cartas posteriores[33], o príncipe de Qin discorre sobre a coragem e a lealdade dos monges, as quais, promete, seriam amplamente recompensadas. Entretanto, uma leitura mais aprofundada do despacho revela um tom sutil. Embora saudando o espírito heroico, Li Shimin alertava os monges para desistir de futuras ações militares. A frase "cada um deveria pacificamente compreender sua vocação anterior" (ge an jiu ye) é uma lembrança aos clérigos de Shaolin de que sua vocação era o ensinamento budista. Absolutamente certo da proximidade de sua vitória – "A crise na capital do leste será resolvida rapidamente" –, o príncipe se preparava para a paz, contexto no qual não toleraria atividades militares não autorizadas por parte de clérigos budistas. Dessa forma, a carta do imperador possuía um duplo propósito: ao mesmo tempo louvava e refreava os ímpetos guerreiros dos monges de Shaolin.

31. Há um erro tipográfico na inscrição. Li Anyuan, que participou de diversas campanhas de Li Shimin, foi agraciado como duque mandatário de Guangde (na atual Anhui), não Deguang. Ele também serviu como comandante-em-chefe em Luzhou (na atual Shanxi) e prefeito de Huaizhou (na atual Henan). Ver *Xin Tang shu*, 88.3746-3747.

32. Minha tradução é baseada em um decalque do texto original que obtive quando visitei o mosteiro em 2000. Comparar também as transcrições em *Jinshi cuibian*, de Wang Chang, 41.1a-2a; M. Tonami, op. cit., p. 11; *Shaolin si zhi*, (1748), "*chenhan*" (escritos imperiais), 1b-2.2b; e *Quang Tang wen*, 10.44.

A carta de Li Shimin, que compartilha a "Estela do Mosteiro de Shaolin" com outros seis textos, está inscrita também em outra estela de Shaolin. Uma estela recentemente descoberta no mosteiro e datada de cerca de 689 traz a mesma carta, escrita em estilo caligráfico diferente. A assinatura imperial é a mesma. Ver Cui Geng, *Tang 'Qin wang gao Shaolin si jiao bei' kao*, p. 88-90, e M. Tonami, op. cit., p. 12-14.

33. A prosa remanescente de Li Shimin foi incluída em *Quan Tang wen*, 4.13-10.51, e sua poesia em *Quan Tang shi*, 1.1-20. Sobre sua escrita e caligrafia, ver Zhao Keyao e Xu Daoxun, *Tang Taizong zhuan*, p. 392-403.

36 O MOSTEIRO DE SHAOLIN

Texto 3:
A Doação do Príncipe, de 625

Em sua carta de 26 de maio de 621, Li Shimin prometeu recompensar os clérigos de Shaolin. "Independente de mudança das circunstâncias", ele observou, "o mosteiro deveria ser suprido com uma renda fixa". Quatro anos mais tarde, em 28 de março de 625, o príncipe de Qin cumpriu sua promessa e concedeu ao mosteiro a Gleba do Vale do Cipreste. Anteriormente, durante o regime Sui, a mesma gleba já havia sido concedida ao mosteiro. Ainda assim, após a desintegração da dinastia e a guerra contra Wang Shichong, essas terras foram confiscadas pelo regime Tang. A fim de permitir que os monges usufruíssem da Gleba, ela lhes foi devolvida.

A doação do príncipe deve ser avaliada no contexto da hostilidade à fé budista. Em 5 de junho de 621, um dia depois de ter capturado Luoyang, Li Shimin decretou o fechamento de todos os mosteiros budistas na capital do leste e a dispersão de todo o clero da cidade, com exceção de sessenta monges e monjas eminentes[34]. Há evidência de que essa determinação se fez sentir também além de Luoyang, onde a administração passou a confiscar propriedades monásticas e a retirar o *status* religioso do clero[35]. Em 622, o próprio mosteiro de Shaolin foi fechado e seus monges mandados para casa, sob o pretexto de que suas terras haviam sido adquiridas ilegalmente. Sua reabertura foi permitida dois anos depois, graças aos serviços militares prestados, no passado, à dinastia[36].

Mesmo depois de ter se tornado imperador, Li Shimin não reduziu sua antipatia pela religião. Mesmo tendo consciência de que não deveria estimular oposições por conta de uma firme repressão à religião, ele publicou uma série sem precedentes de leis antibudistas. Em 629, determinou a execução de monges ordenados ilegalmente, em 631 proibiu monges e monjas de receber homenagens dos pais e em 637 decretou que sacerdotes taoístas teriam precedência sobre os budistas em todas as

34. Ver *Zizhi tongjian*, 189.5918.
35. Ver Daoxuan, *Xu Gaoseng zhuan*, T, n. 2060,50, p. 633c. Ver também P. Demiéville, op. cit., p. 361.
36. Ver Texto 4, abaixo.

SERVINDO AO IMPERADOR 37

cerimônias de Estado[37]. Em seus últimos anos de vida, o imperador se tornou amigo de um monge budista, o renomado peregrino Xuanzang (596-664). Ainda assim, ele ouvia os conselhos de Xuanzang mais em assuntos de política externa do que em temas espirituais. Xuanzang tinha profundo conhecimento das terras ocidentais e, por essa razão, o imperador implorou-lhe (sem sucesso) que se juntasse à sua administração[38].

O patrocínio de Li Shimin ao mosteiro de Shaolin foi, portanto, mais uma exceção do que uma regra. Ele resultou não de sentimentos piedosos, de que raramente o imperador era tomado, mas da obrigação de recompensar os monges por seu apoio militar. O desdém imperial pela fé budista sublinha a importância das atividades militares deShaolin como chave de sua prosperidade. Em um ambiente de hostilidade contra a religião, a assistência militar que o mosteiro dera ao imperador era a única garantia de seu bem-estar.

A doação de Li Shimin ao mosteiro foi expressa como uma ordem, o que chamou a atenção dos historiadores jurídicos. Como mostrou Noboru Niida, o vocabulário legal do período Tang distinguia os tipos de ordem de acordo com as pessoas que as emitiam. Uma ordem do imperador era denominada *ling* (comando), uma ordem do príncipe era denominada *jiao* (instrução) e assim por diante[39]. Na razão em que a doação a Shaolin havia sido feita quando ele ainda era um príncipe, recebeu o título de "instrução". Como está inscrito na "Estela do Mosteiro de Shaolin", essa "instrução" inclui não apenas a ordem original de Li Shimin, mas também a comunicação dos oficiais que a levaram[40].

A decisão dos monges de gravar em pedra a doação do príncipe não foi algo único. Durante a dinastia Tang e mesmo em períodos posteriores, era prática comum inscrever cartas de patrocínio em estelas. Essas inscrições, que frequentemente especificavam

---

37. A proibição de os pais prestarem homenagem a seus filhos monges foi revogada em 633. Sobre a política de Li Shimin para o budismo, ver S. Weinstein, op. cit., p. 11-27, e H.J. Wechsler, op. cit., p. 219.

38. Ver H.J. Wechsler, op. cit., p. 219.

39. Ver N. Niida, op. cit., p. 830-838.

40. A "instrução" de Li Shimin foi traduzida por D. Twitchett em *Monastic Estates in T'ang China*, *Asia Major 5*, n. 2, p. 131-132, e em M. Tonami, op. cit., p. 17-18. Ela aparece transcrita em *Jinshi cuibian*, 74.1a-2b; N. Niida, op. cit., p. 831-832; e em M. Tonami, op. cit., p. 16.

38 O MOSTEIRO DE SHAOLIN

o tamanho e a localização exatos das terras concedidas, destinavam-se ainda a proteger os beneficiados do não cumprimento da disposição legal[41]. Ocasionalmente, a inscrição incluía maldições sobre eventuais futuros violadores de suas disposições. No caso de Shaolin, a inscrição especifica que, em adição aos quarenta *qing* (cerca de 560 acres) de terras, o mosteiro seria agraciado com um moinho de água (*shuinian*), que muito acrescentaria às suas rendas. Durante o período medieval, mosteiros cobravam uma taxa de uso (normalmente, em farinha) de seus moinhos[42].

Texto 4:
A Carta Oficial de 632

Os problemas legais relacionados à Gleba do Vale do Cipreste de Shaolin não foram encerrados com a doação de Li Shimin, em 625. Já no ano seguinte, 626, a propriedade de Shaolin se tornou objeto de uma ação judicial que questionava suas dimensões (quarenta ou cem *qing*) e seu *status* legal (se deveria ser classificada como "terra pessoal compartilhada", *koufen tian,* ou "propriedade monástica permanente", *changzhu sengtian*)[43]. O caso foi reduzido a termo em uma carta oficial (*die*) assinada pelo vice-magistrado do condado de Dengfeng. O documento é datado de 21 de julho de 632.

A carta oficial de 632 enriquece nosso conhecimento acerca da guerra ocorrida onze anos antes. A fim de verificar os direitos de propriedade do mosteiro, oficiais do condado de Dengfeng examinaram os registros militares. Como juízes (e historiadores) conscienciosos, reuniram todos os documentos relativos à participação dos monges na campanha de Li Shimin. Eles precisaram a data da vitória dos monges no Vale do Cipreste

---

41. Ver D. Twitchett, op. cit., p. 126-130; e J. Gernet, op. cit., p. 123. Sobre inscrições similares do período Ming, ver T. Brook, *Praying for Power,* p. 174. De acordo com Brook, em alguns casos as inscrições serviam para evitar que monges vendessem a gleba.

42. Ver J. Gernet, op. cit., p. 142-150.

43. No primeiro caso, a terra havia sido destinada ao suporte de um monge e, depois de sua morte, ela reverterá à gleba; no último caso, fora usada para a manutenção do mosteiro. Ver N. Niida, op. cit., p. 832-833; D. Twichett, op. cit., p. 133-134; e J. Gernet, op. cit., p. 66-73, 133-134. Niida considera que a carta oficial de 632 evidencia que o sistema *koufen tian* foi implantado na Henan do século VII.

SERVINDO AO IMPERADOR   39

(23 de maio de 621), verificaram que um monge (Tanzong) foi recompensado com a nomeação para o posto de "general-em--chefe" (*Da Jiangjun*) no exército de Li Shimin e recolheram testemunhos da ação militar dos monges:

Seguindo esse testemunho, nós contatamos [o condado de] Yanshi por expedição, pedindo-lhes que interrogassem [Liu] Weng-chong, e recebemos um relatório com a informação de que eles procuraram o mesmo para fazer as perguntas. Recebemos um relatório no sentido de que: "O fato de que anteriormente, no quarto mês de Wude, quatro (maio de 621), os clérigos do mosteiro de Shaolin recolocaram Huanzhou sob o poder legítimo se verifica..."
Buscamos Li Changyun e os outros homens relacionados a fim de questioná-los. Estamos de posse de um documento que mostra que seus testemunhos corroboram o de [Liu] Wengchong.
Também questionamos Sengyan e seus camaradas monges sobre se eles sabem que os monges [do mosteiro] de Shaolin receberam prêmios pelo mérito que demonstraram em sua ação de devolver [a fortaleza] ao poder legítimo, porque nada se sabia acerca de os monges terem recebido uma posição oficial. Em seu testemunho [a respeito do tema], eles afirmaram:
"Nós, monges, anteriormente, no vigésimo sétimo dia do quarto mês de Wude, quatro (23 de maio de 621), conquistamos a fortaleza e a submetemos à ordem. No trigésimo dia do mesmo mês (26 de maio), fomos honrados pelo recebimento de uma carta contendo um decreto em agradecimento por nossos esforços. A carta que traz esse decreto ainda existe. Ademais, no segundo mês de Wude, oito (625), recebemos um decreto devolvendo quarenta *qing* de terras monásticas. A carta contendo esse decreto ainda existe. Por essa época, prêmios oficiais foram conferidos a alguns monges, mas eles apenas desejaram seguir na vida religiosa, seguir o caminho [budista] e abraçar os serviços religiosos a fim de recompensar o favor concedido pelo Estado. Assim, presumimos que eles não assumiram esses postos oficiais".
O monge [de Shaolin] Tanzong foi recompensado com o título de general-em-chefe (*Da Jiangjun*); Zhao Xiaozai foi recompensado com o título de oficial superior da prefeitura [dignificado como general-em-chefe]; e Li Changyun foi recompensado com o título de dignificação [general-em-chefe][44].
Além disso, ele ainda está aqui atualmente.

---

44. As formas abreviadas *shang kaifu* e *yitong* se referem, respectivamente, aos títulos honorários *shang kaifu yitong da jiangjun* e *yitong da jiangjun*. Ver *Zhongguo lidai guanzhi da cidian*, p. 51, 272.

40 O MOSTEIRO DE SHAOLIN

De resto, obtemos o decreto imperial, a instrução [do Príncipe] que certifica o retorno das terras aos monges etc. Nós a examinamos e verificamos[45].

Textos 5 e 6:
O Presente do Imperador, de 724

O apoio dos monges de Shaolin a Li Shimin lhes garantiu o suporte de seus sucessores imperiais. Cem anos depois da vitória do Vale do Cipreste, o imperador Tang Xuanzong (que reinou de 712 a 755) concedeu ao mosteiro de Shaolin uma inscrição, de próprio punho, para a "Estela do Mosteiro de Shaolin" (Fig. 4). Esse ato simbólico de apoio estabeleceu uma ligação entre Xuanzong e seu venerável ancestral Li Shimin, cuja carta aos clérigos de Shaolin estava inscrita na mesma estela.

Duas curtas cartas oficiais (die), elas próprias inscritas na "Estela do Mosteiro de Shaolin", anunciavam as concessões da inscrição de próprio punho do imperador Xuanzong e de uma cópia da carta autografada por Li Shimin existente nos arquivos imperiais[46]. A segunda carta, datada do vigésimo primeiro dia do décimo segundo mês do quarto ano de Kaiyuan (21 de janeiro de 724) é notável pela assinatura de seu autor: Zhang Yue (667-730), que serviu como presidente do secretariado (zhongshu ling)[47]. Zhang publicou sua carta ao mosteiro de Shaolin em sua condição adicional de diretor da Academia no Salão da Elegância e da Retidão (Lizhengdian xiushuyuan). Sua carta confirma que a inscrição na "Estela do Mosteiro de Shaolin" fora, efetivamente,

---

45. Esta é a tradução de Penelope Herbert presente na obra de M. Tonami, op. cit., p. 24-25, ligeiramente alterada. O texto original está transcrito em Wang Chang, Jinshi cuibian, 74.5a-5b; e M. Tonami, op. cit., p. 21.

46. As cartas estão transcritas e traduzidas em M. Tonami, op. cit., p. 16, 18, 22 e 25. A segunda carta está transcrita também em Wang Chang, Jinshi cuibian, 74-6a-b. M. Tonami, p. 49-52, sugere que o famoso monge Yixing (673-727) contribuiu para a decisão de Xuanzong de apoiar o monastério. Yixing, que é mencionado na primeira carta (datada de 6 de dezembro de 723), servia à época como astrônomo da corte.

47. Ver a biografia de Zhang Yue em Xin Tang shu, 125.4404-4412; ver também D. Twitchett, Hsüan-tsung (Reign: 712-756), The Cambridge History of China, p. 338-340, 376-379 e 387-389.

FIG. 4: *A caligrafia imperial de Xuanzong na estela de 728 em Shaolin. A frase traz as palavras "Carta Imperial de Taizong Wen Huangdi [Li Shimin] [aos monges de Shaolin]".*

produzida pelo imperador Xuanzong[48]. Além disso, o documento atesta a autenticidade da carta de Li Shimin, que havia sido examinada por uma equipe de especialistas sob sua supervisão[49].

É interessante observar que o patrocínio de Xuanzong a Shaolin, como no caso de seu antepassado, não resulta de devoção ao budismo. Xuanzong agiu "com mais determinação que qualquer um de seus predecessores no sentido de limitar o poder do clero budista"[50]. Em 714, por exemplo, determinou a proibição da construção de novos monastérios, e em 727 ordenou a demolição de todas as capelas dos vilarejos. Evidentemente, seu apoio ao mosteiro de Shaolin se deveu exclusivamente à assistência militar prestada pelos monges a seu antecessor.

48. Produzida em elegante escrita clerical (*lishu*), a legenda informa: "Taizong Wenhuang di yu shu" (Carta Imperial do Imperador Taizong Wenhuang).
49. A última incluía Xu Ji'an (?-729) e Zhao Dongxi (período de maior expressão: 720), cujas assinaturas aparecem na carta. As biografias de Xu e Zhao, em "Xin Tang shu" (respectivamente em 199.5663 e 200.5702) atestam que ambos trabalharam sob o comando de Zhang Yue na Academia no Salão da Elegância e Retidão, cujo nome foi alterado em 725 para Academia dos Doutos Valorosos (*Jixiandian shuyuan*). A respeito da direção de Zhang Yue da Academia, ver *Xin Tang shu*, 125.4408.
50. S. Weinstein, op. cit., p. 51.

A beneficência do imperador a Shaolin não foi meramente simbólica. Em acréscimo à sua caligrafia, Xuanzong concedeu direitos de propriedade à instituição. Em 722, isentou o mosteiro da ordem de confisco que atingiu todas as outras propriedades monásticas[51]. Como sugere Mamoru Tonami, foi provavelmente essa ordem de confisco – da qual Shaolin escapou "por pouco" – que convenceu seus monges da necessidade de registrar em pedra suas conquistas militares. A "Estela do Mosteiro de Shaolin" foi erigida para garantir que os futuros governantes tivessem em mente com clareza, como Xuanzong, a contribuição do mosteiro para a fundação da dinastia Tang[52].

Como os monges julgavam, a construção da "Estela do Mosteiro de Shaolin" salvaguardou o patrimônio do mosteiro. Em 798, sete décadas após sua instalação, o mosteiro foi agraciado com uma carta oficial que reitera a importância da estela. Um funcionário público de alto escalão chamado Gu Shaolin (período de maior expressão: 800), que começara sua carreira como magistrado assistente no condado de Dengfeng e a encerrara como gerente da capital do leste, anuiu a um pedido dos monges e, em comemoração à renovação do mosteiro, compilou uma breve história. Os monges de Shaolin, escreveu Gu Shaolian, "capturaram bandidos e socorreram os fiéis. Eles supririam tropas do mal em todo lugar; eles protegeram a Terra Pura em tempos de adversidade. Isso acresceu nossa dinastia Tang de glória"[53].

Mesmo no mais obscuro momento da história do budismo sob o domínio Tang, a memória do heroísmo dos monges lhes garantiu a segurança. Em 6 de abril de 645, durante a fase de maior perseguição da fé budista, o governador de Henan, Lu

51. A ordem de confisco está incluída no *Tang Hui Yao*, 59.1028. De acordo com Pei Cui, o imperador expressamente isentou Shaolin da ordem de confisco; ver sua inscrição como ela foi transcrita em Wang Chang, *Jinshi cuibian*, 77.18b. Ver também M. Tonami, op. cit., p. 47-48.

52. M. Tonami, op. cit., p. 47-52.

53. A história de Gu Shaolian é intitulada "Song yue Shaolin xin zao chu ku ji" (Registro da Cozinha e do Depósito do Mosteiro de Shaolin no Monte Song). Ela foi inscrita em uma estela de Shaolin que atualmente está severamente danificada. Ainda assim, o texto completo foi transcrito em fontes do período Ming tardio como Fu Mei, *Song shu*, 20.13a -16b. A biografia de Gu Shaolian está disponível em *Xin Tang shu*, 162.4994-4995. Compare também com *Jin Tang shu*, 13.396.

SERVINDO AO IMPERADOR

Zhen, agraciou Shaolin com uma visita, que foi registrada na "Estela do Mosteiro de Shaolin"[54]. Essa visita mostra que o mosteiro fora ao menos poupado do expurgo movido pelo império contra o budismo. Enquanto centenas de outros mosteiros eram destruídos, Shaolin gozava do patrocínio de oficiais graduados da corte.

Texto 7:
A Lista dos Treze Monges Heroicos

O último texto inscrito na "Estela do Mosteiro de Shaolin" é uma lista de treze monges cuja distinção em batalha foi reconhecida por Li Shimin (Fig. 5). Um monge, Tanzong, já era mencionado como "general-em-chefe" na carta oficial de 632. Esse "monge tornado general" é também citado, junto com os clérigos Zhicao e Huiyang, na história do mosteiro escrita por Pei Cui. Esta é a lista completa de seus companheiros:

Lista dos monges da Gleba do Vale do Cipreste de Shaolin que, no período Tang, durante o reinado de Wude, em seu quarto ano (621), foram citados pelo imperador Taizong Wenhuang por serviços meritórios:

Deão (*shangzuo*), monge Shanhu.
Abade (*sizhu*), monge Zhicao.
Superintendente (*duweina*), monge Huiyang.
General-em-chefe (*da jiangjun*), monge Tanzong.

Juntamente com eles, foram registrados por meritórios serviços: monge Puhui, monge Mingsong, monge Lingxian, monge Pusheng, monge Zhishou, monge Daoguang, monge Zhixing, monge Man, monge Feng[55].

54. O governador foi acompanhado de dois funcionários de baixa patente, Lu Yin e Yuan You. Sua visita é datada de Huichang, quinto ano, segundo mês, vigésimo sexto dia. A visita foi registrada na face mais estreita da mesma estela em que está registrada a carta de Gu Shaolian. Eu agradeço a A'de por ter me mostrado a inscrição, que, com boa dose de empenho, traduzo agora. Sobre a supressão do budismo no reinado de Wuzong, ver S. Weinstein, op. cit., p. 114-136.

55. Minha tradução é baseada em um decalque do texto original. Comparar também com as traduções em M. Tonami, op. cit., p. 22, e Xu Changqing, *Shaolin si yu Zhongguo wenhua*, p. 104.

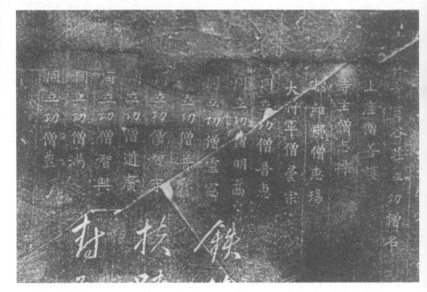

FIG. 5: *Lista dos treze monges heroicos inscrita na estela de 728 em Shaolin.*

A carta oficial de 632 observava que logo após a vitória no Vale do Cipreste vários monges de Shaolin haviam recebido convites para assumir postos oficiais, os quais, à exceção de Taizong, foram polidamente recusados. É crível que os monges em questão sejam os listados no texto 7. Ainda assim, é necessário enfatizar que esse texto não pertence ao tempo de Li Shimin[56]. Sem assinatura ou datação, a lista dos treze monges heroicos foi provavelmente compilada quando a "Estela do Mosteiro de Shaolin" foi erigida, senão ainda mais tarde[57]. Assim, mesmo que alguns dos nomes pertencentes à lista estejam indubitavelmente corretos (notadamente o do general Tanzong), outros podem refletir o crescimento da lenda popular acerca da vitória dos monges.

56. Como fica evidente pelo uso do nome póstumo consagrado, "Taizong".
57. Dos sete textos inscritos na "Estela do Mosteiro de Shaolin", a lista dos treze monges é a que aparece por último. Assim, é presumível que ela tenha sido adicionada à estela em uma data posterior. Em particular, a referência à dinastia Tang lança a suspeita de que a lista dos treze monges pode ter sido compilada depois desse período (todos os demais documentos na estela são datados apenas por períodos de reinado). Não obstante, intelectuais do período Ming tardio como Du Mu e Gu Yanwu concluíram que "treze monges foram reconhecidos por seu mérito". Ver Du Mu, *You mingshan ji*, 19a; e Gu Yanwu, Shaolin seng bing, em *Rizhilu jishi*, 29.21b.

ENGAJAMENTOS OU TREINAMENTO MILITAR?

O vocabulário legal que enfeixa as inscrições de Shaolin não deixa dúvidas: em 621, clérigos do mosteiro foram para a guerra por Li Shimin, o futuro imperador Tang. As circunstâncias pelas quais sua instituição foi recompensada com a propriedade de uma gleba não deixam margem a dúvidas. Oficiais de todos os níveis de governo – do vice-magistrado do condado de Dengfeng ao presidente do secretariado – examinaram em detalhes a vitória militar dos monges e subscreveram documentos legais que a confirmam. Não há dúvida, portanto, de que já no período Tang os clérigos de Shaolin pegaram em armas.

Ainda que essa participação militar não possa ser posta em dúvida, é possível questionar se, durante o período medieval, eles treinaram para esse fim. Apesar de, à primeira vista, existir pouca diferença entre ir à batalha e treinar para tanto, as duas coisas são significativamente diferentes. Os monges de Shaolin podem ou não ter se adestrado, em seu próprio templo, para a guerra. Em tese, poderiam tanto ter recebido treinamento militar fora do mosteiro como ter treinado *ad hoc* para os conflitos nos quais se envolveram – ao invés de receber instrução regular em luta como parte de seu regime monástico. É possível, ainda, que os monges de Shaolin do período Tang tenham lutado sem receber qualquer treinamento militar.

Uma comparação entre as evidências disponíveis nos períodos Tang e Ming pode esclarecer a questão. Uma grande quantidade de fontes dos séculos XVI e XVII atesta não apenas que monges deShaolin participaram de determinadas batalhas, como também que eles treinavam técnicas de combate regularmente. Visitantes posteriores do mosteiro (da dinastia Ming) invariavelmente aludem à visão de exercícios militares e ao som do entrechoque de armas. Nesse período, os clérigos de Shaolin haviam desenvolvido suas próprias técnicas de luta, o que atraiu especialistas militares renomados ao mosteiro. O método de bastão de Shaolin (*gun fa*) é muito elogiado na literatura Ming. Em comparação, as inscrições Tang não aludem a uma técnica de combate desenvolvida em Shaolin. De fato, não mencionam *como* os monges lutaram, ou quais as armas por eles empregadas em batalha. Além disso, nos poemas e

46 O MOSTEIRO DE SHAOLIN

relatos de viagem de renomados letrados Tang que visitaram o mosteiro, não há qualquer alusão a treinamento militar realizado lá.

Vamos reexaminar os conteúdos da "Estela do Mosteiro de Shaolin". Ela faz alusão a *duas ocasiões* nas quais os monges de Shaolin pegaram em armas – a primeira em cerca de 610, quando rechaçaram um ataque de bandidos, e a segunda em 621, quando deram suporte militar ao futuro imperador Tang, Li Shimin. O fato de terem participado de *dois conflitos* armados cronologicamente tão próximos entre si poderia indicar que alguns monges recebiam treinamento militar regular. Somando-se a isso, as inscrições em Shaolin não deixam dúvidas de que um de seus clérigos (Tanzong) *foi apontado como general* no exército de Li Shimin. Presumivelmente, ele foi honrado com esse *status* por conta de suas notáveis habilidades de combate, o que fortalece a tese de que havia prática marcial regular no templo. Mesmo assim, a conclusão de que os monges de Shaolin no período Tang praticavam combate – ou pelo menos algo minimamente semelhante a isso – demanda maiores evidências de treinamento militar regular.

Uma pista pode ser fornecida por uma história curta incluída em uma antologia do período Tang atribuída a Zhang Zhuo (cerca de 660 a 741). Seu protagonista é um monge histórico de Shaolin chamado Sengchou (480-560), que a historiografia budista aponta como mestre da meditação (*dhyāna*). Sengchou estudou com o fundador indiano de Shaolin, Batuo, que, afirma-se, teria se dirigido a ele da seguinte forma: "a leste das montanhas Conglin (na Ásia Central), a pessoa que atingiu a mais alta compreensão acerca da meditação é você"[58]. Com efeito, a anedota contada por Zhang Zhuo diz respeito não à profundidade meditativa de Sengchou, mas a suas habilidades de combate:

O monge Chou (Sengchou) [da Dinastia] Qi do Norte (550--577) veio de Ye (a atual Anyang, em Henan). Em sua infância, raspou a cabeça e se tornou noviço. Seus colegas de classe eram numerosos. Sempre que tinham tempo livre, eles praticavam luta

---

58. Daoxuan, *Xu Gaoseng zhuan*, T, n. 2060,50, p. 553c. De acordo com Pei Cui, Sengchou serviu como abade de Shaolin. Ver, de Pei Cui, *Shaolin si bei*, conforme transcrito em Wang Chang, *Jinshi cuibian*, 77.16b.

SERVINDO AO IMPERADOR

de chão e formas rápidas de ataque e defesa para se entreter. Como o Mestre *Dhyāna* era fraco, os colegas o intimidavam. Um após o outro, abusavam dele e o espancavam.

O Mestre *Dhyāna* se envergonhava disso. Ele adentrou o salão e fechou a porta atrás de si. Agarrando-se aos pés de Vajrapāni, dirigiu ao deus a seguinte prece: "Porque sou frágil, meus colegas noviços me desprezam. Minha humilhação é muito grande. Seria melhor morrer. Sois famoso por sua força – assim, sois o único capaz de me ajudar. Eu vou me postar a vossos pés por sete dias. Se vós não me concederes força, morrerei aqui mesmo antes de renunciar ao meu pedido".

Tendo pronunciado esse voto, passou a suplicar mais fervorosamente ao deus. Nas duas primeiras noites, sua dedicação à própria demanda cresceu fortemente. Na sexta noite, logo antes do amanhecer, Vajrapāni se revelou. O deus trazia nas mãos uma grande tigela repleta de tendões.

"Garoto!", disse ele a Chou. "Você quer se tornar forte?"

"Quero".

"Você é determinado?"

"Sou".

"Você pode comer a carne de tendões?"

"Não posso".

"Por quê?", perguntou a divindade.

"Monges devem renunciar à carne".

Em resposta, o deus virou a tigela e, com sua faca, passou a forçar a ingestão dos tendões pelo noviço. No início, o Mestre *Dhyāna* se recusou a aceitar, mas, quando o deus o ameaçou com seu porrete *vajra* (*jin´gang chu*), ele ficou tão assustado que começou a comer. Rapidamente terminou a refeição, e o deus lhe disse: "agora, você está extremamente forte. No entanto, você deve defender integralmente os ensinamentos [budistas]. Esteja atento!"

Como já era dia, Sengchou retornou ao quarto. Seus camaradas noviços o interrogaram: "Escória! Onde você esteve até agora?" Chou não respondeu. Logo, todos foram ao salão para a refeição comum. Depois de comer, mais uma vez se entretiveram lutando. O Mestre *Dhyāna* disse: "Agora, eu tenho poder. E suspeito que ele não seja do mesmo tipo que o de vocês". Então, flexionou os braços, revelando poderosos tendões e ossos. Ele se assemelhava a um deus.

Antes que eles recobrassem a razão, o Mestre *Dhyāna* disse: "Vou lhes dar uma demonstração". Em seguida, entrou no salão e começou a caminhar horizontalmente no topo das paredes. Ele avançou primeiro do leste, depois do oeste, muitas centenas de passos. Então pulou, e sua cabeça bateu nas vigas do teto muitas vezes.

48   O MOSTEIRO DE SHAOLIN

Para finalizar, ergueu muitos milhares de quilos[59]. Sua forma de combate era rápida e poderosa.

Aqueles que haviam feito pouco dele prostraram-se no chão. Eles suavam profusamente. Ninguém ousou enfrentá-lo[60].

A violência e abusos registrados por Zhang Zhuo parecem pouco adequados a um templo budista. Tampouco os exercícios marciais que descreve são apropriados para monges budistas. Ainda assim, se sua história reflete circunstâncias históricas, então a luta era praticada em alguns mosteiros budistas durante o período Tang. É possível, portanto, que monges chineses medievais – em Shaolin ou outros templos – não apenas tenham participado de guerras, porém treinado para elas.

DIVINDADES MARCIAIS E MONGES GUERREIROS

A história de Zhang Zhuo sobre o monge Sengchou poderia ser rejeitada como pura ficção – sem relação com a prática budista ou com o universo semântico de Shaolin – se não fosse por um motivo que a liga a esses dois elementos. Vajrapāni, cujo divino socorro Sengchou procurou, aparece na mitologia budista como um deus militar que confere força. Mais do que isso: é sabido que, ao menos em época recente, ele foi profundamente venerado no mosteiro de Shaolin.

É surpreendente que uma religião voltada à paz como o budismo tenha chegado à China equipada com toda uma galeria de divindades marciais. A iconografia budista nos revela um inesperado aspecto da fé. O Buda é usualmente flanqueado por deuses fortemente armados e de feições ferozes – seres que espezinham demônios com os pés[61]. Vajrapāni (em chinês, *Jin'gang* [*shen*]) pertence a essa categoria de guerreiros divinos.

---

59. O original possui o termo *jun*, que equivale a trinta *jin*. Um *jin* do período Tang equivale a cerca de 1,5 libra inglesa.

60. *Chaoye qian zai*, 2.21-22. A relevância da lenda para a história de Shaolin foi destacada por Kuang Wennan, *Shaolin xiwu de faduan ji zaoqi Daojiao wushu*, p. 10; e por A'de, em *Jinnaluo wang kao*, *Shaolin gongfu wenji*, p. 99.

61. Essa é, por exemplo, a típica iconografia dos Quatro Lokapālas, guardas divinos do universo também conhecidos como Catur Mahārājas (em chinês, Hushi si Tianwang). Ver A. Stein, *Serinida*, v. 2, p. 870-876; A. Getty, *The Gods of Northern Buddhism*, p. 166-168; e P. Demiéville, op. cit., p. 375-376.

SERVINDO AO IMPERADOR   49

Como seu nome indica, sua arma é o mítico *vajra*, ou raio (em chinês, *jin'gang*). À época em que foi incorporado ao arsenal budista, esse mágico instrumento já possuía uma história venerável. O deus hindu Indra empregou o *vajra* para subjugar o dragão cósmico Vṛtra[62]. A arma do deus assumiu diversas formas nas representações artísticas. Mais comumente, porém, o *vajra* foi imaginado como um cetro curto ornamentado, algumas vezes semelhante a uma flor (Fig. 6)[63].

Vajrapāni, o portador do *vajra*, foi venerado na China como uma divindade, ou então como dois espíritos temíveis – os chamados "Dois Veneráveis Reis" (*Erwangzun*) – que montam guarda em ambos os lados dos portais dos templos. Sua iconografia reflete sua força corporal. Ao contrário de outras divindades tutelares, Vajrapāni não é protegido por uma armadura. Ele porta roupas leves, revelando um físico vigoroso. Seu tórax poderoso aparece exposto e seus braços musculosos envolvem sua icônica arma (Fig. 7)[64]. "As imagens de Vajrapāni", observou um historiador de arte, "não carregam senão poucas roupas, sem dúvida de forma a permitir a exibição completa de seus músculos extravagantemente exagerados"[65]. Essa "força desnuda" certamente foi uma razão para o apelo de Vajrapāni junto aos artistas marciais – seja o monge ficcional Sengchou ou os guerreiros históricos de Shaolin.

A literatura chinesa destacou a força bruta emanada do ícone do guerreiro divino. A seguir, temos uma descrição feita por um autor do século XVI, de um par de estátuas fundidas de Vajrapāni:

Um possui face de ferro e bigodes de aço, como se estivesse vivo.
Um possui sobrancelhas grossas e olhos redondos que parecem reais.

---

62. O termo chinês "jin'gang" se refere ao sentido secundário do termo sânscrito para "diamante". Ver Monier-Williams, *A Sanskrit-English Dictionary*, p. 913; e "jin'gang" em *Foguang da cidian*, v. 4, p. 3532-3533. Vajrapāni é, algumas vezes, identificado com Indra. Ver E. Lamotte, Vajrapāni in Índia, *Buddhist Studies Review*, p. 1-9. Ver também L. Frédéric, *Les Dieux du Bouddhisme*, p. 209-211; e A. Getty, op. cit., p. 50-53, 200.
63. Ver "kongō" e "kongōsyo" em Shinkō Mochizuki, *Bukkyō daijiten*, v. 2,p. 1309 e 1333-1335, respectivamente. Ver também L. Frédéric, op. cit., p. 60-62.
64. Ver "Jin'gang lishi" e "Erwangzun" em *Foguang da cidian*, v. 4, p. 3534-3535 e v. 1, p. 190-191, respectivamente; ver também L. Frédéric, op. cit., p. 247-249.
65. A. Stein, op. cit., v. 2, p. 876.

FIG. 6: *Vajrapāni empunhando um vajra em forma de flor. Pintura do século IX, de Dunhuang (© copyright: Acervo do Museu Britânico).*

SERVINDO AO IMPERADOR   51

À esquerda, os ossos do punho, como ferro fundido, se destacam.
À direita, as palmas despontam como bronze cru.
Dourada cota de malha de esplêndido brilho.
Brilhantes elmos e fitas de seda sopradas pelo vento[66].

Divindades guardiãs como Vajrapāni ganharam seus postos tutelares em função de sua familiaridade com os inimigos da fé. Muitas vezes, elas começaram suas carreiras como demônios menores que foram convertidos ao budismo para combater seus semelhantes renitentes. Como especialistas em maldades, são considerados o mais efetivo antídoto contra demônios de poder semelhante. "Figuras que originariamente funcionavam como demônios ligados às doenças", escreve Michel Strickmann, "vieram a se tornar, no período medieval, protetores homeopáticos contra os males que anteriormente, em seus não iluminados dias pré-budistas, eles próprios provocavam"[67]. As tenebrosas origens de Vajrapāni como um espírito maligno são reveladas por seu título de *vajra-yakṣa* (*jin'gang yecha*), que o identificam como um espírito *yakṣa* hindu. Seus traços contraditórios de demônio e exterminador de demônios são sugeridos pela ferocidade de suas representações visuais, o halo de fogo ao redor de sua cabeça, as mandíbulas escancaradas e os caninos protuberantes (comparar as Figs. 6, 7 e 8).

A noção de que o poder de Vajrapāni poderia ser concedido aos seus devotos não é produto da imaginação literária de Zhang Zhuo. As escrituras budistas atestam que o deus foi venerado como um provedor de força, mesmo quando referido por seu outro nome: Nārāyana (em chinês, *Naluoyantian* ou *Naluoyan*). Tal nome foi usado como termo honorífico de diversas divindades indianas (incluindo Vishnu). Nos textos budistas chineses é normalmente aplicado a Vajrapāni quando o guerreiro aparece sozinho, ou, quando assume sua forma dual, o personagem que monta guarda à direita[68].

---

66. A. Yü (trad.), *The Jouney to the West*, v. 2, p. 167. O original é de Wu Cheng'en, *Xiyou ji*, 36.412.
67. *Chinese Magical Medicine*, p. 67.
68. Ver Naluoyan li chi jin'gang, Nalouyantian e Jin'gang lishi, em *Foguang da cidian*, v. 3, p. 3029-3030 e v. 4, p. 3534-3535, respectivamente. Ver também

FIG. 7: *A complexão musculosa de Vajrapāni em uma estátua do período Tang.*

SERVINDO AO IMPERADOR

Originalmente, os poderes de Nārāyana eram buscados por meios mágicos. O "Sutra dos Encantos Compostos" (*Tuoluoni ji jing*), compilado na China em 654 a partir de um vasto corpo de textos indianos, inclui duas de suas fórmulas mágicas, completas por encantamentos verbais (em sânscrito, *mantra*; em chinês, *zhou*) e símbolos expressos com as mãos (em sânscrito, *mudrā*; em chinês, *yinxiang*). Esses encantamentos garantiam ao praticante os "poderes ilimitados (*wubian li*)" de Nārāyana, a ponto de o mesmo ser capaz de "mover montanhas e agitar oceanos"[69].

A magia deu lugar às suplicas em pelo menos alguns textos budistas chineses. Em seu *Dicionário do Cânone Budista* (*Yiqie jing yinyi*), Huilin (737-820) explica que os poderes de Nārāyana poderiam ser suscitados por meio de oração. Como Zhang Zhuo, o autor budista enfatiza o fato de que o fervor é a chave para a graça divina. "Aqueles que desejam obter grande poder aplicam-se à nutrição de todos os seres vivos. Se suplicarem intensamente [a Nārāyana], todos obterão o poder divino (*Ruo jingcheng qidao, duo huo shen li ye*)"[70].

A concepção budista de Nārāyana como provedor de poder influenciou a prática religiosa em Shaolin. A arqueologia prova que a divindade foi cultuada no monastério por sua força. Uma estela do século xii, ainda existente em Shaolin, apresenta a poderosa divindade brandindo seu *vajra* (Fig. 8). Encomendado pelo abade Zuduan (1115-1167), o documento em pedra traz ainda uma das fórmulas mágicas de Nārāyana, compilada do "Sutra dos Encantos Compostos". Segue-se uma breve explicação:

De acordo com a escritura, essa divindade (Nārāyana) é uma manifestação de Avalokiteśvara (Guanyin). Se uma pessoa que compassivamente nutriu todos os seres vivos emprega essa magia [da divindade], irá fortalecer sua força corporal (*zengzhang shen li*). Ela cumpre todos os votos, sendo mais eficaz...

Nārāyana, em Monier-Williams, op. cit., p. 536-537, e Naraenkongō, em *Zengaku daijiten*, p. 967.

69. Ver *Tuoluoni ji jing*, compilado na China pelo monge indiano Atikūta, T, n. 901, 18, p. 880c-881a; sobre esse sutra, ver M. Strickmann, *Mantras et mandarins*, p. 133-163.

70. *Yiqie jing yinyi*, T, n. 2128,54, p. 340a.

FIG. 8: *Estela de Nārāyāna (Vajrapāni) em Shaolin (século XII).*

SERVINDO AO IMPERADOR   55

Portanto, aqueles que estudam o simbolismo de mãos (*mudrā*) de Nārāyana, aqueles que procuram seu encantamento (*mantra*) e aqueles que buscam essa imagem são numerosos. Então, nós erigimos essa estela para difundir essa transmissão.

Estela reerguida (*chong shang*) pelo abade de Shaolin Zuduan[71].

Ainda que a estela de Zuduan cite o "Sutra dos Encantos Compostos", seu entendimento acerca dos poderes conferidos por Nārāyana é diferente. O sutra promete ao possuidor do encantamento de Nārāyana "poderes ilimitados" que não estarão concentrados *em sua pessoa*. Seriam influências mágicas abstratas às quais esse indivíduo presumivelmente teria acesso. Em contraste, a estela da Shaolin – como na história de Zhang Zhuo acerca do clérigo de Shaolin Sengchou – identifica o poder de Nārāyana com o físico do praticante. Zuduan não promete aos seus leitores de Shaolin habilidades mágicas intangíveis, mas "um aumento de sua força corporal". Ele atesta que seus tendões e ossos tornar-se-iam mais poderosos.

A estela de Shaolin revela, portanto, como monges "marcializados" transformaram uma fórmula mágica a fim de atender sua agenda de treinamentos físicos. Monges lutadores como o Sengchou da anedota de Zhang Zhuo não estavam interessados em habilidades mágicas etéreas. Seu objetivo era mais concreto: eles pediam músculos mais fortes, que lhes permitissem alcançar uma melhor performance em seus exercícios militares. A estela de Zuduan em Shaolin atesta que eles buscavam alcançar essa meta corporal com o antigo provedor budista de poder mágico, Nārāyana.

Ainda que seja datada do período Jin, a estela de Zuduan mostra que o culto a Nārāyana em Shaolin se originou em um período anterior. A estela é apresentada como tendo sido "reerguida por Zuduan", o que sugere que o mosteiro já produzira um ícone semelhante da divindade marcial em tempos mais recuados. É impossível datar essa anterioridade. Ainda assim, considerando a evidência presente na história de Zhang Zhuo, é aceitável afirmar que durante o período Tang monges de Shaolin veneravam Nārāyana. Nesse caso, a mitologia marcial

---

71. Ver a transcrição de A' e, em seu Jinnaluo wang kao, op. cit., p. 99.

pode ser relacionada à prática marcial monástica desde o período medieval.

CARNE, VINHO E MONGES GUERREIROS

Outro elemento na história de Zhang Zhuo deve ser observado: a conexão entre luta e consumo de carne. Como pré-requisito para aumentar a força de Sengchou, Vajrapāni pede que seu devoto viole um artigo fundamental de sua religião ao consumir a carne de um animal. Quando o monge se recusa a fazer isso, o deus budista toma a iniciativa e empurra o alimento proibido pela garganta do acólito. A associação entre monges lutadores e o consumo de carne é um tema recorrente da literatura marcial. Novelas, peças e mais recentemente filmes e séries de tevê invariavelmente apresentam monges guerreiros como devoradores de carne (e, usualmente, como beberrões de vinho também). Do período Tang ao século xx, os monges marciais da ficção se deliciavam com nada menos do que álcool e carne de animais. O significado da carne no *éthos* dos monges lutadores é tão grande que nós faremos uma breve pausa em nosso enfoque cronológico para discutir o tema ao longo do tempo – partindo de fontes que abrangem do período medieval ao presente.

O vegetarianismo, vale notar, não é observado universalmente pelos monges budistas. As antigas escrituras budistas não são unânimes em relação à dieta monástica: enquanto alguns sutras do Mahāyāna advogam a abstinência de carne animal, a maior parte das compilações de leis clericais não proíbe o consumo *per se*. Elas apenas instruem os monges a refrear o consumo de animais que foram abatidos expressamente para alimentá-los (na medida em que o animal tenha sido abatido para alimentar outras pessoas, esse consumo também lhes é permitido). A inconsistência da literatura se refletiu na divergência das práticas. Na maior parte dos países que adotam o budismo theravada, os monges consomem carne. Em contraste, o budismo chinês é estritamente ligado ao vegetarianismo. Tendo se iniciado no período medieval, a abstinência de carne estabeleceu um aspecto importante da identidade budista, sendo observada não apenas por monges, mas também

SERVINDO AO IMPERADOR 57

por seguidores leigos[72]. Leitores da história de Zhang Zhuo no período Tang devem ter ficado escandalizados com a insistência do deus budista em fazer com que seu devoto transgredisse um dogma fundamental de sua religião.

Por que, então, imaginou-se que os monges guerreiros chineses eram apreciadores de carne animal? Uma razão residia na crença de que o consumo de carne é indispensável para a força física. Até hoje há quem, supondo que feitos atléticos exigem uma dieta à base de carne, acredita que os monges a consumiam. Ainda assim, o motivo literário dos monges lutadores carnívoros também espelha outra suposição, a de que aqueles que violavam uma proibição monástica (guerrear) seriam indiferentes à violação de outra (consumir carne). Ocasionalmente, os dois vícios eram metaforicamente combinados, com o monge selvagem sendo imaginado devorando a carne de seus inimigos derrotados. Antes de chefiar a batalha, o protagonista monástico da sátira "História da Ala Oeste" (obra escrita por Dong Jieyuan, autor cujo período de maior expressão foi por volta de 1200) exclama: "Hoje, teremos carne para comer... Eu vou derrubar os ladrões com minha espada. Deixem que eles sejam os recheios de pastel em nossa refeição!"[73] No imaginário popular, a crueldade dos combates tornou-se indistinguível da brutalidade de uma dieta carnívora.

Um dos mais memoráveis monges guerreiros da literatura chinesa é Lu Zhishen, protagonista da novela *À Margem das Águas* (*Shuihu zhuan*), obra escrita na fase inicial da dinastia Ming (em cerca de 1400). Também conhecido como Monge Tatuado (*Hua Heshang*), Lu é ordenado em um mosteiro da província de Shanxi, onde monges guerreiros históricos praticavam artes marciais. Trata-se do complexo eclesiástico do monte Wutai, cuja bravura de seus monges guerreiros – como veremos mais à frente – foi celebrada já na dinastia Song do Norte (960-1127). A novela mostra Lu Zhishen consumindo carne e vinho dentro do mosteiro. Quando ele chega à situação-

72. Ver J. Kieschnick, *Buddhist Vegetarianism in China*, em R. Sterckx (org.), *Tripod and Palate*; V. Goossaert, *L'Interdit du boef en Chine*, p. 51-71; e B.J. ter Haar, *Buddhist-Inspired Options*, *T'oung Pao 87*, p. 129-137.

73. Chen Li-li, *Master Tung's Western Chamber Romance*, p. 46-47. Comparar, também, a versão teatral zaju, do século XIII, de Wang Shifu, *The Moon and the Zither: The Story of Western Wing*, p. 232-234.

-limite de forçar seus camaradas de vida clerical a mastigar pedaços de carne, é expulso do mosteiro e assume a carreira de artista marcial itinerante. As aventuras do monge guerreiro eventualmente o levam ao heroico bando de rebeldes que vivem "à margem das águas", no pântano de Liangshan.

A novela destaca as transgressões dietéticas de Lu. Ele devora carne de cachorro, produto que, ainda que consumido em algumas regiões da China, é considerado indigno por muitos chineses. A religiosidade popular chinesa considera os cães como ritualmente impuros e, por esse motivo, como seres poderosos em termos mágicos. Em Taiwan, por exemplo, divindades caninas são objeto de cultos noturnos, e a carne de cachorro é por vezes utilizada em práticas de magia negra[74]. Esses fatos não detêm o carnívoro Lu, que sofregamente consome *toda a carne*. O narrador chega ao limite literário com seu monge comedor de carne ao desfiar, em detalhes, a cena em que ele enfia as duas mãos na carcaça do animal. Não é por acidente que seu selvagem protagonista guarnece sua refeição com alho, que, como a carne, é um elemento dietético rejeitado pelos budistas chineses[75]:

Lu consumiu dez grandes tigelas de vinho. "Você tem alguma carne? Eu quero um prato grande".

"Eu tinha alguns bifes mais cedo", respondeu o proprietário, "mas eles já foram todos vendidos".

Lu Zhishen sentiu cheiro de carne cozinhando. Ele foi ao jardim e encontrou um cão sendo fervido em uma tigela próximo ao muro.

"Você tem carne de cachorro", disse. "Por que não me vende um pedaço?"

"Eu imaginei que, como monge, você não comeria isso. Assim, não perguntei."

"Eu tenho muito dinheiro aqui". Lu sacou algumas moedas de prata e as entregou ao proprietário. "Traga-me metade".

O proprietário cortou metade da carcaça do cão e a colocou sobre a mesa com um pequeno prato de molho de alho. Deliciado, Lu lançou-se com ambas as mãos sobre a peça. Ao mesmo tempo,

---

74. Ver M. Shahar, Lucky Dog. *Free China Review* 41, n. 7; e R. Weller, *Resistance, Chaos and Control in China*, p. 134-135.
75. Ver J. Kieschnick, op. cit.

SERVINDO AO IMPERADOR   59

consumiu outras dez tigelas de vinho. Achou o vinho muito agradável e pediu mais[76].

O "mau comportamento alimentar" de Lu seria retomado seiscentos anos depois de a novela ter sido escrita, por um filme que apresentava monges de Shaolin como consumidores de carne de cachorro. Produzido em 1982, o filme *O Templo de Shaolin* (*Shaolin Si*) desempenhou um papel significativo na moderna história do monastério. Situado entre as produções mais vistas do cinema na China, a película apresentou alguns dos principais artistas marciais chineses, mais especialmente o lendário Li Lianjie (Jet Li), atleta nascido em 1963 e que aos dezoito anos de idade já havia conquistado cinco vezes o título de campeão nacional geral* Aos onze anos, Li se apresentara na Casa Branca como integrante da turnê de artes marciais chinesas que fazia parte dos hesitantes esforços iniciais de aproximação diplomática entre China e Estados Unidos. Oito anos mais tarde, apareceria em *Shaolin Temple* (O Templo de Shaolin) como um monge, contracenando com alguns dos artistas marciais do próprio mosteiro. Filmada na locação histórica, a película granjeou imenso interesse ao mosteiro de Shaolin. Após a exibição, milhares de artistas marciais se dirigiram ao local, iniciando a construção de dezenas de escolas de luta em sua vizinhança. Assim, a realidade imitou a ficção – e o sucesso de um filme sobre Shaolin contribuiu para o renascimento do mosteiro[77].

Desempenhando um papel fundamental na história moderna do mosteiro, *O Templo de Shaolin* fornece um exemplo surpreendente de continuidade histórica. O tema do filme é o auxílio dado pelos monges a Li Shimin, evento ocorrido 1300 anos antes. De fato, a produção mostra a autêntica "Estela do Mosteiro de Shaolin", de 728, sobre a qual nos referimos em páginas anteriores. Isso não significa, porém, que, quando transposta para a tela, a história não foi embelezada. No filme, os monges não apenas lutam por Li Shimin, mas salvam sua vida.

76. S. Shapiro (trad.), *Outlaws of the Marsh*, v. 1, p. 75.
* De Wushu, forma desportiva moderna da arte marcial chinesa (N. da T.).
77. Ver Ching [Chen Xing Hua], How Jet Li Saved the Shaolin Temple *Kungfu Qigong*.

60 O MOSTEIRO DE SHAOLIN

Em agradecimento, o imperador viaja até Shaolin, onde pessoalmente isenta os clérigos das regras dietéticas budistas, o que lhes permite consumir carne. À sanção política se junta outra, teológica; depois de consumirem carne de cachorro, os monges afirmam: "Quando o Buda está em seu coração, carne e vinho nada significam".

A insistente recorrência do consumo de carne na ficção dos monges lutadores – da história de Zhang Zhuo sobre o monge Sengchou, datada do período Tang, ao filme *O Templo de Shaolin*, dos anos de 1980, sugere que esse fato pode não ser historicamente infundado. Talvez os monges carnívoros da ficção tenham sido moldados após o surgimento dos verdadeiros guerreiros de Shaolin. Se assim for, é presumível que pelo menos alguns monges tenham descumprido não apenas a proibição de guerrear estabelecida nas regras religiosas, mas também o impedimento do consumo de carne. Em *The Historian's Craft* (O Ofício de Historiador), Marc Bloch observa que algumas vezes é interessante conduzir investigações históricas "para trás" – do presente ao passado: "a natural progressão de todas as pesquisas vai do que é mais (ou menos mal) conhecido ao que é o mais obscuro"[78]. Nós podemos, portanto, seguir essa pista e iniciar nosso questionamento a respeito da história da dieta de Shaolin pelo exame das atuais condições do mosteiro nesse quesito.

Em uma série de ensaios publicados na revista californiana *Kung Fu Tai Chi*, Gene Ching revelou as complexidades da comunidade de Shaolin. O título de "monge de Shaolin" foi assumido por praticantes tão diversos que expande nosso real conhecimento acerca do monasticismo budista. A fraternidade de Shaolin inclui pelo menos quatro tipos de discípulos. Na posição central estão os clérigos budistas ordenados, que residem nas próprias instalações históricas do mosteiro. Há também uma categoria bastante ampla de monges ordenados em Shaolin, que, tendo se graduado no programa marcial do mosteiro, deixaram a instituição para seguir uma carreira militar itinerante e, no mais das vezes, abrem suas próprias "academias Shaolin". Um terceiro grupo de "monges de Shaolin" é formado por artistas marciais profissionais que nunca foram

78. M. Bloch, *The Historian's Craft*, p. 45.

SERVINDO AO IMPERADOR

ordenados monges, mas que, por fazerem parte da companhia performática do próprio mosteiro, envergam os trajes monásticos. Algumas vezes chamados de "falsos monges" ou "monges performáticos", eles se apresentam em *shows* locais para turistas, ou então em turnês internacionais. Finalmente, há um quarto grupo, formado por uma imensa massa de discípulos leigos (*sujia dizi*), artistas marciais formados que treinaram no mosteiro, mas que nunca foram ordenados clérigos budistas, e nem se apresentam como tais. Muitos destes últimos nasceram no condado de Dengfeng, na vizinhança do mosteiro, e suas famílias praticam artes marciais há gerações. Com efeito, alguns dos maiores mestres de luta do estilo Shaolin são praticantes leigos, caso de Liang Yiquan e Liu Baoshan (ambos nascidos em 1931)[79].

No que diz respeito às leis dietéticas budistas, elas são seguidas apenas pelo primeiro grupo, de monges ordenados e residentes em Shaolin. A carne *não é servida* no atual mosteiro de Shaolin, e os monges residentes aderem à dieta vegetariana. Em contraste, muitos outros discípulos são abertamente carnívoros. Da mesma forma, a maior parte dos praticantes leigos de artes marciais originárias de Shaolin consome carne. Dentre os monges lutadores que deixaram o mosteiro para abrir suas próprias escolas, muitos – mas não todos – consomem carne. Embora continuem a se apresentar como monges e usem os trajes clericais budistas tradicionais, utilizam a carne sem restrições. Na verdade, eles dão a impressão de que o carnivorismo é um elemento integral do *éthos* do monge marcial (*wu seng*). Quando questionados sobre seus hábitos alimentares, eles explicam que os monges guerreiros de Shaolin sempre consumiram carne – algumas vezes, inclusive, citam a lenda celebrada no filme *O Templo de Shaolin*, segundo a qual o imperador Li Shimin liberou os monges da regra vegetariana. Mesmo assim, é difícil saber se essa nova apologia do consumo de carne antecedeu ao filme ou se nasceu com ele.

Como a comunidade de Shaolin se internacionalizou, seus costumes alimentares se disseminaram. Em tempos recentes,

---

79. Ver os ensaios de G. Ching, The "One" of the Top Ten: Shaolin Grandmaster Liang Yiquan; 13,000 Warriors of Taguo; e In the Dragon´s Den, todos publicados em *Kung Fu Tai Chi*.

monges lutadores de Shaolin emigraram para os Estados Unidos, onde abriram escolas de arte marcial. Atualmente, "templos de Shaolin" podem ser encontrados em lugares tão distintos quanto Cupertino, na Califórnia, Houston, no Texas, e Nova York. Pelo menos alguns desses empreendimentos são liderados por clérigos ordenados em Shaolin abertamente carnívoros. Yanming, o fundador do "Manhattan Shaolin Temple", por exemplo, consome carne, bebe vinho e, para completar, é casado – isso não o impede de se apresentar como monge budista e vestir os trajes clericais. Em verdade, a identidade "Shaolin" de Yanming é importante não apenas por motivos religiosos, mas também pelo aspecto econômico. É pela virtude de ser um autêntico "monge de Shaolin" que Yanming consegue atrair alunos, dentre os quais estão celebridades como o músico de *rap* RZA, da banda "Wu-Tang Clan" (cujo nome deriva da escola chinesa de artes marciais de Wudang)[80].

Vivendo em um "país distante", Yanming e suas transgressões dietéticas não incomodam seus camaradas monges que permaneceram no mosteiro. Contudo, outros "monges carnívoros" residem nas cercanias deste e fazem contato diário com seus habitantes vegetarianos. A maioria dos clérigos ordenados que deixou a instituição vive no condado de Dengfeng. Suas academias estão localizadas ao redor do templo, onde eles regularmente competem com os monges residentes. De forma semelhante, quando não estão em turnê, os "monges performáticos" (que residem no templo) saem para consumir refeições com carne em restaurantes próximos. Finalmente, discípulos leigos entram e saem das instalações de Shaolin para se encontrar e treinar com seus velhos mestres. Assim, monges residentes vegetarianos estão em contato próximo e permanente com outros tipos de praticantes que comem carne.

A proximidade entre os clérigos de Shaolin e personagens que poderiam ser descritos como "semimonges", "meio monges" ou "monges falsos" foi uma das razões que levaram o abade Yongxin (nascido em 1965) a decidir pela remoção das casas destes

---

80. Ver G. Ching [Chen Xing Hua], Shaolin Temple's Prodigal Son, *Kungfu Qigong*; e S. Jakes, Kicking the Habit *Time* (edição asiática). A respeito de outros templos Shaolin nos Estados Unidos, ver G. Ching, Shaolin Brothers Go West, *Kungfu Qigong*; e G. Ching; G. Oh, Shaolin's Second Wave, *Kung Fu Tai Chi*.

SERVINDO AO IMPERADOR 63

últimos da vizinhança do mosteiro. Quando assumiu o posto de líder, em 1999, Yongxin expulsou do mosteiro muitos dos mais conhecidos clérigos guerreiros carnívoros. Apoiado pelas autoridades provinciais de Henan, ele deu seguimento, no ano seguinte, a um ambicioso plano de desmantelamento de centenas de academias, restaurantes, lojas de presentes e barracos residenciais situados nas cercanias da instituição. Criticamente noticiado pela imprensa estrangeira, o controverso projeto foi, em parte, motivado por considerações estéticas. Compartilhando a opinião de administradores públicos, Yongxin quis devolver a Shaolin sua beleza anterior, algo motivado não só por razões escoradas em seu próprio direito como administrador, mas também uma forma de assegurar as chances de o mosteiro ganhar o título de Patrimônio Mundial da Humanidade concedido pela Unesco[81]. Mesmo assim, considerações religiosas também contribuíram para o projeto de realocação. Aparentemente, Yongxin estava tentando estabelecer uma fronteira física entre seu santuário budista e a ampla comunidade budista vizinha, a qual não necessariamente adere às leis eclesiásticas.

Equipados com o exemplo do expurgo de Yongxin, podemos começar nossa "jornada de retorno" no tempo. Vamos enfocar uma tentativa semelhante de purificação do mosteiro de Shaolin ordenada por um imperador que reinou dois séculos e meio antes. Em 1735, o governador-geral de Henan e Shandong, Wang Shijun (?-1756), reportou ao trono seu plano de renovação do Templo de Shaolin. O administrador incluiu em seu memorial desenhos detalhados da reconstrução planejada. Talvez fosse uma resposta típica do imperador – que se orgulhava de ler documentos de governo até tarde da noite –, porém ele não aprovou o plano perfunctoriamente. De fato, o diligente imperador Yongzheng (que reinou entre 1723 e 1735) analisou cuidadosamente os esboços, não de olho na elegância arquitetônica, mas nas suas implicações para a supervisão do mosteiro. A reconstrução do templo, ordenou o soberano, deveria ser executada de forma a livrá-lo dos falsos monges, que violavam as regras monásticas:

81. Ver os ensaios de G.Ching, The World Heritage of Shaolin; United Nations, Divided Shaolin, *Kung Fu Tai Chi*. Ver também S. Jakes, op. cit.

64 O MOSTEIRO DE SHAOLIN

Nós inspecionamos os esboços e observamos que há 25 guaritas, localizadas a alguma distância do monastério. Como estrelas dispersas na distância, nenhuma está localizada dentro do templo. Em todo o nosso império sempre existiram monges associados aos templos e que não observam as regulações eclesiásticas. Fazendo o mal e criando distúrbios, eles são os tipos inferiores do budismo. Hoje, como o mosteiro de Shaolin passa por uma renovação e está se tornando um templo, esses monges associados ao santuário deveriam ser proibidos de permanecer fora de seus limites, onde seu controle e supervisão são difíceis[82].

De acordo com Yongzheng, monges corruptos não residiam dentro dos limites do mosteiro, porém em casas dispersas por sua vizinhança. Isso não é diferente do que vemos hoje, quando a maior parte dos praticantes carnívoros – ordenados ou leigos – vive em academias de arte marcial Shaolin dispersas em todo o condado de Dengfeng. O monarca se refere a esses discípulos inescrupulosos como *fangtou seng* ("monges associados ao santuário"). No idioma budista do período imperial tardio, o termo *fangtou* também designava um edifício monástico ou, como o imperador tinha em mente, um santuário semi-independente, situado na periferia do templo. Tais ermidas secundárias eram estabelecidas para aumentar o poder e o prestígio do templo principal ou, em caso de excesso populacional, para fornecer espaços para habitação. Ainda no século XVII, alguns líderes monásticos se mostravam apreensivos com as transgressões religiosas cometidas nos santuários secundários. Era mais difícil supervisionar os monges instalados nesses locais do que os que viviam em monastérios maiores e, por essa razão, alguns clérigos colocavam objeções ao estabelecimento dos *fangtou*. O mestre da doutrina (*Vinaya*) Duti (1601-1679), que serviu como abade do templo Longchang no monte Baohua, em Jiangsu, lamentava:

Observei que, em todo lugar, antigos monastérios estão estabelecendo santuários secundários (*fangtou*), dividindo a operação do mosteiro e iniciando novos empreendimentos. Como resultado, o

82. O édito imperial foi incluído na obra de 1748 *Shaolin si zhi*, "chenhan", 4b-5a. Ver também Wen Yucheng, *Shaolin fanggu*, p. 341-342; e Zhou Weiliang, *Ming-Qing shiqi Shaolin wushu de lishi liubian*, em *Shaolin gongfu wenjii*, p. 8-9. Sobre o imperador Yongzheng, ver M. Zelin, *The Yung-Cheng Reign*, em *The Cambridge History of China*, v. 9, p. 202.

SERVINDO AO IMPERADOR

autocultivo já não é puro e os monges param de observar as regras monásticas. Tanto que os sinos e os tambores dos templos estão silenciosos, e os mosteiros degeneram[83].

É possível que a ordem, do imperador Yongzheng, de retirada das ermidas instaladas na periferia de Shaolin, tenha sido devida a uma objeção primordial – semelhante à do abade Duti – à instituição do "santuário secundário". Além de conhecer a opinião geral sobre o comportamento dos monges associados, o imperador também foi informado a respeito de transgressões específicas cometidas por clérigos ordenados de Shaolin. Ainda no século XVI, um oficial de alta patente chamado Wang Shixing (1547-1598) acusou os monges de Shaolin de consumirem carne e vinho[84]. Na era seguinte de Qing (1644-1911), o mosteiro foi regularmente culpado de violações religiosas, que algumas vezes eram atribuídas aos seus próprios monges, ou então aos monges que viviam na periferia do complexo religioso. Em 1832, por exemplo, um magistrado do condado de Dengfeng emitiu um aviso estrito ao mosteiro de Shaolin relativo ao comportamento dos monges associados, que eram acusados não apenas de transgressões dietéticas, como também de ofensas sexuais. Os monges afiliados de Shaolin, acusou o magistrado He Wei (período de maior expressão: 1830), estavam envolvidos com bebidas, jogos de azar e prostituição:

O mosteiro de Shaolin é um templo famoso desde os tempos antigos. Em todo lugar, não há um monge que não o contemple. Seus clérigos residentes deveriam aderir estritamente ao código budista e seguir cuidadosamente as Regulações Puras, mostrando assim respeito à comunidade monástica e reverência às suas leis.
Agora, ouvimos que vários monges das ermidas secundárias (*fangtou seng*) vêm regularmente interagindo com os leigos, e que vêm abrigando criminosos. Alguns convidam amigos para bebedeiras. Outros jogam em grupo, ou saem juntos para trazer prostitutas. E conspiram secretamente, e colaboram em todo tipo de maldade. Isso é extremamente odioso[85].

83. Ver Huang Changlun, Lüzong diyi daochang, *Fayin* 165, n. 5, p. 53-54.
84. Ver Wang Shixing, *Yu zhi*, p. 6.
85. O aviso do magistrado foi gravado em uma estela de Shaolin. Estou em débito com A' de por sua transcrição.

Ainda que tenha polidamente evitado condenar os próprios monges de Shaolin – ele preferiu guardar as críticas para seus colegas dos santuários secundários –, acabamos ficando com a impressão de que o magistrado tinha aqueles, de fato, em mente. Afinal, He Wei dirigiu sua exortação aos próprios monges, e não aos afiliados ao mosteiro. Parece, portanto, que sua alusão aberta aos "monges das ermidas secundárias" foi feita para "livrar a cara" dos clérigos residentes. Ainda assim, como mostra a carta, a distinção entre "monges do mosteiro" e "monges das ermidas secundárias" é pouco clara. O magistrado alerta *todos os monges de Shaolin* – residentes e afiliados – de que eles poderiam ser severamente punidos por suas transgressões religiosas:

Após os monges [...] lerem nossa ordem e ficar informados de seu conteúdo, deveriam purificar seus corações e limpar suas mentes. Cada um deveria queimar incenso, cultivar o Caminho e cantar os sutras, bem como limpar e arar a terra. Assim como os vários tipos de pessoas leigas, os monges são proibidos de conspirar com elas em segredo. Tampouco lhes é permitido interferir em assuntos externos, abrigando criminosos e instigando a ilicitude. Se eles se atreverem a propositalmente desobedecer e [seus crimes] acabarem descobertos, nós certamente consideraremos o caso com maior seriedade e vamos puni-los de acordo.

Assim como ocorre com as pessoas leigas [...] eles não deveriam ser admitidos no mosteiro [...] [agricultores] rendeiros devem residir em outros locais. A eles não deve ser permitido viver próximo dos monges[86].

As observações do magistrado sugerem que ele estava efetivamente mais preocupado com a ordem pública do que com a lei eclesiástica. Seu édito está cheio de referências a criminosos escondidos que se haviam abrigado no mosteiro de Shaolin. A esse respeito, Hu Wei se assemelha a outros funcionários de governo que se mostravam preocupados com violações da lei budista apenas na medida em que seus perpetradores eram falsos monges e que, nessa condição, estavam propensos à sedição e ao crime. Nós verificamos, anteriormente, que ao longo do período Qing o governo estava apreensivo – com alguma razão – diante da possibilidade de união entre os graduados

---

86. Idem, ibidem.

SERVINDO AO IMPERADOR   67

no programa militar de Shaolin e rebeldes sectários. Em 1739,
por exemplo, o oficial mongol de alta patente Yaertu (?-1767)
informou ao imperador Qianlong (1736-1795) que:

os tenazes jovens de Henan são acostumados à violência, e muitos
deles estudam artes marciais. Por exemplo: sob pretexto de ensinar
artes marciais, os monges do Templo de Shaolin têm conquistado
a ralé mais inútil. O estudo premeditado de maus costumes tem se
tornado moda entre tipos criminosos violentos. Sectários heterodoxos miram esses criminosos, tentando arregimentá-los para suas
seitas e, assim, aumentando suas fileiras[87].

As preocupações políticas de burocratas do governo como
Hu Wei e Yaertu poderiam suscitar dúvidas acerca da obje-
tividade de suas alegações religiosas. Poder-se-ia argumentar
que esses funcionários acusavam os monges de violar a lei monástica apenas porque desejavam convencer o trono de que
Shaolin não era um mosteiro genuíno e que, portanto, se colocava como ameaça política. Portanto, é significativo o fato
de as informações sobre transgressões religiosas em Shaolin
serem fornecidas não apenas por pessoas de fora (agentes de
governo), mas também por participantes da própria religião
(ocupantes de postos eclesiásticos). Já no período Ming (1366-
1644) as autoridades religiosas de Shaolin lutavam contra a
inobservância da lei budista entre os membros de sua congregação, expulsando monges que violavam seus preceitos. Em
1595, os superintendentes (*jiansi*) do mosteiro – que eram os
responsáveis pela disciplina na instituição – gravaram em pedra um aviso a seus camaradas clérigos alertando-os para o
não descumprimento da lei budista. Essa inscrição indica que
o desrespeito ao código monástico estava relacionado à posição única de Shaolin como templo militarizado; o fato de artes
marciais serem praticadas lá atraía monges que não respeita-
vam os preceitos da religião.

Desde os tempos antigos, o mosteiro Chan de Shaolin tem sido
um venerável templo budista. Ele se coloca como o primeiro entre
os mais famosos mosteiros do mundo. No entanto, cultura (*wen*)

87. Citado em *Kang Yong Qian shiqi chengxiang renmin fankang douxheng ziliao*,
v. 2, p. 619.

68 O MOSTEIRO DE SHAOLIN

e marcialidade (*wu*) são cultivados juntos lá, e multidões de monges aderem a suas fileiras. No entanto, há alguns dentre eles que não pagam o devido respeito às regulações monásticas [...] De agora em diante, quando ocorrerem casos de inobservância do código e violação das regulações: se a transgressão for menor, o ofensor será imediatamente punido pelo abade; se a transgressão for séria, será imediatamente informada pelos monges dirigentes para as autoridades do condado, e o ofensor será punido de acordo com a lei[88].

Nós temos, agora, a possibilidade de avaliar a evidência – literária, etnográfica e histórica – das práticas dietéticas em Shaolin. Do período Tang ao século XX, a ficção e a dramaturgia associaram a figura dos monges guerreiros ao consumo de carne. Nas novelas, contos, peças e, mais recentemente, nos filmes, monges lutadores são apresentados como devoradores desse tipo de alimento. Pesquisas de campo realizadas em Shaolin e em sua vizinhança confirmam o testemunho da ficção, mostrando que boa parte dos monges que abandonou o mosteiro para seguir uma carreira marcial, mesmo se intitulando "monges" e usando os trajes eclesiásticos característicos, consome carne. Finalmente, documentos de governo e correspondências – dos períodos Qing e Ming – atestam que alguns dos monges de Shaolin (internos e afiliados) transgrediam as regulações relativas à dieta. Podemos concluir, portanto, que toda a história de consumo de carne em Shaolin – ou, pelo menos, a maior parte dela – está relacionada ao *éthos* do monge guerreiro.

Isso não significa que a carne tenha sido consumida normalmente *dentro do templo*. Ao longo da maior parte da história de Shaolin, monges carnívoros residiram ao redor do templo, em santuários secundários ou nas mais recentes escolas de artes marciais, e suas transgressões alimentares tiveram lugar fora dos limites territoriais do mosteiro. Admite-se que, em determinadas épocas – como após a Revolução Cultural –, a disciplina foi relaxada e a carne foi consumida também dentro do mosteiro. Ainda assim, na maior parte dos casos o hábito foi assumido por monges lutadores itinerantes que deixaram o mosteiro para seguir uma carreira marcial independente. Nesse sentido, a

---

88. O aviso foi gravado na parte posterior de uma estela que contém uma carta de patrocínio datada de 1595 escrita pelo magistrado do Condado de Dengfeng. Meus agradecimentos a A' de pela indicação desse texto.

SERVINDO AO IMPERADOR

personagem ficcional Lu Zhishen é especialmente esclarece-
dora das condições históricas. O carnívoro "Monge Tatuado"
da antiga novela Ming À Margem das Águas foi ordenado no
monastério do monte Wutai, mas abandonou a instituição pela
liberdade das aventuras militares errantes. Ele não difere, com
efeito, de incontáveis monges de Shaolin que optaram por viver
fora do templo e passaram a consumir alimentos proibidos em
tavernas do condado de Dengfeng... e até de Nova York.

Independente de terem recebido treinamento marcial,
monges itinerantes normalmente transgrediam as regulações
monásticas. A história do budismo na China conhece um tipo
especial de clérigo que vive nas franjas da comunidade monástica e que segue uma vida errante. Muitas vezes reverenciadas
pelos crentes do povo como operadoras de milagres, essas personagens estão engajadas em atividades de cura e previsão do
futuro. Seus extraordinários poderes, acredita-se, estão intimamente relacionados ao seu comportamento incomum – por
essa razão, é possível que eles optem por infringir a lei monástica, especialmente no que se refere à proibição do consumo
de carne e vinho. Com efeito, esses taumaturgos populares são
muitas vezes conhecidos como "monges malucos" (*dian seng*),
"monges loucos" (*feng heshang*) ou "monges selvagens" (*ye
heshang*). A partir do início do período medieval, a hagiografia
dessas personagens foi incluída em coleções como *Biografias
de Monges Eminentes*(*Gaoseng zhuan*), de Huijao (497-554), e
eles continuaram a figurar na vida religiosa chinesa ao longo
de todo o período moderno, quando foram referidos como
"monges de carne e vinho" (*jiurou heshang*). Um dos mais famosos desses santos excêntricos foi Daoji (?-1209), também
conhecido como Ji Maluco (*Jidian*), personagem do período
Song postumamente celebrado em uma enorme quantidade
de peças de ficção e teatro e que se tornou uma das divindades
mais amadas do panteão religioso popular chinês[89].

Para concluir, podemos notar que a conexão entre monges
lutadores e consumo de carne alcança também seus patronos

---

89. Ver M. Shahar, *Crazy Ji*, pp. 30-45; e H. Welch, *The Practice of Chinese Bud-
dhism*, p. 16. Sobre monges carnívoros, ver também J. Kieschnick, *The Eminent
Monk: Buddhist Ideals in Medieval Chinese Hagiography*, p. 51-63; e B. Faure,
The Red Thread, p. 151-53.

70   O MOSTEIRO DE SHAOLIN

celestiais. Fontes medievais atestam que, ao contrário da maioria das divindades budistas, os deuses guardiões ocasionalmente preferiam carne. Em um édito datado de 513, o pio imperador vegetariano Liang Wudi (que reinou entre 502 e 549) proibiu o sacrifício de animais em todos os templos, fossem eles administrados pelo Estado ou pela comunidade. Uma cláusula do documento aludia aos mosteiros e conventos budistas onde cabeças de cervo, carneiro e animais semelhantes eram oferecidos para divindades guerreiras como os Quatro Lokapālas (*Hushi Si Tianwang*), os reis guardiões dos Quatro Pontos Cardeais. O decreto imperial sugere que sacrifícios de sangue não eram incomuns. Evidentemente, acreditava-se que os guerreiros celestiais apreciavam a carne tanto quanto suas contrapartes terrenas[90].

CONCLUSÃO

As atividades militares do mosteiro de Shaolin remontam ao século VII. Por volta de 610, monges de Shaolin rechaçaram um ataque de bandidos, e em 621 participaram da campanha do futuro imperador Li Shimin contra Wang Shichong, que havia ocupado a Gleba do Vale do Cipreste. As duas batalhas compartilham uma conexão comum com a propriedade: na primeira, os clérigos protegeram seu templo, e na segunda lutaram para controlar sua riqueza agrícola. Esse aspecto comum fornece uma pista para a compreensão da tradição marcial de Shaolin. Como importantes proprietários de terras, os monges do mosteiro lutavam para proteger seu capital. O poder militar budista tem, em Shaolin, uma extensão do poder econômico.

Se o mosteiro estivesse localizado em uma região remota do império, suas atividades militares provavelmente permaneceriam desconhecidas. Foi a proximidade entre o templo e a capital imperial Luoyang que transformou uma batalha de caráter local em uma campanha de significado nacional. A localização estratégica de Shaolin – junto a uma trilha de montanha que levava à capital do leste – envolveu seus monges em um conflito

90. A outra divindade guardiã citada é Kapila (Jiapiluo shen). Ver *Guang hong ming ji*, T, n. 2103,52, p. 298a; e A.C. Soper, *Literary Evidence for Early Buddhist Art in China*, p. 74, 229. Agradeço a Susan Bush pela referência.

político de profundas consequências. A geografia desempenhou um papel importante no destino da sua tradição marcial.

Os serviços militares dos monges à Casa de Tang asseguraram a riqueza de seu mosteiro ao longo de toda a dinastia. A inteligente opção por Li Shimin em detrimento de Wang Shichong lhes garantiu a gratidão de um imperador e de sua poderosa dinastia. A maioria dos imperadores Tang não era entusiasta do budismo. Seu generoso apoio ao monastério resulta mais do suporte de Shaolin ao fundador da dinastia que da piedade religiosa. A não observância, pelos clérigos, da proibição budista relativa à violência foi, de fato, a fonte da prosperidade de seu mosteiro.

Certos traços que viriam a caracterizar toda a história marcial de Shaolin são perceptíveis já nas fontes originárias do período Tang. Primeiramente, a associação entre o *éthos* dos monges lutadores e o consumo de carne. Durante o período medieval, alguns monges de Shaolin provavelmente violaram a lei dietética budista ao consumirem carne, ainda que isso tenha ocorrido fora dos limites do templo. Em segundo lugar, a conexão entre a prática marcial monástica e a veneração de divindades militares budistas pode ser estabelecida até o período medieval. Já na época Tang, monges de Shaolin imploravam força física ao guerreiro divino Vajrapāni. De forma mais pertinente, o guerreiro divino fornecia aos monges a permissão religiosa para a violência. Se o próprio Buda apelava para a proteção de divindades guerreiras, sua comunidade monástica certamente precisava da proteção de monges lutadores.

Não obstante as semelhanças de perfil entre os monges lutadores de Shaolin ao longo da história, os clérigos do período Tang não inventaram as técnicas de combate pelas quais o mosteiro ficaria famoso séculos mais tarde. Nós veremos, no próximo capítulo, que por volta da metade do período Ming (1368-1664) as artes marciais de Shaolin eram louvadas em toda a China. Ainda assim, fontes medievais não aludem a algum método específico de luta desenvolvido no mosteiro. De fato, não se referem nem às técnicas nem às armas que os monges utilizaram em batalha. Seria anacrônico atribuir as (mais recentes) artes marciais de Shaolin a seus antepassados monásticos do período Tang.

Parte II

Sistematizando a Prática Marcial (900-1600)

3. Defendendo a Nação

Por volta da segunda metade do período Ming (1368-1644), a reputação militar de Shaolin já estava firmemente estabelecida. Grande número de fontes dos séculos XVI e XVII atesta a fama das artes marciais de Shaolin. Autores do período Ming tardio não deixam dúvidas de que as artes marciais foram completamente integradas aos afazeres no mosteiro, com o desenvolvimento, pelos monges, de técnicas fundamentais próprias.

O período Ming tardio testemunhou enorme crescimento no mercado editorial. A florescente economia de consumo requeria novas formas de material literário impresso: guias de viagem e enciclopédias, memórias e narrativas históricas locais, tratados militares e manuais de artes marciais, além de uma grande variedade de ficção – novelas e contos. As artes marciais de Shaolin estão presentes em todos esses gêneros literários. Elas são celebradas nos escritos de generais e especialistas em artes marciais, acadêmicos e homens de Estado, monges e poetas. Por volta do século XVI, as técnicas de luta de Shaolin eram registradas nos quatro cantos do império, desde Yunnan, no remoto sudoeste, até Zhejiang, área litorânea do leste do país.

A fama alcançada pelas artes marciais do mosteiro pode ser mensurada pelo número de referências em obras populares.

Menções casuais a combates no estilo Shaolin aparecem em vários tipos de ficção do período Ming tardio, de narrativas em linguagem clássica a contos e novelas em língua vernácula[1]. Quando, nessas produções literárias, personagens "durões" se vangloriam de que suas técnicas são superiores às de Shaolin, revelam o quanto as técnicas desenvolvidas no mosteiro eram conhecidas. "A técnica de bastão de Shaolin serve apenas para matar sapos", afirma o protagonista de *A Ameixa no Vaso Dourado* (*Jin Ping Mei*) (cerca de 1600). A frase fornece um indício da popularidade das artes marciais oriundas do mosteiro de Henan[2].

As evidências do período Ming diferem das do período Tang não apenas em alcance, mas também em relação à precisão das informações que fornecem a respeito das técnicas de combate. Não podemos falar, propriamente, de "artes marciais de Shaolin no período Tang", uma vez que não sabemos *como* os monges de Shaolin lutavam no século VII. Por outro lado, podemos descrever os métodos de combate Shaolin do período Ming tardio, os quais atraíram especialistas militares de todo o império para o mosteiro. Por volta do século XVI, monges haviam desenvolvido técnicas de combate muito refinadas, que possuíam, de fato, o *status* de "artes marciais de Shaolin".

Mas o que aconteceu entre os períodos Tang e Ming? Teriam os monges praticado suas técnicas de combate durante o longo período transcorrido entre o apoio militar fornecido a Li Shimin e o florescimento de suas artes marciais, no século XVI? As fontes disponíveis não nos permitem responder a tais questões com certeza. Elas indicam, porém, a possibilidade de que tenha existido uma tradição militar contínua durante o período mencionado. Da mesma forma, aparentemente os monges de Shaolin praticavam treinamento marcial – ao menos de forma não contínua – durante os períodos Song do Norte (960--1126), Jin (1115-1234) e Yuan (1271-1368). Mencionamos, no capítulo anterior, uma estela do século XII dedicada a Vajrapāni que evidencia que os monges haviam venerado a divindade no contexto de treinamentos militares e, como veremos adiante,

---

1. Ver, por exemplo, Zhu Guozhen, *Yongchuang xiaopin*, 28.673; *Zuixing shi* (c. 1650), 12.101; e *Pingyao zhuan*, 10.59.
2. Ver *Jin Ping Mei cihua*, 90.1244.

DEFENDENDO A NAÇÃO

no século XIV eles apelaram para o uso de armas na defesa de seu templo contra o ataque dos Turbantes Vermelhos (*Hongjin*) que pilharam a província de Henan. Além disso, há as evidências circunstanciais oriundas da literatura ficcional; veremos, no capítulo 4, que monges lutadores da ficção têm sido celebrados na tradição popular desde o século XII. Assumindo a possibilidade de que tais figuras foram moldadas a partir de guerreiros *reais* – tanto no Templo de Shaolin quanto em outros mosteiros budistas –, pode-se afirmar que as artes marciais possuíam uma vertente "clerical budista" muito antes do interesse explicitado no período Ming.

É impossível afirmar se, antes do período Ming, as artes marciais estavam completamente integradas ao cotidiano do mosteiro. Entretanto, é provável que elas tenham existido, ao menos esporadicamente, naquele local. Isso nos é sugerido não apenas pelas fontes disponíveis dos séculos XII-XIV, mas também pela riqueza e complexidade das próprias evidências do período Ming. O sistema militar de Shaolin no século XVI era tão elaborado que parecia o resultado de uma evolução prolongada. Especialistas militares contemporâneos, de qualquer forma, estavam convencidos de que os monges locais vinham aprimorando sua arte por muitos séculos. A literatura Ming está repleta de afirmações do tipo "as técnicas de combate de Shaolin têm granjeado fama desde tempos remotos até o presente". Alguns autores chegaram mesmo a argumentar que a fama de Shaolin não se justificava, pois seus monges lutadores não eram rivais à altura de seus próprios e ilustres antecessores. O renomado general Yu Dayou (1503-1579), por exemplo, acreditava que os clérigos de Shaolin "haviam esquecido antigos segredos de sua arte [marcial]"[3].

Monges de Shaolin do final do período Ming praticavam diferentes métodos de combate. Adestravam-se nas várias técnicas de combate com lança e também com as mãos (*quan*), carregando para as batalhas grande variedade de armas, incluindo tridentes feitos em aço (*gangcha*) e lanças em forma de gancho (*gouqiang*). Entretanto, fontes Ming não deixam dúvidas

---

3. Yu Dayou, Um Poema, contendo um Prólogo, Enviado ao Monge Shaolin Zongqing, no seu *Zhengqi tang xuji*, 2.7a.

de que a arma em que eles se especializaram – em verdade, aquela que tornou o mosteiro famoso – foi o bastão.

EXPOSIÇÃO DO MÉTODO ORIGINAL DE BASTÃO DE SHAOLIN DE CHENG ZONGYOU

O tratado mais antigo que chegou até os nossos dias a respeito das artes marciais de Shaolin trata do combate com bastão. Intitulado *Exposição do Método Original de Bastão de Shaolin* (*Shaolin gunfa chan zong*, referido, a partir daqui, por *O Método de Bastão de Shaolin*), foi organizado por volta de 1610 por um especialista militar chamado Cheng Zongyou (estilo: Chongdou) de Xiuning, província de Huizhou, ao sul da região hoje conhecida por Anhui. A família Cheng pertencia à aristocracia local, e seus membros do período Ming tardio incluíam vários letrados reconhecidos e detentores de títulos. Entretanto, os interesses de Zongyou, assim como o de vários de seus irmãos e sobrinhos, não se voltavam para o aprendizado clássico, mas para as artes militares. Existe uma descrição de toda a família Cheng – Zongyou e seus irmãos – apresentando técnicas marciais em dependências oficiais, assim como um relato sobre uma força militar de oitenta homens treinados por Zongyou e constituída inteiramente por membros residentes em seus domínios[4].

Cheng Zongyou não pertencia à classe dos bandidos ou à genealogia militar Ming, os dois grupos que praticavam as artes marciais. Em vez disso, ele possuía como antecessores pessoas letradas, e entre suas relações encontravam-se acadêmicos de renome[5]. As artes marciais, porém, eram sua paixão, sentimento compartilhado por outros membros de sua classe. O tratado mais antigo ainda existente sobre a "Escola Interna" (*Neijia*) de combate, por exemplo, foi organizado por Huang Baijia (1643-?), filho do renomado intelectual Huang Zongxi (1610-1695), e métodos de combate com a lança, do século

---

4. Ver o prefácio de Hou Anguo ao *Shaolin gunfa chan zong*. A respeito de Cheng Zongyou, ver também Lin Boyuan, *Zhongguo tiyu shi*, p. 337.
5. Por exemplo, Chen Jiru (1558-1639), que escreveu o prefácio ao *She shi*, de Cheng Zongyou.

DEFENDENDO A NAÇÃO　　　　79

XVII, foram registrados por Wu Shu (1611-1695), que também era poeta e crítico literário. Esses letrados eram frequentemente treinados em técnicas de combate por instrutores de classes sociais mais baixas. Sua contribuição para a história das artes marciais reside no registro de técnicas que, por serem originárias de círculos sociais iletrados, de outra forma teriam se perdido[6].

Além do seu *Método de Bastão de Shaolin*, Cheng Zongyou compilou um manual sobre a arte do arco e flecha intitulado *História da Arte de Manusear o Arco e Flecha* (*She shi*, com prefácio de 1629), assim como tratados sobre técnicas de lança, de facão e besta. Os últimos três foram editados em 1621, juntamente com o manual do bastão de Shaolin, em uma edição conjunta intitulada *Técnicas para Prática Após o Cultivo da Terra* (*Geng yu sheng ji*)[7]. A relativa extensão dos manuais incluídos nessa edição belamente ilustrada não deixa dúvidas de que, como observado pelo próprio Cheng, o bastão era sua arma preferida. De fato, o *Método de Bastão de Shaolin* é tão volumoso quanto os outros três manuais juntos.

O conhecimento da técnica de combate por parte de Cheng se devia ao longo período que ele passou no mosteiro de Shaolin. De acordo com seu próprio relato, sua estadia no mosteiro durou não menos do que dez anos. Sua descrição dos treinamentos que realizava revela que o mosteiro legou à sociedade do período Ming tardio um serviço exclusivo de educação marcial. A partir de seus escritos, o mosteiro aparece como academia militar na qual tanto o clero como leigos eram treinados ao mesmo tempo no combate de bastão. Podemos formar uma ideia do tamanho dessa academia pelo relato feito pelo general

---

6.　O instrutor de Huang Baijia, Wang Zhengnan (1617-1669), não possuía educação formal e ganhava sua vida como trabalhador manual. Ver o epitáfio de Wang feito por Huang Zongxi no seu *Nanlei wending*, 8.128-130; e D. Wile, *T'ai Chi's Ancestors*, p. 55-57.

7.　Os títulos completos dos outros três manuais incluídos nesta edição são *Juezhang xin fa* (Fundamentos do Método de Manuseio da Besta); *Changqiang fa xuan* (Seleção de Técnicas do Método da Lança Longa); e *Dandao fa xuan* (Seleção de Técnicas do Método de Facão). O "método de bastão de Shaolin" de Cheng existe também em uma edição intitulada *Shaolin gun jue* (Fórmulas para o Uso do Bastão de Shaolin), que traz um prefácio apócrifo atribuído a Yu Dayou (1503-1579).

80   O MOSTEIRO DE SHAOLIN

Yu Dayou, para o qual foi feita uma demonstração no mosteiro que reuniu mil monges lutadores[8]. Escreve Cheng:

O mosteiro de Shaolin fica situado entre duas montanhas: a da cultura (*wen*) e a do combate (*wu*). Na verdade, esse mosteiro transmitiu igualmente o método de combate com bastão e as doutrinas da doutrina Chan, motivo pelo qual tem sido admirado pelos homens de boa índole em todos os lugares.

Desde minha juventude, estava decidido a aprender as artes marciais. Sempre que ouvia falar de um mestre renomado, não hesitava em viajar qualquer distância a fim de obter seus ensinamentos. Assim, juntei a quantia necessária para a viagem e parti para o mosteiro de Shaolin, onde, no total, passei mais de dez anos. Inicialmente servi ao mestre Hongji, que era tolerante o suficiente para me aceitar em seu grupo. Embora tenha alcançado uma compreensão geral da sua técnica, não cheguei a concluir o seu aprendizado.

Nessa época. mestre Hongzhuan já se encontrava na casa dos oitenta anos[9]. Apesar disso, seu método de bastão era incomparável, e os monges o veneravam enormemente. Assim, o escolhi como meu próximo instrutor, e a cada dia aprendia coisas novas, sobre as quais nunca tinha ouvido falar. Além disso, obtive a amizade dos mestres Zongxiang e Zongdai, com quem, ao treinar, logrei grandes avanços. Mais tarde encontrei mestre Guang'an, um dos maiores especialistas na técnica budista. Ele havia herdado a técnica completa de Hongzhuan, e a havia até mesmo ampliado e melhorado. Guang'an passou a me ensinar pessoalmente e me revelou detalhes impressionantes de sua técnica. Mais tarde eu o acompanhei em viagem durante vários anos. Aos poucos, me familiarizei com os impressionantes detalhes das sequências de bastão e com a fantástica sutileza de sua execução, obtendo clareza (*dun*) a seu respeito. Escolhi a técnica do bastão como minha especialidade e acredito que tenha logrado alcançar algumas realizações.

Quanto à arte do arco e flecha, da montaria e às técnicas da espada e da lança, a elas também me dediquei com certo afinco e aprofundamento, contudo, a essa altura, já havia se passado metade da minha vida. Yunshui, meu tio-avô e estudioso das artes militares, e meus sobrinhos Junxin e Hanchu (aluno da Universidade Nacional), estiveram comigo em Shaolin. Eles observaram que, até então, o método de bastão de Shaolin havia sido transmitido apenas

---

8. Yu Dayou, Poema, com Prólogo, Enviado ao Monge Shaolin Zongqing, no seu *Zhengqi tang xuji*, 2.7a.

9. Um método de uso da lança atribuído a Hongzhuan e intitulado Menglü tang qiangfa encontra-se incluído em Wu Shu, *Shoubi lu*, p. 113-124.

DEFENDENDO A NAÇÃO

oralmente, de um mestre budista para outro. Como tinha sido eu o primeiro a organizar um método ilustrado e explicativo para essa técnica, eles sugeriram que eu o publicasse para que todos os que se interessavam pelo seu aprendizado, como nós, pudessem se beneficiar do seu estudo. Inicialmente não acatei a sugestão, justificando que eu não estava à altura da tarefa. Então, respeitados e ilustres senhores de todas as partes começaram a fazer menção aos supostos méritos de meu trabalho. Chegavam mesmo a me recriminar por mantê-lo secreto e, com isso, impedi-los de seu conhecimento e benefício. Então, finalmente encontrei tempo disponível e reuni o conhecimento das técnicas e doutrinas que havia sido transmitido a mim por mestres e amigos e o completei com a minha própria experiência. Contratei um artesão para que realizasse as ilustrações e, mesmo que minha escrita seja um tanto comum, acrescentei à margem de cada desenho uma fórmula em verso (*gejue*).

Em seu conjunto, essas ilustrações e fórmulas constituem um volume ao qual dei o título *Exposição do Método Original de Bastão de Shaolin*. A visão rápida de uma das ilustrações seria provavelmente suficiente para se ter uma ideia da posição apresentada. Assim, o leitor será capaz de estudar o método sem a necessidade de um instrutor. Apesar de sua simplicidade aparente, cada frase sua apresenta os segredos da vitória e da derrota, e cada ilustração contém a essência do movimento. Muito embora o combate com bastão seja considerado uma técnica comum, a sua apresentação neste livro é resultado de um grande esforço.

Se este livro servir como meio de condução para o outro lado [da iluminação] àqueles com quem compartilho afinidades, se eles confiarem no seu conteúdo a fim de fortalecer suas terras e alcançar a paz com seus vizinhos, divulgando os métodos de meus mestres e ampliando sua reputação, mais um dos meus objetivos terá sido alcançado[10].

Cheng alcançou o intento de fazer com que seu *Método de Bastão de Shaolin* aumentasse o reconhecimento de seus mestres no mosteiro. Pouco tempo depois de publicar o livro, o renomado Mao Yuanyi (1549-c.1641) fez o seguinte comentário: "Todas as técnicas de luta derivam de métodos de combate com o bastão, e todos os métodos de bastão derivam de Shaolin. Nenhuma descrição feita até hoje do método de Shaolin é tão detalhada quanto [...] a que se encontra na *Exposição do*

10. Cheng Zongyou, *Shaolin gunfa*, 1.1b-2b.

82   O MOSTEIRO DE SHAOLIN

Método Original de Bastão de Shaolin, de Cheng Zongyou"[11]. Mao ficou tão impressionado com o livro de Cheng que o incluiu quase por completo no seu enciclopédico *Tratado de Preparação Militar* (*Wubei zhi*)[12].

A apresentação completa e detalhada de Cheng do método de bastão de Shaolin se inicia com uma descrição da arma em si. Ele fornece especificações para o seu comprimento, peso e tipos de material a serem usados na fabricação do bastão, ao qual se refere por *gun*, do mesmo modo que muitos dos especialistas militares do período Ming tardio. De acordo com Cheng, o bastão pode ser feito tanto de madeira quanto de metal. No primeiro caso, é recomendado o comprimento de 8 a 8,5 *chi* (medida que, no período Ming, equivalia a algo entre 2,5 e 2,7 metros) e o peso entre 2,5 e 3 *jin* (de 1,4 e 1,8 quilos, aproximadamente). O bastão de metal seria um pouco mais curto (7,5 *chi*, ou aproximadamente 2,4 metros) e o seu peso sugerido variaria entre 15 e 16 *jin* (entre 8,8 e 9,4 quilos, aproximadamente)[13]. Cheng também trata do tipo de madeira a ser usado na fabricação do bastão:

Conforme variam as regiões do país, também variam os tipos de madeira. Desde que a madeira seja forte e densa, desde que seja tanto dura quanto flexível, tornando-se cada vez mais fina a partir da base até o topo da árvore, como o rabo de um rato, ela irá servir. Um bastão reto e naturalmente sem nós e rachaduras será preferível. Por outro lado, se o bastão for fabricado por processos de marcenaria, irá quebrar-se com facilidade ao logo do seu veio[14].

Ele estabelece 53 posições (*shi*) com o bastão, cada uma representada por uma ilustração acompanhada por uma explicação em forma de "fórmula rimada" (Fig. 9). As posições individuais são organizadas em sequências de prática chamadas *lushi* (sequência de posições). Diagramas intricados guiam o praticante na execução dessas sequências, as quais simulam os

11. Mao Yuanyi, *Wubei zhi*, 88.1a.
12. Idem, capítulos 88-90.
13. Ver Cheng Zongyou, *Shaolin gunfa*, 2.1a, 3.8b. Para um padrão de conversão, ver "Ming Weights and Measures", em *The Cambridge History of China*, v. 7, p. xxi.
14. Cheng Zongyou, *Shaolin gunfa*, 3.8a-b.

FIG. 9: A *"Posição de Levantar as Mangas"* do Método de Bastão de Shaolin, de Cheng Zongyou, publicado em 1621.

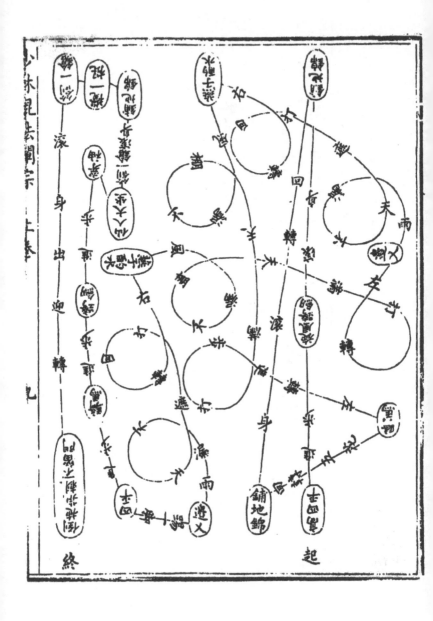

FIG. 10: *Sequência de treinamento apresentada no* Método de Bastão de Shaolin.

DEFENDENDO A NAÇÃO

tipos de movimento que caracterizam um combate real (Fig. 10). Finalmente, várias sequências são combinadas para formar o que Cheng chama de método (*fa*). Ao todo, ele enumera cinco métodos diferentes para o bastão de Shaolin: "Pequeno Espírito Yakşa" (*Yecha*), "Grande Espírito Yakşa", "Mãos Ocultas" (*Yinshou*), "Combate Simulado de Bastão" (*Pai Gun*) e "Bastão Alternado" (*Chuansuo*). O "Combate Simulado" diferia dos outros métodos por ser uma técnica combinada para prática a dois, em vez de ser uma prática individual; e tanto as técnicas do "Combate Simulado" quanto as do "Bastão Alternado" diferem das outras três por serem "métodos livres sem posições fixas" (*huo fa wu ding shi*)[15].

De acordo com Cheng, todos os cinco métodos são originários do mosteiro Shaolin. Não é por acaso, portanto, que o termo "original" (*zong*) aparece no título de seu tratado: *Exposição do Método Original de Bastão de Shaolin*. O objetivo de Cheng era expor o que ele acreditava serem as técnicas autênticas de Shaolin, de maneira a se distinguir dos numerosos métodos que – mesmo tendo o direito de incluir o nome do mosteiro em seus títulos – encontravam-se muito distantes dos ensinamentos originais. A atitude de Cheng reflete a fama que Shaolin havia adquirido no início do século XVII. Não fosse a fama do mosteiro, praticantes de outras técnicas não teriam tirado vantagem de seu nome, e Cheng não teria tomado a iniciativa de apresentar um método *original* de Shaolin.

Assim, o tratado de Cheng revela um cenário familiar no mundo das artes marciais de hoje: uma infinidade de escolas em competição, cada uma afirmando ser a única herdeira de um mesmo ensinamento original. A rivalidade entre especialistas marciais, todos afirmando ser conhecedores *do* autêntico ensinamento de Shaolin, é mais evidente na seção de "Perguntas e Respostas" do tratado, na qual Cheng apresenta o seguinte questionamento, proposto por um entrevistador hipotético:

"Hoje em dia, não faltam especialistas em bastão nas técnicas de Shaolin. E, ainda assim, todos os seus métodos são diferentes entre si. Como é possível que, escolhendo um mestre diferente, um praticante acabe por aprender uma técnica diferente?"

15. Idem, 1.5b-6b.

86   O MOSTEIRO DE SHAOLIN

Respondi: "Os ensinamentos derivam todos de uma mesma fonte. Entretanto, com o passar do tempo, as pessoas esquecem dessa origem comum. Os mestres estimam métodos incomuns e preferem técnicas estranhas. Alguns tomam o início de uma sequência (*lu*) e a misturam com a conclusão de outra. Outros pegam a conclusão desta e a acoplam com a parte intermediária daquela outra. A tal ponto que aquilo que era originalmente uma sequência se transforma em duas. Assim, os mestres confundem as pessoas, e conduzem seus alunos por caminhos tortuosos, tudo por causa da fama e do lucro. Tenho muito pesar por tal situação, e foi exatamente por esse motivo que me esforcei por colocar as coisas no seu devido lugar"[16].

Ao longo de seu método, Cheng Zongyou combina a linguagem da perfeição marcial com a expressão da realização espiritual. Ele se refere ao método de bastão de Shaolin como a "insuperável sabedoria budista (*Bodhi*)" (*wushang puti*), e descreve a conquista de sua própria técnica como "iluminação repentina" (*dun*). Ele observa que os monges Shaolin consideram o treinamento marcial uma ferramenta para se alcançar a "outra margem" da liberação, e ele expressa a esperança de que seu próprio tratado sirva como a "jangada budista" que conduzirá seus praticantes ao Nirvana[17]. Não é preciso, necessariamente, duvidar da sinceridade de seus sentimentos budistas. Tendo passado mais de dez anos no mosteiro Shaolin, Cheng provavelmente conjugou o treinamento marcial com o autoconhecimento religioso. A esse respeito, seu vocabulário budista era mais do que um simples ornamento agregado à sua teoria militar. Cheng Zongyou dificilmente diferenciava a formação na arte marcial da formação da mentalidade que levaria à liberação. A disciplina e dedicação necessárias para se alcançar uma conduzia, também, à outra.

MONGES E GENERAIS

Embora a apresentação de Cheng Zongyou tenha sido a mais detalhada sobre o bastão de Shaolin, ele não foi o único especialista a propor uma discussão a respeito do assunto. Pelo

16. Idem, 3.7b-8a.
17. Idem, 1.1b-2b; 3.7b.

DEFENDENDO A NAÇÃO

contrário: referências às técnicas de Shaolin de combate com bastão aparecem com frequência em enciclopédias militares do período Ming tardio, começando com o *Tratado sobre Assuntos Militares* (*Wu bian*) de Tang Shunzhi (1507-1560), escrito cerca de setenta anos antes do tratado de Cheng[18]. Outras compilações militares que apresentam o bastão de Shaolin são o *Novo Tratado Sobre Eficiência Militar* (*Jixiao xinshu*, c. 1562), do renomado general Qi Jiguang (1528-1588), o *Tratado de Preparação Militar*, do já mencionado Mao Yuanyi, e os *Registros de Táticas Militares* (*Zhenji*), do comandante militar He Liangchen (período de maior expressão: 1565). Este último escrito demonstra a disseminação das artes marciais de Shaolin dentro de contextos monásticos. O autor observa que o método de bastão do mosteiro foi transmitido aos monges da montanha Niu – uma referência provável ao centro monástico da montanha Funiu, em Henan (ver o Mapa 3)[19].

Especialistas militares do período Ming tardio geralmente cumulam de elogios o método de bastão de Shaolin. Qi Jiguang, por exemplo, incluiu-o em sua relação de técnicas importantes de combate da época, e Mao Yuanyi chega à conclusão de que o bastão de Shaolin serviu como modelo para todas as outras formas de combate com bastão. Entretanto, os dados oriundos dos críticos ao estilo não deixa de ser significante. Artistas marciais, que desaprovavam o método de Shaolin, nos fornecem detalhes importantes a respeito da técnica. Isso é verdade principalmente quanto à informação oriunda dos especialistas militares que consideravam deficiente a ênfase dada ao bastão pelo estilo de Shaolin, já que eles fornecem o testemunho mais importante da centralidade desse instrumento na vida do mosteiro.

Um dos especialistas que rejeitava a ênfase dada ao combate com bastão em Shaolin – sob o argumento de que ela resultava em negligência e até mesmo em distorção no treinamento de outras armas – foi Wu Shu. Wu nasceu às margens do rio

18. Tang Shunzhi, *Wu bian*, 5.39b. A respeito de Tang Shunzhi, ver C. Goodrich, *Dictionary of Ming Biography*, v. 2, p. 1252-1256.
19. Ver, respectivamente, Qi Jiguang, *Jixiao xinshu: shiba juan ben*, 14.229; Mao Yuanyi, *Wubei zhi*, capítulos 88-90; e He Liangchen, *Zhenji*, 2.27. A respeito de Qi, ver R. Huang, *1587 – A Year of No Significance*, p. 156-188; e L.C. Goodrich, op. cit., v. 1, p. 220-224. A respeito de Mao, ver L.C. Goodrich, op. cit., v. 2, p. 1053-1054. E a respeito de He, ver Lin Boyuan, *Zhongguo tiyu shi*, p. 319-320.

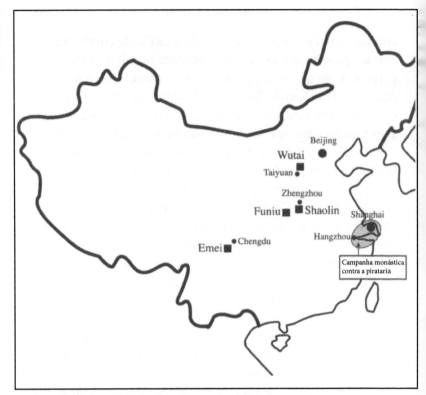

MAPA 3: *Centros de combate monástico no período Ming.*

Lou (hoje chamado Liuhe), no subdistrito de Taiqiang, situado a cerca de cinquenta quilômetros a nordeste de Suzhou, onde hoje se encontra Jiangsu. Assim como Cheng Zongyou, ele era um letrado e, usando o pseudônimo de Wu Qiao, é conhecido como autor de *Conversações Poéticas ao Redor do Fogo* (*Weilu shihua*). Quando jovem, Wu estudara a técnica de combate com lança com amigos que pertenciam à classe social abaixo da sua, sendo um deles Lu Shiyi (1611-1672), que veio a se tornar um renomado pensador do confucionismo. Eles tinham como mestre o artista marcial Shi Dian (*hao*: Jingyan, c. 1572-1635)[20].

Wu praticou a lança durante toda sua vida adulta. Em 1678, compilou seus estudos em uma antologia intitulada *Exercícios de Braço* (*Shoubi lu*), que incluía sete métodos para manuseio da lança. Um deles, intitulado *Método para a Lança do Salão*

20. Ver Wu Shu, *Shoubi lu*, p. 109-111, a respeito de sua iniciação nas artes marciais. Sobre Wu e seu mestre Shi Dian, ver também Ma Mingda, *Shuo jian cong gao*, p. 88-111; Lin Boyuan, *Zhongguo tiyu shi*, p. 339-340; Matsuda Ryūchi, *Zhongguo wushu shilüe*, p. 28-30; e Shoubi lu, em *Siku da cidian*, p. 1633.

DEFENDENDO A NAÇÃO

das Folhagens dos Sonhos (*Menglü tang qiangfa*), é atribuído ao monge de Shaolin Hongzhuan, mencionado por Cheng Zongyou como sendo seu mestre de bastão. Mesmo tendo incorporado o método de Hongzhuan em sua antologia, Wu era bastante crítico da técnica Shaolin que ele representava. "Os monges de Shaolin não entendem nada do combate com a lança", afirmava. "Na verdade, eles empregam suas técnicas de bastão para o manuseio da lança"[21]. Em outras palavras: por enfatizarem demais o treinamento com bastão, os monges de Shaolin deixavam de aproveitar as características únicas oferecidas pela lança. De acordo com Wu:

O método de bastão de Shaolin possui origem divina e tem sido considerado famoso dos tempos remotos até o presente. Eu mesmo tenho estado bastante envolvido com ele. Na verdade, ele é tão alto quanto as montanhas e tão profundo quanto os mares. Ele pode ser verdadeiramente considerado como uma "técnica suprema". [...] Ainda assim, como arma, a lança é totalmente diferente do bastão. O antigo provérbio afirma: "A lança é o senhor de todas as armas, e o bastão é um conselheiro nas suas terras". De fato, isso é verdade. [...] Os monges de Shaolin nunca compreenderam isso. Eles tratam a lança e o bastão como armas semelhantes[22].

Enquanto Wu Shu desaprovava a falta de conhecimento de outras armas *além* do bastão pelos monges, outro especialista militar, Yu Dayou, criticava o próprio método de bastão de Shaolin. Yu é conhecido como tendo sido um general bem-sucedido que serviu como comandante regional em cinco postos de fronteira da China. Nascido em Jinjiang, em uma família de militares, Fujian, sua brilhante carreira militar se deve em grande parte à sua contribuição para a eliminação da pirataria na costa sudeste da China[23]. Yu destacou-se não apenas como estrategista, mas também como habilidoso artista marcial. Ele se especializou em um estilo de bastão chamado "Jingchu espada longa" (*Jingchu changjian*), e organizou um manual de combate com o bastão, intitulado

21. Wu Shu, *Shoubi lu*, prefácio, p. 1.
22. Idem, p. 113.
23. Ver L.C. Goodrich, op. cit., v. 2, pp. 1616-1618.

Clássico da Espada (*Jian jing*), que foi elogiado por especialistas militares de sua época[24].

Intrigado com a fama de Shaolin, Yu viajou até o templo por volta de 1560 a fim de observar as técnicas monásticas de combate, mas ficou, de acordo com o seu relato, profundamente desapontado. A técnica monástica havia retrocedido a tal ponto, afirma, que ele próprio acabou por ensinar aos monges suas próprias técnicas marciais. No relato de sua visita ao mosteiro, abaixo, Yu usa a palavra "espada" (*jian*) para o bastão, da mesma forma como faz no título de seu método de bastão[25]:

Eu ouvia dizer que o mosteiro de Shaolin, em Henan, possui um método de esgrima (*jijian*) [combate com bastão] transmitido pelas divindades. Depois, quando estava a caminho de volta de Yunzhong (em Shanxi), eu segui o caminho até o mosteiro. Mais de mil monges [Shaolin] consideravam-se especialistas nesse método [de bastão], e todos queriam demonstrá-lo a mim. Percebi que o mosteiro havia perdido os segredos dessa arte, e abertamente comuniquei isso a eles. Os monges então imediatamente expressaram o desejo de serem instruídos naquela técnica, e eu respondi: "É preciso dedicar-se durante vários anos a fim de alcançar a especialização". Assim, foram escolhidos entre eles dois monges jovens e corajosos, Zongqing e Pucong, que me acompanharam até o sul e passaram a morar em meu acampamento militar. Ensinei-lhes a Verdadeira

24. O *Jian jing* de Yu deve ter circulado como volume independente antes de 1562, quando Qi Jiguang o incluiu no seu *Jixiao xinshu: shiba juan bem*, 12.184-219. Ele também está disponível na edição dos escritos completos de Yu, publicados em três partes entre 1565 e o início da década de 1580 sob os títulos *Zhengqi tang ji*, *Zhengqi tang xuji* e *Zhengqi tang yuji*. O *Jian jing* encontra-se no volume *Yuji*; ver a edição conjunta das três partes publicada em 1841. He Liangchen elogia o *Jian jing* em seu *Zhenji*, 2.27.

25. Não estou certo do motivo de tal uso nos escritos de Yu. Talvez ele tenha usado a palavra "espada" em lugar de "bastão" por que a primeira já havia aparecido no título do método de bastão estudado por ele: *A Espada Longa de Jingchu* (*Jingchu changjian*). Cheng Dali sugere que "espada" significa, nesse caso, a totalidade da tradição das artes marciais em vez da arma em si; ver o seu *Zhongguo Wushu*, p. 121-123. Em todo caso, o texto de Yu não deixa dúvidas de que se trata da técnica de combate com o bastão (em vez de esgrima), como, de fato, estava claro para Qi jiguang e He Liangshen, contemporâneos de Yu. Ver também Tang Hao, *Shaolin Wudang kao*, p. 42; e, do mesmo autor, *Shaolin quanshu mijue kaozheng*, p. 67-69; Lin Boyuan, *Zhongguo tiyu shi*, p. 317-318; e Lin Boyuan, *Tan Zhongguo wushu zai Mingdai de fazhan bianhua*, p. 67-68; e Matsuda Ryūchi, *Zhongguo wushu shilüe*, p. 7-9, 52-53.

DEFENDENDO A NAÇÃO   91

Fórmula das Transformações do Yin e Yang[26], assim como os seus profundos e iluminadores preceitos. Depois de passados mais de três anos, os dois me disseram: "Estivemos aqui por tempo suficiente. Pedimos sua permissão para retornar, a fim de que possamos ensinar o que aprendemos aos nossos companheiros monges. Assim, [seu] método será transmitido eternamente". E então, os deixei partir. Treze anos se passaram rapidamente, e, de repente, um dia, um de meus guardas anunciou-me que um monge gostaria de me ver. Foi permitida sua entrada, e lá estava ele: Zongqing! Ele me disse que Pucong havia se juntado ao grupo dos seres divinos e que apenas ele próprio, Zongqing, havia retornado ao mosteiro de Shaolin, onde ensinou as Fórmulas da Espada (fórmulas de bastão) e as Normas Chan. Entre os monges, quase uma centena havia alcançado um profundo conhecimento da técnica. Assim, ela seria transmitida para todo o sempre![27]

O general Yu estava impressionado com a informação de que seu método de bastão seria transmitido por várias gerações no mosteiro Shaolin. Teria ele superestimado a própria influência sobre a tradição Shaolin? Um exame do tratado de Cheng Zongyou revela que a técnica de bastão por ele aprendida em Shaolin cerca de cinquenta anos depois da visita de Yu ao mosteiro era completamente diferente daquela apresentada no *Clássico da Espada*, de Yu. Os dois estilos de bastão – o ensinado pelo general e o estudado por Cheng – variam enormemente entre si, do nome dos métodos (*fa*) e posições (*shi*) até as fórmulas rimadas e ilustrações[28]. Além disso, é possível identificar pelo menos uma parte da nomenclatura no *Método de Bastão de Shaolin*, de Cheng, em uma enciclopédia militar

26. Os termos Yin/Yang aparecem na *Espada Clássica* de Yu, na fórmula: "Yin e Yang devem se alternar, as duas mãos precisam estar firmes". Ver o *Jian jing* em *Zhengqi tang yuji*, 4.3b.

27. Yu Dayou, Poema, com Prólogo, Enviado ao Monge Shaolin Zongqing, em *Zhengqi tang xuji*, 2.7a-8a. Uma consideração quase idêntica a respeito da visita de Yu ao mosteiro encontra-se no seu Escrito sobre a Renovação dos Jardins Universais da Doutrina Chan, de 1577, em *Zhengqi tang xuji*, 3.6a-7b.

28. Tang Hao identificou uma única fórmula comum aos métodos de Yu e de Cheng: "jiu li lüe guo, xin li wei fa" ([Atacar quando] um fluxo de energia [de seu oponente] já estiver em grande parte esgotado, e antes que um outro seja produzido). Comparar com Yu Dayou, *Jian jing*, em *Zhengqi tang yuji*, 4.23a, e Cheng Zongyou, *Shaolin gunfa*, 3.4a. Ver também Tang Hao, *Shaolin quanshu mijue kaozheng*, p. 65-66; e Matsuda Ryūchi, *Zhongguo wushu shilüe*, p. 53.

92 O MOSTEIRO DE SHAOLIN

anterior ao encontro de Yu com os monges de Shaolin[29]. Claramente, uma tradição comum de combate com bastão, que antecede a visita do general ao mosteiro, continuou a existir por muito tempo ainda.

O general Yu interpretou mal sua influência na técnica de Shaolin, mas isso não significa que ele não tenha deixado nela a sua marca. Uma pista nos é fornecida pela seguinte passagem extraída da obra *Exercícios de Braço*, de Wu Shu, compilada aproximadamente cem anos depois da visita do general ao mosteiro de Shaolin:

O mosteiro de Shaolin possui um método de combate com o bastão chamado "Defesa dos Cinco Tigres" (*Wuhu lan*). Todo ele é "um golpe para baixo, um golpe para cima" (*yi da yi jie*), e isso é tudo. Golpeando para baixo, o bastão deve atingir o solo; golpeando para cima ele deve passar por sobre a cabeça do adversário. É um método simples, e não há nada de espetacular sobre ele, é quase como [o método de] um agricultor trabalhando o solo. Ainda assim, pela prática contínua e prolongada, é possível se alcançar seus refinamentos. "Golpeando para baixo e para cima" obtém-se força. Mesmo as outras técnicas de Shaolin respeitam esse método. Não se pode considerá-lo leviano apenas por ser tão simples[30].

Wu Shu ressalta a fórmula "um golpe para baixo, um golpe para cima" como característica da "Defesa dos Cinco Tigres". A mesma fórmula está presente com destaque no *Clássico da Espada*, de Yu Dayou, e por essa razão é provável que o método ensinado pelo general não seja outro senão o descrito por Wu Shu. Se Tang Hao, que elaborou tal hipótese, estiver certo, então no final do século XVII os monges de Shaolin estavam envolvidos com dois sistemas de treinamento de bastão: um registrado no *Método de Bastão de Shaolin*, de Cheng Zongyou (que antecedeu a visita de Yu ao mosteiro), e outro chamado por Wu Shu de "Defesa dos Cinco Tigres", que eles aprenderam do general Ming[31].

29. O método de Shaolin das "mãos escondidas" (*Yinshou*), discutido no *Shaolin gunfa*, de Cheng, já havia sido mencionado em Tang Shunzhi, *Wu bian, qianji*, 5.39b, obra compilada aproximadamente dez anos antes da visita de Yu ao mosteiro Shaolin.
30. Wu Shu, *Shoubi lu*, p. 89.
31. Tang Hao, *Shaolin quanshu mijue kaozheng*, p. 68-69. Ver também Matsuda Ryūchi, *Zhongguo wushu shilüe*, p. 54.

DEFENDENDO A NAÇÃO 93

Deixando de lado a questão da influência precisa de Yu Dayou nas artes marciais de Shaolin, sua relação com o mosteiro revela uma conexão entre dois segmentos da sociedade no período Ming tardio que os estudos acadêmicos sobre o tema tendem a considerar como distintos: o segmento budista da *Sangha** e o segmento militar. O general Yu tratava os monges de Shaolin como parceiros de profissão e com eles debatia aspectos técnicos de sua área. Sua concepção do mosteiro como instituição militar amplia nossa compreensão dos variados papéis que o budismo exerceu na sociedade do período Ming tardio[32].

De acordo com o relato de Yu, foi *ele* quem instruiu os monges de Shaolin. Para outras perspectivas, estes é que compartilharam suas técnicas com membros do corpo militar. O exemplo mais evidente é o da campanha contra a pirataria registrada na metade do século XVI, durante a qual oficiais militares da região de Jiangnan pediram ajuda dos monges de Shaolin. Os que responderam positivamente ao pedido e foram à guerra não se esqueceram de sua identidade religiosa. Em vez de se juntar aos outros soldados, formaram suas próprias unidades monásticas. Entretanto, a pelo menos um dos participantes do clero foi oferecida posição militar, e este, consequentemente, abandonou suas obrigações religiosas. Isso ocorreu com o monge Liu Dechang, no século XVII, nomeado comandante das tropas móveis (*youji jiangjun*) do exército. Mesmo depois de ter abandonado a ordem monástica em favor da corporação de oficiais, Liu manteve contato com sua escola budista, aceitando como alunos os monges de Shaolin que o procuravam a fim de serem instruídos no combate com a lança[33].

Se os monges de Shaolin dialogavam tecnicamente com generais, também se associavam com a crescente comunidade de artistas marciais que não pertenciam às tropas militares. Tratamos de dois membros letrados desta comunidade, Cheng Zongyou e Wu Shu. Um outro, Cheng Zhenru (na ativa por volta de 1620), recebeu sua educação militar não no mosteiro

---

* Ou comunidade budista (N. da T.).

32. A respeito destes papéis – religioso, cultural, social e político – ver, entre outros, *Ming Buddhism* e *The Renewal of Buddhism in China*, de Yü Chün-fang; e *Praying for Power* de Brook.

33. Ver Wu Shu, *Shoubi lu*, p. 109.

de Shaolin, mas em outro centro budista, a montanha Emei, em Sichuan. Cheng viajou até lá a fim de conseguir ser instruído pelo monge Pu'en (atuante por volta de 1600), cujas técnicas de lança foram mais tarde registradas no seu *Método de Lança de Emei* (*Emei qiangfa*)[34]. Ele observa que Pu'en recebeu essa técnica de uma entidade divina, razão pela qual, talvez, o monge estivesse relutante em partir levando tal conhecimento. Cheng viu-se obrigado a permanecer por dois anos buscando lenha para Pu'en antes que este se convencesse de sua sinceridade e aceitasse revelar-lhe os mistérios da lança[35].

Cheng Zhenru viajou uma grande distância a fim de ser treinado pelo melhor dos mestres da lança. Sua atitude é semelhante à de outros artistas marciais do período Ming tardio – tanto monges como leigos – que seguiam uma vida itinerante. "Liu Dechang [...] estava descontente com sua técnica [de lança], que ele considerava muito longe da perfeição. Portanto, viajou por todo o país até que alcançasse seu objetivo". Pu'en "viajou por todo o país, sem nunca encontrar alguém que o superasse"; Shi Dian viajava de cidade em cidade em busca de discípulos; Cheng Zongyou passou vários anos viajando com seu mestre Shaolin Guang'an; e sobre o monge Shaolin Sanqi Yougong (?-1548), conta-se que amealhou mais de mil discípulos em suas longas jornadas através de Henan, Hebei, Shandong e Jiangsu[36].

Assim, os artistas marciais do período Ming tardio encontravam-se com frequência em viagens ou, como diriam os chineses, "sobre as águas". Autores dos séculos XVI e XVII fazem menção a artistas marciais no contexto dos "rios e lagos" (*jianghu*)[37], termo que designa todos aqueles que ganham a

---

34. Incluído em Wu Shu, *Shoubi lu*, p. 93-109. É possível especular que Cheng Zhenru tenha pertencido à mesma família que Cheng Zongyou. O local de nascimento de Zhenru é conhecido como sendo Haiyang, o mesmo nome usado algumas vezes por Zongyou para se referir à sua cidade natal em Xiuning, na província de Anhui.

35. Ver a introdução de Cheng ao seu *Emei qiangfa*, em Wu Shu, *Shoubi lu*, p. 93.

36. Ver, respectivamente, Wu Shu, *Shoubi lu*, p. 14, 93, 110; Cheng Zongyou, *Shaolin gunfa*, 1.2a; e o epitáfio de Sanqi Yougong inscrito em sua estupa funerária e ainda existente na Floresta de Estupas de Shaolin (Talin). Sobre os guerreiros itinerantes de Shaolin, ver também Xie Zhaozhe, *Wu zazu*, 5.23a.

37. Cai Jiude, por exemplo, faz alusão a certo monge de Shaolin como sendo um membro dos "rios e lagos". Ver Cai Jiude, *Wobian shilüe* (prefácio de 1558), 1.9-10. Comparar também com o prefácio ao *Shoubi lu*, p. 1, de Wu Shu.

DEFENDENDO A NAÇÃO 95

vida de maneira itinerante: atores, contadores de histórias, adivinhos e afins. Seria o caso de os artistas marciais, assim como outros itinerantes de "rios e lagos", viajarem por razões econômicas? À primeira vista, poderia parecer que especialistas militares viajavam com objetivos educacionais, a fim de estudar, ensinar, ou avaliar seus poderes contra rivais que valessem a pena. Entretanto, é muito difícil separar o cultivo de habilidades profissionais de considerações econômico-financeiras. Supostamente, os mestres eram pagos pelos seus discípulos, e competições poderiam assumir a função de apresentações públicas pagas pelos espectadores. A esse respeito, fontes que tratam da comunidade de artistas marciais no século XIX poderiam esclarecer sobre seus antepassados do século XVI. Yun Youke (período de maior expressão: 1900), em sua *Coletânea de Discursos sobre os Rios e Lagos* (*Jianghu congtan*), descreve em detalhes a maneira itinerante com que os artistas marciais ganhavam a vida. Alguns atuavam como seguranças armados (*baobiao*) que acompanhavam o transporte de mercadorias; outros viajavam entre cidades e vilarejos onde, nos dias de feira, eles "vendiam sua arte" (*maiyi*) em apresentações públicas de destreza marcial[38].

O modo de vida itinerante cria um elo entre os artistas marciais do período Ming tardio e seus sucessores do período Qing tardio. Tal característica também relaciona ambos os grupos com suas representações ficcionais. Já na ficção do período Tang o contexto itinerante dos "rios e lagos" foi o ambiente inevitável dos feitos heroicos do cavaleiro errante (*xiake*). Na verdade, na "ficção das artes marciais" (*wuxia xiaoshuo*) os "rios e lagos" não significavam mais uma maneira de ganhar a vida, muito menos uma forma de transporte. Em vez disso, simbolizavam uma instância de liberdade à qual as leis da família, sociedade e propriedade não se aplicavam. Situados para além da vida cotidiana, era nos "rios e lagos" que se realizavam os sonhos do cavaleiro errante[39].

38. Yun Youke, *Jianghu congtan*, p. 191-220.
39. Ver Chen Pingyuan, *Qiangu wenren xiake meng*, p. 187-228.

A CRISE DA PIRATARIA

Especialistas militares do período Ming tardio estavam convencidos de que os monges de Shaolin vinham há séculos praticando a técnica do bastão. Cheng Zongyou, Wu Shu, Yu Dayou e Qi Jiguang concordavam que "o bastão de Shaolin tem sido reconhecido desde a antiguidade até os dias atuais". Por que, então, teriam sido eles os primeiros a registrar a técnica? O que teria acontecido no século XVI que poderia explicar o interesse repentino pelas técnicas de combate de Shaolin?

O crescimento da indústria editorial no período Ming tardio poderia explicar parcialmente o fato de as artes marciais de Shaolin merecerem registro impresso nessa época. Os gêneros impressos que documentavam técnicas de combate – manuais de artes marciais e literatura popular, por exemplo – ganharam proeminência durante os séculos XVI e XVII. Isso é verdade especialmente em relação a um gênero que é extremamente importante para o estudo da história das artes marciais: as enciclopédias militares. O período Ming tardio presenciou a publicação em larga escala de compêndios militares, nos quais uma ampla variedade de tópicos – de canhões e navios de guerra a técnicas de esgrima e combate de mãos livres – era debatida[40]. Essas publicações forneceram o contexto para o debate a respeito das técnicas de bastão de Shaolin.

Outra razão, mais significativa, para o crescente interesse pelas técnicas de combate do mosteiro foi o declínio do exército Ming. Na metade do século XVI, o exército se encontrava em tal estado de desorganização e penúria que "as instalações defensivas do império, juntamente com sua estrutura logística, haviam praticamente desaparecido"[41]. A situação era tão grave que, em 1550, o príncipe mongol Altan conseguiu saquear os arredores de Beijing sem encontrar resistência. A deterioração do exército Ming, com sua organização hereditária, se refletia na atenção dispensada a uma grande variedade de tropas locais (*xiang bing*), que podiam ser recrutadas a fim de complementar as carências do exército. Analistas militares comentavam as habi-

---

40. Ver J. Needham; R.D.S. Yates, *Science and Civilization in China*, v. 5, parte VI, p. 27-29.
41. R. Huang, op. cit., p. 159.

DEFENDENDO A NAÇÃO

lidades de combate de grupos diversos, tais como montanheses (de Henan), atiradores de pedras (de Hebei), marinheiros (de Fujian) e coletores de sal (de várias províncias)[42]. Quanto aos monges de Shaolin, foi dada atenção especial às *suas* capacidades militares a partir da campanha ocorrida na metade do século XVI – da qual eles tomaram parte – contra a pirataria.

As décadas de 1540 e 1550 testemunharam ataques de piratas em escala nunca antes experimentada ao longo das costas leste e sudeste da China. Os piratas, conhecidos por *wokou* (literalmente, "bandidos japoneses"), incluíam, além de japoneses e outros estrangeiros, grande número de chineses, que estavam envolvidos com o comércio marítimo ilegal. Seus ataques eram especialmente cruéis ao longo da costa de Jiangnan, onde eram pilhadas não apenas as regiões interioranas, mas também cidades protegidas por muralhas. Em 1554, por exemplo, a cidade de Songjiang foi invadida e teve seu administrador legal condenado à morte. O governo se viu diante de grandes dificuldades na tentativa de controlar a situação, em parte por que as autoridades locais estavam elas mesmas envolvidas no comércio com os bandidos, em parte por causa do declínio das forças armadas. A ordem em Jiangnan não foi restaurada antes da década de 1560, e isso em boa medida se deu por conta dos esforços dos acima mencionados generais Yu Dayou e Qi Jiguang[43].

Várias fontes oriundas do século XVI atestam que em 1553, durante o auge dos ataques dos piratas, oficiais militares em Jiangnan decidiram mobilizar tropas monásticas de Shaolin e outros mosteiros. O relato mais detalhado é o de Zheng Ruoceng (período de maior expressão: 1505-1580), intitulado " A Primeira Vitória dos Exércitos Monásticos" (*Seng bing shou jie ji*), incluído em sua obra *A Estratégia da Defesa da Região de Jiangnan* (*Jiangnan jing lüe,* com prefácio de 1568)[44]. Embora nunca tenha sido aprovado nos exames oficiais para a burocracia, Zheng conseguiu a estima de seus contemporâneos como

42. Ver *Mingshi*, 91.2251-2252. Ver também C. O. Hucker, Ming Government, *The Cambridge History of China*, v. 8, p. 69.

43. Para um pano de fundo geral, ver J. Geiss, The Chia-ching Reign, *The Cambridge History of China*, v. 7, p. 490-505; Kwan-wai So, *Japanese Piracy in Ming China*; e R.J. Antony, *Like Froth Floating on the Sea*, p. 22-28.

44. O Seng bing shou jie ji encontra-se no capítulo 8b.

geógrafo especialista em regiões costeiras da China. Por esse motivo foi escolhido, em 1560, como conselheiro por Hu Zongxian (1511-1565), o então comandante supremo das forças armadas em Fujian, Zhejiang e a Região Metropolitana do Sul (a atual Jiangsu). O período em que Zheng serviu nas divisões de Hu contribuiu para que se familiarizasse com a campanha contra a pirataria, da qual este era responsável[45].

Organizando cronologicamente os relatos de Zheng e de outros autores do período Ming tardio, podemos afirmar quem foi o oficial que deu início à mobilização dos monges para o combate: Wan Biao (*hao*: Luyuan, 1498-1556), que serviu como vice-comissário chefe na Comissão Militar Principal em Nanjing[46]. Podemos também identificar pelo menos quatro batalhas nas quais houve a participação de tropas monásticas. A primeira ocorreu na primavera de 1533 na montanha Zhe, que controla a entrada a partir do golfo Hangzhou, através do rio Qiantang, até a cidade de Hangzhou[47]. As outras três tiveram lugar na rede de canais no delta do rio Huangpu (que, durante o período Ming, pertencia à jurisdição de Songjiang): em Wengjiagang (julho de 1553), em Majiabang (primavera de 1554) e em Taozhai (outono de 1555)[48]. A incompetência de um general de exército levou à derrota as tropas monásticas na quarta batalha. Em seguida, os restos mortais de quatro monges mortos em combate foram sepultados na chamada "Estupa dos Quatro Monges Heroicos", no

45. A respeito de Zheng, ver L.C. Goodrich, op. cit., v. 1, p. 204-208.
46. Comparar Zheng Ruoceng, *Jiangnan jing lüe*, 8b.16b; Cai Jiude, *Wobian shilüe*, 1.9-10; e o epitáfio de Wan Biao em Jiao Hong, *Guochao xianzheng lu*, 107.82b. A respeito de Wan, ver L.C. Goodrich, op. cit., v. 2, p. 1337-1339.
47. Três almanaques do século XVI fazem alusão à participação de "tropas monásticas" (*seng bing*) nessa batalha, embora nenhum deles especifique a qual mosteiro elas pertencessem. Ver o *Zhejiang tongzhi* (cap. 60), de 1561; o *Ningbo fu zhi* (cap. 22), do período Jiajing (1522-1566); e o *Hangzhou fu zhi* (cap. 7), de 1579. As passagens relevantes dos almanaques estão reproduzidas em *Mingdai wokou shiliao*, v. 5, p. 1831, 1976 e 2073, respectivamente. Comparar também Cai Jiude, *Wobian shilüe*, 1.9-10. Zheng Ruoceng, *Jiangnan jing lüe*, 8b.17a, faz alusão a uma vitória obtida por tropas monásticas ocorrida no monte Zha. Ele provavelmente estava fazendo referência ao monte Zhe.
48. Comparar Zheng Ruoceng, *Jiangnan jing lüe*, 8b.19a-23a, com Zhang Nai, *Wusong jia yi wo bian zhi*, 2.38b-39b. Para localidades no delta do rio Huangpu, ver *Shanghai lishi ditu ji*. Considero que Wengjiagang é, nos dias de hoje, a vila de Wengjia, próximo a Zhelin.

monte She, a cerca de trinta quilômetros a sudoeste da atual cidade de Xangai (Mapa 3)[49].

Os monges conquistaram sua maior vitória na batalha de Wenjiagang. Em 21 de julho de 1553, 120 monges derrotaram um grupo de piratas, perseguindo os sobreviventes por dez dias ao longo de aproximadamente trinta quilômetros na rota sul em direção a Wangjiazhuang (na costa sob jurisdição de Jiaxing). Nesse mesmo lugar, em 31 de julho o último dos bandidos foi eliminado. No fim das contas, mais de cem piratas morreram, enquanto os monges perderam apenas quatro homens. Na verdade, os monges não demonstraram piedade de nenhum inimigo na batalha, sendo que um deles fez uso de seu bastão de ferro para executar a mulher de um dos piratas fugitivos (Zheng Ruoceng não comenta a não observância, por parte dos monges, da proibição budista de não matar, inclusive nessa ocasião – quando a mulher assassinada encontrava-se desarmada)[50].

Nem todos os monges responsáveis pela vitória em Wengjiagang pertenciam ao mosteiro de Shaolin e, enquanto alguns possuíam experiência militar anterior, outros podem ter sido treinados especificamente para essa batalha. Entretanto, o monge que os conduziu à vitória recebeu sua educação militar em Shaolin. Foi Tianyuan, celebrado por Zheng tanto pela suas habilidades marciais quanto por seu gênio estratégico. Ele detalha, por exemplo, a facilidade com que um dos monges derrotou dezoito clérigos de Hangzhou que o haviam desafiado em relação ao comando das tropas monásticas:

Tianyuan disse: "Eu sou um Shaolin *verdadeiro*. Existe outra arte marcial na qual você seja bom o suficiente e que justifique sua afirmação de superioridade sobre mim?" Os dezoito monges [de Hangzhou] escolheram dentre eles oito homens para desafiá-lo. Os oito imediatamente atacaram Tianyuan utilizando suas técnicas de combate de mãos livres. Tianyuan encontrava-se, naquele momento, na parte superior do terraço em frente ao salão. Seus oito atacantes tentaram subir pelas escadas que se dirigiam até o salão a

---

49. Os quatro monges eram Chetang, Yifeng, Zhenyuan e Liaoxin. As suas estupas já não existem mais. Ver Zhang Shutong, *Sheshan xiao zhi, Ganshan zhi*, p. 30. Sou grato a Yang Kun, do museu Songjiang, pela referência.

50. Zheng Ruoceng, *Jiangnan jing lüe*, 8b.21b.

100 O MOSTEIRO DE SHAOLIN

partir do pátio abaixo. Entretanto, ele os viu aproximarem-se e usou os punhos, impedindo sua aproximação.

Os oito monges se dirigiram para a entrada de trás do salão. Então, armados com espadas, lançaram um ataque do salão até o terraço na parte da frente. Eles investiram armados contra Tianyuan, que, rapidamente, agarrando a trava que fechava a porta do salão, atacou horizontalmente. Na tentativa, não conseguiram chegar ao terraço. Pelo contrário, foram derrotados por Tianyuan.

Yuekong [líder dos desafiadores de Tianyuan] rendeu-se e implorou perdão. Então, os dezoito monges curvaram-se diante de Tianyuan e ofereceram seus serviços[51].

A descrição das habilidades marciais de Tianyuan pode parecer familiar aos leitores de ficção de artes marciais. Vários temas na narrativa de Zheng Ruoceng tornaram-se característicos desse gênero literário no período imperial e também modernamente. Novelas de artes marciais (e, mais recentemente, filmes) comemoram vitórias obtidas pelo uso exclusivo de técnicas de mãos livres, normalmente por lutadores solitários[52]. Entretanto, da perspectiva de Zheng Ruoceng, as habilidades marciais de Tianyuan não eram ficção. Na condição de analista militar do século XVI, ele estava tão impressionado com as habilidades de combate dos monges de Shaolin que chegou a propor que o governo fizesse uso regular de exércitos monásticos:

Nas artes marciais de hoje não há ninguém, em todo o país, que não reconheça a importância de Shaolin. Funiu [em Henan] deveria ser reconhecido como o segundo [centro monástico marcial] mais influente. O motivo principal do sucesso de seus monges [de Funiu] é o fato de que, ao terem buscado se proteger contra os mineiros, foram estudar em Shaolin. Em terceiro lugar vem Wutai [em Shanxi]. A fonte da tradição de Wutai é o método da "Lança da Família Yang" (Yangjia qiang), que vem sendo transmitido por várias gerações na família Yang. Juntos, esses três [núcleos budistas] congregam centenas de mosteiros e um número incontável de

51. Idem, 8b.18a.
52. O relato de Zheng Ruoceng ilustra a dificuldade em se separar narrativas sobre artes marciais de natureza histórica daquelas de natureza ficcional. Vale observar que outra anedota no relato de Zheng, a respeito do monge Guzhou, foi trabalhada ficcionalmente cinquenta anos após sua publicação. Comparar Zheng Ruoceng, Jiangnan jing lüe, 8b.16b-17a, com Zhu Guozhen, Yongchuang xiaopin, 28.673.

DEFENDENDO A NAÇÃO

monges. Nosso país está repleto de bandidos e cercado por bárbaros. Se o governo emitisse um decreto para o recrutamento [desses monges] venceríamos todas as batalhas[53].

O apelo de Zheng para o recrutamento de monges de Shaolin ilustra o impacto que a campanha contra a pirataria havia provocado na fama do mosteiro. Os ataques piratas nas costas da China converteram-se em crise nacional, que era debatida em todos os níveis do governo, das autoridades locais das inúmeras províncias afetadas aos mais altos escalões da burocracia imperial. A contribuição de Shaolin para essa campanha se espalhou pela estrutura de poder Ming. As vitórias do mosteiro foram registradas em inúmeros documentos, de almanaques locais e registros históricos padrão a trabalhos de ficção. Se o apoio de Shaolin a Li Shimin foi a origem da sua fama durante o período Tang, a campanha contra a pirataria garantiu seu sucesso no período Ming.

A guerra de Shaolin contra a pirataria serviu para inspirar os monges chineses por séculos. Confrontados pela ameaça japonesa durante a década de 1930, os budistas chineses relembraram a vitória do mosteiro sobre os chamados "bandidos japoneses" (*wokou*). Em 1933, o entusiasticamente patriótico monge Zhenhua escreveu uma *História da Defesa Nacional Monástica* (*Sengjia huguo shi*) incitando seus companheiros budistas a combater os invasores japoneses. Argumentando que em tempos de crise nacional seria permitido aos monges lutar, Zhenhua menciona a contribuição heroica de Shaolin à campanha contra a pirataria no século XVI[54]. Em pleno século XX, o legado militar do mosteiro fornece um precedente para a campanha de guerra budista.

PATRONAGEM

Embora a guerra contra a pirataria tenha sido a de maior repercussão em relação à atuação dos monges de Shaolin, ela não foi a única em que eles tiveram participação. A partir da primeira

53. Zheng Ruoceng, *Jiangnan jing lüe*, 8b.22b.
54. Ver Xue Yu, *Buddhism, War, and Nationalism*, p. 49-51, 55.

década do século XVI, combatentes do mosteiro eram regularmente convocados para pôr fim a tumultos locais no norte da China. Em 1511, setenta monges perderam suas vidas combatendo Liu VI e Liu VII, cujos exércitos de bandidos varriam as províncias de Hebei e Henan. Em 1522-1523, combatentes Shaolin enfrentaram Wang Tang, um mineiro que se havia tornado fora-da-lei por pilhar Shandong e Henan. E, em 1552, eles participaram da ofensiva do governo contra Shi Shangzhao, um fora-da-lei de Henan[55].

O apoio militar ao mosteiro, por parte da dinastia Ming, continuou até os últimos e turbulentos anos da dinastia. Durante a década de 1630, os monges Shaolin eram constantemente convocados para as malfadadas campanhas contra os crescentes exércitos rebeldes que, por volta de 1644, acabariam por derrubar a dinastia. Veremos no capítulo 7 que a lealdade dos monges Shaolin ao regime levou à destruição do mosteiro pelos seus adversários. Em 1641, o líder fora-da-lei Li Zicheng (1605?-1645) marchou com seu exército rebelde até Henan, onde, junto com os líderes dos guerreiros locais, aniquilou as forças de combate de Shaolin. O destino do mosteiro estava intimamente ligado ao dos membros da dinastia a quem os monges haviam servido com determinação.

Os epitáfios dos monges combatentes de Shaolin fornecem informações importantes sobre sua atuação militar a serviço da dinastia Ming. A Floresta de Estupas contém pelo menos quatro inscrições dedicadas aos monges combatentes. Os memoriais de dois monges, Wan'an Shungong (1545-1619) e Benda (1542-1625), afirmam que eles "receberam condecorações por suas atuações em batalhas", sem, no entanto, especificar em quais. Outra inscrição revela que o monge Zhufang Cangong (1516-1574) comandou os cinquenta guerreiros de

---

55. Dois documentos da cidade de Dengfeng confirmam a participação de monges Shaolin nessas campanhas. Os documentos, datados de 1581 e 1595, foram gravados em pedra no mosteiro Shaolin, onde eles ainda se encontram. Ver Wen Yucheng, *Shaolin fanggu*, p. 292-293, 300-302; e Zeng Weihua e Yan Yaozhong, *Cong Shaolin si de ji fang bei ta mingwen kan Ming dai sengbing*. A participação de tropas monásticas (*sengbing*) na guerra de 1511 contra os irmãos Liu é confirmada por Gu Yingtai em *Mingshi jishi benmo* (1658), 45.9b. Gu não especifica a que mosteiro eles pertenciam. Ver também D. Robinson, *Bandits, Eunuchs, and the Son of Heaven*, p. 136-137.

DEFENDENDO A NAÇÃO

Shaolin que participaram da ofensiva do governo contra Shi Shangzhao. Uma quarta inscrição atesta que o monge Sanqi Yougong (?-1548) foi enviado até Yunnan, no extremo sudoeste do país, para combater rebeliões tribais. Seus feitos militares renderam a esse guerreiro a colocação militar de supervisor--chefe do comando regional[56].

O apoio militar concedido por Shaolin ao país recebeu elogios de seus oficiais mais destacados. Durante a década de 1620, Cheng Shao (*jinshi* 1589), vice-censor geral e coordenador principal da província de Henan, visitou o mosteiro e dedicou um poema aos monges combatentes. Alinhavando os imaginários budista e militar, o vice-censor geral argumentava que guerrear pelo Estado não contradizia a proibição budista da violência. Pelo contrário, os monges Shaolin alcançariam os "frutos da iluminação" por meio de sua proteção militar à população. Eles se tornariam aptos a "transmitir a luz" – isto é, propagar a mensagem budista – por sua heroica contribuição à defesa nacional:

Condecorações imperiais pelo combate à ilegalidade *são* os verdadeiros frutos da realização,
A defesa nacional e a paz do mundo *são* a transmissão da luz.
Sob um reinado próspero, não precisamos temer emergências,
Pela lealdade e heroísmo, Vairocana dissemina o Mahāyāna[57].

O apoio dos monges de Shaolin ao regime valeu-lhes não apenas elogios, mas também benefícios materiais. Em 1581 e 1595, os oficiais do condado de Dengfeng emitiram documentos oficiais eximindo as terras de Shaolin do pagamento de impostos. Os documentos foram gravados em pedra no mosteiro a fim de garantir a isenção de impostos para as futuras gerações. Curiosamente, ambos os documentos aconselham os funcionários de escalões mais baixos a não exigirem pagamentos do mosteiro para seus próprios bolsos.

Os oficiais do condado de Dengfeng concederam isenções de impostos ao mosteiro com base nos registros dos seus

56. Ver Wen Yucheng, *Shaolin fanggu*, pp. 292-298, e Zeng Weihua e Yan Yaozhong, *Cong Shaolin si de ji fang bei ta mingwen kan Ming dai sengbing*.
57. O poema aparece no *Shaolin si zhi*, 11.7a. Ele é citado e discutido em Xu Changqing, *Shaolin si yu Zhongguo wenhua*. p. 228. Ver a biografia de Cheng em *Mingshi*, 242.6282-6283.

104 O MOSTEIRO DE SHAOLIN

feitos militares. Essas cartas fornecem informações importantes a respeito do envolvimento do mosteiro em atividades de guerra, pois enumeram, uma a uma, as campanhas nas quais os monges tiveram participação:

Durante o reinado de Jiajing (1522-1566), os foras-da-lei do bando de Liu, Wang Tang e os piratas, assim como também Shi Shangzhao e outros, fomentaram distúrbios violentos. Os monges combatentes (*wu seng*) desse mosteiro foram convocados repetidamente para aplacá-los. Corajosamente, eliminaram os bandidos, muitos com o mérito de dispor de suas vidas na frente de batalha. Assim, os monges desse mosteiro apoiaram-se igualmente na cultura (*wen*) e na arte da guerra (*wu*) para proteger o Estado e reforçar seu exército. Eles não são como os monges de outros mosteiros espalhados pelo país, que apenas conduzem rituais, leem os Sutras e rezam pela longevidade do imperador[58].

As notícias sobre os relevantes serviços de Shaolin chegaram ao palácio imperial. Imperadores, imperatrizes e eunucos competiam entre si para bajular o mosteiro. Em 1587, por exemplo, a imperatriz matriarca Zisheng encomendou uma edição especial das escrituras budistas em blocos de madeira com 637 volumes para ser mantida no mosteiro Shaolin. O presente da imperatriz matriarca foi anunciado por seu filho, o imperador reinante Zhu Yijun (que reinou entre 1573 e 1620), em um édito imperial. Nele o imperador menciona os serviços militares prestados pelos monges de Shaolin ao Estado. "Escrituras budistas", escreveu o imperador, "não são desprovidas de mérito para a defesa do Estado e a proteção do povo"[59].

Várias décadas antes, o eunuco Zhang Yong (1465-1529), o mais poderoso da corte do imperador Zhu Houzhao (que reinou entre 1506 e 1521), apoiou abundantemente o mosteiro. Zhang deve ter tomado conhecimento de Shaolin em função de suas muitas responsabilidades militares – entre outras atribuições, ele foi chefe da guarnição da capital e diretor do corpo de

58. Esta passagem foi retirada da carta de 1595. Os irmãos Liu foram bandidos que atuaram durante o final do reinado de Zhengde (1506-1521), e não do reinado de Jiajing. Sou grato a A'de, que forneceu transcrições das duas cartas. Ver também Wen Yucheng, *Shaolin fanggu*, p. 300-302.
59. O édito é citado no *Shaolin si zhi*, chenhan, p. 4a.

DEFENDENDO A NAÇÃO

treinamento militar imperial. Por volta de 1519, doou a Shaolin uma estátua de Bodhidharma banhada a ouro, o santo patrono do mosteiro. Seu presente pode ser admirado até hoje no interior do pavilhão Em-Pé-na-Neve (*Lixue ting*), em Shaolin, cujo nome relembra as provações experimentadas por Huike, discípulo de Bodhidharma. Huike foi guiado à iluminação ficando imóvel em meio à neve[60].

Foi possivelmente Zhang Yong quem sugeriu ao imperador que convidasse os monges de Shaolin a visitarem o palácio imperial. Sabe-se que Zhu Houzhao empregava monges de Shaolin no Quarteirão do Leopardo (*Baofang*) – a área de recreação construída por ele próprio dentro dos muros da Cidade Proibida. Não está claro qual era a função dos monges dentro desse palácio privado – se serviam como guarda-costas ou propriamente como agentes religiosos (o imperador poderia ser fascinado por seus poderes místicos como era pelos dos lamas tibetanos). De qualquer forma, o serviço ao imperador em seus aposentos privados indica que os monges de Shaolin possuíam, como nunca, acesso ao trono, mantendo conexão direta com imperador em pessoa[61].

O patrocínio de Shaolin pela dinastia Ming é perceptível até hoje na suntuosidade do mosteiro. O apoio financeiro por parte da corte levou-o a um período de crescimento espetacular. Muitos dos monumentos mais impressionantes de Shaolin foram construídos durante o século XVI e início do século XVII. A maior parte das estruturas (mais de 130) na Floresta de Estupas de Shaolin data do período Ming, assim como também o maior número de estelas com inscrições (mais de trinta). A maior estrutura do mosteiro Shaolin, o "Salão dos Mil Budas" (*Qianfo Luohan*), foi igualmente projetada por decoradores da corte[62]. Assim, a arquitetura monumental de Shaolin é, em grande parte, produto da benfeitoria Ming, decorrente do suporte militar concedido pelo mosteiro à dinastia.

60. Ver Wen Yucheng, *Shaolin fanggu*, p. 290-291. A respeito de Zhang, ver L.C. Goodrich, op. cit., v. 1, p. 111-113.
61. Ver Yang Tinghe, *Yang Wenzhong san lu*, 4.5b; e Wang Shizhen, *Yanshan tang bieji*, 97.1847.
62. Ver A' de, Qianfo dian ji bihua kao, *Chanlu* 13, p. 48-51; *Shaolin si qianfodian bihua*, p. 19, 104; e *Xin bian Shaolin si zhi*, p. 27-28.

OUTRAS TROPAS MONÁSTICAS

Na primavera de 1512, o governo investigava acusações de brutalidade contra um exército imperial acampado em Huguang (nas atuais Hunan e Hubei). Alegava-se que as forças imperiais – compostas por unidades militares regulares e também por tropas monásticas – haviam pilhado a população civil. Os soldados, leigos e monges, teriam sido tão rapaces que se tornaram "piores que os assaltantes fora-da-lei"[63].

Não é de surpreender que não se saiba até hoje a que mosteiro esses monges combatentes rapinantes pertenciam. Durante o período Ming tardio, a expressão "tropas monásticas" (*sengbing*) era amplamente utilizada em todo o império em referência a monges militares, de Fujian (sudeste) a Shanxi (noroeste) e de Yunnan a Henan. Vale lembrar que Zheng Ruoceng, em seu "A Primeira Vitória dos Exércitos Monásticos", faz alusão a várias unidades budistas que contribuíram com a campanha contra a pirataria, incluindo os dezoito monges de Hangzhou que desafiaram a liderança do monge Tianyuan, de Shaolin.

Talvez a antiga lembrança de um monge que havia se tornado imperador tenha contribuído para a tendência, durante o período Ming tardio, de recrutamento de monges combatentes. Zhu Yuanzhang (1328-1398), fundador da dinastia Ming, começou sua carreira como um noviço no mosteiro de Huangjue, em Fengyang, na província de Anhui. Não há nenhuma evidência de que Zhu, que entrou para o mosteiro quando tinha dezesseis anos, tenha praticado artes marciais quando lá se encontrava. Ainda assim, sabe-se que após deixar o mosteiro, aos 23 anos, ele se tornou o comandante de um exército que viria a conquistar o Império Chinês[64]. O exemplo de Zhu pode ter inspirado outros monges, ou pelo menos facilitado sua tolerância por parte do governo.

Seja como for, era tão comum a figura dos monges combatentes no período Ming tardio que acabaram por surgir críticas dentro dos próprios círculos monásticos. O renomado

---

63. Ver *Ming shi lu*, reinado de Wuzong, 86.1851.
64. A respeito dos primeiros anos de Zhu Yuanzhang no mosteiro, ver Wu Han, *Zhu Yuanzhang zhuan*, p. 11-16; e F.W. Mote, The Rise of the Ming Dynasty, 1330-1367, *The Cambridge History of China*, v. 7, p. 44-45.

DEFENDENDO A NAÇÃO

pensador budista Yuanxian (1578-1657), originário de Fujian, condenava o desrespeito à proibição religiosa de não matar por parte daqueles monges. "Durante os distúrbios no período de Yuan em Quanzhou [Fujian]", escreve o eminente monge, "os oficiais eram corruptos. Eles obrigavam os monges a se tornarem soldados [...] Infelizmente! Entre os monges de hoje há muitos que não esperam pela oportunidade de serem forçados e tornam-se soldados por sua própria vontade. Isto é um sinal de que o Darma budista está se extinguindo!"[65] E Yuanxian segue dando vazão à sua frustração em um dramático verso intitulado "Lamento sobre as Tropas Monásticas" (*Sengbing tan*):

O primeiro mandamento da Consciência Suprema [o Buda] proíbe a matança,
O sacrifício de animais também está incluído.
Os antigos nos advertiam a não arrancarmos sequer a relva,
Muito menos, ainda, juntar-se a exércitos no assassinato em massa.
De cabeças levantadas e ombros contraídos, eles emergem de seus mosteiros
Ansiando apenas pela batalha, como os demoníacos Asuras.
Dispensam para sempre suas vestes monásticas,
Vestidos de armaduras, empunham armas de guerra.
[...]
Lealdade e coragem, eles de modo algum as possuem,
De sua vontade obsessiva, alcançam apenas a desgraça.
Montanhas de espadas e florestas de adagas espalham-se diante de seus olhos,
Ossos esbranquiçados espalham-se sobre a relva retorcida.
Pior ainda, as dores agudas do reino das três torturas[66],
Perdurando por mil encarnações e uma centena de eras.
Ai! Ai! Porque não são eles iluminados,
Destroem-se a si mesmos, como mariposas que se lançam contra o fogo.
Pela manhã, ao acordar e esfregar a cabeça, olhe para si mesmo,
O Comandante Onisciente pode admoestar-lhe eternamente, mas sozinho ele não poderá salvá-lo[67].

---

65. *Gushan Yongjue heshang guanglu*, 24.16a.
66. O fogo do inferno, sangue e adagas.
67. *Gushan Yongjue heshang guanglu*, 24.16a-b.

Autores do período Ming tinham em grande estima as tropas monásticas de Shaolin; os monges combatentes de Funiu vinham em segundo lugar, e os de Wutai em terceiro. A esses centros de combate budista poderia ser somado o complexo monástico do monte Emei, na província de Sichuan (ver Mapa 3). Entretanto, o combate em pequena escala também era praticado em um número grande de outros templos. Monges praticavam artes marciais por conta própria em vários santuários, os quais não possuíam necessariamente renome militar. Huang Zongxi conta ter acompanhado Wang Zhengnan (1617-1669), praticante do chamado "estilo interno" de artes marciais, até o mosteiro de Tiantong, na cidade de Ningbo, província de Zhejiang. Um dos monges daquele mosteiro era famoso por suas habilidades marciais, e Wang Zhengnan decidiu testar sua força e desafiá-lo[68].

A práxis itinerante criava um elo entre os vários centros monásticos de combate. As artes marciais não surgiram em cada um dos mosteiros de forma independente. Em vez disto, monges errantes disseminaram suas técnicas de combate entre os mosteiros que visitavam. Zheng Ruoceng observa que os monges de Funiu sobressaíam-se nos combates porque haviam sido treinados no mosteiro de Shaolin. E He Liangchen acrescenta que esse treino era das técnicas de combate com o bastão. Contudo, a influência entre os dois mosteiros não parte apenas de um dos lados: o abade de Shaolin, Huanxiu Changrun (?-1585), havia sido discípulo do mestre Tanran Pinggong (?-1579), de Funiu[69].

Biandun (?-1563), especialista no bastão de Shaolin, é um exemplo do papel dos monges itinerantes na disseminação das técnicas monásticas de combate. O monge, praticante de artes marciais, estudou com um mestre tibetano, as técnicas de combate com o bastão e também com as mãos livres no mosteiro de Shaolin. Ele era reconhecido nos documentos do mosteiro não apenas por suas técnicas de combate, mas também por suas habilidades em angariar fundos[70]. Depois de se formar no programa de treinamento militar do mosteiro, Biandun circulou

---

68. Huang Zongxi, *Nanlei wending*, 8.130; e Wile, op. cit., p. 56.
69. Ver Zheng Ruoceng, *Jiangnan jing lüe*, 8b.22b; He Liangchen, *Zhenji*, 2.27; e Wen Yucheng, *Shaolin fanggu*, p. 298.
70. Ver A' de, Mingdai lamajiao yu Shaolin si, *Shaolin gongfu wenji*. A respeito das técnicas de combate do monge tibetano, ver Cheng Zongyou, *Shaolin gunfa*, 1.1b.

DEFENDENDO A NAÇÃO

entre o mosteiro e o centro de combate budista em Sichuan, no monte Emei, onde provavelmente ensinou as técnicas de combate de Shaolin. Em Sichuan, veio a falecer e foi levado de volta por seus discípulos para o seu funeral[71].

Biandun também esteve em Yunnan. Cheng Zongyou observa que, lá, o monge salvou um membro da etnia Miao, que, desde então, passou a venerá-lo como divindade[72]. O volume intitulado *A História do Monte Jizu* (*Jizu shan zhi*), da província da Yunnan, inclui uma biografia de Biandun que narra como ele empregou o "divino encanto" de Vajrapāni para subjugar bandidos (e fantasmas) locais. Como vimos acima, Vajrapāni foi venerado em Shaolin no contexto do treinamento de artes marciais. Acreditava-se que a temida divindade proporcionava a seus devotos marciais extraordinária força física. Portanto, é provável que, juntamente com o encanto de Vajrapāni, Biandun tenha transmitido as técnicas de combate Shaolin aos monges do monte Jizu[73].

Artistas marciais leigos, quando se tornavam itinerantes, também faziam visitas aos templos. Ao longo de toda a história da China, eles funcionaram como estalagens. Mosteiros budistas e taoístas e também os templos de religiões populares ofereciam abrigo aos membros – leigos e religiosos – da volátil classe dos "rios e lagos". Em 1663, quando o artista marcial itinerante Shi Dian (que não era monge) chegou à cidade de Kunshan, em Jiangsu, ficou por dois anos no templo local da Caridade Retribuída (*Baoben si*), onde ensinou o combate com a lança a Wu Shu e a Lu Shiyi, seus dois entusiasmados alunos da aristocracia local[74].

Os templos ofereciam aos artistas marciais não apenas abrigo, mas também espaço para que pudessem demonstrar sua arte. "Os templos", escreve Susan Naquin, "eram insuperavelmente o componente mais importante do espaço público nas cidades chinesas durante a última parte do período imperial"[75].

---

71. Ver Cheng Zongyou, *Shaolin gunfa*, 1.1b; Fu Mei, *Song shu*, 9.33b-34; e Wen Yucheng, *Shaolin fanggu*, p. 309-310.
72. Ver Cheng Zongyou, *Shaolin gunfa*, 1.1b.
73. Ver *Jizu shan zhi*, 6.6b-7a. O *Jizu shan zhi* menciona erroneamente Bianqun em vez de Biandun. Também faz alusão a Vajrapāni pelo nome que lhe era dado no século XVI no mosteiro Shaolin: Jinnaluo. A respeito de Jinnaluo, ver, na sequência, o capítulo 4.
74. Ver Wu Shu, *Shoubi lu*, p. 110; e Ma Mingda, *Shuo jian cong gao*, p. 95.
75. *Peking Temples and City Life*, p. xxxi.

110   O MOSTEIRO DE SHAOLIN

Os artistas marciais frequentemente ganhavam a vida oferecendo apresentações públicas em suas dependências. Assim como outros artistas integrantes dos "rios e lagos" – atores, cantores e contadores de histórias – viajavam de um santuário a outro, apresentando-se em dias de festa como, por exemplo, o aniversário das divindades locais. Um peregrino do século XVII encontrou, no templo de Shandong do Pico Leste, "por volta de dez plataformas de luta e palcos de teatro, cada uma atraindo centenas de espectadores que se amontoavam como abelhas ou formigas"[76]. "Em toda feira realizada no templo da cidade", observa Yun Youke (no período Qing tardio), "há artistas marciais demonstrando suas habilidades"[77].

Os artistas marciais apresentavam-se nos templos durante os dias de festas e nas feiras. Após as apresentações, coletavam doações em dinheiro da plateia ou vendiam pílulas e unguentos, os quais supostamente fariam seus clientes tão fortes quanto eles próprios, sendo que o físico do vendedor era a prova da eficiência do remédio vendido. Além disso, alguns especialistas militares ofereciam cursos periódicos nos templos. Até hoje, artistas marciais taiwaneses ensinam na vizinhança e nos templos locais. Do mesmo modo, Wang Zhengnan (que viveu no século XVII) ensinava seu estilo interno de arte marcial no templo do Buda de Ferro de Ningbo (*Tiefo*), porque "sua casa era muito pequena"[78]. Esse raro breve olhar na vida de um artista marcial iletrado nos é fornecido por seu discípulo letrado Huang Baijia.

Diferentemente dos templos locais em que as artes marciais eram apresentadas, cada um dos grandes centros de combate monástico merece, por si só, um estudo particular. A seguir fornecemos breves informações sobre alguns desses centros.

O Monte Wutai

As "Quatro Grandes Montanhas" (*Sida ming shan*) ocupam um lugar central na geografia sagrada do budismo chinês. Cada

---

76. Zhang Dai, *Langhuan wenji*, p. 37, e Wu Pei-Yi, *An Ambivalent Pilgrim to T'ai Shan*, p. 77.
77. Yun Youke, *Jianghu congtan*, p. 201.
78. Huang Baijia, *Neijia quanfa*, p. 1b; e D. Wile, op. cit., p. 58.

DEFENDENDO A NAÇÃO

uma é associada ao culto de um Bodisatva, que, acredita-se, nelas se manifesta. O monte Wutai, na província de Shanxi, é considerado a residência de Mañjuśrī (Wenshu), o Bodisatva da sabedoria. Já nos primeiros séculos da era cristã, a montanha atraía peregrinos em busca da manifestação da divindade. A montanha abriga dezenas de mosteiros, alguns dos quais datados do início do período medieval.

As atividades militares dos monges de Wutai deviam-se, em parte, a sua localização estratégica na fronteira noroeste da China. A montanha se ergue a mais de 2700 metros acima da cidade de Taiyuan, em uma região na qual se viu combates constantes entre chineses da etnia *han** e povos nômades da Ásia central. Na verdade, o registro mais antigo do envolvimento de Wutai em manobras de guerra data da invasão Jurchen, no século XII, quando os monges participaram da malsucedida campanha para salvar a dinastia Song do Norte (960-1127)[79].

Em 1126, durante o cerco Jurchen de oito meses à cidade de Taiyuan, dois generais, Wu Hanying e Yang Kefa, solicitaram ajuda militar de Wutai. Suas solicitações foram satisfeitas pelo abade, e os monges combatentes de Wutai participaram da malfadada campanha para salvar a cidade. Dois religiosos, Li Shannuo e Du Taishi, foram nomeados "generais de frente" no exército imperial[80].

A coragem de um dos monges lutadores de Wutai rendeu-lhe a publicação de sua biografia na seção "heróis leais" da "História Oficial de Song". O monge, Zhenbao, ocupou o cargo, indicado pelo governador, de "monge-chefe" (sengzheng) do monte Wutai. Durante os últimos e difíceis meses da dinastia ele foi indicado para consultor militar na capital Bianliang (Kaifeng). O imperador Qinzong (que reinou entre 1126 e 1127) solicitou sua ajuda, e Zhenbao prometeu-lhe empenho na tarefa. Ele retornou à montanha, convocou suas tropas monásticas e as encaminhou para a guerra, acabando derrotado e feito prisioneiro. Os adversários Jurchen de Zhenbao queriam libertá-lo, mas ele se recusou a colaborar. "Minha religião proíbe a

---

* Grupo étnico chinês majoritário (N. da T.).
79. Ver Ma Mingda, *Shuo jian cong gao*, p. 68-76.
80. Ver Xu Mengxin, *San chao bei meng huibian*, 48.8b-9a, 51.9b, e Ma Mingda, *Shuo jian cong gao*, p. 68-69.

mentira", disse o corajoso monge. "Prometi ao imperador Song que lutaria por ele até a morte. Isso foi, por acaso, apenas uma mentira prepotente?" Logo depois de falar dessa maneira ele foi executado[81].

Como demonstrou Ma Mingda, A fama militar de Wutai se reflete na literatura popular. A ficção do período Ming exalta vários monges combatentes que têm seus nomes associados à montanha. O herói Lu Zhishen, de *À Margem das Águas* (obra escrita por volta de 1400), reside no templo de Mañjuśrī no monte Wutai. Yang Quinto (Yang Wulang), em *Os Generais da Família Yang* (obra escrita por volta de 1550), lidera um exército de cinco mil monges que deixam a montanha para ajudar seus irmãos[82]. Voltaremos a esses monges guerreiros da ficção. Até aqui, é suficiente observar que sua lenda pode estabelecida por meio do teatro e da literatura oral até o século XII. Evidentemente, logo após sua colaboração com a dinastia Song do Norte na década de 1120, os monges de Wutai passaram a ser lembrados na narrativa tradicional da dinastia Song do Sul (1127-1279)[83].

O Monte Emei

Definido originalmente como um dos paraísos terrestres do taoísmo e conhecido por "paraísos subterrâneos" (*dongtian*), o monte Emei ganhou reconhecimento da tradição budista durante o período Ming, quando foi escolhido como uma de suas "Quatro Grandes Montanhas". É dedicado ao culto de Samantabhadra (*Puxian*) e abriga dezenas de templos em honra do Bodisatva.

Durante o período Ming tardio, em Emei eram praticados tanto o combate com lança como o de mãos livres. Temos in-

81. *Songshi*, 455.13382.
82. Ver *Shuihu quanzhuan*, 4.62 (na tradução de Sidney Shapiro, *Outlaws of the Marsh*, p. 65), e as duas versões do período Ming tardio da saga da família Yang: *Yangjia jiang yanyi* (50 capítulos), por Xiong Damu (fl. 1550), 25.118-26.125, 38.179-180, e *Yangjia jiang yanyi* (58 capítulos) (Prefácio de 1606), por Ji Zhenlun, 15.98-17.109; 31.189-191; 36.212-213; ver também Ma Mingda, *Shuo jian cong gao*, p. 71-73.
83. Os nomes dos dois monges aparecem em uma relação de personagens populares entre os contadores de história da dinastia Song do sul. Ver Luo Ye, *Xinbian zuiweng tanlu*, p. 4. No conto, Lu é referido pelo apelido "Monge Tatuado" (Hua Heshang).

DEFENDENDO A NAÇÃO

formações a respeito do primeiro em *O Método de Lança de Emei* (*Emei qiangfa*), que o especialista nesse tipo de combate, Wu Shu, incluiu em seu *Exercícios de Braço* (1678). O método apresenta as técnicas do mestre Pu'en (período de maior expressão: 1600), oriundo de Emei, conforme registrado por seu aluno leigo Cheng Zhenru (período de maior expressão: 1620)[84]. Quanto ao combate de mãos livres no estilo de Emei, ele é celebrado por Tang Shunzhi na "Canção do Punho do Monge de Emei" (*Emei daoren quan ge*), que também faz menção à fama militar de Shaolin:

O Buda é um mágico especialista; mestre de muitas técnicas,
O combate de mãos de Shaolin, em todo o mundo, dificilmente é igualado.
Esse monge apresenta, mesmo, maravilhas maiores,
Pois, nas profundezas da montanha, o símio branco o instruiu.
Aquele dia, na cabana de palha, o céu limpo de outono,
Frio cortante, brisa suave, no tranquilo salgueiro ressecado.
Repentinamente se lhe arrepiam os cabelos, um golpe com os pés,
Penhascos rochosos se partem, lançando fragmentos no ar.
Movimentando-se rapidamente, como a carruagem mágica da divindade feminina,
Ele gira como os dançarinos de Deva abanando suas mangas de martim-pescador.
Horrendo e cuspindo areia, um fantasma ri dos homens,
Barbado e rangendo os dentes, um monstro de Xuan agarra as bestas.
Pasmos, perguntamos: É ele desprovido de forma?
Enquanto ele gira os calcanhares sobre a cabeça, revelando os cotovelos.
[...]
Sem ainda exaurir suas maravilhas, a apresentação acaba,
Sua respiração imperceptível, retendo o *qi* primordial.
As transformações do monge são inapreensíveis,
De volta à sua esteira de meditação, como uma estátua esculpida em madeira[85].

O poema de Tang Shunzhi é repleto de alusões budistas, desde os dançarinos de Deva, que abanam suas mangas de

---

84. Ver Wu Shu, *Shoubi lu*, p. 93-109.
85. Tang Shunzhi, Emei daoren quan ge, em *Jingchuan xiansheng wenji*, 2.8b-9a.

114   O MOSTEIRO DE SHAOLIN

martim-pescador, até o Buda "mágico especialista". Além disso, cria um elo entre o treinamento militar e a disciplina religiosa, associando a apresentação marcial do monge com a meditação. As "transformações inapreensíveis" do guerreiro de Emei o conduzem da pulverização das rochas do penhasco à atitude de sentar-se em silêncio "como uma estátua esculpida em madeira". Tang sugere, dessa forma, que as técnicas de combate dos monges estavam intimamente relacionadas à sua prática religiosa. A esse respeito, o poema evidencia a percepção da prática marcial como uma forma de autocultivo budista.

A ideia de que a prática marcial poderia se relacionar à busca espiritual também está presente em outros poemas. Zhang Yongquan (1619-c. 1700), na sua "Canção dos Punhos de Sha" (*Shaquan ge*), exaltava as técnicas de combate com as mãos de Li Lantian, artista marcial da província de Jiangsu. Tomando emprestada a orientação dos versos de Tang sobre o monge de Emei, Zhang foi mais explícito na associação entre as técnicas de combate e a prática budista. Ele nos diz que Li "falava sobre as técnicas de combate com as mãos como se estivesse discutindo os preceitos Chan". De fato, suas técnicas marciais são equiparadas, pelo poeta, à meditação budista (*samādhi*; *sanmei*):

O velho ermitão do monte Yu[86], conhecido por Li Lantian,
Aos setenta anos, com mechas de cabelos brancos caindo-lhe da cabeça.
Com passos hesitantes, ele se transforma no servo de um nobre[87],
Falando sobre as técnicas de combate com as mãos como se discutisse preceitos Chan.
No Salão das Artemísias Silvestres ela demonstra sua destreza,
Penhascos prestes a se partirem, a areia prestes a ser soprada.
Elevando-se, ele é como um falcão que atinge as alturas do céu,
Encolhendo-se, parece um monstro de Xuan capturando animais selvagens.
Dizem que assim é o estilo da família Sha,
Desdenhando os "rios e lagos", por si só digno de valor.

86. O monte Yu se localiza na cidade de Changshu, província de Jiangsu.
87. O "nobre" mencionado é Li Zhuyi, amigo de Zhang, na casa do qual Li Lantian se hospedara. O poema de Zhang foi escrito para o método de Li Zhuyi sobre o estilo de Li Lantian. Ver Ma Mingda, *Shuo jian cong gao*, p. 206-211.

DEFENDENDO A NAÇÃO

Sua falta de jeito esconde sua arte – a meditação profunda,
Sua engenhosidade torna-se coadjuvante – a formação das seis-
-flores[88].
Os movimentos não diferem daqueles da carruagem divina,
Contorcendo-se como o brocado de seda ao vento.
Seus quatro membros, como se fossem desprovidos de ossos,
Suas mãos, vazias, endurecidas como o machado[89].

Li Lantian não era um monge, e seu estilo de combate de mãos livres não teve origem em um templo budista[90]. O fato de Zhang Yongquan ter escolhido descrever o estilo da família Sha em termos religiosos indica que a associação entre o budismo e as artes marciais não se limitava aos círculos monásticos. Quer pertencessem ao clero ou não, alguns praticantes atribuíam um significado espiritual às artes marciais, e tal significado era expresso em termos budistas.

O Monte Funiu

No imaginário popular, a atividade de mineração é frequentemente associada à criminalidade. Da "corrida do ouro" na Califórnia às minas de carvão de Guangxi (local em que a rebelião Taiping teve início), o mineiro tem sido retratado como um fora-da-lei – na melhor das hipóteses, como um aventureiro em busca de enriquecimento fácil; na pior, como um rude mafioso[91]. Tais considerações também foram atribuídas aos mineiros de Henan, para os quais – como informa um autor do período Ming – "a mineração era uma vocação, e o assassinato,

88. A "formação das seis-flores" (*Liuhua zhen*) é atribuída ao renomado general Li Jing (571-649), da dinastia Tang. Ver R.D. Sawyer, *The Seven Military Classics*, p. 339, 341, 344-345.

89. Incluído em Yuan Xingyun, *Qingren shiji xulu*, v. 1, p. 399.

90. As origens do estilo da família Sha são obscuras. É possível, entretanto, que a família em questão fosse de descendência muçulmana. Ver Ma Mingda, *Shuo jian cong gao*, p. 210.

91. Histórias fantásticas sobre mineiros e garimpeiros assumem, por vezes, contornos surpreendentes. Acreditava-se que caçadores de ouro russos e chineses do século XIX teriam fundado, na região das encostas do rio Amur, uma república comunista. Ver Gamsa, How a Republic of Chinese Red Beards Was Invented in Paris, *Modern Asian Studies* 36, n. 4.

um modo de vida"[92]. Talvez por essa razão Zheng Ruoceng tenha atribuído às atividades militares dos monges de Funiu os mesmos perigos representados pelos buscadores de ouro. A fim de se protegerem destes últimos, diz ele, os monges de Funiu buscaram praticar as artes marciais de Shaolin[93].

Até os dias de hoje se realiza a extração de ouro nas encostas do monte Funiu, na remota vila de Song, no sudoeste do país, província de Henan. Durante o período Ming, a montanha possuía vários mosteiros budistas, dentre os quais o mais famoso foi o Templo das Escarpas Enevoadas (*Yunyan*). Fundado durante o período Tang pelo monge Zizai (período de maior expressão: 627), o mosteiro de Yunyan floresceu durante a época Ming. Foi destruído durante os turbulentos últimos anos da dinastia, quando o exército rebelde de Li Zicheng avançou sobre Henan[94]. O líder fora-da-lei provavelmente alimentava desprezo por seus monges, devido ao apoio incondicional por eles dado à dinastia vigente.

Em setembro de 2001, juntei-me a uma pequena expedição organizada por monges de Shaolin ao monte Funiu. Eles ansiavam por saber mais a respeito de seus ancestrais confrades e as autoridades locais desejavam desenvolver a indústria do turismo na montanha nos mesmos moldes do bem-sucedido exemplo do mosteiro de Shaolin. Wen Yucheng, especialista em arqueologia budista, também fazia parte da expedição[95].

As ruínas do mosteiro de Yunyan estão situadas logo abaixo do pico Longchiman, que se eleva a uma altitude de mais de 1830 metros. Originalmente, o templo era constituído de duas seções: o Mosteiro de Baixo e o Mosteiro de Cima. O primeiro ainda mantém um salão do período Ming que hoje serve como templo do vilarejo local. Do segundo nada restou, com a exceção de uma estela do período Ming de um metro e oitenta de

92. Wang Shixing, *Yu zhi*, p. 6. Não era infundada a desconfiança Ming a respeito dos mineiros, já que o furto de produção da mineração era comum. Ver J.W. Tong, *Disorder under Heaven*, p. 60, 64. Como observado acima, em 1522-1523 monges de Shaolin foram recrutados para combater o garimpeiro Wang Tang, que havia se tornado um fora-da-lei.

93. Zheng Ruoceng, *Jiangnan jing lüe*, 8b.22b. Ver também He Liangchen, *Zhenji*, 2.27; e *Mingshi*, 91.2252.

94. Ver *Song xian zhi*, p. 837; e *Yunyan si*, p. 16.

95. A'de escreveu a respeito dessa expedição em seu *Funiu shan xing ji*.

DEFENDENDO A NAÇÃO

altura situada próxima a uma plantação de milho. Datada de 1518, ela narra a história do mosteiro desde sua fundação, no período Tang, até o século xv[96].

Na área do Mosteiro de Cima situa-se um pequeno povoado. Seus habitantes, que nos receberam com água quente e açúcar, mostraram um pátio de chão batido em que, afirmaram, os monges praticavam combate. Durante o período Qing alguns monges retornaram ao mosteiro, onde aparentemente o treinamento de artes marciais perdurou até a década de 1950.

CONCLUSÃO

O período Ming tardio foi o apogeu dos exércitos monásticos na China. Monges lutadores podiam ser encontrados em todos os cantos do império, de Shanxi a Fujian e de Zhejiang a Yunnan. A aceitação desses exércitos pelo Estado devia-se, em parte, ao declínio do exército profissional da dinastia Ming, o que forçou o governo a empregar outros tipos de força militar, entre eles as tropas monásticas.

Dentre os exércitos monásticos, o de Shaolin foi considerado o melhor de todos. Surgindo nas primeiras décadas do século xvi e se mantendo até os últimos anos da dinastia, as tropas de monges deShaolin dispensaram serviços militares valiosos ao Estado. Participaram de campanhas locais contra foras-da-lei em Henan e combateram piratas invasores ao longo da costa sudeste da China. Sua contribuição à defesa nacional lhes rendeu não só o reconhecimento geral mas também o apoio estatal. O período Ming tardio presenciou um desenvolvimento espetacular do mosteiro à medida que oficiais de alto-escalão e membros da família imperial rivalizavam entre si no apoio a monges que se tornavam conhecidos por seus feitos em combate.

Se as relações mantidas por esses monges com o Estado se assemelhavam àquelas de seus antepassados do período Tang – principalmente por força da composição entre suporte militar e patrocínio estatal –, a diferença entre o monges Shaolin dos

96. Funiu shan Yunyan si ji, transcrito em *Yunyan si*, p. 38-40.

períodos Ming e Tang dizia respeito às técnicas de combate. Não há evidências de que os monges Shaolin do século VII – que supostamente levavam ao campo de batalha as armas comuns ao período Tang – tenham criado seu próprio método de combate. Por outro lado, monges de Shaolin do período Ming desenvolveram uma apurada técnica de combate com bastão, a qual é descrita em detalhes na literatura da época. Esse método de combate não foi criado da noite para o dia. Ele é produto de uma longa evolução, que culminou no século XVI, quando então foi abundantemente reconhecido e aclamado por especialistas militares.

As técnicas de bastão de Shaolin eram, em alguns casos, investidas de significado espiritual. Cheng Zongyou expressou o desejo de que seu método escrito conduzisse seus leitores à iluminação. Para ele, o difícil processo de autocultivo nas artes marciais não diferia da busca pela libertação de natureza religiosa. Evidentemente, as artes marciais de Shaolin serviram como instrumento para a autorrealização budista.

O período Ming presenciou o surgimento não apenas de uma arte marcial ímpar em Shaolin, mas de toda uma comunidade à qual também pertenciam seus monges. Essa comunidade flutuante, de "rios e lagos", era formada por artistas marciais itinerantes que viajavam em busca de mestres, discípulos e público. Pertencessem eles ou não ao clero, os membros dessa comunidade frequentemente residiam, apresentavam-se e ensinavam nos templos – budistas, taoístas e da religião popular. O tempo e o cenário criaram um elo fundamental entre os templos e os artistas marciais. Independente da crença religiosa do artista marcial, ele encontrava no templo (de qualquer religião) o espaço, o público e a ocasião apropriados para a exibição de sua arte.

4. As Lendas do Bastão

O bastão não era a única arma utilizada pelos monges de Shao-lin do período Ming. A literatura contemporânea àquele pe-ríodo faz alusão a outras armas e métodos de combate. A obra *Exercícios de Braço*, de Wu Shu, inclui um método de lança que é atribuído ao monge Shaolin Hongzhuan; Tang Shunzhi faz alusão ao combate com as mãos (*quan*) de Shaolin; e Zheng Ruoceng observa que, além do bastão, os monges levavam para as batalhas tridentes de aço e lanças com ganchos. Até o maior dos defensores do bastão de Shaolin, Cheng Zongyou, observa que, no início do século XVII, os monges começaram a praticar o combate com as mãos[1].

Ainda assim, mesmo os autores que atribuem aos monges Shaolin o uso de outras armas além do bastão, não deixam dúvidas de que era nessa arma que eles eram especialistas. Wu Shu critica o clero local por aplicar as técnicas do bastão ao combate com a lança, e as ilustrações de Zheng Ruoceng a respeito das habilidades dos monges, invariavelmente dizem respeito ao bastão ou a outras armas semelhantes. Em uma de

---

1. Ver, respectivamente, Wu Shu, *Shoubi lu*, p. 113-120; Tang Shunzhi, *Emei daoren quan ge*, *Jingchuan xiansheng wenji*, 2.8b; Zheng Ruoceng, *Jiangnan jing lüe*, 8b.18b; e Cheng Zongyou, *Shaolin gunfa*, 3.7b.

120   O MOSTEIRO DE SHAOLIN

suas anedotas, ele elogia a habilidade de Tianyuan, que fez uso de uma tranca de porta como um bastão improvisado e, em outra, se refere ao monge Guzhou, que fez uso de um bastão *de verdade* para derrotar oito oponentes. A segunda narrativa apresenta o oficial militar Wan Biao, que foi quem deu início à mobilização dos monges Shaolin contra os piratas:

Os três oficiais de província (*sansi*) ironizam Luyuan [Wan Biao]: "Monges não servem para nada", disseram. "Por que então você os valoriza?" Luyuan falou-lhes a respeito das conquistas culturais e militares alcançadas por alguns monges. Os três oficiais de província sugeriram que aceitariam uma aposta de vinho para provar essas capacidades dos monges, então Luyuan organizou um banquete no portão Yongjin [em Hangzhou]. Os três oficiais de província compareceram e secretamente ordenaram a oito instrutores militares que se posicionassem para uma emboscada. Os oficiais insistiram com Luyuan para que este convidasse um monge eminente para lutar com os instrutores. Luyuan convidou Guzhou, que de nada sabia e que, de boa vontade, compareceu ao banquete.

Quando Guzhou chegou, os oito instrutores militares, cada um armado com um bastão, lançaram-se sobre o monge e começaram a atacá-lo por todos os lados. Guzhou estava totalmente desarmado e então utilizou as mangas de suas vestes monásticas para se defender dos golpes. Um dos bastões ficou preso pelas mangas. Sem esforço algum, Guzhou agarrou o bastão e começou a contra-atacar seus opositores. Fazendo uso do bastão, rapidamente derrubou todos os oito. Os três oficiais de província explodiram em aplausos[2].

A LENDA DE VAJRAPĀNI

A tradição narrativa religiosa, tal qual a literatura militar e histórica, confirma a importância do bastão nos afazeres do mosteiro. Durante o período Ming, monges de Shaolin modificaram a imagem de Vajrapāni, sua divindade protetora, dotando-a de um bastão. Representações pictóricas dessa divindade, também conhecida por Nārāyana, mostram que, durante todo o século XII, os monges de Shaolin a conceberam empunhando o *vajra*

2. Zheng Ruoceng, *Jiangnan jing lüe*, 8b.16b. Guzhou foi possivelmente treinado em algum mosteiro que não o de Shaolin.

AS LENDAS DO BASTÃO 121

(ver Fig. 8, supra p. 54). Entretanto, uma lenda do período Ming substituiu sua arma representativa pela outra que era o ícone de Shaolin. De acordo com essa lenda, Vajrapāni foi encarnado em Shaolin como ajudante de cozinha. Quando o mosteiro foi atacado por bandidos ele surgiu da cozinha e, empunhando um bastão divino, expulsou os agressores. O detentor indiano do *vajra*, Vajrapāni, foi, então, transformado em um especialista no bastão, progenitor das famosas técnicas de bastão do mosteiro.

A lenda de Shaolin a respeito do detentor do bastão sobrevive em variadas versões: o *Método de Bastão de Shaolin*, de Cheng Zhongyou; o *Livro do Monte Song*, de Fu Mei (prefácio de 1612); e dois almanaques do século XVII[3]. Contudo, a mais antiga das evidências é de natureza epigráfica. Uma estela datada de 1517 contém uma versão da lenda de autoria do abade Wenzai (1454-1524). Intitulada *A Divindade Nārāyana Protege a Lei e Expõe Sua Natureza Divina* (*Naluoyan shen hufa shiji*), a estela possui a imagem entalhada do guerreiro divino, na qual o curto *vajra* é substituído por um longo bastão (Fig. 11):

No vigésimo-sexto dia do terceiro mês do décimo-primeiro ano (*xinmao*) do período Zhizheng (22 de abril de 1351), na hora *si* (entre 9 e 11 horas da manhã), quando o levante dos Turbantes Vermelhos (*Hongjin*) em Yingzhou [na atual Anhui ocidental] acabara de se iniciar, uma multidão de saqueadores chegou ao mosteiro. Havia um santo (*shengxian*) em Shaolin, que até então tinha trabalhado na cozinha do mosteiro. Por vários anos, ele dedicadamente carregara lenha e conduzira o fogão. Seu cabelo era desgrenhado e ele estava sempre descalço. Vestia apenas suas calças e seu tronco estava sempre descoberto. Da manhã até a noite dificilmente pronunciava uma palavra, nunca chamando a atenção de seus irmãos monges. Seu sobrenome era o nome de seu local de nascimento e seu primeiro nome era desconhecido. Ele cultivava constantemente todas as atividades de iluminação (*wan xing*).

No dia em que os Turbantes Vermelhos chegaram ao mosteiro, o Bodisatva empunhava um atiçador de fogão (*huogun*) e se manteve magistralmente sozinho no topo do destacado da colina. Os Turbantes Vermelhos ficaram horrorizados com sua imagem e fugiram,

3. Ver Cheng Zongyou, *Shaolin gunfa*, 1.1b; Fu Mei, *Song shu*, 9.30b–31a; *Shunzhi Dengfeng xian zhi*; e *Henan fu zhi*. A lenda foi desenvolvida posteriormente, em fontes do século XVIII como *Jing Rizhen Shuo Song*, 8.2b, 21.26a-27a; e *Shaolin si zhi*, 1.12a-b. Ver ainda *Kangxi Dengfeng xian zhi*, 8.8a.

FIG. 11: *Estela de Vajrapāni (Nārāyana) de 1517 pelo abade Wenzai. Nela, o vajra do guerreiro divino foi substituído por um bastão.*

AS LENDAS DO BASTÃO   123

quando, então, ele desapareceu. As pessoas procuraram por ele, mas nunca mais foi visto. Apenas, então, as pessoas se deram conta de que era um Bodisatva expondo sua natureza divina. Desde então, se tornou o protetor das leis de Shaolin (*hufa*)[4] e ocupou o lugar do "espírito guardião" do mosteiro (*qielan shen*)[5].

Essa lenda não deixa de ter relações com fatos históricos. Durante o levante dos Turbantes Vermelhos, na década de 1350, o mosteiro de Shaolin foi atacado por saqueadores[6]. Conforme demonstrado por Tang Hao, o ataque ao mosteiro ocorreu provavelmente não em 1351 (como mostra a inscrição de 1517), mas por volta ou exatamente no ano de 1356. Foi no momento da ofensiva dos Turbantes Vermelhos através da região norte do país, durante a qual os rebeldes capturaram grande parte do território de Henan, incluindo a cidade de Kaifeng[7]. O fato de o mosteiro ter sido saqueado e até mesmo parcialmente destruído pelos Turbantes Vermelhos (ou por outros fora-da-lei que tiraram vantagem da rebelião) é confirmado por duas inscrições do século XIV (uma delas datada provavelmente de 1371), que comemoram a reconstrução do mosteiro durante os primeiros anos da dinastia Ming, além de dois epitáfios, datados de 1373, de dois monges Shaolin que viveram durante o período da revolta[8].

4. O termo *hufa* é normalmente usado em relação aos quatro Lokapālas, que servem de protetores do mundo (cada um sendo responsável por um quarto do total) e da fé budista.

5. A inscrição ainda se encontra no mosteiro. Ela é transcrita em A'de, Jinnaluo wang kao, *Shaolin gongfu wenji*, p. 100-101. Para uma biografia de seu autor, Wenzai, ver Fu Mei, *Song shu*, 9.32b-33b. Wenzai cita como sua fonte, ora desaparecida, a obra *Jingzhu ji* (Evidências Admiráveis), do monge Ziyong.

6. A respeito da Revolta dos Turbantes Vermelhos, ver F.W. Mote, *The Rise of the Ming Dynasty*, *The Cambridge History of China*, p. 38-40, 42-43; e B.J. ter Haar, *The White Lotus Teachings*, p. 115-123. O idealizador político do movimento foi Liu Futong, e seu líder religioso era Han Shantong, que declarou a vinda iminente do Buda Maitreya. Depois da captura e execução de Han, seu filho Han Liner foi empossado por Liu como imperador de uma nova dinastia Song.

7. Tang Hao, *Shaolin quanshu mijue kaozheng*, p. 55-62.

8. As inscrições, intituladas "Chong zhuang fo xiang bei" (Estela em Comemoração ao Novo Banho [de Ouro] das Imagens de Buda) e "Chongxiu fatang bei ming" (Inscrição em Estela Comemorando a Reforma do Salão Darma) são apresentadas em *Shaolin si zhi*, 3.9a-b e 3.10b-11a, respectivamente. A primeira indica 1371 como data da reforma. Os dois epitáfios, para os monges Jungong e Xungong, foram inscritos em suas respectivas estupas; as passagens relevantes estão transcritas em Tang Hao, *Shaolin quanshu mijue kaozheng*, p. 55-58, em que ele as analisa em conjunção com as inscrições nas estelas.

124 O MOSTEIRO DE SHAOLIN

Mesmo que fontes do século XIV confirmem que o mosteiro Shaolin foi atacado durante a década de 1350, suas versões a respeito dos eventos diferem daquela contada pela lenda do século XVI. Enquanto esta última inclui no relato uma divindade que empunha um bastão e lidera os monges para a vitória, as primeiras apresentam a derrota do mosteiro. De acordo com as fontes do início do período Ming, os saqueadores capturaram e saquearam o mosteiro, retirando o ouro que recobria as imagens de Buda e quebrando as estátuas à procura de tesouros escondidos. A destruição foi tão severa que os monges foram obrigados a abandonar o mosteiro. Tang Hao conclui que eles não poderiam ter retornado ao complexo antes de 1359, quando a reação do governo, liderada por Changhan Temür, obrigou os Turbantes Vermelhos a se retirarem de Henan[9].

A lenda elabora o caráter divino de seu protagonista que empunha um bastão na medida em que Vajrapāni é elevado à posição de Bodisatva. Algumas versões da lenda especificam que ele é a encarnação do Bodisatva Avalokiteśvara (*Guanyin*), que aparece em uma espécie de bolha ou balão acima de seu assustador avatar nas obras de arte em Shaolin (Figs. 11 e 12). Mesmo antes de ter equipado a divindade com sua arma preferida, os monges Shaolin chamaram a atenção para a identificação entre Vajrapāni e Avalokiteśvara. O abade Shaolin Zuduan, no século XII, observa: "De acordo com a escritura, essa divindade (Vajrapāni) é uma manifestação de Avalokiteśvara"[10]. Como observa Aˊde, a escritura em questão é o importante "Sutra do Lótus", que ensina que o Bodisatva assume todas as formas necessárias a fim de contribuir na disseminação do darma. Por exemplo: "Para aqueles que podem ser conduzidos à salvação pelo corpo do espírito que detém o *vajra* (Vajrapāni), ele prega o Darma através da presença do corpo do espírito que detém o *vajra*"[11].

Vajrapāni não é apenas elevado à categoria de Bodisatva, mas assume um lugar específico: o de "espírito guardião" do mosteiro (*qielan shen*). Autores do período Ming observam que

9. Tang Hao, *Shaolin quanshu mijue kaozheng*, p. 56-61.
10. Ver a transcrição de Aˊ de da estela de Zuduan em Jinnaluo wang kao, *Shaolin gongfu wenji*, p. 99.
11. Essa é a tradução de Leon Hurvitz (um pouco modificada), *Scripture of the Lotus Blossom of the Fine Dharma*, p. 315. No original, *Miaofa lianhua jing*, T, n. 262, v. 9, p. 57b. Ver ainda Aˊ de, Jinnaluo wang kao, op. cit., p. 98-99.

FIG. 12: *Vajrapāni (Kimnara) empunhando o bastão sobre o monte Song. Acima dele está o Bodisatva Avalokiteśvara, de quem é considerado um avatar.*

tal função diferenciava o mosteiro Shaolin de outros templos budistas, que eram guardados por outra divindade – Guangong[12]. Diferentemente de Vajrapāni, Guangong não é uma divindade de origem budista. Origina-se na figura de um general do século III cuja veneração teve início na religião popular e se desenvolveu no contexto dos ritos taoístas. A figura do heroico general foi provavelmente incorporada ao panteão budista não antes do período Song, quando surgiu uma lenda de sua iluminação póstuma. De acordo com essa lenda, o espírito de Guangong foi conduzido à salvação pelo monge Zhiyi (538-597) e, em sinal de gratidão, ofereceu-se para assumir o posto de divindade guardiã do mosteiro a que pertencia Zhiyi[13]. Até hoje, Guangong ocupa o lugar de divindade protetora na maioria dos templos budistas chineses, enquanto Vajrapāni tem essa mesma função no mosteiro de Shaolin[14].

Mesmo que a natureza divina de Vajrapāni seja ressaltada, ela se esconde atrás da aparência de um servo comum. O herói que empunha um bastão iniciou sua carreira como ajudante de cozinha, vestido com trapos. Despercebido por parte de seus companheiros monges, é um santo oculto por um disfarce. Sem usar sapatos e vestindo calças de tecido simples, sua aparência não é apenas humilde – ela também contradiz os regulamentos do mosteiro. O futuro espírito guardião não respeita a tonsura budista, ostentando "cabelos desgrenhados". Enquanto tal, a divindade protetora das artes marciais de Shaolin se parece com outros santos "loucos" chineses, cuja divindade se esconde por trás de vestes descuidadas e comportamento excêntrico. Divindades mitigadas tais como Daoji, apelidado de Ji, o Maluco (*Jidian*), não cuidavam da aparência e não observavam normas aceitas de comportamento[15].

12. Ver a versão de 1517 de Wenzai, na transcrição de A' de em Jinnaluo wang kao, op. cit., p. 100-101; Fu Mei, *Song shu*, 9.31a; e Jing Rizhen, *Shuo Song*, 21.26b.

13. A respeito da evolução das lendas de Guangong e Zhiyi, ver Huang Huajie, *Guangong de renge yu shenge*, p. 106-116. A lenda se reflete na novela do período Ming, *Sanguo yanyi*, 77.617-618, em que o nome do monge é modificado de Zhiyi para Pujing. Ver ainda a tradução de Moss Roberts, *Three Kingdoms*, p. 585-586. Sobre o aspecto taoísta de Guangong, ver B.J. ter Haar, The Rise of the Guan Yu Cult: The Taoist Connection, em J.A.M. de Meyer; P.M. Engelfriet, *Linked Faiths*.

14. Em alguns mosteiros, Guangong divide a função de "espírito guardião"com outras divindades; ver Prip-Møller, *Chinese Buddhist Monasteries*, pp. 204, 224.

15. Ver M. Shahar, *Crazy Ji*, p. 30-45.

O mito de Vajrapāni traz à memória em particular a figura de Huineng (638-713). De acordo com o "Sutra da Plataforma do Sexto Patriarca", oriundo do século IX, o grande mestre Chan iniciou sua ilustre carreira como ajudante manuseando o pilão na cozinha do mosteiro[16]. Sua hagiografia deve possivelmente ter influenciado o mito de Shaolin em que o protagonista empunha um artefato de cozinha, o atiçador de fogão (*huogun*). Nas mãos fortes do santo, o utensílio se transforma em arma de combate, e assim sua origem humilde habilmente se associa com a arma que é o símbolo de Shaolin.

A transformação de Vajrapāni, de divindade detentora do *vajra* em divindade que empunha um bastão, foi acrescida de outra mudança, acidental e de maior alcance em sua identidade. Ao longo de toda a década de 1520, os monges de Shaolin se referiam ao seu guardião por Vajrapāni ou por seu outro nome, Nārāyana. Entretanto, várias décadas mais tarde, começaram a se referir ao guardião por Kimnara (*Jinnaluo*), nome originalmente usado para designar divindades musicais semi-humanas[17]. Tanto na literatura hindu como na literatura budista, os Kimnara não possuem nenhuma relação com atividades guerreiras, e o único motivo para sua associação com as artes marciais de Shaolin era a semelhança de seu nome em chinês (*Jinnaluo*) com o de Nārāyana (*Naluoyan*). Como sugere Ảde, os monges Shaolin confundiam as duas divindades, transformando Vajrapāni (*Jingang shen*), através de seu outro nome, Nārāyana (*Naluoyan*), em Kimnara (*Jinnaluo*)[18].

A evidência mais antiga que atesta a transformação na identidade de Vajrapāni data de 1575. Ela aparece inscrita em uma estela em Shaolin que faz alusão ao seu herói guardião que empunha um bastão como Kimnara. De acordo com o "Sutra do Lótus", que faz menção a quatro reis Kimnara, a estela em

---

16. P. Yampolsky, *The Platform Sutra of the Sixth Patriarch*, p. 128, 131-132.
17. Ver "kinnara" em Mochizuki Shinkô, *Bukkyô daijiten*, v. 1, p. 543-544. Ver ainda "kinnara" em Nakamura Hajime, *Bukkyôgo daijiten*, p. 250-251. Na China, os Kimnaras eram conhecidos como membros do séquito de Buda, o qual era formado por oito tipos de seres divinos, coletivamente chamados as "Oito Categorias dos Devas, Nāgas [e Outros Seres Divinos]" (*Tianlong babu*). Ver *Miaofa lianhua jing*, T, n. 262, v. 9, p. 12a; e L. Hurvitz, *Scripture of the Lotus Blossom of the Fine Dharma*, p. 56.
18. Ver Ả de, Jinnaluo wang kao, op. cit., p. 99, 103.

128 O MOSTEIRO DE SHAOLIN

Shaolin retrata quatro divindades guardiãs, cada uma armada com um bastão[19]. Em 1610, Cheng Zongyou deu continuidade a esse novo costume, referindo-se pelo nome de Kimnara ao patrono das técnicas de combate de Shaolin. A narrativa de Cheng faz conexão explícita entre as técnicas de combate dos monges e divindade:

> Durante o período Zhizheng (1341-1367) da dinastia Yuan, revoltaram-se as Tropas Vermelhas (*Hongjun*). O mosteiro foi cruelmente atacado por essa facção. Por sorte, surgiu alguém que havia saído da cozinha do mosteiro e se dirigiu aos monges dizendo: "Fiquem tranquilos. Eu mesmo vou fazê-los recuar". Empunhando um bastão (*shen gun*), ele se atirou dentro do fogão. Então, ressurgiu de lá e se pôs com um dos pés no monte Song e o outro no "Forte Imperial" (*Yuzhai*). As Tropas Vermelhas desintegraram-se e se retiraram.
>
> Os membros do mosteiro se maravilharam com esse acontecimento. Um monge dirigiu-se à multidão, dizendo: "Vocês sabem quem fez as Tropas Vermelhas recuar? Ele é Mahāsattva Avalokiteśvara (*Guanyin dashi*), encarnado como o rei Kimnara (*Jinnaluo wang*)". Assim, eles trançaram uma estátua de vime com sua imagem, e até hoje continuam a praticar suas técnicas [de combate][20].

Essa versão da lenda contada por Cheng Zongyou contém um elemento curioso: Kimnara, diz ele, atirou-se no fogão e ressurgiu para se colocar sobre o monte Song e o "Forte Imperial". Situado no topo do monte Shaoshi, o "Forte Imperial" situa-se a oito quilômetros do monte Song[21]. Apenas um gigante de proporções fora do comum poderia ter se colocado sobre os dois pontos, com a indicação de que, dentro do fogão em chamas, Kimnara passou por um processo mágico de transformação. Que isso é o que Cheng Zongyou tinha em mente se confirma tanto pelas xilogravuras que acompanham seu texto (Fig. 12), como pela versão da lenda contada por Fu Mei, que especifica que "a imagem de Kimnara transformou-se (*bianxing*)

---

19. Ver *Miaofa lianhua jing*, T, n. 262, v. 9, p. 2a; e L. Hurvitz, op. cit., p. 2-3.
20. Cheng Zongyou, *Shaolin gunfa*, 1.1b.
21. Quanto à localização do "Forte Imperial", ver *Shaolin si zhi*, 1.1b-2a. O nome "monte Song" se refere, nesse caso, ao pico que possui tal nome, e não a toda a cadeia de montanhas (da qual Shaoshi é, também, um pico).

AS LENDAS DO BASTÃO   129

e ele alcançou vários metros de altura"[22]. As proporções gigan-
tescas de Kimnara explicam porque os invasores se retiraram
aterrorizados. Kimnara revelou-se-lhes não como um mortal,
mas como divindade.

O significado de Vajrapāni, agora chamado Kimnara, no panteão de divindades de Shaolin é confirmado por uma grande
variedade de ícones, os quais ainda são mantidos no mosteiro.
O pavilhão "Em-Pé-na-Neve", em Shaolin, contém uma estátua (do século XVII?) da divindade que empunha um bastão,
e o salão "Mahāsattva Vestido-de-Branco" (*Baiyi dashi dian*) é
decorado com um mural do século XIX, mostrando o Kimnara
gigantesco montado entre o monte Song e o "Forte Imperial".
Além disso, mais tarde, por volta do século XVIII, Kimnara
foi agraciado com seu próprio lugar ritual, quando uma ca-
pela foi erguida em sua homenagem. Uma estátua de vime da
divindade ocupava o centro do "Salão Kimnara", o qual também continha ícones da divindade em ferro e em bronze (Fig.
13)[23]. Já no *Método de Bastão de Shaolin*, de Cheng Zangyou,
aparece uma menção à escultura em vime de Kimnara, com a
informação de que ela havia sido trançada pelos monges. Entretanto, um século mais tarde acreditava-se que a própria divindade havia esculpido a estátua e que, por essa razão, a peça
reproduzia com perfeição seus próprios traços[24]. Esse acréscimo à lenda de Kimnara reflete certa ansiedade, não de todo
incomum na religião chinesa, em relação à verossimilhança de
uma imagem divina. Mitos a respeito de diversas divindades
chinesas relatam que elas próprias criavam e materializavam
suas imagens, provavelmente a fim de livrar os seus devotos da
possibilidade de adorarem um ícone equivocado[25]. A estátua
de Kimnara feita por ele mesmo já não existe mais. Em 1928 o
"Salão Kimnara" foi inteiramente destruído pelas chamas quando

22. Fu Mei, *Song shu*, 9.30b.
23. A referência explícita mais antiga ao "Salão Kimnara" data do século XVIII. Ver
    Jing Rizhen, *Shuo Song*, 8.2b, 21.27a; *Shaolin si zhi*, 1.6a; e *Kangxi Dengfeng
    xian zhi*, 8.1b. Entretanto, é possível que ele tenha sido construído bem antes
    dessa data. A estela Shaolin do século XIV, "Epitáfio para o Mestre Chan Fen-
    glin" (*Fenglin chanshi xingzhuang*) já menciona um certo "Salão do Espírito
    Guardião" (*qielan shen tang*), mas não é especificado qual divindade era ali
    venerada. Ver A' de, Jinnaluo wang kao, op. cit., p. 99.
24. Ver *Shaolin si zhi*, 1.6a.
25. Ver M. Shahar, op. cit., p. 197.

FIG. 13: *Estátua de Vajrapāni (Kimnara) do período Qing em Shaolin. Xilogravura de* Shaolin si zhi *(História do Mosteiro Shaolin), de 1748.*

AS LENDAS DO BASTÃO

o general Shi Yousan ordenou que o mosteiro fosse incendiado. O santuário foi reconstruído em 1984 e novamente em 2004, e comporta agora três novas estátuas da divindade, que é objeto de um culto religioso renovado[26].

A lenda da divindade protetora de Shaolin foi difundida nos vilarejos do entorno do mosteiro. Um manuscrito do final do século XVIII descoberto na cidade de Changzi, a sudeste de Shanxi e próximo à divisa com Henan, revela que a defesa heroica do mosteiro por parte de Kimnara foi encenada ali como parte das óperas rituais *sai,* que têm duração de três dias. Na versão do drama popular, o espírito do guardião do mosteiro aparece nos sonhos do abade, avisando-o da aproximação dos invasores e aconselhando-o a buscar proteção no seu ajudante de cozinha. Este era caracterizado por um jovem mascarado possuindo quatro cabeças, seis braços e longos dentes caninos. Uma das diferenças entre a peça e a fonte oriunda de Shaolin diz respeito à arma empunhada pela divindade: Kimnara empunhava um machado em vez de um bastão[27].

Vajrapāni/Kimnara não foi a única divindade budista a ser representada pelos monges de Shaolin empunhando sua arma preferida. O "Salão dos Mil Budas" (*Qianfo dian*) contém uma enorme representação, pintada na parede, dos "Quinhentos Arhats" (*Wubai luohan*), dentre os quais dezenas aparecem armados com bastões. Nessa pintura imponente datada do início do século XVII[28], os bastões aparecem em diferentes formatos e atendem a funções variadas. Alguns são enfeitados com argolas de metal, identificando-os com o bastão de argolas budista, o *xizhang* (*khakkhara*, em sânscrito). Outros servem como bengalas ou travessas para o transporte de cargas. Entretanto, nas mãos de vários dos arhats, o bastão assume o aspecto de uma arma. Por exemplo, o bastão empunhado por um assustador arhat com nariz saliente, olhos grandes e grossas sobrancelhas exemplifica a tendência dos artistas chineses a exagerarem as características

26. Sobre as vicissitudes do "Salão Jinnaluo" no século XX, ver *Xin bian Shaolin si zhi*, p. 23; e G.I. Ching, Shaolin Temple Reincarnated, *Kung Fu Tai Chi*.

27. Ver *Shangdang gu sai xiejuan shisi zhong jianzhu*, p. 366-369.

28. Sobre a datação do "Salão dos Mil Budas" e seus murais, ver *Shaolin si qianfodian bihua*, p. 19, 104; e A' de, Qianfo dian ji bihua kao, *Chanlu* 13, p. 51, em que ele argumenta que as pinturas foram certamente concluídas antes de 1623.

132 O MOSTEIRO DE SHAOLIN

estrangeiras dos santos Mahāyāna (Fig. 14)[29]. O movimento do bastão, da mesma forma que os braços musculosos de quem o empunha, sugere que este é usado para o combate, e o tigre assustador ao seu lado contribui para o clima marcial da imagem. Evidentemente, os monges Shaolin projetavam sua arte marcial no contexto das divindades Mahāyāna.

Por que os monges Shaolin impunham suas técnicas de combate às divindades budistas? Por um lado, tal atribuição às divindades ampliava o prestígio das técnicas de combate de Shaolin. Afirmar que certo método de combate possui origem divina equivale a garantir-lhe a existência como objeto de veneração. Possivelmente devido a isso, especialistas militares como Yu Dayou e Wu Shu observam que o método de combate com o bastão de Shaolin possui origem divina; dessa forma, revelam sua familiaridade com o aspecto etiológico do mito. Em outro nível, divindades marciais como Vajrapāni livram os monges de sua responsabilidade pela criação de técnicas militares. Suas lendas, em relação a tal questão, poderiam ser lidas como apologias budistas à prática da violência pelos monges.

Como mostrou Paul Demiéville, os budistas, assim como outros grupos, elaboram meios de justificar a violação de seus próprios princípios[30]. Embora a religião sustente a ideia de paz, sua vasta literatura contém um arsenal completo de justificativas para a realização de atos de violência como a guerra. Em um dos sutras encontramos a narração de como o Buda, em uma de suas vidas anteriores, matou vários brâmanes que estavam difamando os ensinamentos Mahāyāna. O escrito ressalta, contudo, que tais brâmanes eram *icchāntika*, isto é, incapazes de alcançar a salvação[31]. Outro sutra traz o Bodisatva Mañjuśrī empunhando sua lança contra o Buda a fim de demonstrar a natureza ilusória de todas as coisas. Como todas as coisas são o vazio, Mañjuśrī e o Buda são igualmente irreais, e tampouco o crime, o criminoso ou a vítima poderiam existir[32]. Outra desculpa engenhosa é a de "assassinato compassivo". Quando

29. Comparar as imagens dos arhat em *Luohan hua* e em Kent, *Depictions of the Guardians of the Law*.
30. P. Demiéville, *Le Bouddhisme et la guerre*, p. 375.
31. Ver P. Harvey, *An Introduction to Buddhist Ethics*, p. 137-138.
32. Ver P. Demiéville, op. cit., p. 380-381.

FIG. 14: *Um arhat empunhando um bastão, em afresco do século XVII em Shaolin.*

O MOSTEIRO DE SHAOLIN

nenhuma outra forma de evitar um crime está disponível é permitido que se mate o futuro criminoso, libertando-o de um carma ruim e da punição na outra vida. Dois sutras apresentam o Buda, em uma de suas vidas anteriores, como assassino de um bandido que se encontra prestes a cometer um assassinato. Em vez de enfrentar torturas no inferno, o bandido irá então renascer no céu. Tal forma de "assassinato compassivo" é aceitável apenas quando motivado por uma intenção pura, isto é, quando alguém intencionalmente deposita sobre os próprios ombros as punições futuras que esperam o futuro pecador, assim como enfatiza Aśanga (século IV ou V) no seu *Bodhisattva-bhūmi*:

"Se tiro a vida de um ser vivo, eu mesmo poderei renascer como uma das criaturas que habitam o inferno. É melhor que eu renasça como uma criatura do inferno do que este ser vivo, por ter cometido um feito que implique em retribuição imediata, vá direto para o inferno". Com tal atitude, o Bodisatva afirma que o pensamento é virtuoso ou indeterminado e, então, sentindo-se cerceado, com apenas um pensamento piedoso em relação às consequências, ele toma a vida daquele ser. Não há nisso um pecado, mas a disseminação de bastante mérito[33].

Tais justificativas para a violência não surgem do mundo efêmero do discurso da ética budista, e sim em resposta a condições históricas do estado de guerra que também alcançava a comunidade monástica. Quando o pacifismo era considerado impraticável, os autores budistas encontravam maneiras de justificar a guerra. Budistas indianos do período medieval reagiam à violência entre Estados rivais subscrevendo o dever da realeza de declarar guerra em defesa de seus súditos[34]. Recentemente, durante a Segunda Guerra Mundial, o direito ao "assassinato compassivo" era invocado pelas nações asiáticas rivais. Os japoneses empregaram esse conceito budista para justificar a invasão à China, e os chineses, em contrapar-

---

33. Esta é a tradução de Mark Tatz, citada em P. Harvey, op. cit., p. 137. Ver ainda P. Demiéville, op. cit., p. 379-380.

34. M. Zimmerman, A Māhānist Criticism of ārthaśāstra, *Annual Report of the International.*, e M. Zimmerman, War, em R.E. Buswell et al., *Encyclopedia of Buddhism*, p. 893-897.

AS LENDAS DO BASTÃO

tida, também o usaram para autorizar a forma que adotaram na sua resistência à invasão. Até mesmo monges chineses treinados em artes marciais juntaram-se às guerrilhas que enfrentaram os agressores japoneses[35].

Apoiando-se na mitologia em vez de na filosofia, a justificativa dos monges Shaolin para a violência é de outra natureza. Em vez de argumentos detalhados para justificar sua atitude, é o exemplo pessoal de uma divindade marcial que justifica a ação militar budista. Se Vajrapāni pode descer dos céus para defender um templo budista, então seus devotos de Shaolin podem, do mesmo modo, recorrer às armas para se defender. Que sua lenda *foi*, de fato, interpretada dessa maneira é indicado pela existência de diversos hinos (*zan*) em honra à divindade que empunha um bastão. Esses hinos buscam apoio moral para a ação militar da divindade através da virtude budista da benevolência (*ci*, em chinês; *maitreya*, em sânscrito). Eles também sugerem que a proteção da fé budista – mesmo que envolva a prática da violência – é um ato de compaixão. Yinwan, irmão de Cheng Zongyou, autor de um dos hinos, resume assim seu argumento: "A benevolência", escreve, "é cultivada através do heroísmo" (*ci yi yong yang*)[36].

MONGES DA FICÇÃO
QUE EMPUNHAVAM O BASTÃO

O combate com o bastão ocupava lugar de destaque no mosteiro Shaolin, tanto no cotidiano de seus monges como nos mitos de suas divindades protetoras. Entretanto, essa forma de combate não estava limitada aos círculos monásticos. Especialistas militares do período Ming tardio admiravam as técnicas Shaolin de combate com bastão exatamente pela proeminência que a arma adquirira no treinamento militar tradicional. Tropas governamentais, tais como as de Yu Dayou e de Qi Jiguang,

35. Ver, respectivamente, B. Victoria, *Zen at War*, especialmente p. 86-91, e X. Yu, *Buddhism, War, and Nationalism*, p. 136-149. Ver ainda R.H. Sharf, The Zen of Japanese Nationalism, em D.S. Lopez (org.), *Curators of the Buddha*. Sobre os monges guerreiros japoneses, ver M.S. Adolphson, *The Teeth and Claws of the Buddha*.
36. Ver Cheng Zongyou, *Shaolin gunfa*, 1.4b.

eram frequentemente treinadas nas técnicas com o bastão, consideradas úteis não apenas por suas características intrínsecas, mas também como meio de introdução de outros métodos de combate. Yu Dayou confirma essa visão quando escreve que

o treinamento com o bastão é comparável ao estudo dos Quatro Livros. A espada em forma de gancho, o facão, a lança e o enxó assemelham-se a cada um dos Seis Clássicos. Quando os Quatro Livros são compreendidos, o princípio subjacente dos Seis Clássicos se torna evidente. Se o indivíduo sabe como manusear o bastão, alcançará também habilidade nos métodos das outras quatro armas dotadas de lâminas[37].

Amplamente utilizado pelos militares do período Ming tardio, o bastão não era monopólio dos monges Shaolin. Além disso, o conhecimento popular o associava ao clero budista. Isso não significa que todos os especialistas no combate com o bastão fossem monges, mas os monges lutadores eram frequentemente idealizados como especialistas na arma. Evidências dessa crença comum na sociedade Ming são fornecidas tanto na literatura ficcional como na dramática. Novelas e peças de teatro escritas durante o período Ming – e mesmo anteriormente, durante os períodos Yuan e Song do Sul – retratam monges como especialistas no combate com o bastão. Há quatro exemplos bem conhecidos que representam o fato: o de Huiming, da comédia romântica *A História da Ala Oeste* (*Xixiang ji*); o de Lu Zhishen, da novela de artes marciais *À Margem das Águas*; o de Yang Quinto (Yang Wulang), da saga militar *Os Generais da Família Yang*; e o mais admirado dentre todos, Sun Wukong, do épico mítico *Jornada para o Oeste* (*Xiyou ji*).

Sun Wukong

Provavelmente o mais famoso guerreiro budista da literatura chinesa, Sun Wukong protagoniza uma série de lendas em

---

37. Yu Dayou, *Jian jing*, 4.3a. A passagem é citada por Qi Jiguang (*Jixiao xinshu* 12.184) e repetida por Cheng Zongyou (*Shaolin gunfa*, 3.1a). Ver ainda Lin Boyuan, *Tan Zhongguo wushu zai Mingdai de fazhan*, p. 66-68.

AS LENDAS DO BASTÃO   137

torno da histórica viagem de Xuanzang (596-664) da China
para a Índia em busca de escrituras budistas. As lendas, que
podem ser identificadas como oriundas do período Song, de-
senvolvem-se através de uma série de narrativas em prosa e
na forma dramática, culminando no século XVI em uma das
obras-primas da ficção chinesa, *Jornada para o Oeste*. A novela,
cuja autoria é atribuída a Wu Cheng'en (cerca de 1506 a cerca
de 1582), serviu como fonte para um enorme volume de literatura e teatro orais, garantindo assim a posição de Sun Wukong
como herói da literatura e do teatro populares, e também como
objeto de culto religioso pelos séculos seguintes[38].

O papel de Sun Wukong em *Jornada para o Oeste* é o de
protetor de seu mestre Xuanzang. Ao longo da peregrinação
que realizam, eles são atacados por grande variedade de figuras
monstruosas, as quais Xuanzang é incapaz de combater tanto
por ser fraco fisicamente quanto por estar comprometido com a
proibição budista relativa à violência. É, portanto, seu "Macaco
Monge Noviço" (*Hou Xingzhe*), como é chamado Sun Wukong,
o encarregado da sua proteção, que ele realiza com muita habilidade fazendo uso de uma arma mágica. O destemido macaco
carrega um bastão com poderes mágicos (*bang*)[39], o qual ele
havia adquirido no Palácio das Águas Cristalinas do Rei Dragão do Mar do Leste (Fig. 15). Como seu nome indica – "Como
Você Desejar, Bastão Incrustado de Anéis Dourados" (*Ruyi*

38. A respeito da evolução da série *Jornada para o Oeste*, ver G. Dudbridge, *Hsi-yu chi*;
    Idem, The Hsi-yu chi Monkey and the Fruits of the Last Ten Years, *Hanxue yanjiu*.
    Sobre as origens de Sun Wukong, ver M. Shahar, The Lingyin si Monkey Disciples,
    Harvard Journal of Asiatic Studies. Sobre o culto religioso a Sun Wukong, ver Sa-
    wada Mizuho, Songokū shin, *Chūgoku no mintan shrinkō*; e A.J.A. Elliot, *Chinese
    Spirit Medium Cults in Singapore*, p. 74-76, 80-109, 170-171.

39. A tradução do termo "bang" por "porrete" ou "cajado" pode ser enganosa, pois
    esses termos sugerem um instrumento curto e pesado, enquanto a descrição da
    arma de Sun Wukong na novela – da mesma forma que em suas representações
    em madeira do período Ming – não deixa dúvida de que se trata de um bastão
    longo, semelhante ao de Shaolin. De maneira geral, um exame das fontes do pe-
    ríodo Ming revela que os termos "bang" e "gun" dizem respeito à mesma arma.
    No seu *Wubei zhi* (104.1a), por exemplo, Mao Yuanyi explica que "o bang e o
    gun são a mesma coisa" (*bang yu gun yi ye*). No século XVI, o "Ruyi jingu bang"
    de Sun Wukong é, algumas vezes, referido por "gun". Ver Wu Cheng'en, *Xiyou
    ji*, 27.310-311. A diferença entre "gun" e "bang" é gramatical em vez de semân-
    tica. Enquanto o primeiro pode ser usado sem um adjetivo que o qualifique, o
    último normalmente aparece em termos compostos como "tiebang" (bang de
    ferro), "ganbang" (bang de madeira), e, é claro, "Ruyi jingu bang".

FIG. 15: *Sun Wukong e seu bastão. Xilogravura do período Ming tardio (c. 1625).*

AS LENDAS DO BASTÃO 139

jingu bang) – a arma obedece à vontade de seu dono, alterando seu tamanho conforme desejado. Seu comprimento normal é de dois *zhang* (aproximadamente seis metros), mas ela pode se tornar tão pequena quanto uma agulha e ser escondida na orelha de Sun Wukong, ou então alcançar o céu.

Sun Wukong tem o poder de alterar as dimensões não apenas de seu bastão, mas também as suas próprias. Dominando técnicas de transformação mágica (*bian*), o heroico símio é capaz de assumir qualquer forma ou tamanho, conforme desejar:

[Sun Wukong] empunhava seu tesouro [o bastão] e ordenava, "Menor, menor, menor!" e, imediatamente, a arma encolhia até o tamanho de uma agulha de bordar, pequena o suficiente para ser escondida dentro de sua orelha. Amedrontados, os macacos exclamavam, "Grande Rei! Pegue sua arma e nos mostre um pouco mais seu manejo". O Rei Macaco retirou a arma da orelha e colocou-a sobre a palma da mão. "Maior, maior, maior!", ele gritava, e novamente a arma ficava tão espessa quanto um barril e com mais de seis metros de comprimento. Ele ficou tão satisfeito com sua arma que pulou sobre a ponte e veio para fora da caverna. Segurando seu tesouro entre as mãos, começou a realizar a mágica da imitação cósmica. Ele se inclinou e gritou "Crescer!" e imediatamente aumentou de tamanho até a altura do infinito, com a cabeça como o monte Tai e o peito como um encouraçado, olhos como um relâmpago, a boca como um pote de sangue e os dentes como lâminas afiadas. O tamanho do bastão que empunhava era tamanho que uma ponta alcançava o trigésimo-terceiro céu e a outra o décimo-oitavo nível do inferno. Tigres, leopardos, lobos e criaturas rastejantes, todos os monstros da montanha e os reis demônios das 72 cavernas estavam tão amedrontados que o reverenciavam e, aterrorizados, prestavam homenagem ao Rei Macaco. Assim, ele desfez sua aparência mágica, retornou seu tesouro novamente ao tamanho de uma agulha de bordar e o guardou em sua orelha[40].

As dimensões assustadoras do monge que empunhava o bastão nos fazem lembrar de outro especialista na arma que igualmente podia alterar seu tamanho conforme desejasse. Trata-se, é claro, de Vajrapāni (Kimnara), o espírito guardião

40. A. Yu (trad.), *The Journey to the West*, v. 1, p. 108; no original Wu Cheng'en, *Xiyou ji*, 3.30-31. Fiz a alteração do termo "cajado", usado por Yu, para "bastão" (ver a nota anterior).

140   O MOSTEIRO DE SHAOLIN

de Shaolin que surgiu do fogão do mosteiro como um gigante que se posicionou sobre os picos do monte Song. Da mesma forma, Sun Wukong certa vez mudou sua aparência, após ser derretido em um forno que ficava no laboratório alquímico de Laozi[41]. Qual dessas divindades inspirou o mito da outra? Teria a história de *Jornada para o Oeste* servido como fonte inspiradora para a literatura hagiográfica do mosteiro Shaolin, ou, ao contrário, teriam as lendas monásticas de Shaolin influenciado novelas e peças que homenageavam Sun Wukong?

Se as lendas de Sun Wukong e de Vajrapāni *estão* interligadas, é possível que a primeira tenha influenciado a última. Enquanto Vajrapāni, no século XVI, empunhava o bastão de Shaolin, o macaco divino carregava a mesma arma já no século XIII. A versão mais antiga de suas aventuras que chegou aos nossos dias, *Mestre da Lei, Tripitaka do Grande Tang, Produz as Escrituras* (*Da Tang Sanzang fashi qu jing ji*), foi escrita acreditam os especialistas no assunto, no período Song do Sul[42], cerca de trezentos anos antes do surgimento da lenda de Vajrapāni em Shaolin. A literatura hagiográfica de um templo militar budista foi, assim, influenciada pela literatura popular.

Huiming

Se Sun Wukong era um ser sobrenatural cujo "Como Você Desejar, Bastão Incrustado de Anéis Dourados" obedece aos seus desejos, Huiming é um clérigo comum, cujo bastão de ferro (*tiebang*) não possui nada de mágico. Ainda assim, a habilidade de combate com o bastão de Huiming é tal que ele a emprega para salvar dois dos mais queridos personagens na história da literatura chinesa: Zhang Gong e Cui Yingying, protagonistas românticos da peça no gênero *zaju* de Wang Shifu (c. 1250-1300) intitulada *A História da Ala Oeste* (*Xixiang ji*). Wang explora em detalhes o vício pela carne de seu protagonista tanto quanto suas habilidades

41. Yu, op. cit., v. 1, p. 167-168; Wu Cheng'en, op. cit., 7.70.
42. Duas versões levemente diferentes desse texto do período Song do Sul ainda existem. Ambas são reproduzidas fotograficamente em *Da Tang Sanzang fashi qu jing shihua*. Uma vez que os dois textos foram originalmente descobertos no mosteiro Kōzanji, em Kyoto, eles são às vezes chamados de "versão Kōzanji". Sobre sua datação, ver G. Dudbridge, *Hsi-yu chi*, p. 25-29.

AS LENDAS DO BASTÃO 141

marciais, combinando os dois maus hábitos em uma paródia espirituosa. Para apimentar sua dieta vegetariana com carne, ele nos informa, o monge dirige-se ao campo de batalha[43].

Na peça de Wang, os enamorados Zhang e Cui estão presos em um mosteiro cercado por bandidos. Huiming e seu bastão salvam a situação rompendo o cerco e pedindo por socorro a unidades do exército. Entretanto, Wang não foi o primeiro a atribuir esse papel ao monge. A obra de Wang, *A História da Ala Oeste*, é baseada em uma versão mais antiga do mesmo episódio escrita no gênero *zhugongdiao* ("todos os tons e modos") de autoria de Dong Jieyuan (mestre Dong, período de maior expressão: 1190-1208). Essa versão mais antiga, às vezes conhecida como *A História da Ala Oeste de Dong Jieyuan*, possui também um clérigo – Facong – que empunha um bastão e cujo papel é o de salvador do casal de apaixonados. Além disso, a versão no gênero *zhugongdiao* desenvolve mais detalhadamente, em relação à versão no gênero *zaju*, a habilidade da personagem com a arma. Dong Jieyuan dedica uma canção à habilidade de Facong no combate com o bastão. No poema abaixo, por exemplo, o monge faz uso de seu bastão – que ele manuseia montado em seu cavalo – para derrotar o líder dos bandidos, conhecido por Tigre Voador (Fig. 16):

Facong possui um bastão de ferro,
Tigre Voador possui um machado de aço.
Este golpeia o monge com seu machado,
O outro ataca o Tigre com seu bastão.
Tigre Voador o supera em golpes de ataque,
Facong é grandioso com suas técnicas defensivas.
Facong está em vantagem,
Tigre Voador tenta escapar[44].

Mesmo que Dong Jieyuan não deixe dúvidas de que seu protagonista é um especialista no combate com o bastão, o autor também o apresenta portando outras armas. Além do bastão,

43. Ver Wang Shifu, *Xixiang ji*, 2.60-61; e Wang Shifu, *The Moon and the Zither*, p. 232-234.
44. Li-li Chen (trad.), *Master Tung's Western Chamber Romance*, p. 58. No original Dong Jieyuan, *Dong Jieyuan Xixiang*, 2.79. Fiz a alteração do termo "cajado", usado por Li-li Chen para "bastão" (ver nota 39 acima).

FIG. 16: *Huiming montado a cavalo e manuseando o bastão.*
Xilogravura datada de 1498.

Facong possui um chicote e um "punhal proibido" (*jiedao*, em chinês; *śastraka*, em sânscrito). Esse último, também mencionado na versão *zaju* de Wang Shifu, é de origem budista. As normas monásticas incluem o "punhal proibido" entre os "Dezoito Pertences" (*shiba wu*) de um monge, dentre os quais estão ainda itens como sabão, garrafa de água, esteira, pote de esmolas e o bastão de argolas budista (*xizhang*). Originalmente utilizado para tarefas tais como raspar a cabeça, cortar as unhas e costurar as roupas, o "punhal proibido" não era muito longo. Entretanto, a fantasia literária de Dong Jieyuan ampliou seu tamanho para o de uma espada mata-dragões de aproximadamente um metro de comprimento[45].

Lu Zhishen

Já mencionamos o nome desse monge lutador duas vezes neste livro. Primeiro, como exemplo literário do tipo de monge lutador que se alimentava de carne – como Huiming, o gosto de Lu Zhishen só se satisfaz com carne animal, especialmente de

45. Ver Li-li Chen, op. cit., p. 45-46; e Dong Jieyuan, op. cit., 2.61-62; sobre o jiedao, ver "tōsu" em Mochizuki Shinkō, op. cit., v. 4, p. 3879-3880, e ilustraçãon. 1147.

AS LENDAS DO BASTÃO   143

cães. Segundo, por sua relação com os mosteiros do monte
Wutai, que provavelmente justifica a fama militar daqueles
mosteiros. Vimos que monges de Wutai foram à guerra e que
seu heroísmo se refletiu na literatura popular. Voltar-nos-emos
agora para o bastão, a arma típica desse monge corajoso.

Lu Zhishen, também conhecido por "Monge Tatuado" (*Hua
Heshang*), é personagem da popular novela de destreza e heroísmo *À Margem das Águas* (*Shuihu zhuan*). Essa novela, do
início do período Ming, baseia-se em antecedentes das literaturas oral e dramática, tendo seus registros mais antigos no
período Song do Sul. É digno de nota que, mesmo nas versões
mais antigas da história, Lu utiliza um bastão como arma. Uma
relação popular de temas entre os contadores de histórias originárias do período Song do Sul classifica a história do "Monge
Tatuado" na categoria de "contos de bastão" (*ganbang*)[46].

Como Huiming, Lu Zhishen também carrega um "punhal
proibido" além de sua arma preferida, o bastão. Na novela do
período Ming, o bastão de Lu é forjado em ferro e pesa 62 *jin*
(aproximadamente 36 quilos), ou seja, quatro vezes mais do que
o peso recomendado por Cheng Zongyou no *Método de Bastão
de Shaolin*. O peso improvável atribuído ao bastão de Lu é dado
possivelmente para indicar a força extraordinária de seu dono.
De fato, o monge tatuado é tão forte que ele gostaria que seu
bastão fosse até mais pesado, conforme explica para o forjador
que está fabricando a peça:

"Preciso de um 'bastão Chan' (*chan zhang*) e de um 'punhal
proibido' (*jiedao*)", diz Lu Zhishen. "Você tem algum metal que seja
de primeira qualidade?"

"Tenho sim. Qual o peso que você deseja que essas armas tenham? Eu as farei conforme suas especificações".

"O bastão deve ter cem *jin*".

"Muito pesado", riu-se o ferreiro. "Poderia fazê-lo, mas você não
teria como manuseá-lo. Mesmo o facão (*dao*) de Guangong não pesava mais do que 81 *jin*!"

"Eu sou tão habilidoso quanto Guangong", disse Lu Zhishen
impacientemente. "Ele era apenas um homem, como eu".

"Compreendo, Excelência. Mesmo 45 *jin* seriam já muito pesados".

46. Ver Luo Ye, *Xinbian Zuiweng tanlu*, p. 4.

144 O MOSTEIRO DE SHAOLIN

"Você disse que a espada larga de Guangong pesava 81 *jin*? Faça-me, então, um bastão com esse mesmo peso".

"Ficará muito grosso, Mestre. Parecerá feio e será desajeitado para manusear. Aceite meu conselho, deixe-me fazer-lhe um bastão Chan de 62 *jin* de metal polido. E é claro que, se ficar muito pesado, a culpa não será minha"[47].

Representações visuais de Lu Zhishen do período Ming revelam um pequeno crescente (lâmina em forma de meia-lua) em uma das pontas de sua arma (Fig. 17). Pode-se perceber detalhe semelhante em algumas imagens de Huiming (Fig. 18) e também nas imagens de outros clérigos ficcionais que faziam uso do bastão. É o caso de "Monge Sha" (*Sha Heshang*), que aparece como personagem secundária em *Jornada para o Oeste* (Fig. 19). Até aqui não havíamos mencionado o "Monge Sha", cujo nome – literalmente "Monge de Areia" – deriva da divindade budista "Deus das Areias Profundas" (*Shensha shen*). Na novela do século XVI, a arma do "Monge de Areia" é denominada "Bastão Precioso" (*baozhang*), assim como também "Bastão Destruidor de Demônios" (*xiangyao zhang*)[48]. Em todos os três casos – de Lu Zhishen, Huiming e "Monge Sha" –, curiosamente, o crescente é visível em algumas representações visuais dos monges lutadores, mas não é mencionado nas narrativas escritas que os descrevem.

Pesquisas futuras poderão determinar as origens desse crescente que é perceptível em algumas ilustrações de bastão do período Ming. Mencionarei aqui apenas que um detalhe idêntico é encontrado comumente em grande variedade de armas de artes marciais no século XX, pertençam elas ou não a clérigos budistas. A importância do crescente nas armas contemporâneas pode ser percebida por sua presença nos nomes de armas tais como "Espada em Forma de Crescente" (*yueya*), "Lança em Forma de Crescente", "Machado em Forma de Crescente" e "Enxó em Forma de Crescente"[49].

47. Esta é a tradução de Sidney Shapiro (um pouco modificada), *Outlaws of the Marsh*, v. 1, p. 75-76. No original, *Shuihu quanzhuan*, 4.69-70.
48. Ver Wu Cheng'en, *Xiyou ji*, 22.245-255; e A. Yu (trad.), op. cit., v. 1, p. 429-443. Sobre o "Monge Sha" e o "Deus das Areias Profundas", ver G. Dudbridge, *Hsi-yu chi*, p. 18-21, e M. Strickmann, *Chinese Magical Medicine*, p. 110-111, 312 n. 47.
49. Ver *Zhongguo wushu da cidian*, p. 103, 113, 195-196.

FIG. 17: *Xilogravura do período Ming tardio de Lu Zhishen manuseando o bastão.*

FIG. 18: *Huiming manuseando o bastão. Xilogravura de 1614.*

FIG. 19: Xilogravura do período Ming tardio do Monge Sha empunhando um bastão.

148   O MOSTEIRO DE SHAOLIN

Yang Quinto

Protagonista da novela do período Ming tardio *Os Generais da Família Yang*, Yang Quinto (Yang Wulang) compartilha com Lu Zhishen um traço comum relativo ao monte Wutai e, com Sun Wukong, o fato de possuir uma arma mágica. Ao entrar para uma ordem budista no monte Wutai, Yang lidera um exército de monges em apoio de irmãos e irmãs de sua família. Nas duas versões quase idênticas da novela ele carrega um machado e também um "Bastão Destruidor de Dragões" (*xianglong bang*), que, como o nome sugere, serve para subjugar tais criaturas míticas[50].

A história da família Yang desenvolve-se em torno da figura histórica do general Yang Ye (?-986), que viveu durante o período Song do Norte e que foi sucedido primeiro pelo filho e depois pelo neto no serviço à dinastia vigente. A novela se desenvolve como literatura oral ao longo do período Song do Sul e como drama no período Yuan, culminando nas duas versões novelescas durante o período Ming. É digno de nota o fato de o protagonista possuir o bastão como arma já desde as primeiras versões da novela. Juntamente com a história "O Monge Tatuado", que tem Lu Zhishen como personagem, a história "[Yang] Quinto se Torna um Monge" também é classificada na relação de contos do período Song do Sul na categoria "contos de bastão" (*ganbang*)[51].

AS ORIGENS DO COMBATE MONÁSTICO COM BASTÃO

A tradição popular do período Ming ampliou a relação entre os monges lutadores e o bastão para além dos muros do mosteiro Shaolin. Embora Sun Wukong, Huiming, Lu Zhishen e Yang Wulang não fossem ligados ao mosteiro, todos os quatro manuseavam a arma. Duas dessas personagens ficcionais estão ligadas aos mosteiros do monte Wutai e duas outras não possuem relação com centros históricos de prática do combate

---

50.   Ver *Yangjia jiang yanyi* (50 capítulos), 38.179, e *Yangjia jiang yanyi* (58 capítulos), 31.190-191. Na última versão (17.108), o monge também possui uma espada.

51.   Ver Wulang wei seng, em Luo Ye, *Xinbian zuiweng tanlu*, p. 4.

AS LENDAS DO BASTÃO   149

monástico. Juntos, eles indicam que tanto novelistas quanto dramaturgos consideravam o bastão como a arma budista por excelência, independentemente de afiliações monásticas.

As narrativas que tratam dos quatro monges ficcionais podem ser atribuídas ao período Song do Sul, reforçando a impressão formada a partir da literatura militar de que o combate monástico com o bastão originou-se antes do período Ming. Generais do século XVI, como Yu Dayou e Qi Jiguang, insistem ser centenária a prática do bastão entre os monges de Shaolin. Sun Wukong, Huiming, Lu Zhishen e Yang Wulang já faziam uso dessa arma mesmo nas versões mais antigas das histórias que protagonizam, datadas do século XIII. Admitindo que tais personagens foram idealizadas com base em monges verdadeiros, o combate com o bastão vinha sendo praticado tanto em Shaolin quanto em outros mosteiros budistas já no período Song do Sul.

Por que razão monges Shaolin, ou outros monges budistas, escolheram o bastão como sua arma preferida? Alguns especialistas no assunto buscam uma resposta no que identificam como a qualidade defensiva da arma, o que supostamente concorda com a proibição budista relativa à violência. Com o bastão não é possível ferir ou matar, argumentam, e a arma é utilizado apenas para defesa própria. Cheng Dali exemplifica o argumento:

o bastão não é um instrumento afiado e, além disso, é feito de madeira. Seu poder de matar ou ferir é muito menor que o do facão, da espada e de outras armas afiadas de metal. Evidentemente, o uso do bastão de madeira é relativamente apropriado à condição de discípulos budistas, para quem o uso das artes marciais é permitido apenas visando objetivos limitados[52].

O argumento de Cheng relativo à opção dos monges pela arma não pode ser considerado irrelevante. Quando é confeccionado em madeira, o bastão realmente é menos perigoso do que outras armas e, por esse motivo, talvez, alguns monges o preferissem. O problema, como observa Cheng, é que o bastão de Shaolin era frequentemente forjado em ferro, exatamente como as pesadas peças manuseadas pelos monges das histórias que apresentamos. Ele era, portanto, um instrumento

52. *Zhongguo wushu*, p. 96.

letal, capaz de levar à morte. Tal característica é atestada tanto pela literatura militar quanto pela ficção e pelo drama. Além disso, não é necessário assumir que monges lutadores estivessem preocupados com a proibição budista contra a violência, que eles desrespeitavam quando se dirigiam ao campo de batalha. Basta lembrar, por exemplo, o monge Shaolin do século XVI que fez uso de um bastão de metal para eliminar a esposa de um pirata desarmado.

A suposta qualidade defensiva do bastão garante, portanto, não mais do que uma justificativa parcial para a sua utilização por parte de monges budistas. Pode ser mais produtivo examinar o valor e o papel do bastão na história budista, já que seu uso militar deve ter sido originado em funções anteriores atribuídas por aquela tradição.

O BASTÃO DE ARGOLAS

Muito antes de o bastão ser uma arma bem aceita para o combate, ele servia como emblema do monge. Regras monásticas traduzidas para o chinês no início do período medieval prescrevem o bastão como um dos "dezoito pertences" que um monge deve possuir para a realização de suas obrigações. Elas também estipulam seu tamanho exato, que difere daquele do bastão de combate. Em vez de um bastão sem adornos e espessura regular, o bastão prescrito pela lei monástica era decorado, em uma de suas pontas, com entre duas e quatro argolas de metal, dentro das quais eram acrescentadas de seis a doze argolas menores, também de metal (Fig. 20). Denominado em sânscrito de *khakkhara*, esse bastão de argolas era chamado, em sua transliteração para o chinês, de *xiqiluo* e também de *qihelan*. O mais comum, entretanto, era ser chamado, na China, como *xizhang* (bastão *xi*). A palavra *xi*, que significa estanho ou latão, talvez se refira ao metal com o qual as argolas eram feitas, ou uma onomatopeia referente ao som que as argolas produziam. Fayun (1088-1158), em sua *Terminologia Budista Traduzida* (*Fanyi mingyi ji*), explica que "o *xiqiluo* é também chamado *xi zhang* porque, quando agitado, produz um som semelhante a 'chichi'. Por tal motivo,

FIG. 20: *O bastão de argolas como símbolo do monge. Detalhe de um mural do período Xixia (1038-1227) nas cavernas de Yulin, na província de Gansu.*

no *Sarvāstivāda-vinaya* ele é denominado 'Bastão Sonoro' (*shengzhang*)"[53].

A análise etimológica de Fayun para o termo *xizhang* mostra a importância que as escrituras budistas atribuem ao seu som. Regras monásticas fornecem três justificativas para o uso do bastão de argolas, duas das quais relacionadas ao som metálico de seus anéis. Primeiro, o som produzido ao agitar-se o bastão pode ajudar a espantar cobras, escorpiões e outros animais peçonhentos. Segundo, ele pode servir para avisar ao proprietário de uma casa a respeito da presença de um monge mendicante à porta. A terceira função não está relacionada à capacidade acústica do bastão: como qualquer outro objeto utilizado para auxiliar a caminhada, o bastão de argolas pode servir como apoio a monges velhos e doentes. A essas funções práticas é acrescentado o significado simbólico que os monges budistas atribuíram ao seu variado número de argolas. Certo texto sagrado recomenda, por exemplo, quatro argolas, simbolizando

a transformação representada pelos quatro tipos de nascimento, a meditação sobre as quatro verdades, o cultivo das quatro formas de igualdade, a entrada nos quatro tipos de *dhyāna*, a purificação das quatro regiões vazias, a clarificação das quatro áreas do pensamento, a fortificação das quatro formas de diligência e a conquista dos quatro poderes divinos[54].

Várias referências ao bastão de argolas na literatura medieval atestam que pelo menos alguns monges seguiam as regras monásticas e possuíam a peça nesse formato. Como observa John Kieschnick, em biografias de monges eminentes pode-se encontrar expressões do tipo "segurou o seu bastão de argolas", significando a partida de um monge em viagem. A poesia do período Tang faz menção à "sonoridade aguda produzida pelo bastão de argolas conduzido sobre uma trilha coberta

---

53. Fayun, *Fanyi mingyi ji*, T, n. 2131, v. 54, p. 1169b. Sobre o bastão de argolas, ver J. Kieschnick, *The Impact of Buddhism on Chinese Material Culture*, p. 113-115. Ver ainda "shakujō", em Mochizuki Shinkō, op. cit., v. 3, p. 2152-2153; e "shakujō," em *Zengaku daijiten*, p. 469.

54. *Dedao ticheng xizhang jing*, T, n. 785, 17:724c; J. Kieschnick, op. cit., p. 113. Essa obra foi traduzida para o chinês provavelmente durante o período Jin do Leste (317-420).

AS LENDAS DO BASTÃO   153

de neve"[55]. Algumas vezes ele representava, por metonímia, o clérigo que o possuía, por exemplo quando escreve Bai Juyi (772-846): "o bastão de argolas dirigindo-se ao mosteiro nas alturas"[56]. Da mesma forma, obras de arte visuais revelam que o bastão de argolas, como a tigela de esmolas, tornou-se um objeto simbólico para os monges. Representações de Budas e de Bodisatvas frequentemente trazem imagens de seus ajudantes carregando um ou ambos os símbolos monásticos. O Bodisatva da Medicina (*Bhaisajyaguru*; *Yaoshi*), por exemplo, em um enorme mural do século XIV, aparece guardado por dois monges, um carregando a tigela, o outro o bastão de argolas[57]. Uma gravura mais antiga, do período Xixia (1038-1227), representando o Bodisatva Mañjuśrī (*Wenshu*), traz um monge carregando os dois objetos simbólicos (Fig. 20). O bastão de argolas foi incorporado até mesmo à iconografia das divindades. O Bodisatva Ksititigarbha (*Dizang pusa*) é frequentemente caracterizado manuseando o bastão.

O emblemático bastão budista nem sempre era reproduzido de acordo com as regras monásticas. Alguns clérigos, que o usavam como símbolo de autoridade religiosa, até mesmo dispensavam – por motivos práticos ou financeiros – as argolas. Um retrato impressionante do monge Yinyuan (1592-1673), datado do século XVII, mostra-o empunhando um enorme bastão de madeira sem as argolas prescritas pelas regras monásticas (Fig. 21). A postura sentada de Yinyuan, assim como sua expressão serena e sua vestimenta monástica, sugere que o bastão não era utilizado por ele como arma, mas como símbolo de sua autoridade religiosa. Entretanto, sem as suas argolas, seu bastão torna-se idêntico ao utilizado para o combate por monges lutadores. Aqui, então, percebe-se uma relação entre o bastão de argolas e o bastão de combate. Ligeiramente alterado, o símbolo budista não difere da arma monástica.

---

55. Liu Yanshi (período de maior expressão: 800), em *Quan Tang shi*, 468.5328; J. Kieschnick, op. cit., p. 115.
56. *Quan Tang shi*, 446.5006.
57. Extraído originalmente de um templo no norte da China, esse mural encontra-se atualmente no Metropolitan Museum of Art, New York. Ver *The Metropolitan Museum of Art: Asia*, p. 84-85.

FIG. 21: *O bastão como símbolo do monge.*
Retrato de origem japonesa do monge chinês Yinyuan (1592-1673).

A ARMA MÁGICA

As semelhanças entre o bastão de argolas e o bastão de combate vão além de seu formato. Algumas vezes, os dois tipos de bastão foram usados com o mesmo objetivo. Hoje em dia, monges de Shaolin utilizam às vezes o bastão de argolas em demonstrações de artes marciais. Mais curioso é o fato desse símbolo budista ter sido usado como arma *mágica*. No período medieval, o bastão de argolas estava presente em rituais de guerra. Quanto a isto, tal símbolo monástico não é o único. Propriedades mágicas têm sido atribuídas ao bastão em diversas culturas, nas quais ele servia como símbolo de autoridade política e religiosa. Uma análise comparativa poderia ampliar a compreensão de seu significado budista.

O bastão tem sido usado como um símbolo de comando dentro de organizações políticas e religiosas. Tanto pregadores egípcios como adivinhos romanos o empunhavam; da mesma forma, serve hoje como símbolo do bispo católico (o báculo tem uma das extremidades curvada)[58]. Em organizações religiosas, o bastão representa autoridade religiosa, mas no contexto político ele significa soberania. Nos reinos ocidentais, o cetro é empunhado pelo soberano na cerimônia de coroação, e, na antiga Israel, era empunhado pelos líderes das nações das Doze Tribos (por esse motivo, a palavra hebraica *ma'teh* possui dois significados: bastão e tribo). Da mesma forma, outros líderes do antigo Oriente Médio também carregavam um bastão: reis hititas, fenícios, babilônicos e assírios o empunhavam, assim como os faraós do antigo Egito[59]. Exatamente pelo fato de sua utilização não ser limitada a um contexto cultural específico, é tentador analisá-la sob uma perspectiva psicanalítica, atribuindo-lhe um valor de símbolo fálico.

No antigo Oriente Médio, acreditava-se que o bastão usado pelos reis lhes havia sido dado por um deus, com quem, assim, compartilhavam parte da força divina. Resquícios dessa crença na Mesopotâmia e no Egito são perceptíveis na *Bíblia* hebraica,

---

58. Ver "Crosier", em F.L. Cross (org.), *The Oxford Dictionary of the Christian Church*, p. 357.
59. Sobre o significado religioso e político do bastão no antigo Oriente Médio, ver "ma'teh", em *Encyclopedia Mikra'it*, v. 4, p. 825-832.

na qual o bastão de Moisés é referido duas vezes como "bastão de Deus". Por conta dessa origem divina, poderes sobrenaturais são atribuídos ao símbolo do profeta. Moisés apela a tais poderes para levar as pragas aos egípcios e também para separar as águas do Mar Vermelho, libertando seu povo da escravidão[60].

Se Deus deu seu bastão ao seu profeta escolhido, Buda fez o mesmo com o seu discípulo preferido. Segundo uma lenda que alcançou grande popularidade na China, ele emprestou seu símbolo ao monge Mulian (Maudgalyāyana, em sânscrito), que fez uso do instrumento para adentrar nas regiões infernais. Combinando os valores da piedade e do celibato, a lenda apresenta o monge protagonista descendo ao mundo inferior a fim de resgatar sua mãe, que lá se encontra como punição por sua vida de pecados. Empunhando a arma mágica do Buda, o monge derrota os guardiões demoníacos do mundo inferior, derrubando os portões infernais de Avīci. Seu bastão contribui para a libertação da mãe do mesmo modo que o bastão de Moisés contribuiu para a libertação dos hebreus.

Uma das versões dramáticas mais antigas da viagem de Mulian ao mundo inferior é a narrativa do período Tang, *Texto Transformação em que Mahāmaudgalyāyana Resgata Sua Mãe do Mundo Inferior* (*Damuqianlianmingjian jiumu bianwen*), que alterna verso e prosa ao longo do texto. Originalmente encenado por contadores de histórias, a narrativa explica como ativar as propriedades mágicas do bastão. Para liberar a formidável força de sua arma, Mulian "agitava" (*yao*) ou "balançava" (*zhen*) suas argolas. Quando o monge "agitava o bastão de argolas, espíritos e fantasmas eram dizimados ali mesmo como ramos de cânhamo". Da mesma forma: "Com um único balanço do bastão [de Mulian], as grades e as trancas foram arrancadas das paredes negras [do inferno]; com um segundo balanço, as portas duplas do portão principal abriram-se imediatamente"[61].

A lenda de Mulian conquistou enorme popularidade no drama chinês, sendo suas encenações incorporadas frequentemente em complexos rituais. As peças com a história de Mulian são

60. *Êxodo* 7:14.
61. Ver o seu *Tun-huang Popular Narratives*, p. 105, 107; no original, *Dunhuang bianwen ji*, p. 730, 732.

AS LENDAS DO BASTÃO   157

geralmente encenadas durante o Festival dos Fantasmas (*Guijie*), também conhecido por sua denominação budista *Yulanpen*. As encenações são realizadas com a intenção de promover a salvação de membros da comunidade mortos prematuramente. Além desse objetivo, são também encenadas como parte dos ritos funerários de um indivíduo, objetivando a redenção de sua alma[62]. Algumas vezes o drama mortuário é encenado por especialistas ritualísticos, budistas ou taoístas, no lugar de atores profissionais. O pregador veste o manto de Mulian e, empunhando seu bastão divino, destrói uma réplica do inferno feita de areia ou papel, livrando assim os mortos que lá se encontravam[63]. Assim, hoje em dia o bastão de argolas segue, na religião chinesa, tendo a função de uma arma mágica.

Enquanto Mulian empunhava o bastão de argolas em sua temerosa jornada ao inferno, outros o usavam para subir aos céus. Da mesma forma como acreditava-se que as bruxas europeias eram capazes de voar em vassouras, imaginava-se que monges chineses voassem utilizando o bastão de argolas. Já no século IV, Sun Chuo (cerca de 310-397) comparava o modo taoísta de voar usando uma alavanca com o estilo budista de elevar-se às alturas usando um bastão:

Wang Qiao montou em sua alavanca e elevou-se aos céus,
Os Arhats subiram em seus bastões e cavalgaram pelos ares[64].

Na poesia medieval, o bastão voador tornou-se símbolo de liberação dos afazeres terrestres. Du Fu (712-770) sonhou que estava "voando no seu bastão de argolas para longe do mundo de poeira", e na visão de Liu Zongyuan (773-819):
A Montanha dos Imortais não é assunto para os oficiais,

---

62. Ver S.F. Teiser, *The Ghost Festival in Medieval China*; e D. Johnson (org.), *Ritual Opera, Operatic Ritual*.

63. Comparar de J.J.M. Groot, Buddhist Masses for the Dead at Amoy, *Actes du Sixième Congrès International des Orientalistes*, p. 94-96; e K. Dean, Lei Yusheng (Thunder is Noisy), em D. Johnson (org.), *Ritual Opera Operatic Ritual*, p. 54-57, 63-64.

64. Acreditava-se que Wang Qiao, que era o sucessor do rei Ling na dinastia Zhou, voava em uma alavanca branca. Ver Mather, *The Mystical Ascent of the T'ient'ai Mountains*, *Monumenta Sérica*, n. 20, p. 242; no original You Tiantai shan fu (Ensaio Poético sobre Divagação nas Montanhas Tiantai), em *Wen xuan*, 11.499.

158   O MOSTEIRO DE SHAOLIN

Lá você pode elevar-se livremente aos céus, voando no bastão de argolas[65].

O termo "bastão voador" (*feixi*) ocorre com tanta frequência na literatura medieval que, vez por outra, acabou sendo usado como referência a monges itinerantes. O lexicógrafo budista Daocheng, em sua obra enciclopédica *Essência Budista* (*Shishi yaolan*, com prefácio de 1020), explica que:

a expressão altiva para se referir à atividade itinerante budista é "bastão voador". Essa expressão é utilizada porque quando o famoso monge Yinfeng viajou ao monte Wutai, passou, em sua jornada, pela província de Huaixi (na parte superior do vale do rio Huai) [que se encontrava em guerra]. Ele lançou seu bastão, elevou-se no ar e voou [sobre a região que estava em guerra][66].

Conforme o historiador budista Zanning (919-1001), o monge elevou-se por sobre os exércitos inimigos a fim de convencê-los a deporem as armas. Sua jornada aérea era, portanto, um bom exemplo dos "modos apropriados" budistas (*upāya*, em sânscrito; *fangbian*, em chinês), que tinham por objetivo incutir a ideia da paz:

Durante o reinado do período Yuanhe (806-820), Yinfeng informou que faria uma viagem ao monte Wutai. Sua rota passava pela província de Huaixi, que se encontrava, na época, sob o controle de Wu Yuanji (período de maior expressão: 815). Confiante no poder de seu exército, Yuanji desafiou as ordens do imperador. Tropas do governo foram enviadas para deter o rebelde. Os dois lados entraram em combate, mas nenhum dos dois conseguia derrotar o outro. "Colocarei um fim a essa carnificina mútua", disse Yinfeng, quando então lançou seu bastão ao ar, montou sobre ele e graciosamente flutuou [com seu bastão]. Quando passava sobre as formações do exército inimigo e todos os soldados viram um monge elevando-se aos céus, imediatamente embainharam suas armas[67].

---

65. Ver, respectivamente, Du Fu em *Quan Tang shi*, 232.2565, e Liu Zongyuan em *Quan Tang shi*, 352.3938.
66. Daocheng, *Shishi yaolan*, T, n. 2127, 54: 298b.
67. *Zanning, Song Gaoseng zhuan*, T, n. 2061, 50: 847a. Ver ainda a mesma lenda em *Daoyuan, Jingde chuandeng lu* (1004), T, n. 2076, 51: 259b-c.

O BASTÃO DE ARGOLAS DE SUN WUKONG

As características mágicas do bastão de argolas não são necessariamente relevantes para a escolha do bastão como arma de preferência. Guerreiros monásticos provavelmente tinham mais consciência da eficiência do bastão sem adornos como arma de combate do que do valor mágico do bastão com argolas. Entretanto, lendas relativas a monges que usavam o bastão de argolas influenciaram na caracterização de lutadores que usavam o bastão sem adornos em novelas e dramas a serem encenados. A aura mágica que envolve o "Bastão Como Você Desejar" de Sun Wukong, o "Bastão Destruidor de Demônios" do Monge Sha e o "Bastão Destruidor de Dragões" de Yang Wulang deriva dos poderes divinos atribuídos ao bastão de argolas pela tradição budista.

A indicação mais evidente da existência de uma conexão literária entre o bastão de argolas e o bastão de combate é fornecida pelo desenvolvimento do armamento utilizado por Sun Wukong em *Jornada para o Oeste*. Na versão mais antiga da obra que chegou até os dias de hoje, a arma usada pelo monge é o bastão de argolas. A obra *Mestre da Lei, Tripitaka do Grande Tang, Produz as Escrituras*, escrita no período Song do Sul, descreve a arma do macaco como um "bastão de argolas douradas" (*jinhuan zhang*) ou, então, como um "bastão de argolas com argolas douradas" (*jinhuan xizhang*)[68]. Apenas em versões posteriores da história as argolas foram excluídas, surgindo, assim, o eficiente bastão de combate sem adornos, chamado *gun* ou *bang*[69]. Entretanto, mesmo na forma como foi descrito nas versões posteriores da série, o "Como Você Desejar, Bastão Incrustado de Anéis Dourados" (*Ruyi jingu bang*), de Sun Wukong, deixa evidente seu antepassado budista, pois possui

---

68. *Da Tang Sanzang fashi qu jing shihua*, p. 14, 24, 27, 31, 86-87, 96. Em certa ocasião, depois de subjugar nove dragões com seu bastão de argolas mágico, o macaco emprega um "bang de ferro" (*tiebang*) para derrotá-los. Enquanto o bastão de argolas lhe serve para o combate, o "bang de ferro" é usado para aplicar a punição (p. 32).

69. A arma de Sun Wukong é chamada, no drama do gênero zaju do período Ming, *Jornada para o Oeste*, de "gun dourado" e também de "bang de ferro" (*tiebang*); ver *Zaju Xiyou ji*, 11.48 e 19.87, respectivamente (sobre a datação da peça, ver G. Dudbridge, *Hsi-yu chi*, p. 76-80). O irmão mais velho de Sun Wukong, Tongtian Dasheng, possui um "bang de ferro" como arma, no drama do gênero zaju do período Ming *Erlang Shen suo Qitian Dasheng*, 29: 9b, 10b.

160   O MOSTEIRO DE SHAOLIN

uma argola dourada em cada extremidade[70]. Talvez não seja tão indicado interpretar essas argolas usadas para cingir o bastão (*gu*) como resquício das argolas que pendiam (*huan*) na extremidade do bastão de argolas original. Se for o caso, a sonoridade semelhante entre os nomes *Jinhuan zhang* (Bastão de Argolas Douradas) e *Jingu bang* (Bastão *Incrustado* de Argolas Douradas) não é acidental.

Em sua origem divina, o bastão de argolas original de Sun Wukong lembra os instrumentos mágicos empunhados por Mulian e por Moisés. Conforme a versão "Mestre das Leis", do período Song do Sul, a peça lhe fora dada pelo Vaiśravana do Norte, Mahābrahmā Devarāja (*Beifang Pishamen Dafan Tianwang*)[71]. O bastão possui tal repertório de poderes extraordinários que é capaz mesmo de ganhar vida. Em duas ocasiões o monge o transforma em criaturas sobrenaturais que entram em combate para defendê-lo: uma das vezes em um dragão de ferro e, em outra, em um espírito *yakṣa*– "sua cabeça alcançava os céus e seus pés a terra, e segurava entre as mãos um Cajado Destruidor de Demônios"[72]. Esse tipo de mágica, comum na tradição budista chinesa[73], lembra o milagre bíblico de Moisés, que transformou seu cajado em uma cobra mitológica:

> E o Senhor disse a Moisés e a Aarão, "Quando o Faraó lhes disser, 'Comprovem o que afirmam realizando um milagre', você dirá a Aarão, 'Pegue seu cajado, coloque-o diante do Faraó e ele se tornará em uma serpente (*ta'nin*)". Então Moisés e Aarão dirigiram-se ao Faraó e fizeram como o Senhor lhes havia ordenado; Aarão pôs seu cajado diante do Faraó e seus servos, e então ele transformou-se em uma serpente. Então, o Faraó reuniu os seus sábios e magos; e também eles, os mágicos do Egito, fizeram o mesmo usando seus encantos secretos. Pois todos os ali presentes lançaram seus cajados ao chão e eles se tornaram serpentes. Mas o cajado de Aarão engoliu-os a todos[74].

70. Wu Cheng'en, *Xiyou ji*, 3.28; e X. Yu, op. cit., v. 1, p. 105.
71. Sobre a combinação na representação de Vaiśravana e Mahābrahmā, ver Dudbridge, *Hsi-yu chi*, p. 32-35.
72. G. Dudbridge, *Hsi-yu chi*, p. 35; no original, *Da Tang Sanzang fashi qu jing shihua*, p. 27 (comparar, ainda, p. 31, 86-87).
73. Ver a lenda do século XVI do monge Lianfeng, que transformou seu bastão de argolas em um dragão púrpura. *Huaicheng ye yu*, p. 304.
74. *Êxodo* 7:8-12.

CONCLUSÃO

Talvez não possamos afirmar o motivo pelo qual monges chineses escolheram o bastão como arma de preferência. Entretanto, é possível que a escolha tenha sido motivada pelo significado budista relacionado ao instrumento. Regras monásticas instruíam os monges para que carregassem um bastão, que, gradualmente, foi se tornando símbolo de sua autoridade religiosa. A literatura budista e a tradição popular atribuíram poderes mágicos a tal símbolo, que originalmente possuía argolas como enfeite, mas, algumas vezes, as dispensava. Talvez pelo fato de regularmente carregarem um bastão, monges lutadores o tenham transformado em uma arma.

Quaisquer que sejam suas origens, o bastão tornou-se tão importante na prática militar de Shaolin que influenciou as crenças populares a respeito do mosteiro. Conforme uma lenda de Shaolin do período Ming, o deus Vajrapāni encarnou como serviçal do mosteiro equipado com um bastão divino. Quando o mosteiro foi atacado por bandidos, ele os expulsou com sua arma. Essa lenda ilustra a relação de reciprocidade entre a mitologia e a prática das artes marciais na tradição budista. Por um lado, divindades violentas como Vajrapāni inspiraram o treinamento militar budista, fornecendo força física aos monges lutadores e autorização religiosa para a prática da violência monástica; por outro, monges lutadores transformaram a imagem de suas divindades protetoras a fim de que se encaixassem nos propósitos de seu treinamento marcial. A esse respeito, Vajrapāni, o antigo dono da *vajra*, transformou-se em um especialista do bastão, iniciador da reconhecida técnica de combate de Shaolin.

Sua transformação em um especialista do bastão não seria a única em sua carreira no mosteiro Shaolin. Imagens da divindade protetora no século XX trazem os punhos cerrados, demonstrando sua habilidade na técnica de combate com as mãos. Como veremos no próximo capítulo, no século XVIII o combate com as mãos (*quan*) sobrepujou gradualmente o bastão como a forma dominante de combate no estilo Shaolin.

Parte III

Combate de Mãos e Autocultivo (1600-1900)

5. Combate de Mãos Livres

A evolução das técnicas marciais pode exigir séculos. Os monges de Shaolin praticaram técnicas de bastão por muitas centenas de anos antes que elas viessem a se configurar, na literatura do período Ming tardio, como um extraordinário método de combate. De forma similar, suas técnicas de combate com as mãos nuas – hoje famosas em todo o mundo – foram se constituindo ao longo de cerca de quatrocentos anos. Ainda no século XVI, alguns monges de Shaolin já praticavam técnicas de combate desarmado; ao longo do século XVII, desenvolveram sofisticadas técnicas de combate de mãos livres, e, por volta de meados do período Qing (século XVIII e início do século XIX), o combate de mãos (*quan*) eclipsou totalmente o bastão como forma de treinamento marcial dominante em Shaolin.

O termo *quan*, que eu traduzo como "combate de mãos", significa literalmente "punho". Durante o período imperial tardio, ele designava as técnicas de combate sem armas, mesmo as que faziam uso das pernas somado ao dos braços; os chutes aparecem de forma proeminente em todos os estilos de *quan* – portanto, nesse sentido, "combate de mãos" é um termo mal aplicado. O termo "pugilismo", que também foi utilizado como tradução de *quan*, sofre a desvantagem extra de sua associação com um esporte específico do Ocidente. Optei, portanto, por "combate de mão"; mas, nos contextos em que o termo soar excessivamente "estranho" – especialmente nos nomes dos estilos individuais – ele será substituído pela tradução literal "punho".

A mais antiga referência que encontrei a respeito do combate de mãos aparece no poema de Tang Shunzhi (1507-1560), "Canção do Punho do Monge de Emei", que enaltece não apenas as técnicas de mãos nuas dos mosteiros de Emei, mas também as de Shaolin[1]. Ainda assim, em seu esclarecedor *Tratado sobre Assuntos Militares* (*Wu bian*), no qual lista estilos recentes de mãos livres como "Punho de Longo Alcance do [Imperador Song] Zhao Taizu" (*Zhao Taizu changquan*) e "Punho da Família Wen" (*Wenjia quan*), o mesmo autor não se refere a Shaolin, indicando que o mosteiro ainda não havia desenvolvido um estilo reconhecido de combate de mãos nuas. Em sua enciclopédia militar, Tang, como outros especialistas militares do século XVI, alude especificamente ao bastão de Shaolin[2].

Muitas décadas mais tarde, alusões às técnicas de mãos começam a aparecer nos relatos de viagem e poemas de visitantes de Shaolin do período Ming tardio, como Wang Shixing (que explorou o local em 1581), Gong Nai (*jinshi* 1601), Wen Xiangfeng (*jinshi* 1610) e Yuan Hongdao (que visitou o mosteiro em 1609). Contudo, é difícil mensurar a importância do combate desarmado no regime de Shaolin tomando por referência essas composições poéticas, que buscavam transmitir uma imagem do mosteiro e não analisar as técnicas marciais lá desenvolvidas[3].

Curiosamente, a mais clara indicação de que os monges do período Ming tardio voltaram sua atenção para o combate de mãos livres é fornecida pelo mais retumbante expoente do método de bastão de Shaolin, Cheng Zhongyou. Em seu *Método de Bastão de Shaolin* (de cerca de 1610), o especialista em bastão recebe de

1. Emei daoren quan ge, em Tang Shunzhi, *Jingchuan xiansheng wenji*, 2.8b.
2. *Wu bian, qianji*, 5.37a-5.39b.
3. Wang Shixing faz alusão a um "estilo macaco" de luta; ver seu Song you ji (Uma Jornada ao Monte Song), em Wang Shixing, *Wuyue you cao*, 1.2b-3a. Ver também Gongnai, *Shaolin guan seng bishi ge* (Observando os Monges de Shaolin Competindo); Wen Xiangfeng, You Shaolin Ji (Uma Jornada a Shaolin), em *Shaolin si zhi*, 7.2a, e 3.23a, respectivamente; e Yuan Hongdao, Songyou di yi (Primeiro Registro de uma Jornada ao Monte Song), em Yuan Hongdao, *Yuan Hongdao ji jian jiao*, 51.1475.

COMBATE DE MÃOS LIVRES 167

um hipotético interlocutor o seguinte questionamento: "Por que os monges de Shaolin praticam combate de mãos nuas?" Na resposta, Cheng reconhece que alguns monges estavam seriamente engajados no combate de mãos, ainda que não deixe dúvidas de que, para ele, essa era uma aquisição marcial recente. Ademais, Cheng esclarece que em toda a China as técnicas de mãos livres não eram ainda amplamente praticadas, o que explicava porque os monges de Shaolin as exploravam – eles desejavam desenvolver seu combate de mãos livres até alcançar o mesmo grau de perfeição de seu ancestral método de bastão. A resposta de Cheng associa a investigação desenvolvida em Shaolin acerca das novas técnicas com o autocultivo budista:

Alguém pode perguntar: "No que respeita ao bastão, [o método de] Shaolin é admirado. Hoje há muitos monges de Shaolin que praticam o combate de mãos (*quan*), e não praticam o bastão. Por que isso ocorre?"

Eu respondo: "O bastão de Shaolin é chamado de [o método] Yakṣa (*Yecha*). É uma transmissão sagrada oriunda do Rei Kimnara (*Jinnaluo wang*, a divindade tutelar de Shaolin, Vajrapāni). Até hoje é conhecida como 'sabedoria (Bodhi) insuperável' (*wushang puti*). Em contraste, o combate de mãos ainda não é popular nesta terra (*quan you wei shengxing hainei*). Aqueles [monges de Shaolin] que nele se especializam, o fazem buscando transformá-lo, como ocorreu com o bastão, [em um veículo] para alcançar a outra margem [da Iluminação]"[4].

O *CLÁSSICO DO COMBATE DE MÃOS* E OS *PONTOS DE ACUPUNTURA DE XUANJI*

Que forma adquiriu o combate de mãos livres do século xvii? Uma possível resposta é fornecida por dois manuais do período Qing (1644-1911) que pretendem registrar suas técnicas. Os dois tratados, que guardam semelhanças tão notáveis a ponto de terem sido tratados por especialistas como duas versões de um mesmo trabalho, circularam em edições manuscritas durante o período Qing antes de terem sido publicados em Xangai durante o período republicano (1911-1949). São eles o

4. Cheng Zongyou, *Shaolin gunfa*, 3.7b.

Clássico do Combate de Mãos, Coleção de Métodos de Combate de Mãos (*Quang jing, Quan fa beiyao*), com prefácio de 1784 por Cao Huandou (estilo: Zaidong), e a *Transmissão Secreta de Pontos de Acupuntura das Fórmulas de Combate de Mãos de Xuanji* (*Xuanji mishou xuedao quan jue*), que traz prefácio não datado escrito por certo Zhang Ming'e.

O *Clássico do Combate de Mãos* e a *Transmissão Secreta* relacionam suas técnicas militares – através de uma quase idêntica linhagem de praticantes leigos – ao mosteiro de Shaolin. Em seu prefácio de 1784 para o *Clássico do Combate de Mãos*, Cao Huandao explica que o manual que ele compilara havia sido escrito mais de um século antes por certo Zhang Kongzhao (estilo: Hengqiu). Ele também observa que Zhang Kongzhao estudou seu método Shaolin com Zhang Ming'e, que é indicado como autor do prefácio da *Transmissão Secreta*. Esse último manual também menciona o nome de Zhang Kongzhao[5]. Enfim, precedendo esses discípulos leigos, os dois manuais identificam o mesmo clérigo de Shaolin como fonte de seus ensinamentos. Trata-se de Xuanji, cujo nome aparece ao final do título de *Transmissão Secreta* (Fig. 22)[6].

A crença na origem comum das duas obras encontra suporte nas lições que contêm. Ambos os manuais expõem os mesmos princípios de luta e empregam o mesmo vocabulário marcial. Há, também, convergência textual – quase metade do texto, assim como algumas ilustrações, é idêntica. Não há dúvidas, porém, de que os dois livros não refletem meramente a mesma *tradição oral*, mas também derivam do mesmo *texto escrito*[7]. Julgando pela datação de Cao Huandou de Zhang

5. Ver *Quan jing, Quan fa beiyao*, prefácio 1a-2a, 1.1 e 1.7, onde Cao explica que o manual de Zhang Kongzhao fora transmitido a sua família havia mais de um século. Comparar com *Xuanji mishou*, prefácio 1a e 1.14a. Dois outros artistas marciais mencionados nos dois manuais são Cheng Jingtao e Hu Wojiang; compare com *Quan jing, Quan fa beiyao*, prefácio 1a; e *Xuanji mishou*, 1.3a. Este último manual se refere também a um outro especialista militar, Chen Songquan, o qual, como explica Zhang Ming, havia sido seu professor; ver *Xuanji mishou*, prefácio 2a.

6. Compare com *Quan jing, Quan fa beiyao*, 2.4a, 2.15a; e *Xuanji mishou*, ilustrações 1.1a e 1.4a.

7. Ver Tang Hao e Gu Liuxin, *Taijiquan yanjiu*, p. 15; e Ryūchi Matsuda, *Zhongguo wushu shilüe*, p. 34-35, 57-60.

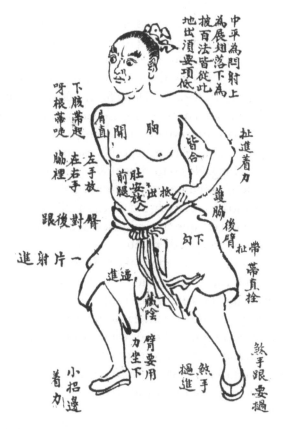

FIG. 22: *"O método corporal do monge Shaolin Xuanji"*, em Transmissão Secreta dos Pontos de Acupuntura.

Kongzhao, esse manual original do estilo Shaolin deve ter sido produzido no século XVII.

O período republicano testemunhou a publicação de numerosos tratados que, como o *Clássico do Combate de Mãos* e a *Transmissão Secreta*, garantem registrar a verdadeira Forma de Mãos Livres de Shaolin. O mais famoso deles é *Fórmulas Secretas do Método de Combate de Mãos de Shaolin* (*Shaolin quanshu mijue*, de 1915), que ainda é considerado por alguns como uma composição autêntica. Contudo, pesquisadores mostraram que a maior parte de publicações como essa nada têm a ver com o mosteiro. *Fórmulas Secretas*, por exemplo, mostra um estilo do sul da China conhecido como Punho Hong (*Hongquan*), que é relacionado a Shaolin apenas em termos lendários. De acordo com a tradição Qing tardia, o Punho Hong foi criado por monges de Shaolin que lutavam contra os invasores manchus. Estes supostamente teriam incendiado o mosteiro; os monges sobreviventes teriam fugido para o sul, onde estabeleceram a linhagem do Punho Hong. Nós retornaremos a essa lenda, que é celebrada na ficção do século XIX, na literatura das Tríades e em manuais de estilos marciais do sul da China. Para o momento, é suficiente observar que sua influência sobre *Fórmulas Secretas* desmente a autenticidade da obra[8].

Enquanto a maior parte dos manuais de Shaolin produzidos no período republicano deriva da tradição Qing tardia, o *Clássico do Combate de Mãos* e a *Transmissão Secreta* compartilham um mesmo ponto de referência originário do século XVII. As técnicas marciais que ambos os trabalhos mencionam eram praticadas durante o final da dinastia Ming, e mesmo as lendas que eles parafraseiam datam desse período. Consideremos, por exemplo, o parágrafo de abertura do *Clássico do Combate de Mãos*:

A história do combate de mãos se origina no mosteiro de Shaolin. Desde que o imperador de Song [Zhao] Taizu estudou lá, a fama do mosteiro se espalhou por toda a terra. Em um período posterior, existiram a "Forma Móvel de Setenta e Duas Posturas da Família Wen", a "Forma de Travamento de Trinta e Seis Posturas", os "Vinte

---

8. Ver *Shaolin quanshu mijue*, p. 259, e Tang Hao, *Shaolin quanshu mijue kaozheng*, p. 70-74, 99-138. A obra *Shaolin quanshu mijue* se refere a Hongquan como Wuquan.

COMBATE DE MÃOS LIVRES

e Quatro Arremessos sobre o Cavalo", as "Oito Manobras Evasivas" e as "Doze Posturas de Punho de Curta Distância", assim como os poderosos "Oito Arremessos" de Lu Hong, a técnica de pernas de Li Bantian (de Shandong), a técnica de imobilização da Garra de Águia de Wang e a técnica de golpear de Zhang Jinbai. Essas técnicas são famosas em toda a terra, e cada uma guarda seus próprios aspectos maravilhosos. Contudo, são todas culpadas de enfatizar a parte de cima e negligenciar a parte de baixo ou, então, de enfatizar a parte de baixo e negligenciar a de cima. Mesmo se alguém vence um oponente baseando-se em alguma delas, elas não podem ser consideradas plenamente perfeitas[9].

O parágrafo inteiro foi copiado da obra *Fundamentos do Clássico do Combate de Mãos* (*Quan jing jieyao*), escrita no século XVI (cerca de 1562) pelo general Qi Jiguang[10]. A única diferença diz respeito ao papel de Shaolin na evolução das técnicas de combate de mãos nuas. O general do período Ming tardio não associa o mosteiro com técnicas de mãos livres, mencionando apenas seu método de bastão. Além disso, Qi Jiguang não relaciona o fundador da dinastia Song, imperador Zhao Taizu (que reinou de 960 a 975), ao mosteiro. A tradição Ming atribuiu ao imperador a criação de uma popular técnica de mãos livres conhecida como "Punho de Longo Alcance de Zhao Taizu" (*Zhao Taizu changquan*). Como seria conveniente para um manual de Shaolin, o *Clássico do Combate de Mãos* distorce a lenda, fazendo com que o imperador tenha estudado sua técnica no mosteiro[11].

O contexto Ming tardio do *Clássico do Combate de Mãos* e da *Transmissão Secreta* apoia a afirmação de Cao Huandou, de 1784, de que o manual que ele compilara havia sido produzido mais de um século antes. Aparentemente, essas duas obras derivam de um texto mais antigo, produzido por volta da transição Ming-Qing. Um suporte adicional à atribuição

9. *Quan jing, Quan fa beiyao*, 1.1a. Esta é, em grande parte, a tradução de Douglas Wile para a passagem de Qi Jiguang que serviu como fonte de *Quan jing, Quan fa beiyao*. Ver D. Wile, *Tai Chi's Ancestors*, p. 18-19.

10. Em Qi Jiguang, *Jixiao xinshu: shiba juan bem*, 14.227-229; D. Wile, *T'ai Chi's Ancestors*, p. 18-19.

11. A tradição do período Ming também atribuiu técnicas de bastão a Song Taizu, nas quais o imperador histórico seria versado; ver Ma Mingda, *Shuo jian cong gao*, p. 77-82. Sobre a prática contemporânea de Song Taizu, ver D. Kash, The Original Emperor's Long Fist System, *Kung Fu Tai Chi*.

de tempo, assim como à "proveniência Shaolin" do manual, é dado pelo nome "Xuanji", ao qual ambos os manuais atribuem seus ensinamentos. Uma inscrição em estela no mosteiro de Shaolin, datada de 1631, alude a um monge chamado Xuanji como *dutidian* (superintendente), termo comumente aplicado aos nomeados militares na administração interna do mosteiro. É provável, portanto, que Xuanji *tenha sido* um monge guerreiro de Shaolin do século XVII, como afirmam os tratados que pretendem registrar seus ensinamentos[12].

Se o método Shaolin registrado nos dois manuais data, de fato, de um período tão recuado quanto o século XVII, ficamos assombrados com sua complexidade. O *Clássico do Combate de Mãos* e a *Transmissão Secreta* retratam um sofisticado sistema de combate. Eles expõem princípios subjacentes como "o fraco derrotando o poderoso" (*ruo di qiang*) e "o suave dominando o duro" (*rou sheng gang*); analisam técnicas fundamentais como as bases corporais (*bu*), arremessos (*die*), chaves (*na*) e desequilíbrios pelo enganchar das pernas do adversário (*guan*); e também fornecem instruções detalhadas para a condução perfeita de cada parte do corpo: cabeça, olhos, pescoço, ombros, braços, mãos, peito, cintura, nádegas, pernas, joelhos e pés.

Os dois manuais concordam com a afirmação de que, em certos casos, "o combate de mãos de curto alcance pode superar o combate de mãos de longo alcance" (*duanda sheng chang-quan*), na razão de que "o curto alcance facilita o alcance do corpo do adversário"[13]. O *Clássico do Combate de Mãos* inclui um texto inteiro – que não aparece no outro manual – intitulado Tratado Original e Compreensível do Método Corporal do *Punho de Curta Distância* do Mosteiro de Shaolin (*Shaolin si duanda shen fa tong zong quan pu*)[14]. A *Transmissão Secreta*, por sua vez, elabora um outro estilo de curto alcance chamado "Punho de Curto Alcance da Família Yue" (*Yuejia duanda*)[15].

12. A estela é intitulada "Chongxiu Hengcuiting ji" (Registro da Reconstrução do Pavilhão Suspenso Esmeralda). A inscrição em estupa de 1677, do abade de Shaolin Ningran Gaigong (Ningran Gaigong taming beiji), faz alusão a Xuanji especificamente como "monge lutador" (*wu seng*). Contudo, o nome "Xuan" é escrito com o radical para "metal". Agradeço a Ade por ambas as transcrições.

13. Comparar com *Quan jing, Quan fa beiyao*, 1.2b; e *Xuanji mishou*, 1.16a-b.

14. *Quan jing, Quan fa beiyao*, 1.10b-13a.

15. *Xuanji mishou*, 1.11b-12a.

COMBATE DE MÃOS LIVRES

A ênfase que os dois trabalhos colocam no "combate de mãos de curto alcance" é típica da literatura militar do período Ming tardio e do início de Qing, que usualmente distinguia dois tipos de combate de mãos: de "longo alcance" (*changquan*) e de "curto alcance" (*duanda*). Especialistas militares dos séculos XVI e XVII citam diversos estilos de curto alcance, dentre os quais "Punho de Algodão de Curto Alcance de Zhang" (*Mian Zhang duanda*), "Punho de Curto Alcance da Família Ren" (*Renjia duanda*) e "Punho de Curto Alcance [da Família] Liu" (*Liu duanda*)[16].

Como sugerido por seu título – *Transmissão Secreta de Pontos de Acupuntura das Fórmulas de Combate de Mãos de Xuanji* – o segundo manual também expõe técnicas, atribuídas ao monge de Shaolin, de ataque às cavidades ou pontos de acupuntura (*xuedao*) de um oponente. Esse conceito foi copiado da medicina tradicional, que descreve pontos sensíveis ao longo de todo o circuito interno de energia (*qi*) do corpo. Na acupuntura, o tratamento é aplicado a esses pontos, que não são apenas sensíveis ao trabalho de cura – eles também podem ser acionados para provocar lesões. É a esses pontos, explica o manual, que o mais refinado guerreiro Shaolin direciona seus golpes. O autor emprega a metáfora do Cozinheiro Ding, de Chuang Tzu (*Zhuangzhi*), para explicar a técnica. A lendária faca desse cozinheiro permanecia boa como se fosse nova mesmo após dezenove anos trinchando porque seu operador seguia sempre as cavidades naturais das carcaças dos bois:

O livro [de Chuang Tzu] diz: "golpeie nos grandes vazios, guie a faca através das grandes aberturas". Por que se diz isso? Porque, quando o Cozinheiro Ding cortava bois, "ele já não via o boi inteiro"[17]. Eu afirmo que o mesmo acontece com o combate de mãos. Por quê? Porque eu estou observando os pontos suaves de meu oponente, pontos de acupuntura, e aqueles proibidos de se golpear – e eu os gravo no olho de minha mente. Por essa razão, no momento em que ergo minha mão sou capaz de atingir os pontos vazios de meu oponente, e golpear os pontos de acupuntura em seu corpo, "já sem ver a pessoa inteira"[18].

16. Ver Qi Jiguang, *Jixiao xinshu: shiba juan bem*, 14.229; He Liangchen, *Zhenji*, 2.26; Cheng Zongyou, *Shaolin gunfa*, 3.11a; e Tang Shunzhi, *Wu bian*, qianji, 5.37b. Ver também "duanda", em *Zhongguo wushu baike quanshu*, p. 171.
17. Ver B. Watson (trad.), *The Complete Works of Chuang Tzu*, 3.50-51.
18. *Xuanji mishou*, 1.3b.

O manual identifica pontos de acupuntura que, quando golpeados, determinam a morte imediata ou de efeito retardado, assim como os que, atingidos, implicam em paralisia temporária ou permanente. Há, ainda, um ponto que, acionado, leva o adversário a "chorar até morrer" e outro que faz com que ele "ria até a morte" (de modo semelhante, manuais do estilo Emei produzidos no século xx reconhecem um "ponto de acupuntura de riso na cintura" [*xiaoyao xue*] que, quando atingido, provoca "sérias lesões e/ou riso incontrolável")[19]. A localização exata desses pontos é mostrada em ilustrações, que o leitor de *Transmissão Secreta* é advertido a não compartilhar por receio de que "pessoas inescrupulosas delas intencionalmente se utilizem para ferir seus semelhantes" (Fig. 23).

Expondo, como fazem, uma completa filosofia de combate e suas diversas aplicações, o *Clássico do Combate de Mãos* e a *Transmissão Secreta* se caracterizam por um rico vocabulário técnico, como demonstra o prefácio dessa última obra:

Há vários estilos de combate de mãos livres, cada um com seu próprio poder:

Alguns são notáveis no método de palma (*zhang*): a "Palma Concordante", "Palma Lançada", "Palma Ofertada", "Palma de Saudação", "Palma Obstrutiva", "Palma que Varre", "Palma Única", "Palma Dupla" e "Palma de Pato Mandarim", todos diferentes entre si.

Alguns são notáveis no método de punho (*quan*): o "Punho Concordante", "Punho Lançado", "Punho que Suporta", "Punho que se Insere", "Punho que Puxa", "Punho Separador", "Punho Acompanhado" e "Punho Reverso", todos diferentes entre si.

Alguns são notáveis no método de cotovelo (*zhou*): o "Cotovelo Lançado", "Cotovelo Concordante", "Cotovelo Horizontal", "Cotovelo Reto", "Cotovelo Angulado", "Cotovelo Elegante" e "Cotovelo de Retorno", todos variáveis entre si.

Alguns são notáveis no método do corpo (*shen*): o "Corpo que Avança", "Corpo que Retrocede", "Corpo que se Alonga", "Corpo que se Contrai", "Corpo Livre", "Corpo Esquivado", "Corpo Crescente" e "Corpo que Salta", todos dessemelhantes entre si.

Alguns são notáveis no método do joelho (*xi*): o "Joelho Esquerdo Arremessado", "Joelho Direito Arremessado", "Joelho Rebaixado",

19. Ver Shou-Yu Liang; Wen-Ching Wu, *Kung Fu Elements*, p. 363.

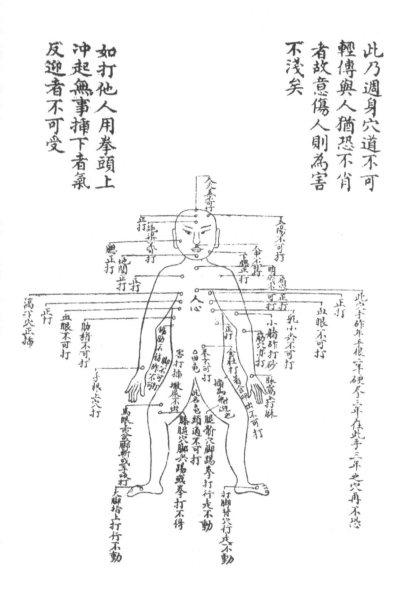

FIG. 23: *Aviso aos leitores para que não divulgassem os pontos fatais descritos em* Transmissão Secreta dos Pontos de Acupuntura.

176 O MOSTEIRO DE SHAOLIN

"Joelho de Retorno", "Joelho Contraído" e "Joelho Receptivo", todos distintos entre si.

Alguns são notáveis no método de perna (*tui*): A "Perna Única", as "Duas Pernas", "Pernas Alternadas", "Perna Giratória", "Perna Perfurante", "Perna Arremessada", "Perna Sequencial", "Perna Adiantada" e "Perna Invertida", todos diferentes entre si.

Alguns são notáveis no método do passo (*bu*): O "Passo Longo", "Passo Curto", "Passo em Ângulo", "Passo Reto", "Passo em Esquiva Rápida de Retorno", "Passo Reverso", "Passo Concordante", "Passo Trocado", "Passo Copiado", "Passo Cheio", "Passo Vazio", "Passo Curvado", "Passo Direto" e "Passo Cilíndrico", todos distinguíveis entre si[20].

A discussão presente na *Transmissão Secreta* a respeito das várias posturas de palma de mão é acompanhada de uma ilustração que mostra a influência budista (comparar Figs. 24 e 25). Pelo menos nas ilustrações, se observadas as posições dos dedos, as várias posturas de palma de mão parecem uma representação dos gestos simbólicos de mão (em sânscrito, *mudrā*, em chinês *yinxiang*) presentes nas escrituras budistas. O padrão figurativo da mão emergindo de uma nuvem ou de uma flor de lótus é compartilhado por ambas as obras. Nós sabemos, é certo, que os gestos de mão *eram praticados* em Shaolin, não apenas porque, como mostrou Michel Strickmann, eles faziam parte dos rituais tântricos (que tiveram uma influência profunda no budismo chinês)[21], mas mais especificamente porque eles figuravam no culto de Shaolin a Vajrapāni. Vale lembrar que, na estela do século XII de Vajrapāni em Shaolin, o abade Zuduan observa que os poderes da divindade são invocados por meio de sinais feitos com as palmas das mãos e por encantamentos orais.

Dando seguimento à sua exposição dos princípios do combate de mãos livres, os dois manuais detalham estilos específicos de combate, dos quais o primeiro é o "Punho dos Oito Imortais Bêbados" (*Zui baxian quan*, Fig. 26)[22]. Os oito imortais taoístas foram "emprestados" da tradição do período Ming

---

20. *Xuanji mishou*, 1.1a-b; nos pontos onde os termos ainda estão em uso, consultei Shou-Yu Liang; Wen-Ching *Wu, Kung Fu Elements*.

21. Ver M. Strickmann, *Mantras et mandarins*.

22. Comparar com *Quan jing, Quan fa beiyao* 1.29a-31a; e *Xuanji mishou*, 1.10b-11b. Ver também "zui quan", em *Zhongguo wushu baike quanshu*, p. 131-132.

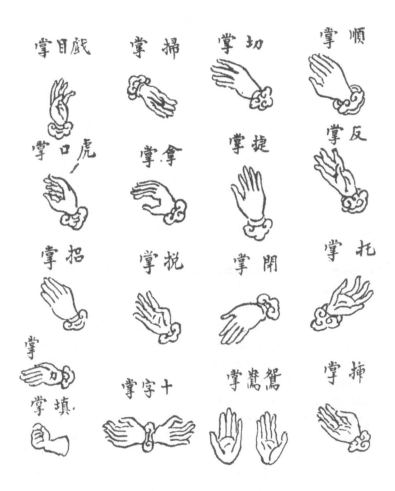

FIG. 24: *As posturas de palma de mão mostram claramente influência dos mudrãs budistas (ilustração extraída de* Transmissão Secreta dos Pontos de Acupuntura*).*

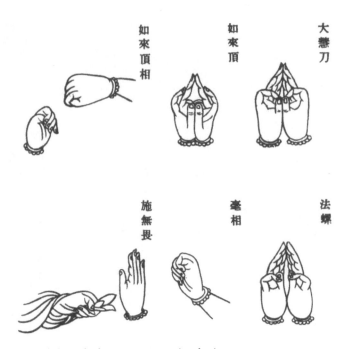

FIG. 25: *Simbolismo budista com as mãos (mudrãs).*

tardio, na qual são mostrados como bêbados despreocupados e, por vezes, lascivos. Novelas e peças teatrais associam cada uma dessas personagens a um determinado emblema: uma flauta, um cesto de flores, uma cabaça, um misturador de alimentos etc. O artista marcial simula empunhar o ícone em sua rotina de treinamento e, ainda que a execute parecendo bêbado, está perfeitamente sóbrio. O "Punho dos Oito Imortais Bêbados", algumas vezes chamado de "Punho Bêbado", ainda é praticado em nossos dias. Nas últimas décadas, tornou-se internacionalmente conhecido graças a Jackie Chan (Cheng Long), artista nascido em 1954 e que o apresentou no filme de sucesso *Drunken Master* (*Zui quan*), de 1978[23]. A presença do estilo no *Clássico do Combate de Mãos* e na *Transmissão Secreta* pode indicar que ele já era praticado no mosteiro de Shaolin desde pelo menos o século XVII.

Outro estilo apresentado nos dois manuais é o "Punho Enganador" (*Miquan*), cujo nome é inspirado por seus movimentos rápidos e inesperados, "impossíveis de seguir com os

23. Ver *Study of the Hong Kong Martial Arts Film*, p. 216.

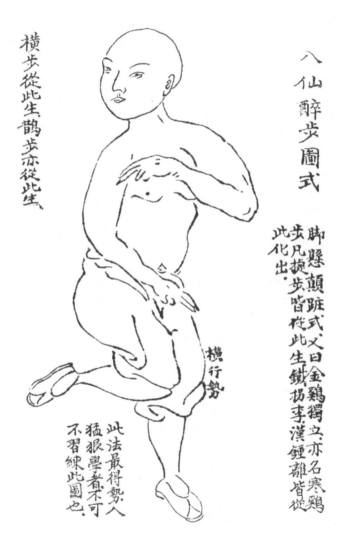

FIG. 26: O *"Passo Bêbado dos Oito Imortais"*, *no* Clássico do Combate de Mãos.

olhos"[24]. O "Punho Enganador" é o provável ancestral do estilo moderno conhecido como "Punho do Rastro Enganador" (*Mizong quan*), cujo nome semelhante é acompanhado por uma idêntica etimologia. De acordo com um especialista do século XX, o "Punho do Rastro Enganador" é assim chamado "porque seu jogo de pés único engana os olhos do adversário"[25]. Em um período recente, o estilo moderno ganhou notoriedade internacional em função de uma série de filmes que celebravam seu lendário praticante Huo Yuanjia (1869-1909). Os filmes *Fists of Fury* (A Fúria do Dragão) (1972), estrelado por Bruce Lee, e *Fearless* (O Mestre das Almas) (2005), estrelado por Jet Li (Li Lianjie), familiarizaram o público ocidental com o "Punho do Rastro Enganador" de Huo Yuanjia.

Esse estilo (a versão moderna) também é conhecido por vários outros nomes, alguns dos quais são homófonos de *Mizong Quan* (Punho do Rastro Enganador), contudo diferem semanticamente, sendo escritos com outros caracteres. É conhecido como "Punho Tântrico" (*Mizong quan*), como "Punho da Besta Selvagem" (*Nizong quan*) e também como "Punho de Yan-Qing" (*Yanqing quan*). A quantidade de títulos sugere que a técnica evoluiu, ao menos parcialmente, em um meio iletrado. À época de seu desenvolvimento, quando seus praticantes procuraram anotar o nome, interpretaram de forma variada a pronúncia fonética: *Mizong*[26].

Vistos por um outro ângulo, os diversos nomes do estilo refletem o grande universo de tradições que cresceu ao seu redor. O *Mizong Quan* é cercado de lendas, muitas das quais o associam ao mosteiro de Shaolin. De acordo com uma dessas lendas, a técnica foi criada por um monge de Shaolin que viveu durante a dinastia Tang (em algumas versões, trata-se do próprio deus tutelar Vajrapāni). Ele teria ficado impressionado com a agilidade de uma criatura semelhante a um macaco – essa criatura, inclusive, viria a dar o nome ao estilo: "Punho da Besta Selvagem" (*Nizong quan*). Outra tradição associa o mosteiro histórico com

24. *Quan jing, Quan fa beiyao*, 1.16b; comparar com *Xuanji mishou*, 1.9b.
25. Matsuda Ryûchi, *Zhongguo wushu shilüe*, p. 127.
26. Ver Matsuda Ryûchi, *Zhongguo wushu shilüe*, p. 123-125. Ver também Yanqing quan, em *Zhongguo wushu baike quanshu*, p. 122-123; e H.K. Lee, The Real Fists of Fury: The Artists and Artistry of Mizong Quan, *Kung Fu Tai Chi*.

COMBATE DE MÃOS LIVRES   181

os protagonistas ficcionais da novela Ming *À Margem das Águas*. Afirma-se que o heroico Lu Junyi desenvolveu seu método de enganar os oponentes no mosteiro de Shaolin, e que, depois, o transmitiu a seu discípulo Yan-Qing. Quando o fora da lei escapou das tropas do governo e chegou ao refúgio dos bandidos em Liang-shan, baseou-se no método que havia usado para confundir suas pegadas na neve, batizando sua criação de "Punho do Rastro Enganador" (*Mizong quan*). Os discípulos de Yan-Qing batizaram a técnica em homenagem a seu mestre, "Punho de Yan-Qing", mas, em deferência à sua origem budista, também a chamavam de "Punho Tântrico" (*Mizong quan*).

As repetidas alusões a Shaolin nas lendas relativas ao *Mizong quan* sugerem que o mosteiro pode ter desempenhado algum papel em sua evolução. Um apoio adicional a essa hipótese é encontrado no pouco que sabemos acerca da genealogia histórica do estilo moderno: estudiosos traçam a origem da técnica a um artista marcial do século XVIII originário de Shandong, Sun Tong (estilo: Li kuan), que pode ter estudado no mosteiro de Shaolin[27]. É possível, ainda, que o *Mizong quan* que conhecemos atualmente derive – ao menos parcialmente – do *Miquan* (Punho Enganador) registrado no *Clássico do Combate de Mãos* e na *Transmissão Secreta*.

Um terceiro estilo de luta, descrito no *Clássico do Combate de Mãos* mas não encontrado na *Transmissão Secreta*, é o "Punho da Flor de Ameixeira" (*Meihua quan*), caracterizado por uma rotina de cinco posições de pés batizadas a partir das cinco pétalas da flor[28]. Ainda que figure de forma proeminente no atual regime de treinamento de Shaolin, o "Punho da Flor de Ameixeira" provavelmente não se originou no mosteiro. Sua referência apenas no *Clássico do Combate de Mãos* pode indicar que não pertencia ao texto de Shaolin do século XVII, que serviu como fonte para os dois manuais. Além disso, o estudo de outros manuais do período Qing, assim como das genealogias de família dos praticantes da técnica, sugere que essa foi originalmente desenvolvida em Xuzhou, Jiangsu, por membros da família Zou,

27. Ver Matsuda Ryûchi, *Zhongguo wushu shilüe*, p. 129.
28. Ver *Quan jing, Quan fa beiyao*, 1.18b, 2.19a. Ver também *Yihequan yundong qiyuan tansuo*, p. 89; Meihua quan, em *Zhongguo wushu baike quanshu*, p. 122; e *Chuan-tong Shaolin quan taolu jiaocheng*, v. 1, p. 409-453.

que a transmitiram para Henan, a caminho de Hebei, em cerca de 1700[29]. É provável, portanto, que o "Punho da Flor de Ameixeira" tenha sido incorporado às artes marciais de Shaolin – e ao *Clássico do Combate de Mãos* – apenas no século XVIII.

Tenham ou não os monges de Shaolin praticado o "Punho da Flor de Ameixeira" em tempos mais recuados, o fato é que o estilo estava firmemente instalado na vizinhança do mosteiro em meados do século XVIII. Intitulado *Introdução à Prática Marcial* (*Xiwu xu*), um dos mais antigos manuais do estilo foi escrito por um especialista militar de Henan chamado Yang Bing (nascido em 1672), que havia conquistado a terceira colocação no mais importante exame militar promovido pelo governo e serviu na guarnição metropolitana. Yang compilou seu tratado sobre o "Punho da Flor de Ameixeira" em 1742, depois que retornara à sua vila natal de Balizhuang, no condado de Neihuang, região norte de Henan (Mapa 4)[30]. Muitas décadas mais tarde, a técnica foi mencionada em relatórios oficiais de atividades rebeldes na província: membros da fracassada Rebelião dos Oito Trigramas, ocorrida em 1813 no condado de Hua, no norte de Henan, estudaram a técnica[31].

Uma razão para a existência de uma relativa riqueza de informações sobre a história do "Punho da Flor de Ameixeira" é a associação do estilo com a Rebelião dos Boxers (*Yihe quan*) do final do século XIX. Nessa época, o termo "Flor de Ameixeira" designava não apenas uma técnica, mas também uma organização. As planícies do norte da China testemunhavam o surgimento de irmandades militares permeadas por elementos religiosos, que por vezes eram identificadas como "Associações do Punho da Flor de Ameixeira" (*quanhui*) ou "Religião do Punho da Flor de Ameixeira" (*quanjiao*). Membros desses grupos – que combinavam prática marcial com a veneração religiosa de divindades valorosas como o heroico Sun Wukong, o macaco de *Jornada para o Oeste* – desempenharam um importante papel nos estágios iniciais da anticristã Rebelião dos Boxers, e chamaram

29. Ver *Yihequan yundong qiyuan tansuo*, p. 83-88; e Zhou Weiliang, *Zhongguo wushu shi*, p. 86-88.
30. O manual é reproduzido em *Yihequan yundong qiyuan tansuo*, p. 163-169. Ver também J.W. Esherick, *The Origins of the Boxer Uprising*, p. 149.
31. Ver S. Naquin, *Millenarian Rebellion in China*, p. 31. Ver também J.W. Esherick, op. cit., p. 149.

MAPA 4: Alguns dos locais de Henan associados com as artes marciais do período Qing: o Taiji Quan originou-se em Chenjiagou; Wang Zongyue, autor de clássicos do Taiji Quan, lecionou em Luoyang e Kaifeng; Chang Naizhou compôs seus tratados sobre artes marciais em Sishui; Yang Bing compilou seus manuais sobre o "Punho da Flor de Ameixeira" no condado de Neihuang; e a "Palma de Bagua" apareceu na Rebelião Bagua em Hua.

a atenção de intelectuais, cujo trabalho de campo revela fontes Qing sobre o "Punho da Flor de Ameixeira"[32].

Podemos concluir nossos breves comentários sobre o *Clássico do Combate de Mãos* e sobre a *Transmissão Secreta* com a introdução de 1784 de Cao Huandou para a primeira obra. O autobiográfico prefácio de Cao lança luz sobre seu *background* social, que provavelmente foi compartilhado por outros artistas marciais letrados. O praticante de Shaolin nasceu em uma família de pequenos proprietários de terras que pertenciam aos escalões inferiores da pequena nobreza local. O clã era suficientemente proeminente para possuir sua própria escola, que Cao frequentou, e seus familiares mais próximos eram suficientemente influentes para que seu pai lhe contratasse um instrutor particular de artes marciais, com quem o garoto praticava depois das aulas regulares. Todavia, Cao falhou repetidas vezes nos exames oficiais e, por isso, não pôde aspirar a uma carreira educacional ou no governo. Nas artes marciais, enfim, é que encontrou sua vocação:

---

32. Ver *Yihequan yundong qiyuan tansuo*, p. 83-102; J.W. Esherick, op. cit., p. 148-155; e Zhou Weiliang, *Zhongguo wushu shi*, p. 86-88.

O combate de mãos é um excelente método para uma pessoa proteger o próprio corpo e se prevenir da humilhação. Ele se originou no mosteiro de Shaolin. Meu camarada citadino Zhang Kongzhao, certa vez, encontrou uma pessoa misteriosa (*yiren*), que lhe transmitiu [o método]. Essa técnica, sozinha, alcança a divina sutileza.

Naquela época havia muitos que a estudaram, mas apenas três que receberam a autêntica transmissão [do Mestre Zhang]: Cheng Jingtao, Hu Wojiang e Zhang Zhonglue. Em pouco tempo se dividiu em numerosos subestilos, que gradualmente perderam o método original. Algumas vezes, praticantes mais dotados alcançavam a proeminência, e, por algum tempo, ficavam famosos. Contudo, em sua maioria, eles forçavam os músculos e expunham os ossos, gastavam energia (*qi*) e usavam força. Nenhum deles ouviu falar das geniais aplicações das técnicas do mestre Zhang, da sutileza de suas ilimitadas transformações.

Ao praticar o método do combate de mãos do mestre, a pessoa guarda seu espírito entre as sobrancelhas e direciona o próprio *qi* para o baixo ventre. Quando luta, é como uma bela mulher colhendo flores. Quando repousa, se assemelha a um literato manejando o pincel. Poderia ser comparado ao chapéu de letrado e ao leque de plumas de Zhuge Liang [181-234], à elegante peliça e aos dignos trajes de Yang You [221-278]. Como não poderia ter as bordas afiadas?

Somos quatro irmãos em minha família, dos quais eu sou o terceiro. Meu irmão mais velho é Yanchun, do estilo Peiyu. Em nossa vila natal, os fracos eram insultados e poucos se intimidavam. Eu sempre tive medo de sofrer abuso, e assim me devotei às artes marciais. Meu pai não colocou objeções a meu treinamento. Ao contrário: ele convidou um excepcional artista marcial de fora para ensinar-me. Naquela época eu tinha treze anos, e estava estudando os clássicos na escola de nosso clã. Quando voltava da escola, praticava com ele.

Quando tinha dezoito anos, obtive o *Clássico do Combate de Mãos* (*Quan jing*), do mestre Zhang Kongzhao, obra que ele havia compilado quando servira sob as ordens de um remoto tio-avô de meu clã no condado de Huguan [no sudoeste de Shanxi, próximo da fronteira de Henan]. Eu o levava comigo para a escola e o investigava dia e noite, tratando-o como se tivesse obtido um raro tesouro. Quando cheguei aos "Dez Princípios de Ataque [do Combate de Curto Alcance de Shaolin]"[33], minha resolução era firme e meu espírito, concentrado. Eu ponderei a respeito intensamente até que, de súbito, sonhei com dois velhos que o explicaram para mim.

---

33. Esta é uma referência aos dez princípios do ataque Shaolin de curto alcance, elaborados em *Quan jing Quan fa beiyao*, 1.10b-13a.

COMBATE DE MÃOS LIVRES

Mais tarde, sonhei com eles muitas vezes. Meu corpo se tornou flexível e minhas mãos, vivazes. Minha mente agarrou a sutileza do "cultivo do *qi*" (*lianqi*).

Quando cheguei aos 28 anos, por ter repetidamente prestado os exames e falhado, deixei minha casa para buscar sucesso em outros lugares. Fiquei doente e fui obrigado a regressar. Então, me dediquei a praticar as artes marciais. Caminhei por toda a área dos rios Yangtze e Huai, pelas regiões costeiras e pelo Sul. Encontrei muita gente. Não pude, mesmo, contar todos os formidáveis adversários que enfrentei. Auspiciosamente, jamais fui derrotado. Agora, me retirei para meu lar de origem. Quando penso nas coisas passadas, ainda percebo que minha inquietude não se dissipou, razão pela qual me oculto profundamente.

Desde que todos os meus amigos expressaram o desejo de que eu disseminasse esse ensinamento, não pude mais guardá-lo, em segredo, apenas para mim. Portanto, utilizando o que obtive pela prática diária, compilei detalhadamente o *Clássico do Combate de Mãos*. Além disso, ilustrei cada posição com um desenho [...] para que em um mero relance o leitor possa compreender, tornando-o mais adequado para a prática.

Contudo, a sutileza de aplicação do método depende inteiramente do "poder interior" (*neili*). Ela não pode ser totalmente revelada pelas palavras. Como um velho corcunda que apanha cigarras[34], como o arqueiro Yang Youji, que disparava em piolhos[35]. Quando a resolução de uma pessoa não é distraída, quando seu espírito está concentrado, ela começará a adquirir a agilidade da "mente que concebe, mãos que respondem" (*dexin yingshou*). Nesse ponto, há certeza de não se estar deformando os músculos ou expondo os ossos. Não seria isso quase como traçar a autêntica transmissão do mestre [Zhang] Kongzhao até sua fonte?

Eu respeitosamente prefaciei as origens do manual; a época: 49 de Qianlong, ano *jiachen* [1784], auspiciosos meados do décimo mês. Cao Huandou, estilo: Zaidong[36].

O prefácio de Cao Huandou revela os muitos papéis que as artes marciais desempenharam em sua vida. Seu interesse

---

34. Esta é uma alusão a *Zhuangzi*: "Quando Confúcio estava a caminho de Ch'u, atravessou uma floresta onde viu um corcunda apanhando cigarras com uma vara tão habilmente quanto se as estivesse apanhando com a mão". Ver B. Watson (trad.), op. cit., 19.199.

35. Yang Youji foi um fabuloso arqueiro de Chu, um dos Estados do período histórico da Primavera-e-Outono.

36. *Quan jing, Quan fa beiyao*, prefácio, 1a-2a.

inicial se deveu ao violento ambiente de sua vila natal, onde os fracos eram tiranizados e humilhados, mas ele também praticou por razões de saúde (ele sofria repetidamente de doenças) e como forma de autocultivo. Além disso, Cao aspirava, em sua prática marcial, àquilo que ele descreveu como perfeição artística. Ele não esconde seu desprezo pelas cruas técnicas que se baseiam apenas na força e envolvem "deformar músculos e expor os ossos". Tais técnicas são muito inferiores a seu próprio sofisticado sistema de combate, que se assemelha a uma "bela mulher colhendo flores [...] a um letrado manejando seu pincel". Finalmente, não faltam elementos religiosos: Zhang Kongzhao recebe seus ensinamentos de uma "pessoa misteriosa" (*yiren*) e Cao Huandou é instruído na arte do Punho de Curto Alcance de Shaolin por uma epifania divina – veneráveis professores lhe aparecem em sonho, depois do que "seu corpo se tornou flexível e suas mãos, vivazes, e sua mente agarrou a sutileza do 'cultivo do qi' (*lianqi*)".

Cao Huandou produziu seu prefácio para o *Clássico do Combate de Mãos* em 1784. Quatro décadas mais tarde, em 1828, um proeminente oficial manchu de nome Lin Qing (1791-1846) visitou o Templo de Shaolin. Por essa época, as técnicas de mãos nuas haviam eclipsado totalmente os antigos métodos de bastão do mosteiro e, ao invés de uma mostra de combate armado, o distinto convidado foi entretido por uma demonstração de pugilismo:

Pela manhã, retornamos ao mosteiro de Shaolin e pagamos nossos respeitos no Salão de Jinnaluo. A imagem da divindade é impressionante. Ela traja roupas finas e porta um bastão de avivar brasas de fogão (*huo gun*). A tradição afirma que ela mostrou sua divindade e afugentou bandidos. Hoje, é o espírito guardião (*qielan*) do mosteiro. Dirigir-lhe orações é invariavelmente eficaz.

Eu perguntei aos monges sobre seu método de combate de mãos (*quan fa*), mas eles se recusaram a falar uma só palavra a respeito. Eu deixei claro que havia ouvido falar do Punho de Shaolin há muito tempo, e sabia que ele era invocado apenas para guardar as regulações monásticas e proteger o famoso templo. Portanto, eles não precisavam ocultá-lo.

O abade riu e assentiu. Ele selecionou vários monges tenazes para uma apresentação na parte da frente do salão. Seus "enforcamentos

COMBATE DE MÃOS LIVRES 187

de urso e alongamentos de pássaro"[37] eram, com efeito, engenhosamente inteligentes. Após a apresentação, os monges se retiraram. Sentei-me diante dos três picos do monte Saoshi, que se assemelhavam a um trípode de safira. Ao observar as sombreadas florestas, as montanhas enevoadas e os bosques verde-esmeralda, meu corpo e espírito compartilhavam a mesma paz. Decidi pernoitar[38].

Publicado em 1849, o relato da visita de Lin Qing era acompanhado por uma xilogravura que mostrava os monges de Shaolin praticando combate de mãos livres. Os artistas marciais eram mostrados sob a gigantesca sombra de sua divindade tutelar, Vajrāpani (Kimnara), que ainda portava seu antigo bastão. O oficial manchu, trajado com as vestes e o chapéu cerimoniais e cercado por sua comitiva, também aparece na ilustração. Aparentemente, ele está fascinado com a apresentação. Enquanto o idoso abade permanece sentado na varanda do prédio do salão, Lin Qing deixou seu assento para observar os artistas marciais mais de perto (Fig. 27).

A gravura em matriz de bloco de madeira de Lin Qing nos leva a uma outra obra de arte, mais elaborada, que mostra uma cena semelhante: o salão do Mahāsattva Vestido-de-Branco de Shaolin (*Baiyi dashi dian*) é decorado com um mural datado do início do século XIX que traz monges lutadores demonstrando suas técnicas de mãos livres para dignitários visitantes, provavelmente oficiais de governo. Os convidados, identificados por suas tranças, são entretidos pelo abade em um pavilhão central que está cercado por artistas performáticos (Figs. 28 e 29). O belo afresco foi executado com tamanha atenção aos detalhes que alguns praticantes modernos são capazes de nele identificar posturas de mãos livres que executam atualmente[39].

37. Esta é uma referência a *Zhuangzi*: "Para resfolegar, para expirar, para soprar, para bebericar, para cuspir o ar velho e inalar o novo, praticando balanços de urso e alongamentos de pássaro (*xiong jing niao shen*), longevidade é sua única preocupação – assim é favorecida a vida de um letrado que pratica ginástica (*Daoyin*), o homem que nutre seu corpo, que espera viver tanto quanto Pengzu". Ver B. Watson (trad.), op. cit., 15.167-168 (ligeiramente modificado).

38. Lin Qing, *Hong xue yinyuan tuji*, seção 1. Sobre Lin Qing, ver A.W. Hummel (org.), *Eminent Chinese of the Ch'ing Period*, p. 506-507.

39. Wen Yucheng (*Shaolin fanggu*, p. 355) questiona se a visita de Lin Qing determinou a produção da pintura mural. A Escola Taguo de Combate de Shaolin, de Liu Baoshan, informa ensinar exclusivamente as formas mostradas no afresco. Ver G. Ching, 13,000 Warriors of Taguo, *Kung Fu Tai Chi*, p. 49.

FUNDAÇÕES EM MING

Por volta do século XVII, os monges de Shaolin voltaram sua atenção para o combate de mãos, que, a partir daí, se desenvolveu rapidamente. O período Ming testemunhou a emergência de estilos individuais de mãos livres, que eram identificados por suas próprias rotinas de treinamento ou posições fixas (*shi*). Enciclopédias militares do período Ming tardio – as mesmas que louvavam o bastão de Shaolin – enumeram pelo menos uma dúzia de estilos de *quan*, aí incluídos o "Punho de Longo Alcance do Imperador [Song] Zhao Taizu", o "Punho de Algodão de Curto Alcance de Zhang", o "Miraculoso Punho do Acólito Adorador de Guanyin" (*Tongzi bai guanyin shen quan*), o "Punho Miraculoso de Zhang Fei" (*Zhang Fei shen quan*), o "Punho Armado da Família Sun" (*Sunjia pigua quan*), o "Punho do Doutrinador" (*Bawang quan*), o "Punho de Seis Etapas" (*Liubu quan*), o "Punho Isca" (*E quan*) e o "Punho do Macaco" (*Hou quan*)[40]. No final do século XVI, pelo menos algumas escolas haviam escrito, se não publicado, manuais. Em seu *Tratado sobre Assuntos Militares*, Tang Shunzhi (1507-1560) cita um manual do "Punho da Família Wen"[41].

O mais compreensivo registro de luta sem armas do período Ming é a obra *Fundamentos do Clássico do Combate de Mãos* (*Quan jing jieyao*), de Qi Jiguang (1528-1588), incluída no livro *Novo Tratado Sobre Eficiência Militar* (*Jixiao xinshu*), do mesmo autor. Qi Jiguang foi um dos mais inovadores generais chineses do século XVI. Ele desempenhou um papel importante na supressão da pirataria ao longo da costa sudeste da China e na pacificação da fronteira norte do império. Em seu *Novo Tratado Sobre Eficiência Militar*, cobriu cada aspecto da guerra de larga escala, da seleção e treinamento dos exércitos à disciplina, comando, tática, logística e armamento. O livro não apenas repassava antigas compilações militares – era baseado nas experiências reais de batalha de seu autor. Concluído no

---

40. Comparar com Qi Jiguang, *Jixiao xinshu: shiba juan bem*, 14.227-230; He Liangchen, *Zhenji*, 2.26-27; Zheng Ruoceng, *Jiangnan jing lüe*, 8a.3b-4a; e Tang Shunzhi, *Wu bian, qianji*, 5.37b. Ver também Cheng Dali, *Mingdai wushu*, p. 66-70.

41. Tang Shunzhi, *Wu bian*, qianji, 5.37b-39b.

FIG. 27: *Monges de Shaolin demonstram suas técnicas de punho ao oficial Manchu Lin Qing; xilogravura datada de 1849.*

final de 1561 ou no início de 1562, o *Novo Tratado* alude a campanhas militares vencidas por Qi Jiguang meses antes[42].

A obra não é apenas uma pesquisa sobre técnicas contemporâneas de mãos livres, mas se configura como o mais antigo manual existente de um dado estilo. O autor pesquisou dezesseis métodos de pugilismo, todos eles, concluiu, "culpados ou de enfatizar a parte superior e negligenciar a inferior, ou de enfatizar a parte inferior e negligenciar a parte superior"[43]. Para consertar as deficiências dos estilos individuais, Qi Jiguang criou uma síntese. Ele selecionou as 32 posturas que considerou as melhores dentre os estilos, explicando cada uma com uma ilustração e uma fórmula rimada. Seu tratado é, portanto, um manual de sua própria técnica, devidamente normatizada, de combate de mãos livres.

---

42. Ver a introdução de Cao Wenming à obra de Qi Jiguang, *Jixiao xinshu: shiba juan Ben*, p. 4-5. Sobre Qi Jiguang, ver L.C. Goodrich (org.), *Dictionary of Ming Biography*, v. 1, p. 220-224; e R. Huang, *1587 – A Year of No Signifcance*, p. 156-188.
43. D. Wile, *T'ai-chi's Ancestors*, p. 19. O original é Qi Jiguang, *Jixiao xinshu: shiba juan bem*, 14.229.

FIG. 28: *Monges de Shaolin se apresentam para dignitários visitantes; afresco de Shaolin do início do século XIX.*

FIG. 29: *Monges de Shaolin se apresentam para dignitários visitantes (detalhe).*

O combate de mãos, argumentava Qi Jiguang, poderia ser utilizado para o treinamento de tropas. O experiente general tinha plena consciência de que os métodos de mãos nuas eram inúteis no campo de batalha. Ele sugeria, ainda assim, que eles não deixavam de ter seu mérito como elementos de instilação de coragem. Além disso, a prática de mãos livres era um bom ponto de partida para o treinamento com armas: "Em geral", escreve o autor, "a mão, bastão, facão, lança, garfo, garra, espada de fio duplo, lança de duas pontas, arco e flecha, espada com gancho, foice e escudo procedem, todos, das técnicas de mãos livres no treinamento do corpo e das mãos. As técnicas de mãos nuas constituem o fundamento das artes marciais"[44]. Um argumento similar encontra lugar nas palavras de He Liangchen (período de maior expressão: 1565), um contemporâneo de Qin Jiguang que afirmava que "na prática marcial uma pessoa poderia começar com o combate de mãos e passar ao treinamento de lança. Quando os métodos de punho e lança são conhecidos, a espada, lança e outras técnicas tornam-se especialmente fáceis de adquirir"[45].

Qi Jiguang era crítico em relação às posturas floreadas que eram agradáveis do ponto de vista estético, mas não possuíam implicações de combate. Eficiência em batalha era algo mais significativo que beleza ou apresentação. Além disso, em confrontos reais era necessário ir além das formas fixas de treinamentos. "Sem posturas ou técnicas óbvias, você será efetivo com um movimento; se você comete o erro de se postar e posar, acabará ineficaz em dez movimentos"[46]. Douglas Wile demonstrou que essa visão era compartilhada por outro especialista militar do século xvi, Tang Shunzhi (1507-1560): "A razão para as posturas nas artes marciais", escreveu ele, "é facilitar transformações [...] Formas contêm posturas fixas, mas na prática atual não há posturas fixas. Quando aplicadas elas se tornam fluidas, mas ainda mantêm suas características estruturais"[47].

---

44. Idem, p. 19. No original é Qi Jiguang, *Jixiao xinshu: shiba juan bem*, 14.229-230.
45. He Liangchen, *Zhenji*, 2.26.
46. D. Wile, op. cit., p. 12, 18. O original é Qi Jiguang, *Jixiao xinshu: shiba juan bem*, 14.227.
47. Idem, p. 12. O original é Tang Shunzhi, *Wu bian*, 5.37a.

O MOSTEIRO DE SHAOLIN

Apesar de os historiadores marciais unanimemente saudarem *Fundamentos do Clássico do Combate de Mãos*, Qi Jiguang era ambíguo em relação à obra. Na condição de comandante de exércitos regulares, seu interesse principal residia na instrução coletiva, para tropas, do manejo de armas. As habilidades de artistas marciais individuais em técnicas de mãos livres não eram significativas e poderiam, mesmo, gerar suspeita por sua associação com as classes sociais mais baixas. A apreensão de Qi em relação ao pugilismo se torna óbvia diante da relutância com que ele incluiu tal modalidade de combate em seu *Novo Tratado Sobre Eficiência Militar*. Seu manual de combate de mãos livres foi inserido no último capítulo do livro, precedido pela seguinte observação: "Técnicas de mãos livres parecem irrelevantes para a arte da guerra em grande escala. Ainda assim, exercitar os membros e habituar o corpo ao esforço são a fundação dos estudos militares primários. Nós incluímos [este manual] no final do livro para complementar nosso método militar"[48]. Vinte anos depois, quando o amargo general (que havia sido demitido de suas funções) sentou-se para revisar seus escritos, decidiu excluir totalmente a parte relativa ao combate de mãos livres. Em 1584, suprimiu os *Fundamentos do Clássico do Combate de Mãos* da – hoje raramente lida – versão em catorze capítulos do *Novo Tratado Sobre Eficiência Militar*[49].

Como Ma Mingda sugere, a diferença entre as versões mais antiga (que inclui o combate de mãos) e mais recente do *Novo Tratado* pode estar relacionada à diferença de idade de seu autor. Quando compilou o livro original, Qi Jiguang era um jovem de 34 anos. Estava cercado por artistas marciais, cujas técnicas de mãos nuas o intrigavam. Naquela época, o poderoso comandante provavelmente praticou e adquiriu alguma proficiência em combate *quan*. Por contraste, o general de 55 anos que revisava seus escritos também estava contemplando seu legado, no qual não havia lugar para duvidosas artes populares[50].

48. Qi Jiguang, *Jixiao xinshu: shiba juan bem*, 14.227. Comparar também com D. Wile, op. cit., p. 18. Eventualmente, o general adicionou quatro capítulos a seu livro. Ele jamais fez qualquer comentário indicando que *Quan jing jieyao* fosse originalmente colocado por último.

49. Ver Qi Jiguang, *Jixiao xinshu: shisi juan bem*. Ver também Ma Mingda, *Shuo jian cong gao*, p. 310; e D. Wile, op. cit., p. 16-17.

50. Ma Mingda, *Shuo jian cong gao*, p. 311.

COMBATE DE MÃOS LIVRES 193

Informações sobre o combate de mãos do período Ming também são fornecidas por outros gêneros além dos das enciclopédias militares. A proliferação de técnicas de mãos nuas no século XVI é atestada pela ficção popular: *A Ameixa no Vaso Dourado* (*Jin Ping Mei*, de cerca de 1600) alude a um estilo de mãos chamado "Punho da Família Dong" (*Dongjia Quan*)[51], e a obra, em cem capítulos, *Jornada para o Oeste* (de 1592), traz mesmo o paradigmático manipulador de bastão, Sun Wukong, lutando com os punhos. Quando é privado de sua arma, o valoroso macaco parte para o combate de mãos, o que dá ao autor da obra a possibilidade de expressar sua familiaridade com o jargão contemporâneo de "posturas" (*shi* e *jiazi*) – "Punho de Longo Alcance" (*changquan*) e "Punho de Curto Alcance" (*duanquan*):

Escancarando a "Postura de Quatro Níveis"[52];
Os pés, em um duplo chute, arremeteram.
Martelaram as costelas os peitos.
Golpearam os fígados e os corações.
"O Imortal Apontando o Caminho";
"Lao-Tzu Montando o Grou";
"Um Tigre Faminto Cai sobre a Presa";
"Um Dragão Brincando com a Água";
O rei demônio usa a "Serpente que Circula";
O Grande Sábio emprega o "Cervo que Deita os Chifres"
O dragão mergulha na terra com os calcanhares para cima;
O punho gira para agarrar o saco do Paraíso.
A arremetida de um leão verde de boca escancarada.
A rabanada de uma carpa.
Lançando flores sobre a cabeça;
Atando uma corda ao redor da cintura;
Um leque se move com o vento;
A chuva tombando sobre as flores.
O espírito-monstro então usa a "Palma de Guanyin",
E o peregrino contra-ataca com os "Pés do Arhat".
O "Punho de Longo Alcance", longo, é mais folgado, é claro.

51. Ver *Jin Ping Mei cihua*, 90.1244.
52. A postura de "Quatro Níveis" (*siping*) aparecia no combate com e sem armas do período Ming. Ver Cheng Zongyou, *Shaolin gunfa*, 2.1b-2b; Tang Shunzhi, *Wu bian*, 5.37b; Qi Jiguang, *Jixiao xinshu: shiba juan bem*, 14.234-235; e D. Wile, op. cit., p. 27-30.

Como poderia se comparar com os afiados golpes do "Punho de Curto Alcance"?
Dois deles lutaram por muitos assaltos –
Nenhum era o mais forte, para que um pudesse vencer[53].

Possivelmente a mais clara indicação de que as técnicas de mãos nuas se tornaram um elemento integral da cultura do período Ming tardio é fornecida por enciclopédias de consulta diária. O século XVI testemunhou o surgimento de um novo gênero de manuais domésticos que eram destinados não apenas à elite burocrática masculina, mas também a outros segmentos da sociedade que recebiam um mínimo de educação formal: mulheres, comerciantes, artesãos e outros. Algumas vezes referidos como *Livros Completos da Miríade de Tesouros* (*Wanbao quanshu*), esses trabalhos cobriam cada aspecto do conhecimento necessário para a manutenção doméstica, como conselhos práticos para os momentos de estudo, práticas rituais e entretenimento. Generosamente ilustradas e, via de regra, publicadas em ideogramas simplificados, as enciclopédias traziam itens sobre tópicos diversos, como cultivo, criação de animais, comércio, aritmética, adivinhação, nutrição, saúde, caligrafia, música, piadas e mesmo romance[54].

Enciclopédias domésticas também destinavam espaço ao combate de mãos livres, considerado útil à saúde e à autodefesa. As edições de 1599 e 1607 de *Caminho Correto para Todos os Fins* (*Wanyong zhengzong*), por exemplo, enumeram todas as técnicas famosas de então, como o "Punho de Longo Alcance de [Zhao] Taizu", o "Punho Móvel da Família Wen", o "Punho do Quebramento de Ondas" (*Langli-taosha quan*) e o "Punho de Agarrar Lanças" (*Qingqiang quan*). Para facilitar a compreensão pelos leitores, os editores selecionavam posições previamente escolhidas de cada um dos vários estilos, explicando cada uma com uma ilustração e uma fórmula rimada[55]. Evidentemente, manuais

53. Esta é a tradução de Anthony Yu (*Journey to the West*, v. 3, p. 14-15), ligeiramente modificada; o original é de Wu Cheng'en, *Xiyou ji*, 51:594. Comparar também com Wu Cheng'en, *Xiyou ji*, 2.22, e A. Yu (trad.), *The Journey to the West*, v. 1, p. 97.
54. Wu Huifang, *Wanbao quanshu*.
55. Ver *Santai Wanyong zhengzong*, 14.1a-1b; e Wu Huifang, *Wanbao quanshu*, p. 346 e nota 491 (o "Punho do Quebramento de Ondas" e o "Punho de Agarrar Lanças" são mencionados na edição de 1607).

como o *Caminho Correto para Todos os Fins* refletiam o crescimento da popularidade do combate de mãos nuas; ao mesmo tempo, contribuíam para a sua disseminação.

As técnicas de combate sem uso de armas do período Ming, registradas na literatura do século XVI, serviram como base para novos estilos de mãos nuas que emergiram no século seguinte. Alguns dos mais importantes sistemas marciais com que estamos familiarizados atualmente – *Taiji Quan* (Punho Supremo), *Xingy Quan* (Punho da Forma-e-Intenção) e, é claro, *Shaolin Quan* – nasceram no período de transição Ming-Qing do século XVII. Para nosso propósito, é significativo que boa parte de todo esse desenvolvimento teve lugar dentro da área de abrangência do mosteiro de Shaolin.

OUTROS ESTILOS DE LUTA

No inverno de 1930, o historiador pioneiro das artes marciais, Tang Hao (1897-1959), viajou à aldeia da família Chen (Chenjiagou) no condado de Wen, região norte de Henan. Tang, cujo trabalho combinava pesquisa documental e de campo, pesquisava materiais acerca da origem do *Taiji Quan*, que, acreditava-se, estava naquela aldeia. Ele resgatou dois documentos do período Qing que sugeriam que os fundamentos da mundialmente renomada técnica remontavam ao século XVII: uma história de família que atribuía o estilo Chen de mãos livres ao ancestral da nona geração da família, Chen Wangting (cerca de 1580 a cerca de 1660), e um poema de autoria deste no qual ele descrevia sua invenção de uma técnica de *quan*. A maior parte dos pesquisadores aceita a hipótese de Tang Hao, de que a arte marcial de Chen Wangting era o mesmo *Taiji Quan* com que estamos familiarizados atualmente, ou então um ancestral imediato (isso apesar de, nos escritos remanescentes de Chen, o termo *Taiji* não aparecer)[56].

Chen Wangting serviu como oficial durante a dinastia Ming. No período compreendido entre as décadas de 1610 e 1620, foi indicado como inspetor regional para Shandong, Zhili e Liaodong. Ele também vivenciou a experiência de batalha, tendo

---

56. Ver Tang Hao e Gu Liuxin, *Taijiquan yanjiu*, p. 179-183; Matsuda Ryûchi, *Zhongguo wushu shilüe*, p. 81-83; e *Zhongguo wushu baike quanshu*, p. 71, 91.

196 O MOSTEIRO DE SHAOLIN

participado de muitos confrontos militares com os manchus nas fronteiras do norte. Durante a invasão Qing de 1644, contudo, já estava aposentado e vivia em sua aldeia natal, onde se dedicou a aperfeiçoar sua técnica de mãos livres. Refletindo sobre suas experiências, ele versejou:

Eu suspiro quando penso naqueles anos; quando, coberto pela armadura e empunhando uma lança, varri as hordas de bandidos, colocando-me repetidamente em perigo [...] Agora, velho e alquebrado, nada tenho além do livro [taoísta] *A Corte Amarela*[57] para me fazer companhia. Quando entediado, invento técnicas de combate de mãos (*quan*); na estação de trabalho, cultivo a terra; tirando vantagem de meu lazer, instruo alguns discípulos e descendentes, tornando-os hábeis e facilmente tão fortes quanto dragões e tigres[58].

Chen Wangting criou seu estilo de mãos nuas na vizinhança do mosteiro de Shaolin; sua aldeia nativa de Chenjiagou estava localizada a cerca de 56 quilômetros ao norte do templo (ver Mapa 4). Vale observar que ele estabeleceu os fundamentos do *Taiji Quan* no mesmo período – o século XVII – em que os monges de Shaolin voltavam sua atenção para o combate de mãos livres. Não deveria surpreender, portanto, que seu *Taiji Quan* compartilhe elementos – como a ênfase no "combate de mão de curto alcance" (*duanda*) – com *Shaolin Quan*. O termo *Taiji* (supremo) figura no *Clássico do Combate de Mãos* (Fig. 30), assim como a lenda do mosteiro, de Vajrapāṇi portando o bastão, encontrou lugar nos escritos militares da família Chen[59]. "A maioria das pessoas", escreveu Matsuda Ryūchi, "acredita que o *Taiji Quan* e o *Shaolin Quan* são formas completamente diferentes de combate de mãos livres. Em verdade, em suas posturas básicas, métodos de mãos e pernas, assim como em outros aspectos de combate, ambos os estilos são totalmente semelhantes"[60].

57. Influente clássico taoísta, a *Escritura da Corte Amarela* (*Huangting jing*, escrita por volta do século III) descreve técnicas respiratórias associadas à meditação sobre as divindades internas. Ver a tradução parcial de P. Kroll, *Body Gods and Inner Vision*, em D.S. Lopes (org.), *Religions of China in Practice*. Ver também o capítulo 6 deste livro.
58. Citado em Tang Hao e Gu Liuxin, *Taijiquan yanjiu*, p. 180.
59. Ver Idem, p. 15.
60. Matsuda Ryûchi, *Zhongguo wushu shilüe*, p. 88.

COMBATE DE MÃOS LIVRES

O *Taiji Quan* não foi o único estilo de luta de mãos nuas que surgiu na vizinhança do mosteiro de Shaolin. No início do século xvii – e por todo o período Qing –, Henan foi berço de artes marciais. Em toda a extensão da bacia do rio Amarelo (de Shanxi, passando por Henan e seguindo até Shandong) apareceram numerosos estilos de luta, muitos dos quais no contexto sectário das rebeliões de corte. A íntima relação entre arte marcial e sectarismo religioso nas planícies do norte da China é confirmada pela nomenclatura compartilhada. Nós vimos anteriormente que "Flor da Ameixeira" era tanto o nome de um estilo de luta de mãos livres (*quan*) quanto uma religião (*jiao*), e nossa mais antiga evidência da *Palma dos Oito Trigramas* (*Bagua Zhang*) vem da revolta de mesmo nome. Em 1786 e novamente em 1813, a seita dos Oito Trigramas rebelou-se em Hebei e na região norte de Henan. As confissões de membros da seita capturados, muitos dos quais oriundos do condado de Hua, em Henan, fornecem os mais antigos registros do estilo de mãos livres com esse nome[61].

Outro estilo de combate sem armas que aparece no período Qing em Henan é o *Xingyi Quan* (Punho da Forma-e-Intenção), também conhecido como *Xinyi Liuhe Quan* (Punho da Mente-e--Intenção Seis Harmonias). Manuais e histórias de família do período Qing sugerem que ele foi criado por Ji Jike (período de maior expressão: 1650), que era natural de Shanxi, província vizinha de Henan. Afirma-se que Ji criou seu estilo de mãos vazias tomando por base um método de lança que ele dominava totalmente. Na sequência da conquista manchu, ele registrou que lhe haviam dito que, em tempos de paz, a luta de mãos livres era mais apropriada do que o combate armado. Por volta do século xviii, em todo caso, o *Xingyi Quan* de Ji Jike havia alcançado Henan, onde surgiu um subestilo local. Um dos mais antigos tratados sobre *Xingyi* que sobreviveram ao tempo, o "Manual do Punho Mente-e-Intenção Seis Harmonias" (*Xinyi Liuhe Quan pu*), também foi compilado em Henan. A obra, descoberta no início do século xx por Tang Hao, traz quatro prefácios – datados de 1733, 1735, 1754 e 1779 –, todos assinados por autores dessa província[62].

---

61. Zhou Weiliang, *Zhongguo wushu shi*, p. 88-90. Ver também S. Naquin, *Millenarian Rebellion in China*, p. 31, 88, 313.

62. Ver Matsuda Ryûchi, *Zhongguo wushu shilüe*, p. 135-138; e Zhou Weiliang, *Zhongguo wushu shi*, p. 89.

198 O MOSTEIRO DE SHAOLIN

Segundo alguns manuais de *Xingyi*, Ji Jike esteve por mais de dez anos no mosteiro de Shaolin, onde estudou – e, mesmo, ensinou – técnicas de combate[63]. Tais afirmações, contudo, devem ser examinadas com cautela. Ainda que a conexão do estilo de luta e a província de Henan seja certa, a afiliação pessoal de seu criador com o mosteiro deve ser questionada, pela simples razão de que esse motivo (um período de "internação" em Shaolin) é recorrente nas hagiografias de muitos artistas marciais. Durante o período Qing, uma conexão com Shaolin parece ter se tornado um pré-requisito na mitologia das artes marciais; acreditava-se que os inventores de estilos de luta haviam viajado ao mosteiro e chegado à maestria nas técnicas lá ensinadas antes de eles próprios criarem sua própria técnica mais evoluída. Afirma-se que o lendário inventor da Escola Interna (*Neijia*), Zhang Sanfeng (período de maior expressão: 1400?), estudou minuciosamente o estilo Shaolin antes de "reverter" seus princípios[64]. De forma similar, acredita-se que o suposto criador do "Punho Louva-a-Deus" (*Tanglang Quan*), Wang Lang (período de maior expressão: século XVII), residiu no mosteiro de Shaolin, onde foi muitas vezes derrotado por seus impressionantes artistas marciais. Depois de, em desespero, deixar o mosteiro, Wang viveu por muitos anos nas estradas, até que um dia encontrou um louva-a-deus apanhando uma cigarra. Imitando as patas do inseto, ele inventou seu estilo único, retornou ao mosteiro de Shaolin e finalmente derrotou seus antigos rivais monges[65].

Se transferirmos nossa atenção dos estilos em si para um exame da literatura, novamente perceberemos a tremenda importância de Henan. Ainda que, como vimos anteriormente, importantes tratados de luta de mãos livres tenham sido produzidos em outros lugares, alguns dentre os mais importantes foram escritos em lugares situados a um ou dois dias de viagem, em lombo de mula, até o mosteiro de Shaolin. Chang Naizhou (período de maior expressão: 1740) escreveu seus tratados sobre

63. Ver Ma Litang; Sun Yamin, *Xingyi shizu Ji Longfeng*, p. 36-37; e "Ji Jike" em *Zhongguo wushu baike quanshu*, p. 538.
64. A lenda primeiramente apareceu em Huang Baijia, *Neijia quanfa*, p. 1a. Ver também D. Wile, op. cit., p. 58.
65. Ver Matsuda Ryûchi, *Zhongguo wushu shilüe*, p. 183-184. Comparar também com Shou-Yu Liang; Wen-Ching Wu, *Kung Fu Elements*, p. 447.

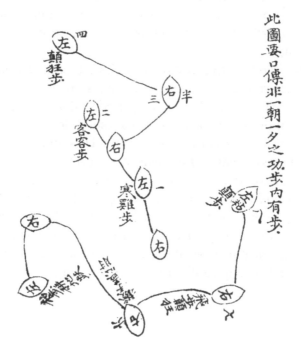

FIG. 30: Os "Oito Passos Supremos", no Clássico do Combate de Mãos.

artes marciais em Sishui, a cerca de 48 quilômetros do mosteiro, e Wang Zongyue (período de maior expressão: 1780), embora nativo de Shanxi, provavelmente escreveu seus ensaios teóricos sobre *Taiji Quan* em Luoyang ou Kaifeng, onde morou na década de 1790[66]. Da mesma forma, Chen Changxing (1771-1853) e Chen Xin (1849-1929) compilaram seus manuais de *Taiji Quan* em Henan[67] e, como vimos, Yang Bing (nascido em 1672) escreveu seu tratado no condado de Neihuang, na mesma província (ver Mapa 4). O manual de *Xingyi* "Mente-e-Intenção Seis Harmonias" foi, também, provavelmente escrito lá. Podemos concluir, portanto, que o combate de mãos livres de Shaolin prosperou em uma região que desempenhou um papel da maior importância para a evolução das técnicas chinesas de luta sem armas.

Os períodos Ming tardio e Qing inicial foram cruciais na história do combate chinês de mãos nuas. Tomando por base as técnicas mais antigas de *quan* do período Ming, o século XVII testemunhou o surgimento de novos estilos de mãos nuas, os quais, trezentos anos mais tarde, viriam a se disseminar por todo o mundo. As origens do *Taiji Quan*, do *Xingyi Quan* e do *Shaolin Quan* – cujos mais antigos vestígios estão registrados no *Clássico do Combate de Mãos* e na *Transmissão Secreta dos Pontos de Acupuntura* – podem ser igualmente traçadas até a era de transição Ming-Qing. Seu aparecimento foi acompanhado pela articulação de uma nova filosofia e de uma nova mitologia das artes marciais, às quais devemos nos voltar agora.

---

66. Chang Naizhou, *Chang Shi wuji shu*, traduzido por D. Wile, op. cit., p. 71-188. Ver também M. Wells, *Scholar Boxer: Chang Naizhou's Theory of Internal Martial Arts*. Os escritos de Wang estão incluídos em *Taijiquan pu*, p. 24-39. Segundo Tang Hao e Gu Liuxin (*Taijiquan yanjiu*, p. 183), Wang provavelmente estudou *Taiji Quan* do estilo Chen quando residiu próximo de Luoyang e Kaifeng.

67. Seus manuais estão incluídos em *Taijiquan pu*, pp. 245-275 e 276-339, respectivamente.

6. Ginástica

Os monges de Shaolin do período Ming tardio não voltaram sua atenção ao combate de mãos livres pela efetividade militar do método. Em situações de combate real, as mãos não eram tão eficazes como o bastão, arma que os monges vinham adotando por séculos. Da mesma forma, não eram tão letais quanto as espadas e lanças há muito empregadas nas batalhas, e certamente representavam uma ameaça menos significativa do que as armas de fogo, tecnologia desenvolvida na própria China séculos antes e reintroduzida pelos portugueses no século XVI[1]. Em verdade, esses clérigos estavam intrigados com as dimensões filosóficas e médicas dos novos estilos de mãos vazias. As técnicas de *Shaolin Quan*, *Taiji Quan* e *Xingyi Quan*, desenvolvidas no período Ming tardio e na fase inicial do período Qing, haviam sido descritas a partir de um rico vocabulário de autocultivo fisiológico e espiritual. Elas se caracterizavam por uma síntese única de metas marciais, terapêuticas e religiosas. Os praticantes já não estavam interessados apenas em lutar: eles também tinham na saúde um elemento de motivação, ao mesmo tempo em que perseguiam a realização espiritual.

1. Ver K. Chase, *Firearms: A Global History to 1700*, p. 141-150.

Neste capítulo nós examinaremos a síntese de combate, saúde e autocultivo de caráter religioso dos períodos Ming tardio e Qing inicial. Começaremos por um aficionado pelo combate de Shaolin do período Qing, cuja paixão pela arte marcial foi reforçada por preocupações de caráter terapêutico; vamos examinar as origens dos exercícios que ele estudou no mosteiro. A investigação nos fará regressar no tempo até chegar a uma antiga tradição de ginástica chamada *Daoyin*, que durante o período Ming tardio foi integrada ao combate de mãos. A ginástica *Daoyin* estava profundamente relacionada a um contexto taoísta, e serviu como veículo para o impacto dessa religião sobre as artes marciais. Ao contrário das técnicas de bastão, ligadas a um contexto mitológico budista, o combate de mãos guardava relação com o autocultivo taoísta. Durante o período imperial tardio, monges budistas de Shaolin eram treinados em estilos de mãos vazias que se conectavam a métodos meditativos e fisiológicos taoístas.

UM FUNCIONÁRIO PÚBLICO SE TRANSFORMA EM ARTISTA MARCIAL

Wang Zuyuan (cerca de 1820-após 1882) pode ilustrar o interesse de alguns burocratas do regime Qing pela arte marcial. Literato de alguma reputação e detentor de um cargo público de menor expressão, Wang era um artista marcial amador envolvido com métodos de combate desde o início da adolescência. Sua devoção a esse *hobby* era tamanha que, por volta dos trinta anos de idade, ele viajou ao mosteiro de Shaolin, onde estudou por muitos meses. O treinamento recebido no mosteiro o manteve em boa forma em sua velhice. Ainda um burocrata de baixo escalão aos sessenta e poucos anos, ele observou: "Sempre que corro atrás de meus superiores, tenho os pés ligeiros como os de um jovem. Ágil ao me ajoelhar para o sacrifício, jamais falhei em termos de propriedade. Isso pode demonstrar a força que adquiri [graças à minha prática marcial]"[2]. Em outras palavras: a pelo menos um funcionário confucionista as

2. *Neigong tushuo*, p. 2. As obras intelectuais de Wang estão listadas em *Qing shi gao*, 145.4262; 147.4334; 148.4417.

GINÁSTICA   203

artes marciais de Shaolin forneceram a energia necessária aos deveres rituais.

Que artes marciais Wang estudou em Shaolin? Uma resposta aceitável é fornecida pelo manual que ele publicou em 1882, intitulado *Exposição Ilustrada das Técnicas Internas* (*Neigong tushuo*). O tratado não foi escrito por Wang, e já havia sido lançado em 1858 por certo Pan Weiru com outro título: *Técnicas Essenciais de Preservação da Vida* (*Weisheng yaoshu*). Contudo, quando Wang travou contato com a obra, percebeu que era idêntica a um manuscrito que ele obtivera em Shaolin em 1854 ou 1855. Por esse motivo, republicou o manual de Pan, restaurando o título original de Shaolin[3].

O manual de Wang delineia muitos tipos de exercícios ginásticos que integravam movimentos dos membros, respiração, massagem e meditação. Um programa de treinamento, "Fórmulas da Técnica Externa Dividida" (*Fenxing waigong jue*), incluía dezessete exercícios relacionados, individualmente, a partes específicas do corpo: mente, silhueta, cabeça, rosto, ouvidos, olhos, boca, língua, dentes, nariz, mãos, pés, ombros, costas, abdômen, coluna lombar e rins. Temos alguns exemplos das técnicas em uma tradução feita pelo médico ocidental John Dudgeon ainda em 1895. Naquela época, Dudgeon ensinava anatomia e fisiologia na Academia Tongwen, em Beijing. Aparentemente, ele praticava os exercícios com um instrutor local:

A CABEÇA: 1. Cubra os ouvidos com as mãos, mantendo os indicadores sobre os dedos médios. Percuta os dois ossos da parte posterior do crânio com os indicadores, fazendo com que produzam som. A isso se chama soar o "tambor celestial". *Nota:* o exercício serve para remover o ar prejudicial da "piscina de vento", abertura de acupuntura localizada na região do mastoide. 2. Vire o pescoço com as mãos e olhe para trás, para a direita e para a esquerda; ao mesmo tempo, rotacione os ombros e os braços 24 vezes cada – para remover o ar represado no estômago e no baço. 3. Entrecruze

---

3. Ver *Neigong tushuo*, p. 2-3. Não temos como saber o quão acurada era a memória de Wang. As *Técnicas Essenciais...*, de Pan, podem diferir da *Exposição Ilustrada...* que Wang obteve no templo de Shaolin. Contudo, mesmo se os manuais fossem textualmente diferentes, é quase certo que as técnicas eram muito semelhantes entre si. Ver Tang Hao, *Songshan Shaolin chuanxi de he huiji de ticao*, p. 26-27.

as mãos e segure a nuca; então olhe para cima e mantenha as mãos na nuca – para remover a dor dos ombros e desembaçar a visão.

A FACE: Atrite as mãos até produzir calor, então as esfregue no rosto, para cima e para baixo, sem deixar nenhuma parte a descoberto; então cuspa nas palmas, atrite-as gerando calor e aplique-as diversas vezes no rosto. Enquanto esfrega, retenha a respiração pela boca e pelo nariz. O objetivo desse exercício é clarear o rosto. Quanto mais você massageia o rosto, melhor é a cor. Essa é a cura para rugas; com essa prática, você não terá nenhuma.

OS OUVIDOS: 1. Coloque as mãos sobre as orelhas, esfregando-as várias vezes para a direita e para esquerda, para cima e para baixo. Isso serve para ouvir bem e prevenir a surdez. 2. Sente-se no chão com uma perna dobrada e a outra estendida. Estique os braços horizontalmente com as palmas das mãos voltadas para frente, como se estivessem empurrando uma porta; então gire a cabeça sete vezes para cada lado, para curar zumbido nos ouvidos[4].

Esses exercícios não são diretamente relacionados ao combate. Aparentemente, enquanto estava no mosteiro de Shaolin, Wang estudou métodos que eram mais terapêuticos do que marciais. Em vez de ensinar combate de mãos, a *Exposição Ilustrada das Técnicas Internas* ensina a prevenir e a curar doenças. Ocasionalmente, o texto chega a cogitar a possibilidade de imortalidade. A conexão com o combate é apenas implícita; à medida que os exercícios contribuem para a saúde de uma pessoa, também fornecem um fundamento para o seu treinamento marcial. É, portanto, elucidativo que, de acordo com o próprio testemunho de Wang, sua prática marcial tenha sido motivada por considerações terapêuticas:

Quando criança, eu era fraco e estava sempre tomando remédios. Meu falecido pai ficava constantemente preocupado com minha saúde. Durante o ano *jiawu* de Daoguang (1834), quando eu tinha treze anos de idade, eu o acompanhei a Jiangxi, onde ele assumiu o posto de intendente fiscal da região. À época, um comandante da guarda de nome Zhou Jiafu, de Laiyang [em Shandong] estava

---

4. J. Dudgeon, *Kungfu or Medical Gymnastics*, p. 521-522 (texto ligeiramente revisado); o original é *Neigong tushuo*, p. 21-27. Dudgeon provavelmente trabalhou sobre uma edição mais antiga dos mesmos exercícios: o *Weisheng yaoshu* (1858), de Pan Weiru. Ver J. Dudgeon, op. cit., p. 503.

GINÁSTICA   205

estacionado lá. Ele era excepcional em combate e estava praticando o *Clássico da Transformação dos Tendões* (*Yijin jing*).

Meu falecido pai fez com que ele me ensinasse, e em menos de um ano eu havia readquirido, de forma significativa, minha força, e era capaz de erguer dez *jun* [aproximadamente 136 quilos]. No ano *xinchou* (1841) retornei à minha cidade natal [Fushan, Shandong] para me preparar para os exames. Viajei na companhia de Xu Quanlai, [artista marcial] de Laiyang, e estudei cuidadosamente sua técnica.

Durante o ano *jiayin* de Xianfeng (1854), permaneci com meu falecido irmão mais velho em Guanzhong [Shaanxi], onde encontrei o nativo de Lintong, Zhou Bin. Zhou era o mais famoso artista marcial em Guanzhong. Eu frequentemente viajava com ele e nós seguimos juntos para Henan, onde visitamos o Templo Shaolin. Permanecemos lá por cerca de três meses, e obtivemos a *[Exposição] Ilustrada das Técnicas Internas* (*Neigong tu*), bem como manuais de lança e bastão, antes de retornar[5].

Qual era a fonte da ginástica que Wang estudou em Shaolin? Teria ela se originado no próprio mosteiro ou foi adotada de fora? Para responder a essas questões, precisamos viajar dois mil anos no tempo, até a origem da tradição da ginástica chinesa.

Fundamentos Ancestrais

A ginástica chinesa esteve intimamente relacionada à prática médica. Já nos primeiros séculos antes de Cristo, médicos recomendavam exercícios físicos chamados *Daoyin* (guiar e puxar) como instrumento para a prevenção e a cura de doenças. A ginástica *Daoyin* combinava o movimento dos membros com técnicas respiratórias. Os exercícios eram considerados benéficos para "nutrir a vida" (*yangsheng*), e praticados em associação com outros métodos – dietéticos, farmacológicos, higiênicos e de conduta sexual –, visando proteger e aumentar a vitalidade. Uma breve passagem do *Zhuangzi*, datada de cerca de 200 a.C., ilustra a meta tradicional de longevidade:

Para resfolegar, para expirar, para soprar, para bebericar, para cuspir o ar velho e inalar o novo, praticando balanços de urso e

5. *Neigong tushuo*, p. 1-2.

206   O MOSTEIRO DE SHAOLIN

alongamentos de pássaro, longevidade é sua única preocupação –
assim é favorecida a vida de um letrado que pratica ginástica (*Dao-yin*), o homem que nutre seu corpo, que espera viver tanto quanto
Pengzu, por mais de oitocentos anos[6].

O que fora meramente parafraseado no *Zhuangzi* aparece,
devidamente elaborado, em manuscritos descobertos recentemente. Escavações arqueológicas em tumbas datadas de meados
do séc. II a.c. revelaram dois manuais de ginástica: o *Livro do
Puxar* (*Yinshu*) e o ricamente ilustrado *Ilustrações de Guiar
e Puxar* (*Daoyin tu*), que mostram que já no período Han Ocidental (206 a.C.-8 d.C.) a ginástica terapêutica estava bastante
desenvolvida. Os dois manuais delineiam dezenas de exercícios
Daoyin de flexão e alongamento, recomendados para homens
e mulheres. A maior parte dos exercícios era praticada a partir da postura em pé, mas alguns eram realizados na postura
sentada. Grande parte era executada com as mãos livres, mas
alguns utilizavam uma baliza ou possivelmente uma bola. Uma
característica das técnicas *Daoyin* compartilhada com o combate de mãos do período imperial tardio é a de denominar rotinas individuais de treinamento a partir dos animais que elas
buscam imitar. Além do urso mencionado no *Zhuangzi*, a obra
Ilustrações de Guiar e Puxar descreve movimentos da garça,
macaco, gibão, marlim, dragão e, provavelmente, tartaruga[7].

Os manuais do período Han Ocidental assinalam exercícios específicos para a cura e prevenção de determinadas
doenças. Eles aludem ao tratamento de condições patológicas
como "surdez", "condição febril", "acumulação na porção superior", "calor interno" e "dor no joelho"[8]. O *Livro do Puxar* recomenda a seguinte cura para ombros enrijecidos: "Se a dor está
localizada na parte superior [do ombro], deve-se rotacioná-lo
cuidadosamente trezentas vezes. Se estiver localizada na parte
de trás, então se deve puxar o ombro para a frente trezentas
vezes".[9] Uma associação semelhante, entre determinados exer-

6. B. Watson (trad.), *The Complete Works of Chuang Tzu*, 15.167-168 (texto ligeiramente alterado).
7. Ver D.J. Harper, *Early Chinese Medical Literature*, p. 125-142; 310-327.
8. Idem, p. 310-327.
9. U. Engelhardt, Longevity Techniques and Chinese Medicine, em L. Kohn
(org.), *Daoism Handbook*, p. 101.

GINÁSTICA

cícios e problemas de saúde, permaneceu durante o período Han Oriental (25-220 d.C.), quando o renomado médico Hua Tuo (cerca de 190-265) criou os chamados "Exercícios dos Cinco Animais", destinados, cada um, a aliviar um diferente conjunto de sintomas:

Wu Pu de Guangling e Fa A de Pengcheng eram, ambos, pupilos de Hua Tuo. Wu Pu seguia com exatidão as artes de Hua e, por conta disso, seus pacientes geralmente ficavam bem. Hua Tuo ensinara-lhe que o corpo deve ser exercitado em todas as suas partes, mas isso de forma alguma deve ser feito com exagero. "Exercício", ele dizia, "traz boa digestão e fluxo livre de sangue. É como uma dobradiça de porta que nunca se estraga. Portanto, os antigos sábios engajados na prática do *Daoyin*, [por exemplo,] moviam a cabeça como um urso, e olhavam para trás sem virar o pescoço. Pelo alongamento da cintura e pelo movimento das diferentes juntas para a esquerda e direita é possível dificultar o envelhecimento. "Eu tenho um método", dizia Hua Tuo, "conhecido como 'jogo dos cinco animais', o tigre, o cervo, o urso, o macaco e o pássaro. Ele pode ser usado para livrar uma pessoa das doenças e é benéfico para todos os enrijecimentos de juntas e tornozelos. Quando o corpo se sente doente, a pessoa pode fazer *um* dos exercícios. Depois de transpirar, sentirá o corpo ficar mais leve e o estômago vai manifestar fome". Wu Pu seguia, ele próprio, essa recomendação, e chegou a viver mais de noventa anos com excelente audição, visão e dentes[10].

Técnicas respiratórias eram um elemento integrante da ginástica *Daoyin*. Na razão em que o ar externo (*qi*) era considerado vital para o funcionamento correto do corpo, acreditava-se que quanto mais a pessoa dele obtivesse, melhores resultados teria. Praticantes usualmente inalam pelo nariz e então fecham suas bocas, tentando manter o ar em seus corpos pelo maior tempo possível. Vários métodos foram criados para calcular o tempo que a pessoa poderia reter a respiração. Algumas vezes, media-se tomando como referência o tempo normal de respiração de um colega do praticante, recomendando-se a este que retivesse a respiração por pelo menos doze ou mais ciclos respiratórios regulares. O ar deveria ser exalado lenta e

10. J. Needham; Lu Gwei-Djen, *Science and Civilization in China*, v. 5, parte V, p. 161; o original é *Sanguo zhi*, "Weishu", 29.804.

208 O MOSTEIRO DE SHAOLIN

suavemente pela boca, em quantidade inferior à de entrada. Além dessas técnicas de *respirar* o ar, alguns praticantes aparentemente *comiam* o ar. Textos medievais são mais pródigos em descrever os imortais se nutrindo de pura respiração do que de alimentos grosseiros como cereais. Como Henri Maspero e Joseph Needham mostraram, alguns adeptos provavelmente aprenderam a levar o ar até o próprio trato intestinal. Essa é, talvez, uma razão porque engolir saliva aparece na ginástica *Daoyin* – isso faz com que seja mais fácil engolir o ar[11].

Bombeado no canal respiratório ou digerido no trato intestinal, o ar externo circularia dentro do corpo, nutrindo suas várias partes. O ar era então guiado pela meditação através de rotas internas prescritas. Um desses destinos era o chamado "baixo campo de cinábrio" (*dantien*) localizado sob o umbigo, escolhido em parte por seu significado taoísta. Reverter o processo natural de envelhecimento era a meta dos adeptos do taoísmo, que tentavam readquirir a vitalidade retornando a suas origens embrionárias. Pela subversão do tempo biológico era possível reencontrar o ilimitado potencial de crescimento do feto. Desde que o embrião era alimentado pelo cordão umbilical, era necessário estimulá-lo, respirando através do umbigo[12]. Intitulada "respiração embrionária" (*taixi*), essa prática fisiológica se reportava ao fecundo imaginário infantil na obra taoísta *O Caminho e seu Poder* (*Daode jing*, obra datada, aproximadamente, do século IV a.C.):

Aquele que possui virtude em abundância é comparável a um recém-nascido;
Insetos venenosos não o picarão;
Animais ferozes não o agarrarão;
Aves de rapina não cairão sobre ele.
Seus ossos são frágeis e seus tendões, flexíveis, e ainda assim seu agarre é firme.
Ele nada conhece acerca da união entre macho e fêmea e, mesmo assim, seu pênis estará ereto:

11. Ver H. Maspero, Methods of "Nourishing the Vital Principle", em *Troism and Chinese Religion*, p. 469; e J. Needham; Lu Gwei-Djen, op. cit., v. 5, parte V, p. 149. A respeito do *qi*, ver também S. Kuriyama, *The Expressiveness of the Body...*

12. H. Maspero, op. cit., p. 459-460; e J. Needham; Lu Gwei-Djen, op. cit., v. 5, parte V, p. 145-146.

GINÁSTICA

Isso acontece porque sua virilidade está no ponto máximo.
Ele grita o dia inteiro e, mesmo assim, não fica rouco:
Isso acontece porque sua harmonia está no ponto máximo.
Quem conhece a harmonia é chamado o constante;
Quem conhece o constante é chamado o discernente[13].

Mais de um milênio depois que esse texto foi produzido, a "respiração embrionária" influenciava as artes marciais do período imperial tardio. O termo "baixo campo de cinábrio" aparece em estilos dos períodos Ming tardio e Qing inicial como *Shaolin Quan, Taiji Quan* e *Xingyi Quan*. Vale observar, no entanto, que o significado do umbigo é explicado não apenas em termos de respiração, mas também de balanço mecânico. Praticantes de *Quan* consideram o umbigo como o centro corporal de gravidade e recomendam girar o corpo a partir dele, mais do que a partir do tórax ou dos ombros. Essa ênfase sobre o baixo abdômen está relacionada ao significado das pernas no combate chinês. Ao contrário do boxe ocidental, que faz uso exclusivamente dos braços (para os quais o tórax representa, via de regra, o centro de atenção), técnicas de *quan* se utilizam abundantemente de chutes.

As técnicas respiratórias *Daoyin* sofreram significativa transformação durante o período medieval, quando a ênfase deixou de ser dada à manipulação do *qi externo* (ar) e se direcionou para a circulação do *qi interno* (a vitalidade ou energia inata do corpo). Talvez pela razão de que prender a respiração por períodos prolongados provocasse acidentes, os praticantes voltaram sua atenção para o fluxo da própria "vitalidade primária" (*yuanqi*), concedida a cada pessoa no nascimento e que era considerada idêntica à energia primordial do céu e da terra. A pessoa poderia seguir o fluxo de energia através do corpo pela meditação ou, então, alterar seu curso, direcionando-o para locais específicos. O *qi* interno poderia ser guiado, por exemplo, para uma área doente, de forma a produzir a cura[14]. Essas técnicas viriam a exercer profunda influência sobre a posterior evolução do combate sem armas. No combate

13. D.C. Lau, *Lao Tzu: Tao Te Ching*, p. 116.
14. H. Maspero, op. cit., p. 465-484; J. Needham e Lu Gwei-Djen, op. cit., v. 5, parte V, p. 147-148.

do período imperial tardio, o artista marcial concentrava sua energia para propósitos defensivos e ofensivos. Ele podia reunir seu *qi* para receber um golpe, reduzindo assim a dor e, possivelmente, prevenindo o aparecimento da lesão; ou então poderia direcionar seu poder interior para aumentar a força de um ataque. Por exemplo, afirma-se que um praticante que esmigalha pedras com as mãos consegue fazer circular o próprio *qi* em suas palmas.

A circulação interna de *qi* é facilitada pela massagem – autoaplicada ou ministrada por outrem. A massagem era utilizada para curar uma variedade de problemas de saúde, de obstruções do fluxo interno respiratório a tendões lesionados e ossos deslocados. Era usada, também, para aquecer o corpo, distribuindo a energia para as outras partes, de modo que a pele pudesse conservar a juventude[15]. Usualmente, as massagens de amassamento eram combinadas com a circulação do *qi*, como na seguinte fórmula contra a indigestão, extraída da obra do século XVI *A Medula da Fênix Vermelha* (*Chifeng sui*, Prefácio de 1578). "A pessoa deve permanece ereta, olhando para frente. Com as mãos, deve massagear o alto e o baixo abdômen. Ela deve fazer circular seu *qi* (*yunqi*) de modo a desviar o rio e agitar o oceano seis vezes"[16] (Fig. 31).

A referência do *Zhuangzi* ao "Matusalém chinês" Pengzu (que, supostamente, teria vivido oitocentos anos) indica que já nos primeiros séculos antes de Cristo a ginástica era considerada apropriada não apenas para salvaguardar a vitalidade natural, mas também para conduzir a uma longevidade de caráter divino. Alguns autores pré-Qin associavam explicitamente a circulação do *qi* à busca pela transcendência[17]. No subsequente período medieval, a eficácia sobrenatural dos exercícios fisiológicos foi ainda mais elaborada, como a ginástica *Daoyin* direcionada para a busca da imortalidade. O taoísmo integrou

15. Ver C. Despeux, Gymnastics: The Ancient Tradition, em L. Kohn (org.), *Taoist Meditation and Longevity Techniques*, p. 249; J. Dudgeon, op. cit., p. 494-500; e J. Needham; Lu Gwei-Djen, op. cit., v. 5, parte V, p. 155.

16. *Chifeng sui*, 2.25a.

17. Considere-se, por exemplo, a seguinte afirmação do capítulo "Treinamento Interior" (*neiye*) do *Guanzi* (aprox. séc. IV a.C.): "concentre o *qi* como se um espírito (*ru shen*), e a miríade de coisas virão residir em si". Ver M.J. Puett, *To Become a God*, p. 115.

宋玄白臥雪
治五穀不消仰面直臥兩
手在脅并肚腹上往來行
功翻江攪海運氣六口

FIG. 31: *Massagem e circulação de* qi *no tratamento da indigestão. Imagem da obra* A Medula da Fênix Vermelha *(Chifeng sui), de 1578.*

a ginástica a outras disciplinas – éticas, rituais, meditativas e alquímicas – que levavam à transcendência. Ainda que mantivessem sua antiga importância terapêutica, os exercícios *Daoyin* eram, agora, parte de um sistema religioso direcionado para a obtenção da vida eterna.

O significado do cultivo fisiológico no taoísmo, em última análise, deriva do papel central do corpo no conceito de imortalidade dessa religião. Como enfatizou Joseph Needham, os chineses não concebem a possibilidade de vida eterna de um espírito desprovido de corpo. Para eles, a libertação assume a forma de uma "imortalidade material" – a vida eterna de uma entidade biológica[18]. Os imortais taoístas (*xian*) não eram seres espirituais. Eles possuíam corpos físicos, ainda que mais refinados que os das criaturas comuns. Por um árduo processo de autocultivo, os imortais transformaram os perecíveis e pesadas partes de seus corpos em substâncias duráveis e leves – tão leves que lhes permitiam voar. Eis, exatamente, porque a vida eterna taoísta não era meramente espiritual, e porque o cultivo meramente espiritual não era suficiente. Para alcançar a libertação era necessário criar dentro do corpo mortal uma nova entidade fisiológica que ascenderia à imortalidade. Explica-se, então, o significado dos exercícios fisiológicos – ginásticos, sexuais, dietéticos e alquímicos[19].

Por que as concepções chinesas de imortalidade diferem das concepções ocidentais? Por que as primeiras visualizam uma "imortalidade material", enquanto as últimas imaginam uma "eternidade espiritual"? As respostas estão relacionadas às concepções fundamentalmente diversas da natureza. Os chineses não estabeleceram uma dicotomia entre espírito e matéria, entre um deus criador e um mundo criado. Para eles, existem apenas gradações de espiritualidade, que separam seres refinados (como os imortais) da matéria grosseira. De outra perspectiva, o corpo continha numerosos espíritos que, acreditava-se, se dispersavam com a morte. Para preservar a identidade pessoal na etapa pós--morte, era necessário preservar o corpo físico que os mantinha reunidos, como observou Henri Maspero:

18. J. Needham; Ling Gwei-Djen, op. cit., v. 2, p. 139-154; e J. Needham; Lu Gwei--Djen, op. cit., v. 5, parte II, p. 71-127.

19. Ver H. Maspero, op. cit., p. 445-448.

GINÁSTICA 213

Se os taoístas, em sua busca por longevidade, conceberam a imortalidade como material e não espiritual, isso não foi uma escolha deliberada entre diferentes soluções possíveis porque, para eles, havia uma única solução possível. O mundo greco-romano cedo adotou o hábito de colocar Espírito e Matéria em oposição, e a forma religiosa que isso assumiu era a concepção de uma alma espiritual conectada a um corpo material. Os chineses, porém, nunca separaram Espírito e Matéria, e, para eles, o mundo era um contínuo entre a vacuidade última, em uma extremidade do espectro, e a matéria mais grosseira, na outra; por conta disso, "alma" nunca assumiu o caráter de antítese em relação à matéria. Além disso, havia muitas almas em um único indivíduo para que uma delas servisse para contrabalançar o corpo; havia dois grupos de almas, três superiores (*hun*) e sete inferiores (*po*), e se houvesse diferenças de opinião sobre o que lhes aconteceria no pós-vida, havia a concordância de que elas se separavam na morte. Assim na vida como na morte, essas múltiplas almas eram bastante mal definidas e vagas; depois da morte, quando a obscura pequena tropa de espíritos era dispersa, como ela poderia ser novamente reunida em uma unidade? O corpo, ao contrário, era uma unidade, e servia como lar para esses e outros espíritos. Então, era apenas pela perpetuação do corpo, em uma forma ou outra, que alguém poderia conceber a continuação da personalidade viva como um todo[20].

Isso não significa afirmar que o corpo que viria a gozar do êxtase da eternidade era aquele com o qual as pessoas eram brindadas ao nascer. Ao contrário: os praticantes se esforçavam para criar um novo corpo dentro de seu corpo-padrão. Eles concebiam um embrião luminoso interno que deveria ser libertado de seu confinamento no corpo externo, semelhante a uma cigarra que deixa seu casulo. O corpo interno imortal era muito mais refinado que o corpo externo. Ele era muito semelhante a este, mas em versão sutil. Ainda que devesse ser "espiritual", o embrião espiritual era, em grande medida, construído a partir de elementos constitutivos do corpo externo. O rejuvenescimento biológico era, com efeito, uma pré-condição para o autocultivo taoísta: "A maior parte dos taoístas medievais aspirava à imortalidade", escreve Ana Seidel. "Não havia

20. Citado em J. Needham; Ling Gwei-Djen, op. cit., v. 2, p. 153.

214 O MOSTEIRO DE SHAOLIN

uma mística ao redor de algum tipo de preservação física ou restauração do corpo"[21].

Existiam diversos métodos para a preservação do corpo. Os taoístas foram pioneiros em pesquisas alquímicas laboratoriais acerca de substâncias que poderiam aumentar a vitalidade. Ge Hong (283-343) considerava a ginástica um método inferior, acreditando que o cinábrio (*dan*) podia ser manipulado e transformado em elixir. A prática do *Daoyin* poderia prolongar, em alguns anos, a vida de uma pessoa, ele observou, mas, sem o elixir, seria impossível prevenir a morte. A maior parte dos místicos taoístas, contudo, recomendava a prática de exercícios pelo menos como estágio preparatório para métodos alquímicos e de meditação mais elaborados[22]. Em muitas escolas taoístas, a prática típica consistia no "duplo cultivo", combinando exercícios fisiológicos com técnicas de concentração mental. Na "alquimia interior" (*neidan*) taoísta, o adepto deveria unir meditações elaboradas com métodos de controle do fluxo interno de substâncias corporais – respiração, saliva e sêmen –, fundindo-as, em seu próprio corpo, em um elixir interno. Como observou Joseph Needham, o processo não era puramente mental, posto que tinha um aspecto fisiológico concreto. "Ficou claro", ele escreveu, "que estávamos face a face com um elixir fisiológico (na verdade, de fundo bioquímico), a ser preparado por métodos fisiológicos e não químicos, fora dos constituintes fisiológicos já presentes no organismo"[23].

Um dos mais antigos textos a combinar treinamento fisiológico e meditação foi a *Escritura da Corte Amarela* (*Huang-ting jing*, datada aproximadamente do século III), que, 1300 anos após sua compilação, influenciou as artes marciais do período imperial tardio (lembremos que o provável fundador do *Taiji Quan*, Chen Wangting, aludia à obra como fonte de inspiração). A *Escritura da Corte Amarela* alinha técnicas de circulação da respiração que eram acopladas à visualização das divindades do interior do corpo. Pela nutrição de suas divindades corporais, o adepto estaria habilitado a produzir, em si, um

21. *Chronicle of Taoist Studies*, p. 261.
22. Ver U. Engelhardt, op. cit., p. 77.
23. J. Needham; Lu Gwei-Djen, op. cit., v. 5, parte V, p. 27. Ver ainda A. Seidel, op. cit., p. 264.

GINÁSTICA   215

embrião divino que ascenderia à imortalidade. A linguagem da
escritura é esotérica, descrevendo a circulação fisiológica dos
fluidos corporais como uma jornada celestial através de palácios paradisíacos das divindades corporais internas. Os breves
excertos a seguir (na tradução de Paul Kroll) descrevem o ato
de engolir a saliva seguido pela meditação sobre a figura de
uma deusa do baço (a pessoa dentro da corte amarela):

> A boca é a Piscina de Jade, o Comandante do Grande Acordo.
> Enxague e engula o licor numinoso – calamidades não invadirão;
> O corpo engendrará uma florescência luminosa, o hálito recen-
> dendo a orquídea;
> Ele se volta para trás, extinguindo as cem malignidades – seus
> traços são refinados em jade.
> Cultive isso com prática e atenção, elevando-se rumo ao Palácio
> do Amplo Frio [onde a lua é banhada].
> [...]
> A pessoa na corte amarela veste uma jaqueta damasco-multicor.
> Uma esvoaçante saia de flores roxas, em diáfano cenário de nu-
> vens vaporosas.
> Vermelhão e azul celeste, com cordões, numinosos ramos de
> tranquilo azul[24].

Ainda que tenham permeado a ginástica *Daoyin* com uma
rica linguagem mística, os praticantes taoístas continuaram a
enfatizar o valor terapêutico dos exercícios. Bater os dentes
(*kouchi*), por exemplo, aparece na meditação taoísta como método de convocação das divindades interiores. A prática pode
ser datada já na literatura médica do período Han Ocidental, que a considerava eficaz na prevenção das cáries. Autores
taoístas não duvidavam da eficácia do método de higiene, eles
apenas o complementaram com um elemento espiritual – a religião, ao invés de substituir a medicina, a ela se somava[25].

Além de refinar seu *qi* individual, alguns taoístas buscavam aumentar a própria vitalidade absorvendo o *qi* cósmico.
A cosmologia chinesa reconhecia diversas manifestações do *qi*

---

24. P. Kroll, Body Gods and Inner Vision, em D.S. Lopes (org.), *Religions of China
    in Practice*, p. 153-154. Sobre a *Escritura da Corte Amarela*, ver também I. Ro-
    binet, *Taoist Meditation*, p. 55-96.
25. Ver U. Engelhardt, op. cit., p. 102-103; e D.J. Harper, op. cit., p. 110.

216   O MOSTEIRO DE SHAOLIN

primordial: uma forma feminina (*yin*) e uma forma masculina (*yang*), assim como cinco configurações energéticas conhecidas como "os cinco elementos" (*wuxing*): água, fogo, madeira, metal e terra. Buscando inalar as energias feminina e masculina, uma pessoa deveria voltar o rosto, respectivamente, para a lua e para o sol. Fixando o olhar nas cinco direções, ele ou ela seria igualmente abençoado com a força da madeira (leste), metal (oeste), fogo (sul), água (norte) e terra (centro). A irradiação pelos corpos celestiais combinava procedimentos fisiológicos, meditativos e rituais. Controlando a respiração e engolindo a saliva, praticantes expunham seus corpos aos raios solares. Eles meditavam nas cores produzidas em suas retinas fechadas (pelas pálpebras), e então dirigiam as energias absorvidas para seus órgãos internos. Eles também escreviam o ideograma de "sol" sobre uma folha de papel, que queimavam e misturavam à água. A ingestão de tal poção permitia assimilar a energia luminosa. Evidentemente, o processo de absorção do *qi* cósmico não era desprovido de tonalidade mágica[26].

Métodos de circulação de *qi* estão readquirindo popularidade na China contemporânea, onde são normalmente chamados *Qigong* (termo que poderia ser traduzido como "técnica de *Qi*", "eficácia de *Qi*" ou "habilidade com o *Qi*"). As antigas técnicas chinesas também estão adquirindo popularidade no Ocidente. Ainda que o governo chinês tenha tentado colocar o *Qigong* em termos científicos, dotando-o de uma aura de secular modernidade, sua prática não é desprovida de matizes religiosos. David Palmer argumentou que, apesar dos objetivos expressos do partido, o "*Qigong* se tornou um condutor para a transmissão, modernização e legitimação de conceitos e práticas religiosas dentro do regime comunista"[27]. A religiosidade latente do *Qigong* poderia, inclusive, determinar um zelo messiânico. Tendo nascido dos círculos do *Qigong*, a renomada seita *Falungong* anunciou a iminente chegada do apocalipse[28].

---

26. Ver J. Needham; Lu Gwei-Djen, op. cit., v. 5, parte V, p. 181-184; e H. Maspero, op. cit., p. 506-517.

27. Modernity and Millenarianism in China, *Asian Anthropology*, n. 2, p. 79.

28. Idem, p. 79-109. Ver também N.N. Chen, *Breathing Spaces*, p. 170-184; e K. Miura, The Revival of Qi, *Taoist Meditation and Longevity Techniques*.

GINÁSTICA

O aspecto religioso do *Qigong* é provavelmente devido, ao menos em parte, ao impacto histórico do taoísmo sobre a ginástica *Daoyin*. Ele embutiu nos antigos exercícios de circulação de *qi* um rico vocabulário de transcendência religiosa. Como veremos, a religião viria a exercer influência similar sobre as artes marciais do período imperial tardio. Quando, durante os períodos Ming tardio e Qing inicial, exercícios *Daoyin* foram integrados ao treinamento marcial, eles o coloriram com os tons espirituais do autocultivo taoísta. Embora a linguagem taoísta não se encaixasse no rol das aspirações de todos os artistas marciais, ela ao menos influenciou alguns dos estilos de combate de mãos livres do período imperial tardio.

A SÍNTESE DO PERÍODO MING TARDIO

Ao longo do período medieval, a literatura *Daoyin* não guardou relação com o combate. Preservados no cânone taoísta ou descobertos em escavações arqueológicas, os manuais disponíveis de ginástica e respiração não presumem o aumento das habilidades militares. Suas metas declaradas são duas: saúde e libertação espiritual. Quando o *Daoyin* foi integrado aos emergentes métodos de combate modernos, durante o período Ming tardio e Qing inicial, foi meticulosamente transformado. A antiga tradição de ginástica adquiriu uma dimensão marcial, e as técnicas de luta *quan* foram enriquecidas com significado terapêutico e religioso. Foi estabelecida uma síntese de combate, cura e autocultivo.

Tang Hao foi o primeiro literato a notar a contribuição da ginástica e das técnicas respiratórias para a evolução das artes marciais do período imperial tardio. O *Taiji Quan* do século XVII, ele observou, foi criado pela combinação entre estilos de combate de mãos livres do período Ming com os antigos métodos *Daoyin* de ginástica e respiração:

Taiji Quan é um produto do período de transição Ming-Qing. Ele herdou, desenvolveu e criou uma síntese de vários estilos de mãos livres do período Ming que eram praticados por pessoas comuns e militares, combinando-os com os antigos métodos de ginástica (*Daoyin*) e respiração (*tuna*). Ele absorveu a antiga filosofia material do

218   O MOSTEIRO DE SHAOLIN

yin e *yang*, assim como o conceito fundamental da medicina chinesa
relativo aos meridianos (*jingluo*) [nos quais o *qi* circula], criando uma
técnica de mãos livres que cultivava igualmente o interno e o externo
[...] Depois de integrar os métodos de ginástica e respiração, o *Taiji
Quan* não era meramente apropriado para avançar o movimento das
juntas e músculos, mas também era capaz de coordenar movimento
e respiração, incrementando o desempenho dos órgãos internos [...]
No treinamento de *Taiji Quan*, os três aspectos de consciência, movimento e respiração são harmoniosamente integrados. A aproximação
holística do treinamento e a ênfase sobre a unidade externo-interno
são a característica da prática do *Taiji Quan*[29].

Lin Boyuan argumentou, de forma similar, que a ginástica *Daoyin* transformou as artes marciais do período imperial
tardio. Ao contrário do combate de mãos do período Ming,
destinado exclusivamente à luta, os estilos de mãos livres do
período Qing eram também destinados a curar e a prevenir
doenças. O próprio adjetivo "marcial" é mal colocado, ou limi-
tado, quando aplicado a essa nova síntese. A luta é apenas um
aspecto dos estilos de mãos livres que surgiram na transição
Ming-Qing do século XVII:

Durante o período Ming, os vários estilos de combate de mãos
eram todos unidirecionados, especializados apenas em combate
efetivo. Em contraste, os estilos de *quan* do período Qing enfatiza-
vam um treinamento diverso, criando uma particularmente meti-
culosa síntese com os métodos de *Daoyin* e *Yangsheng* (nutrição
do princípio vital). A integração era motivada por um duplo propósito: em primeiro lugar, ela acrescentava eficácia aos métodos
de combate de mãos livres; em segundo lugar, fortalecia o corpo,
prevenindo e curando doenças [...] A integração generalizada do
treinamento *Daoyin* e da prática marcial demonstra que o reconhecimento da eficácia do *Daoyin* se tornou mais comum. O *Daoyin*
transformou as artes marciais populares em termos de discussões,
métodos de treinamento e objetivos. As artes marciais já não eram
apenas métodos de combate. Elas foram transformadas, para além
disso, em uma atividade física que era praticada de forma diferente,
que aumentava tanto a habilidade quando a força, e queera eficaz
na cura e prevenção de doenças. Evidentemente, nos tempos da

29. Tang Hao; Gu Liuxin, *Taijiquan yanjiu*, p. 5-6.

GINÁSTICA   219

dinastia Qing as artes marciais evoluíram para um método totalmente único de educação física[30].

Ainda que o século XVII tenha sido o ponto de inflexão na
integração entre as técnicas de combate de mãos livres e a ginástica, a síntese não nasceu da noite para o dia. O processo
de combinar ginástica, respiração e combate provavelmente foi
constituído ao longo de muitos séculos. É provável que já em
meados da dinastia Ming (séculos XV e XVI) alguns estilos de
quan tenham incorporado aspectos do *Daoyin*. A integração foi
acelerada com o aparecimento do *Shaolin Quan* e do *Taiji Quan*,
nas últimas décadas de período Ming e no início de Qing (século
XVII), e alcançou a maturidade nos séculos XVIII e XIX, quando
a maioria dos estilos de mãos livres foi colorida por matizes terapêuticos e religiosos. Uma indicação disso é a prevalência, na
literatura Qing, do termo "força interna" (*neili*), que era buscada
pelas "técnicas internas" (*neigong*) de respiração, meditação e
circulação de energia. O manual de Wang Zuyuan, por exemplo, é intitulado *Exposição Ilustrada das Técnicas Internas*, e em
seu prefácio ao manual de Shaolin *Clássico do Combate de Mãos*
(1784), Cao Huandou explica que "a sutileza da aplicação do
método depende inteiramente da força interna"[31].

Uma síntese tripla, religião – cura – combate, é atestada
pela primeira vez em fontes do período Ming tardio. O mais
antigo manual restante a integrar *Daoyin* e *quan* é o *Clássico
da Transformação dos Tendões* (*Yijin Jing*), que, como veremos
a seguir, data provavelmente de 1624. O manual advoga a dupla meta da excelência marcial e da transcendência religiosa,
a qual articula principalmente em termos de imortalidade
taoísta. Os tratados que se seguiram não eram necessariamente
tão explícitos em sua orientação taoísta. Não obstante, a maior
parte deles incorporava ao menos alguns aspectos do *Daoyin*.
Podemos mencionar o *Método de Punhos da Escola Interna*
(1676), de Huang Baijia; os dois manuais Qing de estilo Shaolin, *Clássico do Combate de Mãos* e *Transmissão Secreta dos
Pontos de Acupuntura de Xuanji* (que provavelmente derivam
de uma mesma fonte do século XVII); os escritos militares de

---

30. Lin Boyuan, *Zhongguo tiyu shi*, p. 378-379.
31. *Quan jing, Quan fa beiyao*, prefácio, 1b.

220 O MOSTEIRO DE SHAOLIN

Chang Naizhou (período de maior expressão: 1740); o manual de *Xingyi Quan* do século XVIII, *Forma de Punho da Mente--e-Intenção Seis Harmonias*; e os vários clássicos de *Taiji Quan* do período Qing.

As técnicas respiratórias e de circulação do *qi* aparecem na maioria dos manuais. Esses aspectos da tradição *Daoyin* foram provavelmente integrados a alguns estilos de combate de mãos livres já no período Ming. Um indício é fornecido pela obra "Canção do Punho do Monge de Emei", de Tang Shunzhi (1507-1560). "Ele respira de forma imperceptível, preservando seu *qi* primordial" (*bixi wusheng shenqi shou*)[32]. Na literatura posterior, do período Qing, "cultivo do *qi* se tornou uma expressão--chave. Cao Huandou (século XVIII) afirmava ter alcançado a maestria seguindo a revelação de um sonho: "Eu ponderei a respeito de forma extenuante, até que subitamente sonhei que dois homens idosos me explicavam [...] Meu corpo ganhou flexibilidade e minhas mãos se tornaram mais vivas. Minha mente alcançou a sutileza do 'cultivo do *qi*'"[33]. Chang Naizhou descreveu a sensação do fluxo de *qi* como uma epifania:

É como ser surpreendido em um sonho, subitamente percebendo o Tao, vivenciando uma inesperada sensação de queimação na pele, o frio subindo e provocando um arrepio, ou subitamente cogitando sobre determinada cena. O verdadeiro *qi*, tão turbulento e denso, é como o trovão e o relâmpago subitamente golpeando, ou a fumaça e as chamas de uma fogueira [...] O *qi* se espalha como descarga de canhão ou tiro de besta, golpeando com súbito impacto[34].

Manuais de combate do período Qing estavam mergulhados no vocabulário da circulação de *qi*. Mestres de sucesso eram aqueles que haviam dominado a energia interna e a canalizado para uma ação apropriada. "Fazer um contato poderoso e se tornar um lutador feroz depende da concentração do *qi* do corpo inteiro em um único ponto", afirmava Chang Naizhou[35].

---

32. Tang Shunzhi, *Jingchuan xiansheng wenji*, 2.9a. Ver também Zhou Weiliang, *Zhongguo wushu shi*, p. 91.
33. *Quan jing, Quan fa beiyao*, prefácio, 1b.
34. D. Wile, *T'ai-chi's Ancestors*, p. 100-101; o original é Chang Naizhou, *Chang Shi wuji shu*, 2.21-22.
35. D. Wile, op. cit., p. 93; Chang Naizhou, *Chang Shi wuji shu*, 2.14.

GINÁSTICA   221

A manipulação do *qi* implicava em uma harmonia de mente e
corpo, intenção e movimento. O cultivo do *qi* era uma forma
de concentração mental, sujeitando o corpo à vontade do praticante. A ideia foi expressa poeticamente no clássico de *Taiji
Quan* do período Qing tardio *Canção da Circulação do* Qi *Primordial,* aqui na tradução de Douglas Wile:

A mente (*yi*) e o *qi* são regentes
E os ossos e a carne, ministros,
A cintura e as pernas são comandantes;
As mãos são batedores,
E os olhos e a pele, espiões.
O regente dá ordens e os ministros agem;
Os comandantes dão ordens e o regente age.
Os espiões devem imediatamente se reportar ao comandante,
E o comandante dá ordens às tropas.
Regente e seguidor trabalham juntos;
O de cima e o de baixo atuam em harmonia,
E o corpo inteiro é um único fluxo de *qi*[36].

A ficção espelhou a crença de que o combate efetivo depen-
dia da circulação do *qi*. A *Antologia Classificada de Anedotas*
(*Qing Qing bai lei chao*) se refere a certo Bian Punho-de-Ferro,
que "escolhe uma grande laje de pedra, se posiciona, faz circular o próprio *qi* [*yunqi*] e golpeia. Um ruído ensurdecedor
é ouvido, enquanto a laje de pedra é dividida ao meio"[37]. Memórias do distrito de entretenimento de Tianqiao, em Beijing,
atribuem, de forma semelhante, os feitos dos artistas performáticos à energia interna. A descrição a seguir, de um artista apelidado "Chang, o Estúpido", é notável pela luz que lança sobre a
vida da personagem (ele vendia "Pílulas de Aumento da Força"
a seu público) – e pelo tom cético do narrador:

A arte secreta de Chang, o Estúpido, era quebrar pedras. As
pedras eram grandes, redondas e planas. Antes da apresentação,
seu irmão mais novo, Velho Chang, o Segundo, pegava duas pedras
e batia uma contra a outra, deixando os espectadores escutarem o

36. D. Wile, *Lost T'ai-chi Classics*, p. 56; o original está transcrito na p. 133; a can-
    ção é atribuída a Li Yiyu (1832-1892).
37. *Qing bai lei chao*, 6: 2906.

som. Ele, então, convidava o público para senti-las. Enquanto isso, ao seu lado, Chang fazia o próprio *qi* circular. Com a circulação concluída, Chang tomava a pedra, colocava-a na beirada de um suporte, e procurava pelo exato ponto a ser golpeado. Dois gritos altos – "Ah! Ah!" – eram ouvidos, e sua mão golpeava. Como se respondesse aos seus gritos, a pedra se quebrava. Chang, o Estúpido, podia também perfurar as pedras com os dedos, destruindo-as.

Assim que a apresentação terminava, Chang vendia aos seus espectadores suas "Pílulas de Aumento da Força que Nutrem Tudo". De acordo com ele, o produto era miraculosamente eficiente – não apenas podia fortalecer os tendões e construir os ossos de uma pessoa, como também curava todas as lesões internas e externas, incluindo as resultantes de quedas, brigas, um entorse de cintura ou um peito obstruído. Com efeito, ele próprio se tornara tão poderoso apenas porque consumia as pílulas. É verdade que suas "Pílulas de Aumento de Força que Nutrem Tudo" não possuíam qualquer efeito miraculoso, mas ingeri-las também não causaria grande dano[38].

A energia interna podia ser canalizada não apenas para propósitos ofensivos, mas também para a autodefesa. A habilidade de resistir a um golpe é frequentemente definida em manuais Qing em termos de circulação de *qi*. A obra do início do século XVII, *Clássico da Transformação dos Tendões*, ensina um método sistemático de cultivo do *qi* que resulta em um corpo resiliente no caso de lesões. Os procedimentos de treinamento da circulação do *qi* e massagem incluíam golpear o corpo como objetos cada vez mais duros, como um pilão de madeira, um malho de madeira e um saco de pedregulhos. A expectativa era de que a prática viesse a forjar um corpo "duro como ferro e pedra", a ponto de capacitar seu possuidor a "esmigalhar o cérebro de um tigre com a própria mão" e "cortar o pescoço de um boi com a palma"[39]. Em meados do século XVIII, tais métodos eram comumente praticados, como atesta a ficção vernácula. A obra *História Não Oficial dos Letrados* (*Rulin waishi*), de Wu Jingzi (1701-1754), celebra um valoroso herói que invoca a circulação do *qi* para resistir à tortura[40].

38. *Beijing lao Tianqiao*, p. 23.
39. Ver *Yijin jing* em *Zhongguo chuantong yangsheng zhendian*, p. 224 e 209, respectivamente.
40. Wu Jingzi, *Rulin waishi*, 51.492. As referências ao *qi* e ao *Yijin jing* aparecem em 49.475-476.

GINÁSTICA

Os métodos Qing de fortalecimento do corpo eram conhecidos pelas alcunhas genéricas de "Couraça do Sino de Ouro" (*Jinzhong zhao*) e "Camisa do Tecido de Ferro" (*Tiebu shan*), implicando que seu praticante manipulava seu *qi*, transformando-o em um escudo impenetrável[41]. Havia aqueles, entre a elite burocrática, que acreditavam que tais técnicas poderiam evitar lesões não apenas decorrentes de golpes de mão, mas também de armas de corte. Um funcionário de governo chamado Ruan Zutang (período de maior expressão: 1890), que serviu como atendente local de Xuzhou, Jiangsu, comentou acerca da Couraça do Sino de Ouro: "por onde o *qi* circula, nem mesmo uma violenta estocada pode penetrar. Mas, se a pessoa perde a concentração, então a lâmina entra"[42]. Algumas vezes, os exercícios físicos de enrijecimento eram associados a procedimentos rituais. Alguns artistas marciais reforçavam a eficácia da circulação do *qi* com feitiços, encantamentos e orações a divindades valorosas. Um monge taoísta que se envolveu na Rebelião dos Oito Trigramas (1813) afirmou que praticava a "Couraça do Sino de Ouro" "engolindo amuletos e circulando o próprio *qi*" (*chifu yunqi*)[43]. Da mesma forma, membros da Milícia das Grandes Espadas (final do século XIX) praticavam técnicas respiratórias e golpeavam seus corpos com tijolos ao mesmo tempo em que engoliam amuletos que eram queimados e misturados em água[44]. Fortalecer o corpo era, ao mesmo tempo, uma técnica marcial e um ritual de invulnerabilidade.

A associação entre algumas técnicas de circulação de *qi* e procedimentos de caráter ritual sugere que o conceito de *qi* era ocasionalmente colorido com uma aura sobrenatural. Nós vimos que tal conceito trazia implícitas coisas diferentes para diferentes artistas marciais. Era um método de respiração e uma técnica de concentração mental, e sugeria uma harmonia intenção x ação, assim como uma desimpedida entrega de força. É possível, portanto, que alguns praticantes – especialmente

41. A Camisa do Tecido de Ferro é tema de um conto do irônico Pu Songling (1640-1715); Ver seu Tiebu shan fa em *Liaozhai zhiyi*, 6.757.
42. Citado em J.W. Esherick, *The Origins of the Boxer Uprising*, p. 105.
43. Seu nome era Zhang Luojiao. Ver Cheng Dali, *Qingdai wushu*, p. 72; S. Naquin, *Millenarian Rebellion in China*, p. 30; e J.W. Esherick, op. cit., p. 96-98.
44. Ver J.W. Esherick, op. cit., p. 104-109.

os envolvidos em atividades sectárias – também atribuíssem poderes miraculosos a seu *qi* oculto.

Um líder da fase inicial da Rebelião dos Boxers, um monge budista de nome Xincheng, afirmou categoricamente em 1899: "todo o meu corpo possuía *Qigong* (a eficácia do *qi*); eu podia resistir a lanças e armas de fogo. Quando os poderosos e preciosos [guardiões budistas] possuíam meu corpo, os estrangeiros não podiam se opor a mim"[45]. Aparentemente, para o monge Xincheng, o termo *Qigong* implicava em poderes divinos semelhantes aos das divindades guardiãs que o possuíam. Se uma pessoa fosse atacada, o *qi* poderia torná-la invulnerável às balas.

Se considerarmos o exemplo do monge Xincheng indicativo de outros semelhantes, então a integração treinamento marcial/rituais de invulnerabilidade pode ter sido facilitada pelos extraordinários poderes algumas vezes atribuídos ao *qi*. Sob essa perspectiva, o vocabulário do *Daoyin* (impregnado de religiosidade) pode ter determinado certa distorção mágica em algumas técnicas marciais[46]. A ficção Qing, em todo caso, está repleta de lendas de feitos sobrenaturais que eram realizados por meio dos poderes secretos do *qi*. Consideremos, por exemplo, a seguinte história de um artista marcial que invocava seu *qi* para levitar:

> Liang Fangjun possuía poder divino (*shenli*). Muitas vezes, durante a sesta da tarde, ele se retirava a um cômodo afastado, onde podia se sentar de pernas cruzadas sobre uma cadeira de ferro. Depois de aproximadamente meia hora, podia esticar seus braços, gradualmente elevando a cadeira. A cadeira podia flutuar por muito tempo sobre o chão, e o corpo de Lian não se agitava. Isso se devia à concentração e à circulação do *qi* (*qianqi neiyun*)[47].

A teoria médica chinesa afirma que o *qi* circula por canais específicos denominados *jingluo* (meridianos). Os canais são dotados de cavidades (*xuedao*), que são pontos sensíveis ao

---

45. Idem, p. 225; o memorial original, produzido pelo magistrado Ji Guifen, aparece em *Shandong jindaishi ziliao*, 3: 192.

46. A respeito da magia no contexto das artes marciais do período imperial tardio, ver Zhou Weiliang, *Zhongguo wushu shi*, p. 92-93; ver também Hao Qin, *Lun wushu wenhua yu zhongguo minjian mimi zongjiao de guanxi*, p. 205-208.

47. *Qing bai lei chao*, 6: 2965.

GINÁSTICA   225

tratamento pela acupuntura. Tal conceito foi adotado por artistas marciais do período imperial tardio, que acreditavam que pontos passíveis de determinar a cura eram, também, suscetíveis a lesões. O significado dos pontos de acupuntura no combate de mãos de Shaolin já havia sido percebido anteriormente. O termo "cavidades" figurava no próprio título do manual Shaolin *Transmissão Secreta de Pontos de Acupuntura das Fórmulas de Combate de Mãos de Xuanji*. Entretanto, o conceito era igualmente importante em outros estilos de mãos livres. Ele figurava com destaque no método de Punhos da Escola Interna (*Neijia Quan*), do período Ming Tardio, cujo expoente mais famoso era Wang Zhengnan (1617-1669). Os dois registros sobreviventes da Escola Interna – o epitáfio de Huang Zongxi para Wang Zhengnan e o *Método de Punhos da Escola Interna* (*Neijia quanfa*, de 1676), de Huang Baijia – detalham algumas das cavidades-alvo. De acordo com Huang Zongxi, "ao golpear oponentes, Wang Zhengnan faz uso de pontos de acupuntura – pontos letais, pontos de emudecimento e pontos de vertigem – tais como os ilustrados nos modelos de bronze dos canais"[48].

A importância dos pontos de acupuntura no combate de mãos nuas é um indício da integração da teoria médica às artes marciais do período imperial tardio. Em alguns estilos de mãos livres, a meta marcial de tonificar o corpo para a batalha é indistinguível do objetivo médico de prevenir doenças. O *Clássico da Transformação dos Tendões*, por exemplo, delineia um método de fortalecimento do corpo alegadamente eficaz contra adversários marciais e doenças. Graças a uma combinação entre circulação de *qi*, massagem e golpes aplicados ao próprio corpo, acreditava-se que o praticante ganharia uma "robustez interna" (*neizhuang*) capaz de eliminar qualquer doença. Medicamentos também figuram no regime de treinamento. O *Clássico da Transformação dos Tendões* fornece receitas específicas para "medicamentos de robustez interna", a serem consumidas junto com a prática dos exercícios físicos[49]. De modo semelhante, outros tratados militares se aproximam da relação

48. D. Wile, *T'ai Chi's Ancestors*, p. 54; o original é Huang Zongxi, *Nanlei wending"*, 8.129. Ver também Huang Baijia, *Neijia quanfa*, 1b, tradução de D. Wile, *T'ai Chi's Ancestors*, p. 59.
49. "Yijin jing", em *Zhongguo chuantong yangsheng zhendian*, p. 215-216.

entre teoria médica e produção de drogas. O segundo fascículo de *Transmissão Secreta de Pontos de Acupuntura das Fórmulas de Combate de Mãos de Xuanji* é intitulado "O Volume Secreto do Tratamento de Cortes por Arma, Lesões de Combate e Ossos Quebrados". Além de enumerar tratamentos de emergência para uma variedade de ferimentos, a obra também discute moxabustão e as formas de tomar o pulso[50].

As orientações dos manuais médicos eram moldadas pelas expectativas terapêuticas dos praticantes. Nós iniciamos este capítulo com uma personagem do século XIX, Wang Zuyuan, cuja jornada marcial a Shaolin teve origem na preocupação paterna com sua saúde. Um século antes, a prática de combate Shaolin por Cao Huandou fora motivada, ao menos em parte, por considerações médicas. Em seu prefácio ao *Clássico do Combate de Mãos* (1784), Cao alude à sua persistente doença[51]. Se, contudo, o treinamento marcial de Cao poderia fornecer uma autocura, então ele próprio poderia facilmente tratar outras pessoas. O século XVII testemunhou o aparecimento do artista marcial-médico. Ele, que podia desarticular um corpo, presumivelmente também poderia rearticulá-lo. Em alguns casos, somente o artista marcial poderia restaurar a saúde de suas vítimas, já que apenas ele possuía o antídoto para a lesão provocada. Nós ouvimos que um dos adversários de Wang Zhengnan readquiriu a habilidade de urinar apenas depois de pedir desculpas ao mestre, que o curou[52]. As biografias de outros artistas marciais aludem, de modo semelhante, a atividades terapêuticas. Gan Fengchi (período de maior expressão: 1730) era um famoso artista marcial de Nanjing que, acreditava-se, era capaz de liquefazer chumbo com as mãos nuas. De acordo com o *Esboço da História de Qing*, Gan curava pacientes sentando-se a seu lado e emitindo sua energia interna para dentro de seus corpos. Algumas décadas mais tarde, o líder da Rebelião do Lótus Branco (1774), Wang Lun, ganhava a vida de forma itinerante ensinando artes marciais e métodos do cura[53]. O artista marcial do período

50. *Xuanji mishou*, capítulo 2.
51. *Quan Jing, Quan fa beiyao*, prefácio, 1b.
52. Ver D. Wile, *T'ai Chi's Ancestors*, p. 55.
53. Ver respectivamente *Qing shi gao*, 505.13922; e S. Naquin, *Shantung Rebellion*, p. 38.

Qing era um especialista no corpo humano, o qual ele poderia igualmente ferir e curar.

A formulação das técnicas de combate em termos emprestados da medicina chinesa foi um dos aspectos do impulso de teorização que caracterizou as artes marciais do período imperial tardio. Começando no período Ming tardio, muitos autores já não se contentavam em apenas descrever os movimentos dos membros. Com efeito, eles embutiram as posturas de combate nos ricos vocabulários da medicina, religião e filosofia. Artistas marciais identificavam em seus próprios corpos as forças universais do *yin* e *yang*, os cinco elementos e os oito trigramas, investindo as artes marciais de uma dimensão cosmológica. A intrincada dialética de *yin* e *yang* servia, em todos os estilos de *quan*, para iluminar os conceitos gêmeos ataque x defesa, retração x expansão, fechado x aberto, suave x forte. O *Xingyi Quan* identifica as cinco técnicas de ataque – Punho Rachador (*Piquan*), Punho Perfurador (*Zuanquan*), Punho Colisor (*Bengquan*), Punho Explosivo (*Paoquan*) e Punho Tosador (*Hengquan*) – aos cinco elementos – metal, água, madeira, fogo e água –, respectivamente; e, como o próprio nome indica, a Palma dos Oito Trigramas (*Bagua zhang*) evolui em um movimento concêntrico calcado nas oito configurações descritas no *Clássico das Mutações* (*Yijing*).[54]

A identidade de um microcosmo e de um macrocosmo que caracteriza boa parte do pensamento chinês permitiu aos artistas marciais reordenarem o processo de evolução cósmica em seus próprios corpos. Iniciando com o *Clássico das Mutações*, nos primeiros séculos a.C. e culminando com o "Diagrama do Supremo Pináculo" (*Taiji tu*), a filosofia chinesa usualmente descreve a história do universo em termos de diferenciação de uma unidade suprema chamada *taiji* (o "supremo pináculo"). Nesse processo de criação, muitos estágios ou forças eram identificáveis, incluindo o *yin* e o *yang,* os cinco elementos e os oito trigramas. Em estilos do período Qing, como o *Taiji Quan* – conscientemente batizado a partir da cosmologia –, o praticante repetia o processo de evolução natural a partir de um conjunto pré-definido de movimentos. A rotina de treina-

---

54. Ver Zhou Weiliang, *Zhongguo wushu shi*, p. 98; e *Zhongguo wushu baike Quanshu*, p. 18-21.

mento era aberta na quietude do *taiji* primordial, caminhava pela evolução interna de *yin* e *yang*, pelos cinco elementos e oito trigramas e seguia até a profusão inumerável de fenômenos. Ao invés de estacionar nesse estado de multiplicidade, o artista marcial, então, voltava ao tempo da origem do universo, partindo da miríade de fenômenos aos oito trigramas, voltando aos dois princípios cósmicos *yin* e *yang* e culminando na tranquilidade do *taiji*.

Já no período Ming o conceito de cinco elementos foi incorporado à literatura das artes marciais. Ele aparece, por exemplo, na discussão sobre combate de lança feita por Tang Shunzhi (1507-1560)[55]. Contudo, o completo reordenamento da evolução cósmica dentro das artes marciais provavelmente não se deu antes do período Qing. Entre os mais antigos registros está o manual de Yang Bing sobre Punho da Flor de Ameixeira "Introdução à Prática Marcial" (1742), no qual o autor cita textualmente trechos do *Clássico das Mutações*: "no *Clássico das Mutações* aparece o supremo pináculo [*taiji*], que produziu as duas formas. Essas duas formas produziram os quatro emblemas, e esses quatro emblemas produziram os oito trigramas"[56]. Muitas décadas mais tarde, Wang Zongyue (período de maior expressão: 1780) repetia, em seus textos sobre *Taiji Quan*, a versão integral da criação cósmica tal como ela havia sido formulada pelo pensador Zhou Dunyi, da dinastia Song. Wang identificou posturas específicas do *Taiji Quan* com os estágios evolutivos do *yin* e do *yang*, com os cinco elementos e com os oito trigramas[57].

Assim, a cosmologia chinesa enriqueceu as artes marciais com o vocabulário da união mística. Praticantes reordenaram o processo de diferenciação cósmica, revertendo-a em seguida para alcançar unidade com a unidade primordial do *taiji*. Sua meta espiritual foi explicitamente colocada em manuais do

55. Ver Zhou Weiliang, *Zhongguo wushu shi*, p. 98.
56. Comparar o "Xiwu xu", em *Yihequan yundong qiyuan tansuo*, p. 168, com o "Yijing", "Xici shang", XI. Minha tradução segue a de Derk Bodde em Fung YuLan, *History of Chinese Philosophy*, v. 2, p. 438. Ver também Zhou Weiliang, *Zhongguo wushu shi*, p. 98.
57. Ver os escritos de Wang em *Taijiquan pu*, p. 24, 30. Ver também Tang Hao; Gu Liuxin, *Taijiquan yanjiu*, p. 184; Zhou Weiliang, *Zhongguo wushu shi*, p. 98; e *Zhongguo wushu baike quanshu*, p. 19.

GINÁSTICA   229

período Qing tardio, como é o caso do seguinte clássico de
Taiji Quan traduzido por Douglas Wile:

Os ouvidos e olhos, mãos e pés, sendo divididos em pares, são
como *yin* e *yang*, e sua congregação em um é como o *taiji*. Assim,
o externo se torna concentrado no interno, e o interno se expressa
externamente. Nesse caminho nós desenvolvemos o dentro e o fora,
o fino e o grosseiro, e com penetrante compreensão imaginamos o
trabalho dos sábios. Sabedoria e conhecimento, sapiência e imortalidade, isso é o que queremos dizer ao cumprir nossa natureza in-
trínseca e criar vida. Nisso reside a perfeição do espírito e a divina
transformação. O caminho do paraíso e o caminho da humanidade
são simples sinceridade[58].

O vocabulário cosmológico da união mística foi acompanhado pela linguagem taoísta da imortalidade. Ao menos alguns
dos artistas marciais do período Qing empregavam a terminologia taoísta da "alquimia interna" (*neidan*) em seus tratados
militares. Eles descreveram o poder marcial como subproduto
de um elixir interno que levava à imortalidade. Chang Naizhou
foi ainda mais longe, ao afirmar que essa "alquimia interior" era
o fundamento do treinamento marcial e que seguia o esquema
taoísta de três etapas de fusão do elixir interno: a primeira, de
refinar a essência (*jing*) e transmutá-la em respiração (*qi*); a segunda, de refinar a respiração e transmutá-la em espírito (*shen*);
e a terceira, de refinar o espírito e fazer com que ele retornasse
ao vazio primordial (*xu*). Essas mesmas etapas aparecem em
alguns outros manuais de *Xingyi Quan*[59].

Antes de examinarmos dois textos que ilustram o impacto
da ginástica sobre as artes marciais do período imperial tardio, é necessário fazer uma consideração. Eu afirmei que as
fundações dos estilos de mãos livres do período imperial tardio – como *Shaolin Quan*, *Taiji Quan* e *Xingyi Quan* – foram
estabelecidas durante o período Ming Tardio e Qing inicial por

58. D. Wile, *Lost T'ai-chi Classics*, p. 89; o original está transcrito na p. 153.
59. Ver Chang Naizhou, *Chang Shi wuji shu*, 3.35-36; e D. Wile, *T'ai-chi's Ancestors*, p. 111-112. Chang transmutou a forma (*xing*) em respiração, ao invés de
transmutar essência em respiração. Sobre os três estágios da "alquimia interna"
taoísta, ver F. Predagio; L. Skar, Inner Alchemy, em L. Kohn (org.), *Daoism
Handbook*, p. 489-490. Sobre a "alquimia interna" e Xingyi Quan, ver Cao
Zhiqing, citado em Liu Junxiang, *Dongfang renti wenhua*, p. 254-255.

230 O MOSTEIRO DE SHAOLIN

meio da integração do combate de mãos Ming com uma antiga tradição de ginástica amplamente envolvida com o contexto taoísta. Isso não significa afirmar, porém, que aspectos relacionados à ginástica *Daoyin* ou ao pensamento cosmológico não aparecem em algumas técnicas de combate já em tempos mais antigos. Uma pesquisa a respeito das técnicas de guerra na China clássica vai além do escopo do presente estudo. A esgrima, contudo, merece breve menção.

Literatos têm apontado o significado da espada no ritual taoísta. Já nos primeiros séculos d.C., monges taoístas atribuíam poderes mágicos às lâminas que empregavam como instrumentos litúrgicos. Consideradas a encarnação de dragões, tais espadas poderiam voar, e eram vistas como eficazes contra criaturas aquáticas; Ge Hong (282-343) recomendava o punhal como talismã contra dragões, crocodilos e seres de natureza semelhante[60]. O papel da espada em rituais de exorcismo era complementado por elaboradas cerimônias que acompanhavam sua produção. O forjamento de uma lâmina divina era conduzido de acordo com intrincadas regras rituais semelhantes àquelas relacionadas à produção de um elixir. Espadas preciosas, além disso, figuravam na relação entre o monge e o governante. O patriarca de Shangqing, Sima Chengzhen (647-735) presenteou seu patrono, o imperador Zuanzong (de Tang), com treze espadas divinas, cada uma gravada com o nome de uma divindade específica[61].

Até hoje, danças de espada são um elemento integrante do ritual taoísta. Seu objetivo primário é de exorcismo. O manejo de espadas para expulsar demônios purifica o altar no rito fundamental taoísta de oferta (*jiao*). A dança de espada segue minuciosamente uma coreografia previamente estabelecida, que relaciona os passos do monge com os poderes cósmicos. Empunhando sua arma mágica, o monge pronuncia:

---

60. Ver J.R. Ware (trad.), *Alchemy, Medicine, Religion*, p. 294; Cheng Dali, *Zhongguo wushu*, p. 117-118; M. Granet, *Danses et légendes de la Chine ancienne*, p. 496-501; e R.F. Campany, *To Live as Long as Heaven and Earth*, p. 70-72.

61. Ver Zhou Weiliang, *Zhongguo wushu shi*, p. 35; e I. Robinet, Shangqing – Highest Clarity, em L. Kohn (org.), *Daoism Handbook*, p. 219. Ver também as belas reproduções de espadas de rituais taoístas em S. Little; J. Eichman, *Taoism and the Arts of China*, p. 214-217.

GINÁSTICA   231

Eu tomo minha preciosa espada, cujo nome é Fonte do Dragão;
Assim que a desembainho, ela ilumina os Nove Paraísos.
Com o rugido de um tigre, ela vem pelo espaço;
E vai ao alto, rumo ao Grande Vazio.
A Lua e o Sol, vento e nuvens emergem de cada lado;
Auspiciosas nuvens de energia transportam os Oito Imortais.
Quando simples mortais a veem, as calamidades desaparecem;
Quando demônios perversos a escutam, mergulham nas Nove
Fontes.
O Supremo concedeu-me essas instruções secretas:
Caminhando pela constelação, eu circulo ao redor do altar.
O Digno Celestial é Quem Responde, como Sombra à Luz[62].

A possibilidade de uma espada substituir o monge na sepultura é a mais clara indicação da íntima relação entre ambos. O perseguidor da vida eterna poderia simular a própria morte transformando sua espada em uma réplica de seu corpo. Enquanto a arma permanecia sepultada, ele estava liberado para a imortalidade. Instruções detalhadas para a consecução da metamorfose são fornecidas pelas escrituras taoístas, segundo as quais o adepto se dirigia à sua espada: "com você eu substituo minha pessoa, para que meu corpo possa ser invisível; eu estou me ocultando, e você adentrará minha tumba"[63]. Assim, se o bastão era o símbolo do monge budista, a espada era o emblema de sua contraparte taoísta (no Japão, contudo, a situação era diferente, por conta da esgrima que floresceu em um contexto ideológico zen budista)[64].

A centralidade da espada na prática religiosa taoísta pode ter contribuído para a incorporação da ginástica *Daoyin* na esgrima. É provável que, já nos primeiros séculos da Era Comum, métodos de respiração, e possivelmente técnicas de circulação do *qi*, tenham figurado no treinamento de espada. Um indício é fornecido por uma história curta incluída nos *Anais de Wu e Yue* (*Wu Yue chunqiu*, produzida por volta do século II). Seu protagonista é um famoso espadachim que é convidado pelo

62. Ver J. Lagerwey, *Taoist Ritual...*, p. 93.
63. Ver *Yunji qiqian*, 84.7a, tradução de H. Maspero, op. cit., p. 447, n. 6; e Robinet, Metamorphosis and Deliverance from the Corpse in Taoism, *History of Religion*, p. 60-61. No período medieval mais antigo, o bastão podia igualmente servir como o duplo do taoísta; ver R.F. Campany, op. cit., p. 69-70.
64. Ver, por exemplo, Takuan Sôhô, *The Unfettered Mind*.

232   O MOSTEIRO DE SHAOLIN

rei de Yue para instruí-lo na esgrima. A exposição do espadachim sobre a arte é repleta de termos *Daoyin* sobre respiração,
qi e espírito (*shen*), assim como da terminologia cosmológica
de *yin* e *yang*:

> A arte da esgrima é extremamente sutil e ardilosa; seus princípios
> são os mais secretos e profundos. O Tao tem seu portão e sua porta,
> seu *yin* e *yang*. Abra o portão e feche a porta; o *yin* declina e o *yang*
> se eleva. Quando praticando a arte de combate face a face, concentre
> seu espírito internamente e dê a impressão de relaxamento externo.
> Você deve parecer uma mulher modesta e golpear como um tigre
> feroz. Assim como você assume diferentes posturas, regule seu *qi*,
> movendo-se sempre com o espírito (*shen*). Sua habilidade deve ser
> óbvia como o sol e surpreendente como uma lebre que escapa. Seu
> oponente tenta perseguir sua forma e persegue sua sombra, en-
> quanto sua imagem paira sobre a existência e a não existência. A
> respiração se move para dentro e para fora, e não deve ser retida. Se
> você se aproxima de seu oponente verticalmente ou horizontalmente,
> a favor ou contra a corrente, nunca ataque frontalmente. A maestria
> dessa arte permite a uma pessoa combater uma centena, e a uma cen-
> tena combater um milhar. Se Vossa Majestade manifestar o desejo de
> testá-la, posso demonstrar para o seu engrandecimento[65].

A história do espadachim de Yue sugere que a esgrima in-
corporou técnicas respiratórias. Ela pode indicar, ainda, que o
treinamento com espada era considerado por alguns como um
método de cultivo espiritual. Assim como os conceitos de *yin* e
yang poderiam facilitar o estudo da esgrima, a prática desta poderia facilitar a compreensão de princípios cosmológicos. É instru-
tivo, portanto, que a ficção medieval tenha associado a esgrima
às técnicas taoístas de imortalidade. A história Tang *O Velho de
Lanling* (*Lanling laoren*) celebra um mestre da espada cuja demonstração da arte é precedida de um penetrante discurso sobre
"nutrir a vida" (*yangsheng*). O espadachim – o narrador insinua
tratar-se de um monge taoísta – executa uma dança de espada

---

65. *Wu Yue chunqiu zhuzi suoyin*, 9.41-42, tradução de D. Wile, *T'ai Chi's Ances-
    tors*, p. 3-4. Eu substitui "combate face a face" pela expressão "combate de mão
    contra mão", de Wile, por uma questão de clareza, na razão em que *shouzhan*
    se refere a esgrima. Ver também *shouzhan* em *Hanyu dacidian*, v. 6, p. 304-305.
    Em sua forma atual, a história pode datar do período Tang, quando a antologia
    foi revisada. Ver J. Lagerwey, Wu Yüeh ch'un ch'iu, em M. Lowe (org.), *Early
    Chinese Texts*, p. 473-476.

GINÁSTICA

com sete lâminas que, sem esforço, arremessa e agarra no ar. Ele encerra a demonstração arremessando as espadas para o chão, fincando-as no solo na posição das sete estrelas mais brilhantes da constelação da Ursa Maior (as chamadas "Sete Estrelas")[66].

Quando transferimos a atenção da esgrima para o combate de mãos nuas, nossa investigação é dificultada pela escassez de indícios. As literaturas da Era dos Reinos Combatentes e de Han fazem referência, por exemplo, a uma técnica de combate chamada *shoubo* (literalmente, "combate de mão"), que é vista por alguns literatos como antecessora das técnicas de *quan*. O *shoubo* evoluiu, em parte, no contexto de um violento esporte de pugilismo que envolvia o combate entre homens e animais. Com as mãos nuas, os atletas enfrentavam tigres e ursos cujas presas e garras, afirmava-se, eram removidas antes dos combates. Por volta do primeiro século d.C. o *shoubo* já estava provavelmente muito desenvolvido, tanto que aparecia como tema do que pode ter sido um elaborado livro. Em sua *História do [Antigo Período] Han (Hanshu)*, Ban Gu (32-92) menciona um trabalho intitulado *Shoubo* em nada menos do que seis capítulos[67].

Infelizmente, o *Shoubo* listado por Ban Gu desapareceu há muito tempo, e, na sua ausência, as informações disponíveis sobre a arte são muito exíguas. Em minha avaliação pessoal, as referências existentes ao estilo de mãos vazias não a associam com a ginástica *Daoyin*. Contudo, se possuíssemos o manual perdido, essa conclusão poderia ser diferente. Pudemos perceber como a descoberta recente de antigos manuscritos Han lançaram uma importante luz sobre a antiga ginástica. Não é impossível, portanto, que futuras pesquisas arqueológicas ou documentais revelem novos dados sobre o combate de mãos livres. Nós poderemos, ainda, vir a descobrir que as conexões entre combate de mãos livres e a ginástica terapêutica podem ser mais antigas do que as fontes disponíveis permitem afirmar.

66. *Taiping guangji*, 195.1464-1465, e a tradução de J.Y. Liu, *The Chinese Knight--Errant*, p. 93-94.
67. *Hanshu*, 30.1761, 63.2760, 81.3336 e 87.3557. Ver também Ma Mingda, *Shuo jian cong gao*, p. 46-67; e Zhou Weiliang, *Zhongguo wushu shi*, p. 21-22. Durante o período Han, muitas formas de pugilismo chamadas *juedi* (mais tarde conhecidas como *xiangpu*) também foram praticadas. Algumas, aparentemente, se assemelham ao moderno sumô japonês. Ver Zhou Weiliang, *Zhongguo wushu shi*, p. 19-21, 31-33; e Cheng Dali, *Zhongguo wushu*, p. 189-194.

234 O MOSTEIRO DE SHAOLIN

A *EXPOSIÇÃO ILUSTRADA*
DAS TÉCNICAS INTERNAS

Equipados com informações sobre a ginástica *Daoyin*, podemos voltar à obra de Wang Zuyuan, *Exposição Ilustrada das Técnicas Internas* (1882), que demonstra a influência dessa tradição nas artes marciais de Shaolin. Apesar de Wang ter a impressão de que os métodos Shaolin que ele estudara eram originários do próprio mosteiro, todos eles podem ser detectados em manuais mais antigos de ginástica e respiração. As muitas rotinas de treinamento presentes na *Exposição Ilustrada* – como sua fonte imediata, *Técnicas Essenciais de Preservação da Vida* – derivam de tratados sobre *Daoyin* permeados por um vocabulário taoísta. Seguindo Tang Hao, ilustrarei o *pedigree Daoyin* das técnicas enunciadas por Wang a partir de seu "Brocado de Doze Seções" (*Shier duan jin*), que, como o próprio nome indica, incluía doze exercícios. Os cinco primeiros são apresentados a seguir:

1. *Você está sentado, seus olhos estão fechados e sua mente, obscura* (mingxin). *Cerre seus punhos* (wogu) *contemplando quietamente as divindades*[68].

   Sente-se com as pernas cruzadas, fechando bem os olhos e clareando a mente de todos os pensamentos. Quando sentado, retifique sua espinha: o peito não deve estar tombado; o corpo não deve estar dobrado. *Cerrando os punhos*: ao cerrar firmemente os punhos, você será capaz de fechar o portal e expulsar os demônios. *Contemplando quietamente*: ao cessar todos os pensamentos, você irá visualizar as divindades (*cunshen*).

2. *Bata seus dentes* (kouchi) *36 vezes. Abrace* kunlun *com ambas as mãos*[69]:

   Bata os dentes de cima contra os de baixo, fazendo um ruído. Repita 36 vezes. Ao bater os dentes, você vai acomodar as divin-

---

68. A sentença é repleta de termos técnicos taoístas para meditação: *mingxin* significa "limpar a mente de todos os pensamentos"; *wogu* significa "cerrar o punho", usualmente pela pressão do polegar contra a seção média do dedo médio, envolvendo-o com os outros dedos; *jingsi* é a visualização silenciosa. Ver *Zhonghua Daojiao da cidian*, p. 980 e 983, respectivamente. Sobre *wogu*, ver também U. Engelhardt, op. cit., p. 103.

69. A cosmologia taoísta identifica a cabeça com a morada dos imortais no topo do monte Kunlun, no noroeste da China.

GINÁSTICA 235

dades interiores do corpo, prevenindo sua dispersão. *Kunlun* é a cabeça. Abrace firmemente sua nuca com ambas as mãos, os dez dedos cruzados. Em seguida, cubra firmemente as orelhas com ambas as palmas. Conte silenciosamente nove respirações. Exale e inale gentilmente, sem emitir um som.

3. *Direita e esquerda, toque o tambor celestial [o occipício] audivelmente 24 vezes:*
   Lembre-se de contar nove inalações e nove exalações pelo nariz. Assim que isso tiver sido feito, relaxe os dedos entrecruzados e com ambas as palmas cubra as orelhas. Apoie seu dedo indicador sobre seu dedo médio, pressionando-o firmemente. Com o dedo indicador, percuta repetidas vezes a parte de trás do cérebro. Isso deve soar como um tambor. Repita da mesma maneira com ambas as mãos, percutindo os lados direito e esquerdo 24 vezes cada, em um total de 48 repetições. Novamente, relaxe suas mãos e cerre os punhos.

4. *Chacoalhe ligeiramente o Pilar Celestial:*
   O Pilar Celestial é a nuca. Abaixe sua cabeça e vire o pescoço. Olhe lateralmente sobre o ombro. Então, à esquerda e à direita, balance a cabeça 44 vezes para cada lado.

5. *Deixe o Dragão Vermelho [a língua] avivar a saliva. Gargareje 26 vezes. Quando a Água Divina [saliva] encher a boca, divida cada bocado em três partes e engula. Quando o Dragão [a saliva] se move, o tigre (o qi) naturalmente foge:*
   O Dragão Vermelho é a língua. Pressione seu palato com a língua. Então agite toda a sua boca – para cima, para baixo e para ambos os lados – produzindo saliva naturalmente. Gargareje 26 vezes. A Água Divina é a saliva. Divida-a em três partes e engula, produzindo um gorgolejo. Aquiete a mente e feche os olhos. Guie a saliva engolida diretamente para o "Baixo Campo de Cinábrio", abaixo do umbigo. O Dragão é a saliva. O Tigre é o *qi*. Quando a saliva desce, o *qi* circula naturalmente[70].

Os crânios raspados e os trajes monásticos nos desenhos que acompanham o tratado de Wang (Fig. 32) sugerem uma afiliação budista. Não obstante, mesmo uma leitura rápida

---

70. *Neigong tushuo*, p. 8-12. Minha tradução segue em parte a ordem de Dudgeon (op. cit., p. 375-385) para o "Brocado de Oito Seções".

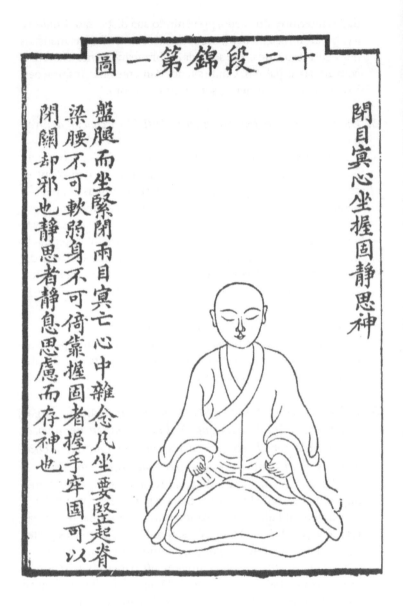

FIG. 32: *O primeiro exercício do "Brocado de Doze Seções", na* Exposição Ilustrada de Wang Zuyuan *(1882). Os polegares encobertos pelos outros dedos – imitando os de um recém-nascido – revelam uma ancestralidade taoísta da técnica.*

GINÁSTICA   237

mostra que os exercícios se originam em uma tradição de ginástica relacionada ao taoísmo. As principais rotinas de *Daoyin*
estão incluídas no "Brocado de Doze Seções". É o caso de bater os dentes e engolir a saliva, respirando e direcionando o *qi*
para o "Baixo Campo de Cinábrio". Além disso, o manual que
Wang obteve no mosteiro de Shaolin apresenta técnicas taoístas de meditação: o método da "mente obscura" (*mingxin*), de
afastamento de todos os pensamentos; a técnica de cerrar os
punhos, encobrindo os polegares de modo a imitar um bebê
recém-nascido (e, assim, expulsar os demônios); e, de forma
mais perceptível, a meditação de "realizar as divindades" (*cunshen*), visualizando as deidades corporais.

Não é de surpreender, portanto, que o "Brocado de Doze
Seções" possa ter sua origem traçada desde manuais de *Daoyin*
mais antigos. "O nome original do método", o texto ressalta,
"era Brocado de Oito Seções (*Baduan jin*)"[71]. Esse método nos
é familiar já na literatura taoísta datada do período Song. Uma
enciclopédia de alquimia interior datada do século XII, *O Eixo do
Caminho* (*Daoshu*, de cerca de 1150), delineia uma antiga versão do exercício[72]. O fato de a técnica ter sido ridicularizada no
próprio período Song talvez seja o melhor indício de sua popularidade. A coleção de saberes populares *Histórias Ouvidas por
Yijian* (*Yijian zi*) se refere a um praticante que aprendeu, para
seu próprio receio, que o "Brocado de Oito Seções" podia levar
à morte prematura. A perturbadora notícia lhe foi dada por seu
servo, ninguém menos do que um sábio taoísta disfarçado[73].

Apesar do aviso dado por Hong Mai no século XII, na China
e no Ocidente o "Brocado de Oito Seções" ainda é muito praticado. O conjunto de exercícios é encontrado em muitas va-
riedades, com as posturas feitas em pé ou com o praticante
sentado[74]. A versão sentada que Wang Zuyuan descreve em

71. *Neigong tushuo*, p. 6.
72. Zeng Zao (período de maior expressão: 1131-1155), *Dao shu*; K. Schipper
    (org.), *Concordance du Tao-tsang* (daqui para frente, "DZ"), 1017, 35.17a
    (Zeng Zao, contudo, não se refere ao nome "Brocado de Oito Seções"). Ver
    também Tang Hao et al., *Baduan jin*, p. 2; e *Zhongguo gudai tiyu shi*, p. 347.
73. Hong Mai, *Yijian zhi*, seção "yi", 9.65-66.
74. Ver Tang Hao et al., *Baduan jin*; e Chen Pengcheng; Feng Wu, The Eight
    -Section Brocade of General Yue Fei, *Kung Fu Tai Chi*. Uma forma Shaolin
    contemporânea do "Brocado de Oito Seções" é delineada em *Chuantong Shao-
    lin quan taolu jiaocheng*, v. 5, p. 296-308.

seu trabalho do século xix pode ser encontrada em um manual Qing anterior, *Ensinamentos da Imortalidade para Beneficiar o Mundo* (*Shou shi chuan zhen*, de 1771), e em dois trabalhos do período Ming, *Oito Tratados sobre a Preservação da Vida* (*Zunsheng bajian*, de 1592), e *A Medula da Fênix Vermelha* (*Chifeng Sui*, de 1578), assim como em uma enciclopédia taoísta do século xii, *Dez Compilações sobre o Cultivo da Perfeição* (*Xiuzhen shishu*, concluída por volta de 1300), na qual os exercícios são acompanhados por ilustrações[75].

A enciclopédia do período Song atribui o "Brocado de Oito Seções" ao par de imortais semidivinos Zhongli Quan e Lü Dongbin, aos quais a mitologia taoísta creditou todo um conjunto de escritos fisiológicos e alquímicos[76].

Assim, o manual de Wang Zuyuan ilustra a profundidade da influência taoísta sobre as artes marciais do período imperial tardio. Por volta do século xix, monges budistas do templo de Shaolin praticavam métodos de ginástica que haviam sido registrados em escrituras surgidas nos círculos taoístas e que eram atribuídas a imortais taoístas.

O *CLÁSSICO DA TRANSFORMAÇÃO DOS TENDÕES*

Uma seção da *Exposição Ilustrada das Técnicas Internas* é intitulada "As Doze Ilustrações do *Clássico da Transformação dos Tendões*"[77]. Ela inclui doze exercícios executados em pé. A primeira forma, chamada "Weituo Oferece sua Clava [Vajra]" (*Weituo xian chu*), foi produzida a partir da iconografia da di-

---

75. Ver Gao Lian, *Zunsheng bajian*, 10.18b-22b, trad. de J. Dudgeon, op. cit., p. 375-385; *Chifeng sui*, 1.45-56, trad. C. Despeux, *La Moelle du phénix rouge*, p. 112-126; e *Xiuzhen shishu*, DZ, 263, 19.1a-5b. A respeito do "Shou shi chuan zhen" (de que não disponho em texto vernacular), ver Tang Hao, *Songshan Shaolin chuanxi de he huiji de ticao*, p. 26-27; e Tang Hao, *Wo Guo tiyu ziliao jieti*, p. 65-67.

76. Os exercícios são atribuídos ao Zhongli Quan em *Xiuzhen shishu*, DZ, 263, 19.1a. Zeng Zao (período de maior expressão: 1131-1155) se refere a Lü Dongbin em um comentário que aparece no mesmo trabalho (23.1b): "O 'Brocado de Oito Seções do Mestre Zhongli' foi escrito em um muro de pedra pela mão do Lorde Lü [Dongbin]; assim, foi transmitido ao mundo". Ver H. Maspero, op. cit., p. 547, nota 16. Sobre o conjunto de literatura atribuído aos dois imortais, ver F. Predagio; L. Skar, op. cit., p. 469.

77. *Neigong tushuo*, p. 47-70, e a tradução de Dudgeon feita a partir de *Weisheng Yijin jing*, de 1875, p. 529-541. Sobre *Weisheng Yijin jing*, ver apêndice, edição n. 4.

GINÁSTICA   239

vindade (compare as Figs. 33 e 34). Weituo foi uma das mais populares divindades tutelares do budismo chinês. Originalmente
um guerreiro hindu – Weituo é uma transcrição imprecisa do
nome sânscrito Skanda –, foi incorporado ao panteão budista
como guardião dos mosteiros, onde sua imagem é usualmente
posicionada em oposição à do Buda Śākyamuni. Diante de seu
superior, Weituo posta as mãos reverentemente, uma palma
contra a outra, mantendo a clava cruzada horizontalmente sobre os cotovelos – como no exercício que tem seu nome[78].

A despeito de sua inegável conexão com a mitologia budista, os exercícios de Weituo também estão relacionados à
ginástica taoísta. A rotina de doze formas reúne os aspectos tí-
picos do *Daoyin* relativos à respiração, ao ato de engolir saliva,
à circulação do *qi* e à reunião dos espíritos internos. De fato,
como todo o texto da *Exposição Ilustrada*, os doze exercícios
não são originários de Shaolin. Como seu título permite ante-
ver, eles derivam do manual Ming tardio *Clássico da Transformação dos Tendões*. Esse documento sobreviveu em algumas
edições (manuscritas e impressas) que atestam sua popularidade no período Qing (ver Apêndice). Os exercícios de Weituo
foram emprestados a uma edição do início do século XIX, uma
vez que não figuram em edições anteriores[79].

A versão original do *Clássico da Transformação dos Tendões* foi provavelmente produzida no início do século XVII.
Como sugeriu Tang Hao, a chave para essa datação é fornecida
por um pós-escrito datado de 1624 que acompanha algumas
edições e é assinado por certo "Coagulação Púrpura, Homem
do Caminho" (*Zi ning daoren*), Zongheng, do monte Tiantai,
em Zhejiang[80]. Nada se sabe sobre Zongheng, e tudo o que

---

78. Ver J. Prip-Møller, *Chinese Buddhist Monasteries*, p. 30, p. 34 e lâmina 38. A
   transcrição errônea é de "Weituo" ao invés de "(Sai) Jiantuo" para o nome
   Skanda; Ver N. Peri, *Le Dieu Weit'ouo*, *Bulletin de l'École Française d'Extrême-
   -Orient*; e M. Strickmann, *Chinese Magical Medicine*, p. 218-227. Ver também R.
   Stein, *The Guardian of the Gate*, em Y. Bonnefoy (org.), *Asian Mythologies*.

79. Os exercícios de Weituo apareceram inicialmente na edição de Daoguang (1821-
   1850) do *Yijin jing*, 2.29b-39b (ver apêndice, edição número 3). Ver também a
   moderna edição da obra, em *Zhongguo chuantong yangsheng zhendian*, p. 225-
   236; e Tang Hao, *Songshan Shaolin chuanxi de he huiji de ticao*, p. 28.

80. Apêndice, ed. 6, p. 37a. Ver também Tang Hao, *Jiu Zhongguo tiyu shi shang
   fuhui de Damo*, parte 1, p. 24; e Gong Pengcheng (que erroneamente colocou
   Songheng ao invés de Zongheng), *Damo Yijin jing lunkao*, p. 73, 80.

FIG. 33: *Estátua de Weituo (Skanda) em Shaolin.*

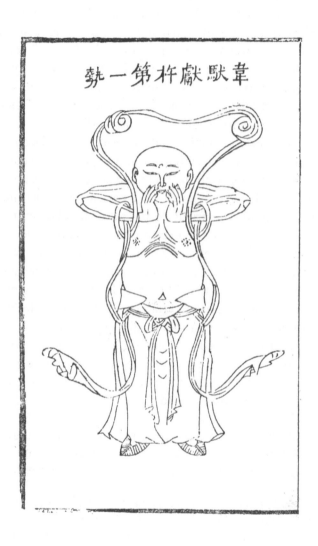

FIG. 34: *"Weituo oferece sua clava [de matar demônios]"*;
edição de Daoguang (1821-1850) do Clássico da Transformação dos Tendões.

242 O MOSTEIRO DE SHAOLIN

podemos inferir a seu respeito advém de sua autopercepção, evidenciada pelo epíteto por ele adotado. Epíteto, aliás, que é marcado por uma ambiguidade talvez intencional e típica do sincretismo religioso Ming. O termo "Homem do Caminho" (*daoren*) era adotado normalmente por monges taoístas, mas poderia indicar também um monge budista, e o monte Tiantai ocupava um lugar de igual proeminência em ambas as religiões. Era o cenário de dezenas de santuários taoístas e budistas, dos quais os mais famosos eram o templo Tongbai (taoísta) e o mosteiro de Guoqing (budista)[81].

Não obstante essa ambiguidade, o termo "Coagulação Púrpura" possui clara relação com o taoísmo. O púrpura é a cor por excelência da mitologia taoísta. É a tonalidade do elixir e, por implicação, a cor de cada divindade, dos palácios divinos (muitos dos quais localizados dentro do corpo) e das sagradas escrituras. Coagulação (*ning*) é um estágio na produção alquímica do elixir, a também designa as técnicas meditativas de consecução do "elixir interno"[82]. Por conta disso, "Coagulação Púrpura, Homem do Caminho" poderia ser entendido como "Elixir Púrpura Taoísta". Esse pseudônimo religioso é certamente justificado pelos ensinamentos do manual. O *Clássico da Transformação dos Tendões* parte da premissa taoísta da transformação interna do corpo. Sua meta é a "robustez interna" (*neizhuang*) que tornará o corpo resiliente aos ferimentos, que eliminará todas as doenças e, em um último grau, levará à imortalidade:

O contraste entre o interno e o externo é o que existe entre a robustez e o enfraquecimento. A diferença entre robustez e enfraquecimento é que aquela dura. Comparando o interno com o externo, o externo pode ser dispensado.

A robustez interna é chamada firmeza (*jian*); a robustez externa é chamada valor (*yong*). Firme e simultaneamente valoroso – assim é algo verdadeiramente valoroso. Valoroso e simultaneamente firme – assim é algo verdadeiramente firme. Firmeza e valor, valor e firmeza – por meio deles, um corpo imperecível de dez mil infinitas eras é obtido. É o corpo de diamante (*jin´gang*; em sânscrito, *vajra*).

81. Zi ning daoren não é mencionado em almanaques Tiantai como o *Tiantai shan quan zhi* ou o *Tongbai shizhi*.

82. Ver, entre outras entradas, "zijin" e "ningshen" no *Zhonghua Daojiao dacidian*, p. 1221 e 1237, respectivamente.

GINÁSTICA   243

Toda prática de robustez interna envolve três princípios: o primeiro é chamado "Guardar o Centro" (*shouzhong*). "Guardar o Centro" nada mais é do que a acumulação de *qi*. O *qi* é acumulado pelos olhos, ouvidos, nariz, língua, corpo e mente (*yi*). A sutileza do método aparentemente reside na seguinte técnica de massagem: durante a massagem, a pessoa deve afrouxar as roupas e se deitar com a barriga para cima. Deve pousar as palmas das mãos entre o peito e o abdômen. Esse é o chamado "centro". O centro é o único lugar onde o *qi* é armazenado. Ele deve ser protegido [...]

O segundo princípio é chamado "Evitar outros pensamentos". No centro do corpo, a essência (*jing*), espírito (*shen*), energia vital (*qi*) e o sangue são incapazes de controlar a si próprios. Via de regra, eles aderem profundamente à mente (*yi*): quando a mente se move, eles se movem; quando a mente permanece estática, eles permanecem estáticos. Quando se pratica "Guardar o Centro", a mente deve seguir as palmas para baixo [na direção do abdômen]. Tal é a forma apropriada [...]

O terceiro princípio é chamado "Manter Cheio". Massageando e armazenando, o *qi* se acumula. Quando o *qi* se acumula, a essência (*jing*), espírito (*shen*) e os vasos sanguíneos o seguem. Ao guardar o *qi* ele não escapa. Ao massageá-lo, ele permanece. Quando o *qi* é armazenado no centro, ele não vaza para os lados. Quando o *qi* se acumula, a força (*li*) naturalmente se acumula; quando o *qi* está repleto, a força naturalmente percorre o corpo inteiro. Isso é o que Mêncio falou: "[O *qi*] ocupa o degrau mais alto, vasto e inflexível, preenchendo o espaço entre o Céu e a Terra. É o meu *qi* como uma inundação"[83].

Apesar de algumas alusões budistas e mesmo confucionistas (no primeiro caso, ao *vajra*; no segundo, o "*qi* como inundação"), a orientação taoísta do texto é plenamente perceptível. "Guardar o Centro" (*shouzhong*) é um método taoísta de meditação interiorizada[84], acompanhada, no caso em estudo, por técnicas *Daoyin* comuns de circulação do *qi* e de massagem. Além disso, a obtenção da "robustez interna" envolve irradiações

---

83. Compare Apêndice, edição 3, 1.8a-10a; Apêndice, edição 6, 1.2b-3b; e *Zhongguo chuantong yangsheng zhendian*, p. 213-214. A referência é a D. C. Lau (trad.), *Mencius*, livro II, parte A, p. 77.

84. O termo aparece já na antiga seção do "Daode jing" (cerca de 400 a.C.). A técnica meditativa é mencionada na enciclopédia taoísta do século XI *Yunji qiqian*, 10.10a. Ela é detalhada na obra de Wu Shouyang (1563-1644) *Xianfo hezong yulu*, 16b-21b.

pelos corpos celestes – da mesma forma como o *Clássico da Transformação dos Tendões* recorre aos métodos medievais taoístas de absorção da energia:

A essência do Sol, o espírito da Lua – essas duas energias cósmicas (*qi*) se misturam, dando origem à miríade de coisas. Entre os antigos, aqueles que tiveram sucesso em absorver essas energias conseguiram, depois de prolongada prática, atingir a imortalidade. O método é secreto, e a maioria das pessoas não o conhece. Mesmo se eles o conhecessem, se lhes faltassem vontade firme e mente constante, estariam gastando o próprio tempo em vão. Portanto, aqueles que chegaram à maestria são poucos.

Todos aqueles que se engajam no treinamento interno, dos primeiros estágios até a maestria na técnica – na verdade, por toda a sua vida (ocupados ou não) – evitam o envolvimento em assuntos mundanos. Se uma pessoa não suspende temporariamente sua prática de absorção, então não deve ser difícil para ela alcançar o caminho dos imortais.

Aqueles que praticam a absorção inalam a essência de *yin* e *yang* para fortalecer sua consciência espiritual (*shenzhi*). Assim, as substâncias estagnadas são gradualmente eliminadas e novas substâncias são criadas a cada dia. A miríade de doenças é prevenida e grandes benefícios são obtidos.

Esse é o método de absorção: a essência solar deve ser inalada no primeiro dia do mês lunar, quando a Lua está em sua fase inicial e seu *qi* foi renovado. É possível, então, inalar a essência do Sol. O espírito da Lua deve ser inalado no décimo quinto dia do mês lunar, quando os elementos metal e água estão em seu nível máximo, e o *qi* lunar é mais próspero. É possível, então, inalar o espírito da Lua[85].

Um século depois de sua compilação, o método enunciado no *Clássico da Transformação dos Tendões* para a construção de um corpo invulnerável continuava sendo muito praticado, como atestam tanto a literatura marcial quanto a ficção popular. Chang Naizhou (período de maior expressão: 1740) aludiu ao manual do período Ming tardio em seus próprios escritos militares, assim como Wu Jingzi (1701-1754) em sua novela *História Não Oficial dos Letrados*. É notável o fato de ambos os

---

85. Compare Apêndice, ed. 3, 1.11a-12a; Apêndice, ed. 6, 1.13a-14a; e *Zhongguo chuantong yangsheng zhendian*, p. 215. Sobre os elementos taoístas no *Clássico da Transformação dos Tendões*, ver Gong Pengcheng, *Damo Yijin jing lunkao*, p. 78-84.

GINÁSTICA 245

autores aparentemente assumirem a familiaridade de seus leitores com os ensinamentos de "Coagulação Púrpura, Homem do Caminho". Chang Naizhou compara seu próprio método externo à técnica interna do *Clássico da Transformação dos Tendões*, e Wu Jingzi atribui a força de seu cavaleiro errante – o protagonista Feng Mingqi – à crença na prática[86]. É talvez digno de nota o fato de essa personagem ter sido moldada a partir do artista marcial histórico Gan Fengchi (período de maior expressão: 1730), que o novelista pode ter conhecido pessoalmente (ambos eram nativos de Nanjing). Já foi observado que Wu pode ter deixado pistas – no caso, o caractere "feng" – da identidade de seu protagonista[87].

O *Clássico da Transformação dos Tendões* é o mais antigo manual ainda existente que atribui à ginástica *Daoyin* um papel marcial. Seu provável autor foi o primeiro a explicitamente associar metas militares, terapêuticas e religiosas em uma rotina de treinamento. Assim, o manual ocupa uma importante posição na história do combate chinês de mãos livres. Da perspectiva do combate Shaolin, contudo, a obra possui outro significado. Embora tenha sido produzida fora do mosteiro, ela formulou uma lenda que acabou sendo adotada pelos próprios monges de Shaolin, de que suas artes marciais haviam sido criadas pelo santo budista Bodhidharma.

A LENDA DE BODHIDHARMA

Já foi observado que a falsificação desempenhou um papel importante no achinesamento do budismo. Já no início do período medieval, autores chineses não mostravam qualquer constrangimento em atribuir os próprios escritos budistas a monges históricos ou ficcionais indianos que supostamente os haviam escrito em sânscrito. Apresentadas como se fossem traduções para o chinês do idioma nativo do próprio Buda, escrituras apócrifas contribuíram para a emergência de um

---

86. Ver, respectivamente, Chang Naizhou, *Chang Shi wuji shu*, p. 38; D. Wile, *T'ai Chi's Ancestors*, p. 113; e Wu Jingzi, *Rulin waishi*, 49.475-476.
87. Ver Gu Liuxin, *Wushu shishang de Gan Fengchi*; e He Zehan, *Rulin waishi renwu benshi kaolüe*, p. 120-124, 136.

O MOSTEIRO DE SHAOLIN

budismo chinês nativo[88]. O fato de o autor do *Clássico da Transformação dos Tendões* atribuir seu manual a um autor (e tradutor) indiano é, portanto, algo que encontra precedentes. O novo, no caso, talvez seja o atrevimento na atribuição. Nada menos do que mil anos separam "Coagulação Púrpura, Homem do Caminho" da pessoa à qual ele atribui seus escritos: Bodhidharma (período de maior expressão: cerca de 500).

A alegação de que o santo indiano escreveu o *Clássico da Transformação dos Tendões* aparece em um elaborado prefácio forjado, assinado pelo renomado general Li Jing (571-649), que liderou o exército Tang em numerosas vitórias na China e na Ásia Central. O general informa que o manual havia sido passado de Bodhidharma a ele por meio de uma cadeia de santos budistas e heróis marciais, e que mesmo suas conquistas militares eram devidas à confiança em seu conteúdo. O prefácio se presta, portanto, a aumentar o prestígio do manual. Ele era a fonte do gênio militar de um famoso general:

Durante o período de reinado (Taihe) do imperador Xiaomingdi (477-499)[89], o Grande Mestre Bodhidharma viajou do Reino de Liang [no sul da China] ao Reino de Wei [no norte]. Ele se colocou diante de uma parede [em meditação] no mosteiro de Shaolin. Um dia, ele se dirigiu aos seus discípulos com as seguintes palavras: "por que cada um de vocês não nos informa o que sabe, para que possamos avaliar seu grau de autocultivo?" Os monges então começaram a falar sobre o que haviam alcançado. O mestre declarou: "Este e aquele vão receber minha pele; este e aquele vão receber minha carne; este e aquele vão receber meus ossos". Apenas a Huike ele disse: "Você vai receber minha medula (*sui*)". Pessoas das gerações seguintes arbitrariamente explicaram essa história como uma metáfora para a profundidade das conquistas espirituais dos discípulos. Elas falharam em perceber o significado das palavras. As palavras do mestre não eram uma metáfora.

Depois que seus nove anos de meditação foram concluídos, o mestre alcançou o Nirvana. Seus restos permanecem sepultados no monte Xionger [na área Oeste de Henan]. Então, carregando um pé de sapato, ele retornou ao oeste. Mais tarde, o muro de tijolos diante do qual ele se colocava para meditar foi danificado pelo vento e pela

88. Ver R. Buswell (org.), *Chinese Buddhist Apocrypha*.
89. O autor confunde o imperador Xiaoming (que reinou de 516 a 528) com o imperador Xiaowen (reinado: 471-499), que proclamou o período Taihe.

GINÁSTICA

chuva. Quando os monges de Shaolin o repararam, descobriram em seu interior uma caixa de metal [...] Escondidos nela estavam dois pergaminhos, um intitulado *Clássico da Limpeza da Medula* (*Xisui jing*) e o outro *Clássico da Transformação dos Tendões* [...]

O *Clássico da Limpeza da Medula* foi entregue a Huike e, junto com sua veste e sua tigela, tornou-se parte de uma transmissão secreta. Pelas gerações seguintes, raramente foi visto. Apenas o *Clássico da Transformação dos Tendões* permaneceu como pedra angular do mosteiro de Shaolin, tornando a virtude do mestre um tesouro eterno. Mas, por ter sido escrito inteiramente na linguagem da Índia, os monges de Shaolin não podiam compreendê-lo inteiramente. Ocasionalmente, um ou outro acabava por compreender vinte ou trinta por cento da obra, ou mesmo quarenta ou cinquenta por cento. Contudo, os segredos que eles descobriam não eram transmitidos oralmente para as futuras gerações. Então, cada monge de Shaolin interpretava e realizava as técnicas do clássico da forma como preferia.

Eventualmente, os monges de Shaolin se desviaram por caminhos secundários e naufragaram em trivialidades. Por conta disso, falharam na tentativa de adentrar o verdadeiro Portal do Darma do Budismo. Até hoje, os monges de Shaolin superam os demais em competições marciais apenas em decorrência de sua limitada compreensão do *Clássico da Transformação dos Tendões*.

Havia entre o grupo de Shaolin um monge de insuperável sabedoria que refletiu sobre o fato de que, se o Grande Mestre Bodhidharma havia deixado uma escritura, ela não poderia conter apenas coisas sem maior significado. Como os monges de Shaolin não conseguiam ler, um tradutor foi encontrado. Assim, ele guardou o *Clássico da Transformação dos Tendões* junto ao peito e viajou para longe, por todas as famosas montanhas. Um dia, chegou à terra de Shu [Sichuan] e escalou o monte Emei, onde encontrou o sagrado monge indiano Pramiti[90]. O monge [Shaolin] falou a Pramiti acerca do *Clássico da Transformação dos Tendões* e explicou o propósito de sua visita, ao que o monge indiano respondeu: "De fato, a transmissão mental do patriarca budista está contida na escritura. Contudo, o texto não pode ser acuradamente traduzido porque a linguagem do Buda é esotérica. Por outro lado, o significado da escritura pode ser revelado. É inteligível às pessoas comuns, levando-as à santidade".

90. O monge histórico Pramiti lançou, em 705, uma tradução chinesa do *Śûraœgama-mahâ-sûtra*. Contudo, como Xu Zhen (1898-1967) observou, não é possível que Pramiti fosse ativo como tradutor oitenta anos mais cedo, antes desse prefácio (datado de 628) foi possivelmente autorizado. Ver Xu Zhen, *Guoji lunlüe*, p. 14.

248   O MOSTEIRO DE SHAOLIN

Então, Pramiti explicou o *Clássico da Transformação dos Tendões* ponto por ponto, e minuciosamente revelou seu significado.

Pramiti convenceu o monge de Shaolin a permanecer na montanha, onde o guiaria no processo de autocultivo. Depois de cem dias, o corpo do monge coagulou na dureza (*ninggu*). Depois de outros cem dias, estava repleto [de força]. Após outros cem dias, estava completamente alongado. Ele havia obtido o que é conhecido como "Robustez do Diamante (*vajra*)". Ele adentrara sem obstruções nos domínios da sabedoria budista. E, de fato, o *Clássico da Transformação dos Tendões* lhe forneceu uma fundação.

O monge de Shaolin decidiu não mais mergulhar nos assuntos mundanos. Assim, seguiu o santo monge [indiano] em uma peregrinação às ilhas sagradas[91]. Ninguém sabe onde ele desapareceu. Xu Hongke o encontrou nos mares, e recebeu sua secreta doutrina. Ele o entregou para o Herói Barbudo, e o Herói Barbudo o entregou para mim[92].

Quando eu coloquei o *Clássico da Transformação dos Tendões* em prática, obtive resultados maravilhosos. Apenas então percebi que suas palavras são autênticas e não vazias. É uma pena eu não ter obtido os segredos do *Clássico da Limpeza da Medula*, caso contrário eu seria hábil em alcançar os domínios do Buda. É igualmente lamentável eu ter falhado em minha resolução e, por conta disso, ao contrário do monge [de Shaolin], permanecer focado em assuntos mundanos. Eu apenas invoquei a insignificante técnica das Seis Flores para dar um nome a mim mesmo[93]. Para sempre me envergonharei disso.

Todavia, desde que o mundo está profundamente familiarizado com os maravilhosos ensinamentos do clássico, eu respeitosamente submeto este prefácio, explicando suas derivações do início ao fim. Eu espero que os leitores se esforcem no caminho da budidade. Eu desejo que eles não se limitem às metas convencionais do mundo humano. Se todos atingirem a budidade, então terão cumprido a proposta que levou o eminente mestre Bodhidharma a escrever

91. Onde, de acordo com a mitologia chinesa, os imortais residem. A edição de 1884, alternativamente, traz, ao invés das "ilhas", o "Puro Reino do Buda Amitâbha".

92. O "Herói Barbudo" (*Qiuran ke*) é o protagonista da história curta, de mesmo nome, produzida no período Tang. Tal história foi atribuída a certo Du Guangting (850-933). Ver a tradução de Cyril Birch, The CurlyBearded Hero, em J. Minford; J.S.M. Lau (orgs.), *Classical Chinese Literature*.

93. A "Formação [ou Técnica] das Seis Flores" (*liuhua zhen*) é atribuída a Li Jing em um clássico militar, *Questões e Respostas entre [o Imperador] Tang Taizong e Li Weigong*, que se propõe a registrar seus diálogos com o imperador Li Shimin. Muitos letrados, contudo, datam o trabalho do período Song do Norte. Ver R.D. Sawyer (trad.), *Seven Military Classics*, p. 339, 341, 344, 345.

GINÁSTICA   249

esse clássico. Se eles pensam que o heroísmo marcial é suficiente para fazer alguém famoso, a história fornece muitos exemplos de heróis desse tipo. Essa não é uma razão suficientemente boa para possuir esse clássico?

Terceiro dia do terceiro mês da primavera, segundo ano do reinado de Zhenguang de Tang (628). Prefácio compilado por Li Jing, Yaoshi[94].

Bibliógrafos do período Qing perceberam rapidamente os vários erros e anacronismos que provaram que esse prefácio era espúrio. Por exemplo, o período de reinado Taihe foi associado ao imperador errado, e o tradutor indiano Pramiti (período de maior expressão: 705) ainda não havia nascido à época em que ele supostamente teria vertido o manual para o chinês. Mais explicitamente, o criador do *Clássico da Transformação dos Tendões* tratou um protagonista ficcional de uma famosa história do período Tang como se ele realmente tivesse existido. O "Herói Barbudo" (*Qiuran ke*) não foi uma figura histórica, e não há possibilidade de ele ter entregue o manual a Li Jing. Evidentemente, "Coagulação Púrpura, Homem do Caminho" não contou sua história direito. O letrado Tingkan (1757-1809), do período Qing, se referiu a ele, com desprezo, como um "ignorante mestre de vila"[95].

Ainda que o compilador do *Clássico da Transformação dos Tendões* evidentemente não tenha tido maior instrução, ele tenta fazer algumas alusões à hagiografia budista. A lenda do retorno de Bodhidharma ao Oeste é mencionada, bem como a conferência de despedida na qual ele entrega sua medula (*sui*) a seu discípulo escolhido Huike. É possível que essa lenda tenha atraído a atenção do autor, porque o termo "medula" figurava no discurso taoísta sobre a transformação corporal interna. Um influente manual de alquimia interna do século XVI, por exemplo, era intitulado *A Medula da Fênix Vermelha* (*Chifeng sui*). A despeito disso, "Coagulação Púrpura, Homem do Caminho"

94. Compare Apêndice, ed. 3, "xu", 1a-3b; Apêndice, ed. 6, "xu", 1a-3b; e *Zhongguo chuantong yangsheng zhendian*, p. 206-208.
95. Ling Tingkan, *Jiaolitang wenji*, 25.17a. Ver também Zhou Zhongfu (1768-1831), *Zheng tang dushu ji*, 68.335; Xu Zhen, *Guoji lunlüe*, p. 14-15; Tang Hao, *Shaolin Wudang kao*, p. 13-20; e Gong Pengcheng, *Damo Yijin jing lunkao*, p. 74-75, 79-80.

250 O MOSTEIRO DE SHAOLIN

traz um Bodhidharma que concede a seu sucessor – junto com o *Clássico da Transformação dos Tendões* – o texto do *Clássico da Limpeza da Medula* (*Xisui jing*). Um texto com esse título (e prefaciado por Huike) foi adicionado a algumas edições do *Clássico da Transformação dos Tendões* por volta do século XIX[96]. Ele claramente contribuiu para a prevalência do termo "medula" no discurso da educação física e do rejuvenescimento nacional do século XX. Reformadores republicanos buscavam revitalizar a "medula" da nação por uma combinação de artes marciais tradicionais e esportes ocidentais[97].

Para o caso de a autoridade de Li Jing não ser suficiente, "Coagulação Púrpura, Homem do Caminho" lançou mão de outro herói nacional para aumentar o prestígio de seu livro. Ele afirma que o grande general Yue Fei (1103-1142), do período Song, foi iniciado nos mistérios do *Clássico da Transformação dos Tendões*. Esse dado é revelado em um segundo prefácio, cuja produção foi incentivada por uma onda de alusões ao patriótico herói na literatura militar do período tardio. Por volta do século XVIII, foi atribuída a Yue Fei a criação do *Xingyi Quan*, e, no século XIX, a invenção do "Brocado de Oito Seções", assim como de técnicas com armas[98]. O prefácio do *Clássico da Transformação dos Tendões* é assinado pelo lugar-tenente histórico de Yue Fei, o general Niu Gao (1087-1147):

Sou um militar. Não posso ler mais do que um único ideograma escrito. Eu gosto de manusear a lança longa e o facão. Evoluir a cavalo e retesar o arco são coisas que me fazem feliz.

Quando as Planícies Centrais foram perdidas [para os jurchens], os imperadores Huizong (reinado de 1101 a 1125) e Qinzong (reinado: 1126) foram levados como prisioneiros para o norte. O príncipe Kang cruzou o rio [para o sul] sobre um cavalo de cerâmica e ocorreram vários desastres em Jiangnan. Eu respondi ao chamado do meu comandante, o guardião menor, marechal de campo Yue Fei, e fui designado seu segundo em comando. Obtive muitas vitórias, após o que fui promovido a general-em-comando.

96. Ele aparece em uma edição de Daoguang (1821-1850) (Apêndice, ed. 3).
97. Ver A.D. Morris, *Marrow of the Nation*, p. 185-229.
98. Ver Matsuda Ryûchi, *Zhongguo wushu shilüe*", p. 135; Tang Hao et al., *Baduan Jin*, p. 1, 42; e "Yue Fei", em *Zhongguo wushu baike quanshu*, p. 531-532.

GINÁSTICA   251

Lembro que há muitos anos, atuando no comando menor da guarda, liderei um ataque e retornei a E [Hubei]. No caminho de retorno, subitamente percebi um monge errante. Sua aparência era sobrenatural, semelhante à dos arhats (*luohan*). Nas mãos, portava uma carta. O monge adentrou o campo e confiou-me a entrega do documento ao guardião menor. Quando eu perguntei seus motivos, ele respondeu: "General! O senhor sabe que o guardião menor possui poder divino (*shenli*)?" Eu respondi que não, mas acrescentei a informação de que vi meu comandante, o guardião menor, tensionar as cordas de cem bestas, algo que uma pessoa comum é incapaz de fazer.

O monge disse: "Você pensa que a divina força do guardião menor lhe foi dada pelo Céu?" Eu respondi que devia ser isso mesmo, ao que ele replicou: "Não, fui eu quem lha deu! Em seus dias de juventude, o guardião menor estudou comigo. Assim que ele obteve poderes extraordinários, eu o exortei a juntar-se a mim na busca pelo Caminho. Ele ainda não estava convencido e decidiu conquistar coisas no mundo humano. Mesmo que ele se torne famoso, será difícil que realize essas metas. É a vontade do Céu. É o destino. Nada pode ser feito quanto a isso! Hoje, o general está em perigo. Possa eu convencer você a entregar-lhe esta carta. Talvez ele faça uma autoavaliação que impeça danos".

Ao escutar as palavras do monge, fiquei completamente perplexo. Perguntei-lhe o nome, mas ele não respondeu. Questionei para onde ele ia, e ele disse: "para o Ocidente, em busca do Mestre Bodhidharma". Eu estava impressionado pela aura divina do monge e sequer pedi que ficasse. Subitamente, desvaneceu como o vento.

O guardião menor recebeu a carta. Ele ainda não havia acabado de ler quando começou a chorar. "Meu Mestre é um monge divino", confiou-me. "Se ele não esperou por mim, isso indica que meu fim está próximo". Então retirou um livro de dentro de suas vestes e o entregou a mim, exortando-me com as seguintes palavras: "Tenha este documento como um tesouro. Escolha um discípulo dedicado e lhe transmita os conteúdos. Não deixe o Portal da Sabedoria do Ingresso no Caminho ser fechado. Se a transmissão do livro cessar, isso representará uma traição ao divino monge".

Antes que muitos meses tivessem passado, o guardião menor caiu vítima, conforme predito, das falsas acusações do perverso primeiro-ministro. Fiquei aflito diante da possibilidade de a injustiça praticada contra o guardião menor não ser corrigida. Hoje, a fama significa menos do que poeira para mim. Por isso, não desejo viver no mundo humano. Eu estimo o comando menor da guarda, e não desejaria negligentemente traí-lo. Lamento que a um militar como

252   O MOSTEIRO DE SHAOLIN

eu falte a devida percepção. Não sei quem, neste mundo, é capaz de se tornar um Buda, e que esteja habilitado a receber este volume. Na medida em que é difícil identificar tal pessoa, também não vejo benefício em uma transmissão aleatória. Hoje, colocarei este volume dentro de um tijolo de muro no monte Song [onde está localizado o mosteiro de Shaolin], permitindo que uma pessoa destinada a alcançar o Caminho o encontre. Tal pessoa o utilizará para abrir o Portal da Sabedoria do Ingresso no Caminho. Assim, esperançoso, estarei livre da culpa de uma transmissão aleatória, e terei condições de encarar o guardião menor no Céu.

Décimo segundo ano do reinado de Shaoxing de Song (1142).

Prefácio compilado pelo resoluto general Niu Gao Hejiu de Tangyin, servindo sob o comando do prisioneiro grande marechal--de-campo, o guadião menor Yue [Fei][99].

O prefácio de Niu Gao é afetado pelos mesmos anacronismos que fizeram os letrados ridicularizar o prefácio de Li Jing. O general não poderia conhecer o nome póstumo sagrado de Qinzong, dado em 1161 (sob o imperador Zhao Huan) – cerca de vinte anos depois de a peça supostamente ter sido escrita[100]. Alguns erros estão relacionados à crença do autor na tradição popular. Sua descrição de Niu Gao como um iletrado – uma impossibilidade no caso de um general chinês (muito mais no caso de um capaz de escrever prefácios!) – deriva de novelas populares nas quais Yue Fei encarna a cultura, enquanto seu inculto lugar-tenente representa as incontidas forças da natureza. Tal imagem reflete a influência de *À Margem das Águas* sobre o ciclo de histórias de Yue Fei, nascido no período Ming tardio. A amizade entre o civilizado Song Jiang e o selvagem Li Kui inspirou a relação entre Yue Fei e Niu Gao mostrada nas narrativas populares que serviram como fonte de inspiração para o *Clássico da Transformação dos Tendões*.

O motivo do "cavalo de cerâmica" do príncipe Kang foi, também, copiado da literatura popular. Segundo uma lenda frequentemente citada na ficção do período Ming, o futuro

99.   Compare Apêndice, ed. 3, "xu", 4a-5b; Apêndice, ed. 6, "shenyong xu", 1a-2a; e *Zhongguo chuantong yangsheng zhendian*, p. 208-209.
100. Ver Ling Tingkan, *Jiaolitang wenji*, 25.16b.

GINÁSTICA 253

imperador da dinastia Song do Sul estava dormindo em um templo em Kaifeng quando o exército Jurchen iniciou a invasão. A divindade local apareceu ao príncipe e instou-o a escapar. "Há um cavalo esperando por você lá fora", disse. O príncipe acordou, correu para fora e encontrou o garanhão prometido. Ele venceu setecentas milhas em um dia e cruzou o rio para o sul, após o que o animal não andou mais. Ao desmontar, o príncipe descobriu que o cavalo era feito de cerâmica[101].

De modo semelhante, o prefácio de Li Jing se baseia na ficção contemporânea: sua lendária "Formação de Seis Flores" (*Liuhua zhen*) foi celebrada em novelas marciais como À *Margem das Águas*, e ele próprio figura em um grande número de romances históricos sobre a passagem dos períodos Sui-Tang, assim como na muito influente novela mitológica *Investidura dos Deuses* (*Fengshen yanyi*)[102]. Xu Hongke foi descrito na tradição Ming-Qing como um monge taoísta dotado de miraculosas habilidades de combate, e mesmo o patriarca indiano foi celebrado na literatura contemporânea. A santidade de Bodhidharma foi objeto de ao menos duas novelas do período Ming: *As Origens de Bodhidharma e a Transmissão do Luzeiro* (*Damo chushen chuangdeng shuan*, do período Wanli – 1573-1619) e *A Conversão do Oriente* (*Dongdu ji*, de 1635)[103].

O *Clássico da Transformação dos Tendões* revela, ainda, uma íntima conexão entre a mitologia das artes marciais e a tradição popular. Suas técnicas de invulnerabilidade são atribuídas a personagens cuja destreza marcial – ou, no caso de Bodhidharma, a santidade – foi celebrada na ficção contemporânea. Em períodos posteriores e de forma semelhante, as artes marciais estiveram relacionadas à cultura popular. Vimos ante-

101. Ver, por exemplo, a referência à lenda na história "Maiyou lang du zhan Huakui" (O Vendedor de Óleo ganha a Rainha das Flores), em Feng Menglong, *Xingshi hengyan*, 3.33.
102. Ver *Shuihu quanzhuan*, 107.1621. Identificado com a divindade budista Vaiśravana (em chinês, Duowentian ou Pishamen), Li Jing aparece no *Fengshen yanyi* (12.101-14.128) como pai de Nezha. Sobre o culto em sua hora no período Tang, ver V. Hansen, *Changing Gods...*, p. 112-113, 186, 191.
103. Ver, por exemplo, o retrato de Xu Hongke na obra de Chu Renhuo (período de maior expressão: 1700), *Sui Tang yanyi*, 24.196-197. Uma terceira novela que apresentou Bodhidharma foi *Biografia de 24 Arhats Iluminados* (*Ershisi zun dedao luohan zhuan*, de 1604). Sobre a presença do patriarca indiano na ficção Ming, ver Durand-Dastès, *Le Roman du maître de dhyâna*, p. 1-243.

riormente que a técnica Qing do "Punho que Confunde" estava associada ao personagem Yan Qing de À *Margem das Águas,* e a outras personagens da mesma novela eram igualmente creditados métodos de combate. Li Kui era celebrado como o criador de uma técnica de machado de batalha, e, como seu nome sugere, o método de pulsos enfaixados de "Wu Song Rompe Algemas" (*Wu Song tuo kao*) foi inspirado por um episódio no qual o algemado herói sobrepuja guardas contratados para matá-lo. Na técnica moderna, os pulsos do artista marcial são amarrados, forçando-o a fazer uso de suas pernas, quadris, ombros e cotovelos[104].

Mesmo tendo lançado mão de heróis marciais como Li Jing e Yue Fei para aumentar o prestígio de sua obra, o autor critica suas deficiências espirituais. Esse desapontamento é verbalizado pelas próprias personagens. É uma pena, Li Jing exclama, que ela tenha permanecido focada em assuntos mundanos, construindo um nome para si unicamente por seus feitos militares. De modo similar, Niu Gao lamenta que Yue Fei tenha falhado ao seguir seu mestre budista na busca da salvação religiosa – tivesse ele acatado o alerta do monge e abandonado a carreira militar, sua vida poderia ter sido salva. O *Clássico da Transformação dos Tendões* é marcado, portanto, por uma tensão entre suas metas de perfeição militar e libertação espiritual. Outros manuais de combate, com efeito, minimizam aqueles que falham em alcançar um fim religioso. Tal sentimento é sugerido, por exemplo, pela admoestação de Cao Huadu àqueles que "esticam os músculos e expõem os ossos, gastam energia e usam força"[105]. Evidentemente, alguns artistas marciais consideravam o aspecto marcial de suas técnicas secundário diante do aspecto espiritual.

O autor critica os próprios monges de Shaolin por falharem no objetivo de desenvolver o potencial espiritual do manual que *ele próprio* havia atribuído a eles. "Se os monges de Shaolin se destacam em competições marciais apenas", observa o prefácio de Li Jing, "isso decorre de sua limitada compreensão do *Clássico da Transformação dos Tendões*". Por que, então, "Coagulação Púrpura, Homem do Caminho" atribui seus ensinamentos ao

104. Ver, respectivamente, G. Ching, Black Whirlwind Axes, *Kungfu Qigong*; e C.K. Leung; TC Media, Wu Song Breaks Manacles, *Kungfu Qigong*.
105. Ver capítulo 5.

GINÁSTICA   255

próprio mosteiro em primeiro lugar? A resposta reside, provavelmente, na fama militar de Shaolin, que inspirou novas técnicas muitas vezes criadas tendo o mosteiro como referência.
Nós vimos no capítulo anterior que inventores marciais normalmente afirmavam ter recebido educação militar em Shaolin
antes de desenvolver suas próprias técnicas marciais superiores.
O *Clássico da Transformação dos Tendões* adota uma estratégia
diferente. Ainda que afirme ter criado um estilo melhor que o
de Shaolin, o autor censura os monges por falharem em compreender e alcançar – algo que ele fez – a profundidade de *seus*
métodos. Partindo dessa perspectiva, o manual forjado fornece
uma medida da fama do mosteiro no século XVII.

Por que "Coagulação Púrpura, Homem do Caminho"
atribui as técnicas do mosteiro de Shaolin a Bodhidharma? É
possível que o mito de origem por ele defendido resulte de des-
conhecimento sobre as condições em Shaolin. Como alguém
de fora do mosteiro, o autor do *Clássico da Transformação dos
Tendões*, não sabia que os monges consideravam Vajrapāni o
progenitor de suas artes marciais. Ele assumiu que suas técnicas de combate eram creditadas a Bodhidharma, personagem
que ele sabia ser a fonte de seus ensinamentos Chan. Ainda
assim, mesmo que uma confusão tenha contribuído para isso,
sua lenda decorre primariamente de sua herança taoísta. Já no
período medieval, autores taoístas atribuíam técnicas de ginástica *Daoyin* ao santo budista. A enciclopédia taoísta *Sete Bilhetes de uma Bolsa Enevoada* (*Yunji qiqian*) inclui um tratado
de respiração embrionária que é atribuído a Bodhidharma, e
a *História de Song* lista dois manuais de respiração e ginástica
(atualmente perdidos) que seriam de sua autoria: *A Fórmula
da Respiração Embrionária de Bodhidharma* (*Putidamo taixi
jue*) e *O Método de Visualização do Monge Bodhidharma* (*Seng
Putidamo cunxiang fa*)[106]. O santo indiano da literatura taoísta

---

106. Ver *Yunji qiqian*, 59.12b-15b; e *Songshi*, 205.5185, 205.5188. Um terceiro manual
    referido pelo "Songshi" e que pode ter sido informado por crentes taoístas é *A
    Teoria de Bodhidharma para os Vasos Sanguíneos [como Registrado] pelo Monge
    Huike* (*Seng Huike Damo xuemai un*); a exceção é feita a um trabalho de título
    muito semelhante que chegou aos nossos dias, mas que não possui traços taoís-
    tas. Ver *Damo dashi xuemai lun* (*A Teoria dos Vasos Sanguíneos do Grande Mestre
    Bodhidharma*, prefácio 1153), edição ZZ. Outro texto de inspiração taoísta que
    traz o nome do santo budista é *Métodos do Grande Mestre Bodhidharma para o*

deve ter angariado considerável popularidade, como é sugerido pelas críticas a ele direcionadas. O monge Pudu (1255-1330), da dinastia Yuan, alertava seus devotos para que não consumissem escrituras falsas [atribuídas a] Bodhidharma[107].

Autores taoístas podem ter aludido a Bodhidharma em função de sua posição como patriarca de uma escola que influenciou seus ensinamentos. É sabido que o budismo Chan contribuiu para a evolução da meditação taoísta, especialmente em círculos devotados à alquimia interna. Um estágio do processo de alquimia interior é conhecido como "Barreira dos Nove Anos", em referência à lenda que narra os nove anos passados por Bodhidharma em meditação diante de uma parede[108]. Ainda assim, além de ser um símbolo do budismo Chan, o monge estrangeiro pode ter representado a distante influência indiana. Nesse caso, a atribuição de exercícios Daoyin a Bodhidharma pode refletir a crença dos autores na possível contribuição de técnicas da ioga à ginástica taoísta. Estudiosos observaram que empréstimos mútuos entre a ginástica Daoyin e a ioga indiana não são implausíveis. Alguns textos do período Tang mencionam a "Ginástica Bramâmica" (Poluomen Daoyin), assim como a "Massagem Indiana" (Tianzhu anmo). Contudo, a indicação dos elementos da tradição indiana que podem ter influenciado a ginástica chinesa ou qual a extensão dessa contribuição são coisas que estão além do escopo deste estudo[109].

Conhecimento do Tempo de Vida de Uma Pessoa (Damo dashi zhi siqi), que também ficou conhecido no Japão por volta do século XII. Foi incluído, entre outras fontes, na enciclopédia Tendai Keiran shûyô shû, T, n. 2410, 76: 781, e traduzido por Faure em Rhetoric of Immediacy, pp. 184-187. O texto é claramente relacionado à "Coleção do Retorno do Vazio" (Guikong lun), que foi desprezado como falsificação pelo monge Pudu, do período Yuan. Ver ter Haar, White Lotus Teachings, p. 103. Alguns letrados identificaram Bodhidharma no diagrama taoísta da circulação interna, o "Neijing tu", gravado em 1886 em uma estela no Templo das Nuvens Brancas, em Beijing. A estela mostra um "monge estrangeiro de olhos azuis", apelido pelo qual o santo é algumas vezes referido. Ver B.J. Needham; Lu Gwei-Djen, op. cit., v. 5, parte V, p. 116. David Wang questionou essa identificação, sugerindo que o "monge de olhos azuis" é, no caso em questão, Milefo (Maitreya); ver seu Nei jing Tu, p. 146, 149.

107. B.J. ter Haar, op. cit., p. 101-106.
108. Ver F. Predagio; L. Skar, op. cit., p. 490. Ver também Yao Tao-Chung, Quanzhen-Complete Perfection, em L. Kohn (org.), Daoism Handbook, p. 588-589.
109. Ver, por exemplo, o escrito Shesheng zuanlu, do período Tang, DZ, 578,p. 2a-3a. Ver também C. Despeux, Gymnastics, em L. Kohn (org.), Taoist Meditation and Longevity Techniques, p. 231-232. O fato de o Daoyin ser anterior à chegada do

GINÁSTICA   257

Seja qual for a razão do interesse taoísta pelo santo budista, os monges de Shaolin jamais o associaram com suas artes marciais. Ao longo de todo o século XVII eles estabeleceram uma clara distinção entre Bodhidharma, a quem veneravam como patriarca da Escola Chan, e Vajrapāni, a quem veneravam como o progenitor divino de suas técnicas de combate. Não foi senão tardiamente, no período Qing médio, que os monges de Shaolin gradualmente absorveram a lenda taoísta do mestre da Escola Chan como fonte de sua tradição marcial. Como o *Clássico da Transformação dos Tendões* se tornou bastante popular entre os círculos militares, e como os próprios monges começaram a praticar as técnicas nele inscritas, eles também passaram a atribuir seus métodos ao santo indiano. Os doze exercícios de Weituo foram atribuídos a Bodhidharma por volta da década de 1850 (quando Wang Zuyuan os obteve no templo), e muitas décadas depois outra rotina de treinamento, o "Punho dos Dezoito Arhats" (*Shiba Luohan shou*), lhe foi igualmente atribuída[110]. Atualmente, o arsenal de Shaolin possui uma arma que traz o nome do santo: trata-se da "bengala de Bodhidharma" (*Damo zhang*), instrumento em forma de T cuja extremidade da seção mais longa é muitas vezes dotada de uma ponta de ferro (Fig. 35)[111].

Para além de sua associação com técnicas e armas específicas, Bodhidharma gradualmente emergiu como o grande ancestral da tradição marcial de Shaolin. Ainda que seguissem atribuindo a Vajrapāni seu método de bastão, na imaginação da maioria dos monges o santo indiano se sobrepunha à divindade indiana como fonte de sua vocação militar. Tal percepção encontra eco na ficção popular a partir de *As Viagens de Lao*

budismo à China coloca uma dificuldade na avaliação de influências indianas. Os elementos principais da tradição, como respiração, circulação de *qi* e movimentos dos membros já estavam firmemente estabelecidos por volta do século II a.C.; ver J. Needham; Lu Gwei-Djen, op. cit., v. 5, parte v, p. 280-283.

110. Ver, respectivamente, *Neigong tushuo*, p. 70, e Tang Hao, *Jiu Zhongguo tiyu shi shang fuhui de Damo*, parte 2, p. 27-37. Tang demonstra que a antiga associação do "Punho dos 18 Arhats" com o templo de Shaolin foi feita na obra *Técnicas Autênticas de Shaolin* (*Shaolin zongfa*), de 1911, que serviu como fonte para *Fórmulas Secretas do Método de Combate de Mãos de Shaolin* (*Shaolin quanshu mijue*), de 1915.

111. Ver G. Ching, Bodhidharma's Legendary Fighting Cane, *Kungfu Qigong*. Resta investigar quando a arma foi inventada.

FIG. 35: A *"Bengala de Bodhidharma" (cortesia da revista* Kung Fu Tai Chi*)*.

GINÁSTICA   259

Can, de Liu Tieyun (1857-1909), obra que conectou a origem do combate de mãos de Shaolin a Huike e ao patriarca indiano[112]. Gradualmente, os monges de Shaolin passaram a aceitar a lenda taoísta de Bodhidharma como progenitor das artes marciais.

SINCRETISMO RELIGIOSO E ARTES MARCIAIS

O fato de as artes marciais do templo budista de Shaolin terem sido atribuídas a um santo budista por uma fonte taoísta dá a exata medida do sincretismo religioso durante o período Ming. "As três religiões unidas em uma" (*Sanjiao heyi*) era o *slogan* do período Ming tardio, que vivenciou a tolerância e empréstimos semânticos entre confucionismo, budismo e taoísmo. Para ser mais exato, vale observar que a tendência de encontrar pontos de contato nas três religiões já existia em tempos mais antigos. Ainda assim, durante os séculos XVI e XVII o impulso de sincretismo alcançou uma importância sem precedentes, abarcando toda a sociedade, de populares que veneravam divindades das três religiões em um mesmo altar a intelectuais que argumentavam que as três fés não eram senão diferentes caminhos para a mesma verdade suprema. O neoconfucionista Jiao Hong (1540-1620) advogava o estudo das escrituras taoístas e budistas como caminho para a elucidação do significado dos clássicos confucionistas, e Lin Zhaoen (1517-1598) avançou ainda mais ao argumentar que as três religiões eram equivalentes e, mesmo, intercambiáveis[113]. O espírito da época certamente foi adotado por "Coagulação Púrpura, Homem do Caminho", cuja meta espiritual era colocada tanto em termos de imortalidade quanto de "budidade". Seu pós-escrito para o *Clássico da Transformação dos Tendões* é típico, estando direcionado tanto a leitores taoístas como a budistas:

> Eu tenho estudado o *Clássico da Transformação dos Tendões* porque imagino que nas duas escolas, do budismo e do taoísmo, aqueles

112. Liu T'iehyün (Liu E), *The Travels of Lao Ts'an*, p. 73 e 248, notas 4 e 5. A relevância de Shaolin foi percebida inicialmente por S.E. Henning, Reflections on a Visit to the Shaolin Monastery, *Journal of Asian Martial Arts*, p. 100.

113. Ver T. Brook, Rethinking Syncretism, *Journal of Chinese Religions*, p. 22; e J.A. Berling, *The Syncretic Religion of Lin Chao-en*.

260 O MOSTEIRO DE SHAOLIN

que procuram o Caminho são tão numerosos quanto os pelos de um boi, mas os que chegam à resposta são tão raros quanto o chifre de um unicórnio. Tal situação não se deve à dureza do Caminho, porém ao fato de os adeptos não reconhecerem seu portal de entrada. Quando se falha no fundamento há, na meditação Chan, o perigo da insanidade; na ginástica, o medo da exaustão; nas práticas sexuais, o espectro da morte prematura; e, no consumo de drogas, a ansiedade de um ressecamento interior – tudo porque as pessoas não leem [o *Clássico da Transformação dos Tendões*]. Se elas o obtêm e praticam – se o apreendem e expandem –, então, em grande escala, alcançarão o estado de serviço meritório, e, em pequena escala, protegerão a si próprios e à família. Por ele, o fazendeiro trabalhará a terra diligentemente, e por sua prática o mercador carregará pesados volumes durante longas jornadas. O doente irá readquirir a saúde, e o fraco ganhará novas forças. O estéril reproduzir-se-á abundantemente, e o velho tornará a ser jovem. O humano progredirá rumo à condição de Buda, e o mortal alcançará a imortalidade. Uma prática limitada determinará resultados modestos; por meio da prática será possível chegar a grandes realizações. O *Clássico da Transformação dos Tendões* é, com efeito, o tesouro supremo do mundo[114].

O *Clássico da Transformação dos Tendões* sugere que a emergência das artes marciais do período imperial tardio pode ter tido relação com o sincretismo do período Ming. O fascínio de seu autor pelas técnicas de combate de Shaolin era indubitavelmente sustentado pela tolerância monástica em relação à prática marcial. De fato, uma atmosfera de inclusão espiritual pode ter contribuído para a aceitação, pelos monges budistas, dos ensinamentos taoístas. Se líderes do pensamento budista como Zhu Hong (1535-1615) podiam promover valores confucionistas e taoístas, então monges de Shaolin também podiam praticar os exercícios de ginástica de "Coagulação Púrpura, Homem do Caminho"[115]. O sincretismo permitiu que taoístas de estilo próprio estudassem técnicas de combate relacionadas ao budismo; da mesma forma, encorajou os clérigos a investigarem a ginástica relacionada ao taoísmo. Um clima de troca religiosa pode ter contribuído para a integração entre o *Daoyin* e o combate de mãos livres.

114. Comparar com *Zhongguo chuantong yangsheng zhendian*, p. 308; e Apêndice, ed. 6, p. 36a-37b.
115. Ver Chür-fang Yü, *Renewal of Buddhism in China*, p. 101-137.

GINÁSTICA   261

Uma contraparte ficcional dos monges combatentes de
Shaolin permite ilustrar sua abertura à absorção de técnicas
inspiradas no taoísmo. Vimos, no capítulo anterior, que a evolução literária do guerreiro macaco Sun Wukong guarda significativa semelhança com o desenvolvimento das artes marciais
em Shaolin. Em todas as versões recentes de sua *Jornada para o
Oeste*, o "Monge Noviço Macaco" foi armado, como os monges
de Shaolin, com um bastão. Então, na novela de 1592, ele testou
seus punhos em uma luta de mãos livres – justamente na mesma
época em que os monges de Shaolin começavam a explorar as
mesmas possibilidades. É igualmente significativo o fato de, na
versão Ming, o macaco também ser iniciado em ensinamentos
taoístas de imortalidade. Um mestre taoísta revelou-lhe não apenas as técnicas mágicas de transformação e navegação em nuvens, mas também os mistérios de produção do elixir interno.
Evidentemente, o autor não percebia contradição entre o fato de
seu protagonista símio alcançar a maestria nas técnicas taoístas
de imortalidade e o de ter chegado ao Paraíso Ocidental como
um Buda[116]. É algo que se assemelha ao fato de os monges de
Shaolin não sentirem constrangimento na prática de exercícios
físicos dotados de forte tonalidade taoísta. O sincretismo pode
ter fornecido, portanto, um fundamento intelectual para a evolução do combate de mãos nuas no período Ming tardio.

Que os monges de Shaolin acalentaram a inclusão sincré-
tica de sua época é algo que pode ser atestado visualmente.
Entre os tesouros do mosteiro está uma estela do século XVI
intitulada "A Unidade Primordial das Três Religiões e das Nove
Escolas [do ensinamento pré-Qin]", que traduz a tendência religiosa contemporânea por meio de uma fusão de adereços de
cabeça. O documento mostra um adepto que usa um barrete
confucionista e um lenço taoísta, ao mesmo tempo em que traz
uma tonsura budista (Fig. 36). Já foi observado que a tolerância em relação a outras religiões não impediu que a própria fé
fosse considerada superior às demais[117]. Isso fica claro na estela

---

116. Ver A. Yu, *The Journey to the West*, v. 1, p. 79-93. Agradeço a Rania Huntington
por sugerir a analogia. Note-se, também, o comentário de Yu: "É, com efeito,
notável perceber o quão extensamente os temas e a retórica taoísta aparecem
em cada parte [de 'Jornada para o Oeste']" (v. 1, p. 36).
117. Ver T. Brook, op. cit., p. 20-23.

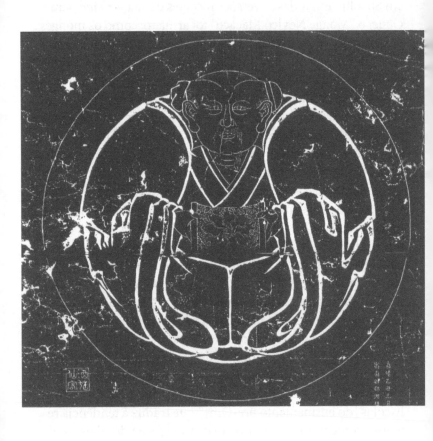

FIG. 36: "A Unidade Primordial das Três Religiões e Nove Escolas", imagem decalcada de uma estela de Shaolin datada de 1565.

GINÁSTICA   263

de Shaolin, que reserva o privilégio da área central da cabeça
ao corte de cabelos típico do budismo, reservando as laterais
para os ornamentos característicos das outras duas religiões.
Ainda que aceitassem a validade de outras vias religiosas, os
monges de Shaolin provavelmente consideravam sua própria
via como superior.

ESTRUTURA MITOLÓGICA

A tendência a definir novas técnicas tomando como referência a sólida reputação de Shaolin é melhor exemplificada pela
chamada Escola Interna de Punho (*Neijia Quan*), ensinada
por Wang Zhengnan (1617-1669) em Zhejiang. Huang Hongxi
(1610-1695) e seu filho Huang Baijia (1643-?) – que nos deixou os mais antigos registros da escola – contrastaram-na com
o método de Shaolin, que designaram "externo". Em seu epitáfio de 1669 para Wang Zhengnan, Huang Zongxi escreveu
que "Shaolin é famoso pelo combate de mãos. Contudo, suas
técnicas são majoritariamente ofensivas, o que cria oportunidades de exploração por um oponente. Agora há outra escola, chamada 'interna', que supera o movimento por meio da
quietude. Atacantes são rechaçados sem esforço. Assim, nós
distinguimos Shaolin como 'externa'"[118].

Os Huang atribuíram a Escola Interna do século XVII de
Wang Zhengnan a um misterioso imortal taoísta chamado
Zhang Sanfeng (cerca de 1380), que vivera dois séculos e meio
antes de sua época. De acordo com o Huang filho, Zhang es-
tudou o estilo Shaolin antes de criar seu próprio e mais sofisti-
cado método. "A Escola Externa floresceu em Shaolin", escreveu
Huang Baijia. "Zhang Sanfeng, tendo alcançado a maestria em
Shaolin, inverteu seus princípios, e a isso chamamos de Escola
Interna"[119]. Muito pouco é conhecido sobre o Zhang Sanfeng

118. D. Wile, *T'ai Chi's Ancestors*, p. 53 (ligeiramente modificado); o original é de
   Huang Zongxi, *Nanlei wending*, 8.128. Comparar com Huang Baijia, *Neijia
   quanfa*, p. 1a; e com a biografia do artista marcial Zhang Songxi em *Ningbo
   fu zhi*, 31.2289, ambos traduzidos por D. Wile, *T'ai Chi's Ancestors*, p. 58 e 68,
   respectivamente.
119. D. Wile, *T'ai Chi's Ancestors*, p. 58 (ligeiramente modificado); o original é de
   Huang Baijia, *Neijia quanfa*, p. 1a.

histórico (cujo nome era escrito originalmente com um ideograma diferente para *feng*), exceto que ele esteve ativo durante o período Ming inicial no complexo taoísta do monte Wundang, em Hubei. Ainda assim, é claramente perceptível, nos registros mais antigos, que ele não possuía qualquer envolvimento com as artes marciais[120]. Por que, então, os Huang e Wang Zhengnan atribuíram a autoria da Escola Interna ao obscuro taoísta?

A associação de Zhang Sanfeng com um deus militar pode ser uma razão para sua escolha como criador da Escola Interna. O santo residiu no complexo de templos de Wudang, que havia sido dedicado ao culto de uma divindade valorosa, o Guerreiro Perfeito (*Zhenwu*, também conhecido como *Xuanwu*, ou "Guerreiro Sombrio"). A partir do século XI, alguns imperadores chineses passaram a atribuir seu sucesso na guerra ao deus marcial, que era enaltecido por repelir as invasões nômades. Além disso, o terceiro imperador Ming, Chengzu (que reinou entre 1403 e 1424), creditou à divindade seu sucesso na usurpação do trono, razão que o levou a participar de uma grande obra de construção de templos no monte Wudang[121]. Huang Zongxi, em todo caso, relacionou explicitamente as técnicas de combate do Guerreiro Perfeito à Escola Interna do santo taoísta. "Naquela noite", escreveu, "Zhang Sanfeng sonhou que o Imperador Primordial (o Guerreiro Perfeito) lhe transmitia as técnicas de combate de mãos. Na manhã seguinte, com uma única mão, ele matou mais de cem bandidos"[122].

Outra – e mais significativa – razão para relacionar Zhang Sanfeng com as artes marciais do século XVII foi sua relação com a família imperial Ming. A hagiografia do santo mostra muitos imperadores Ming tomando sua benção e, no imaginário popular, seus milagres estavam inextricavelmente relacionados à glória dos primeiros dias daquela dinastia[123]. Sua

---

120. Ver A. Seidel, A Taoist Immortal of the Ming Dynasty, em W.T. de Barry (org.), *Self and Society in Ming Thought*, p. 504; e T. Lagerwey, The Pilgrimage to Wutang Shan, em S. Naquin; Chin-fang Yü (orgs.), p. 305. Sobre o Zhang Sanfeng histórico, ver também Huang Zhaohan, *Mingdai daoshi Zhang Sanfeng kao, Pilgrims and Sacred Sites in China*, p. 36-37.

121. Ver J. Lagerwey, op. cit., p. 293-302.

122. D. Wile, *T'ai Chi's Ancestors*, p. 53 (ligeiramente modificado); o original é de Huang Zongxi, *Nanlei wending*, 8.128. Ver também A. Seidel, op. cit., p. 506.

123. Ver A. Seidel, op. cit., p. 485-496.

GINÁSTICA   265

residência no monte Wudang é igualmente relacionada com as boas fortunas de Ming. Como mostrou Yang Lizhi, os mosteiros de Wudang funcionavam como templo familiar das casas reinantes, sendo diretamente supervisionados pelo palácio imperial. Aniversários reais e outros eventos de família eram celebrados nos templos de Wudang, onde monges taoístas rezavam pela longevidade da dinastia[124]. Registrada por Huang cerca de vinte anos depois da conquista manchu de 1644, a escolha de Zhang Sanfeng como fundador da Escola Interna – e do monte Wudang como berço da arte marcial – guarda um posicionamento político. Huang Zongxi adotou o santo taoísta como símbolo de sua lealdade à casa de Ming. Douglas Wile está provavelmente correto em sua afirmação de que, ao combinar as figuras míticas do "Guerreiro Perfeito" e de Zhang Sanfeng com o virtuoso artista marcial Wang Zhengnan, "os Huang tentaram, em um ambiente de censura estrita, lançar um animador apelo espiritual contra a invasão alienígena"[125].

Huang Zongxi esteve entre os intelectuais que lideraram o movimento de resistência anti-Qing. Ele servira aos Ming durante todo o desastroso recuo para o sul, e por toda a vida permaneceu firme na recusa a se juntar à nova administração. Letrados interpretaram seu epitáfio para Wang Zhengnan como um manifesto político de sua lealdade aos Ming. Durante o reinado Qing, Huang dedicou anos a encontros com Wang Zhengnan, e manifestou publicamente o voto de vegetarianismo assumido por este assim que a casa de Ming foi apeada do poder. Wang Zhengnan recusou-se a prostituir suas habilidades de combate, declinando inúmeras vezes do convite para servir no *yamen* local. Em sua incorruptível confiança, o iletrado artista poderia servir como modelo para a elite letrada. "Zhengnan entregou seu posto e se retirou para casa", escreveu Huang Zongxi.

Aqueles que admiravam suas habilidades acreditaram que, por ele ser pobre, poderia facilmente ser comprometido. Todos os militares de alta patente lhe demonstraram respeito, mas ele permaneceu completamente inalterado e os ignorou. Ele seguiu escavando

124. Ver Yang Lizhi, *Mingdai diwang yu Wudang daojiao guanli*; e J. Lagerwey, op. cit., p. 299-302.
125. D. Wile, *Lost T'ai-chi Classics*, p. 110; Ver também D. Wile, *T'ai-chi's Ancestors*, p. 37-44.

nos campos e aplicando esterco como se não prestasse atenção para o fato de que possuía habilidades que o fariam ter uma vida mais tranquila [...] Possam, aqueles que leem esta inscrição, aprender com tal conduta de vida[126].

O filho de Huang Zongxi, Baijia, estudou luta com Wang Zhengnan, cujas técnicas registrou em seu *Método de Punhos da Escola Interna* (*Neijia quanfa*, de 1676). Seu interesse pela Escola Interna foi reforçado, como no caso de seu pai, pela conquista manchu. Em sua aventurosa juventude, o filho de Huang tentou invocar as artes militares de Wang para derrotar os invasores: "Naquela época, eu era exaltado e impetuoso", recorda. "Acreditava que os assuntos do mundo não poderiam ser confiados àqueles desprezíveis letrados confucionistas, mas requeriam homens que pudessem montar em seus cavalos e destruir seus inimigos, arremeter e capturar o rei. Tal seria a única vida digna"[127]. O fervoroso nacionalismo de pai e filho sugere que, por "interno", ambos secretamente aludiam à sua terra natal. Como Douglas Wile percebeu, a Escola Interna – associada à autóctone religião taoísta – pode representar a China em oposição à Escola Externa, afiliada à estrangeira fé budista, o que, por implicação, poderia ser associada aos invasores manchus[128].

Assim, se não fosse pela conquista Qing, nós provavelmente nada saberíamos a respeito da arte marcial de Wang Zhengnan. Os invasores manchus voltaram sua atenção de intelectuais como os Huang para as técnicas de combate que, tendo se originado entre as classes não letradas, até então eram consideradas indignas de documentação. A esse respeito, a queda da dinastia Ming involuntariamente enriqueceu nosso conhecimento a respeito da historiografia das artes marciais. Como membros da elite que lamentavam o desdém de classe pelo treinamento militar, os Huang nos forneceram, pela primeira vez, biografias de artistas marciais iletrados como Wang, da Escola Interna.

126. D. Wile, *T'ai-chi's Ancestors*, p. 55-57; o original é de Huang Zongxi, *Nanlei wending*, 8.129-130. Ver também Tang Hao, *Neijia quan de yanjiu*, p. 14; Tang Hao, *Shaolin Wudang kao*, p. 77; e a biografia de em L.C. Goodrich (org.), *Dictionary of Ming Biography*, v. 1, p. 351-354.

127. D. Wile, *T'ai Chi's Ancestors*, p. 65-66; o original é de Huang Baijia, *Neijia quanfa*, p. 4a.

128. D. Wile, *T'ai Chi's Ancestors*, p. 39; e D. Wile, *Lost T'ai-chi Classics*, p. 110.

GINÁSTICA   267

Nós veremos a seguir que o colapso de Ming também enriqueceu nosso conhecimento sobre Shaolin. Para o momento, é suficiente perceber que os letrados Qing começaram a investigar técnicas populares de combate, e que eles a investiram de significados medicinais, filosóficos e religiosos. O impulso de teorização que caracterizou as artes marciais do período imperial tardio deveu-se, ao menos em parte, à sua prática por membros de elite. Ainda que a ampliação do campo das artes marciais para setores relacionados a sistemas de cultivo da autoconsciência pela meditação já estivesse em curso nas últimas décadas do governo Ming – como evidencia, por exemplo, o *Clássico da Transformação dos Tendões*, de 1624 –, ela seguramente ganhou novo ímpeto com a queda da dinastia.

Pode ter havido, ainda, outro fator de motivação para a lenda de Zhang Sanfeng. Os Huang podem ter atribuído a Escola Interna a um imortal taoísta para contrabalançar a afiliação da Escola Externa a um santo budista. Nativos de Zhejiang como "Coagulação Púrpura, Homem do Caminho", Huang Zongxi e Baijia podem ter tido familiaridade com a lenda que pregava a condição de Bodhidharma como mestre criador do combate Shaolin. A correlação entre seu mito e a lenda é, em todo caso, impressionante. Tenha sido essa ou não a intenção dos Huang, fato é que, quando colocada ao lado da genealogia de Bodhidharma, a genealogia de Zhang Sanfeng estabelece uma estrutura perfeitamente harmônica. De um lado está a Escola Externa, associada ao budismo e atribuída a um patriarca indiano que supostamente meditou no sagrado monte Song; do outro está a Escola Interna, afiliada ao taoísmo e relacionada a um imortal que reputadamente se afastou do mundo no sagrado monte Wudang. Essa perfeita simetria de direções (externa e interna), religiões (budismo e taoísmo), santos (Bodhidharma e Zhang Sanfeng) e picos sagrados (Song e Wudang) soma-se, em um eixo geográfico, a uma correlação entre norte e sul (Fig. 37). Na razão em que, entre os dois montes, Song estava mais ao norte, a Escola Externa ganhou a denominação "do Norte", enquanto a "rival" Escola Interna passou a ser conhecida como "do Sul"[129].

129. Ver a interpretação estruturalista de Bernard Faure da hagiografia do Chan primitivo: Bodhidharma as Textual and Religious Paradigm, *History of Religions*.

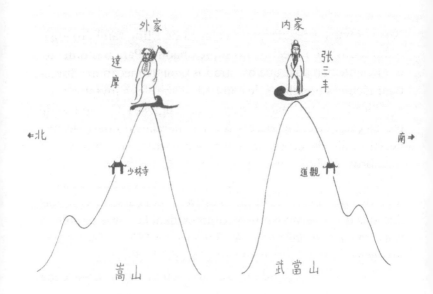

FIG. 3: *A estrutura da mitologia das artes marciais (desenhada por Noga Zhang-Hui Shahar).*

Claude Lévi-Strauss observou que o significado de motivos mitológicos individuais é determinado pela estrutura na qual combinam, como na música, a importância de tons particulares inscritos na melodia que constituem[130]. A lenda de Bodhidharma e o mito de Zhang Sanfeng se combinam em uma melodia absolutamente harmoniosa, que é quase a fonte de seu contínuo apelo, mesmo depois de as próprias técnicas de combate terem sido esquecidas. Huang Baijia lamentava o fato de que, com a morte de Wang Zhengnan, seu legado de técnicas de combate pudesse ser perdido, e está claro que por volta do século XVIII a Escola Interna já não existia[131]. Não obstante, a fascinação provocada pelo mito de Zhang Sanfeng era tamanha que outros estilos marciais assumiram seu legado. Por volta da segunda metade do século XIX, o *Taiji Quan* foi relacionado ao santo taoísta, apenas para ser seguido por outros estilos como *Xingy Quan* e *Bagua Zhang*[132]. A estrutura

---

130. Ver C. Lévi-Strauss, *The Raw and the Cooked* [publicado em português como *O Cru e o Cozido*, N. da T.].
131. Ver Huang Baijia, *Neijia quanfa*, p. 5b-6a, traduzido por D. Wile, *T'ai-chi's Ancestors*, p. 67. Ver também Tang Hao, *Neijia quan de yanjiu*, p. 40.
132. Ver D. Wile, *Lost T'ai-chi Classics*, p. 108-111.

GINÁSTICA

mitológica criada no século XVII ainda cativa a imaginação de artistas marciais, embora o termo "Escola Interna" designe novos métodos de luta.

CONCLUSÃO

As fundações das modernas artes marciais chinesas foram estabelecidas durante os períodos Ming tardio e Qing inicial, por meio da integração entre as técnicas de mãos livres de Ming e uma antiga tradição de ginástica profundamente envolvida em um contexto taoísta. Em diferentes graus, todos os estilos de mãos livres atualmente conhecidos incorporaram aspectos da ginástica *Daoyin*, combinando movimentos de braços e pernas com respiração e a circulação da energia vital interna *qi*. A absorção da ginástica *Daoyin* transformou não apenas as rotinas de treinamento, mas os próprios propósitos das artes marciais. Estilos de mãos nuas como *Shaolin Quan, Taiji Quan, Xingyi Quan* e *Bagua Zhang* não foram concebidos exclusivamente para combate. Mais do que isso, eles combinam movimento e concentração mental para a luta, para a saúde e para o autocultivo de caráter religioso. A própria expressão "marcial", nesse sentido, está mal colocada. O combate chinês de mãos livres é um sistema discricionário de autocultivo físico e mental que possui aplicações que vão além das devotadas exclusivamente ao combate.

É provável que aspectos da ginástica *Daoyin* tenham sido absorvidos pelos sistemas de combate armado e desarmado antes do século XVI. Pesquisas futuras poderão mostrar que métodos respiratórios e de circulação do *qi* já figuravam em formas anteriores de combate de mãos livres, como muito provavelmente ocorreu nos métodos medievais de esgrima. Contudo, até o momento as evidências de que dispomos mostram que a integração data do período Ming tardio. O *Clássico da Transformação dos Tendões* é atualmente o mais antigo manual disponível que conscientemente combina objetivos militares, terapêuticos e religiosos em um programa de treinamento. Compilado pelo autointitulado "Coagulação Púrpura, Homem do Caminho", o tratado é um exemplo do impacto do taoísmo sobre os sistemas de luta de mãos nuas. Sua meta é produzir uma transformação corporal interna que fará com que o indivíduo se torne invulnerável a lesões, que elimine todas as doenças e que, finalmente, alcance a imortalidade. A ginástica *Daoyin* serviu como veículo para a influência taoísta sobre as artes marciais do período imperial tardio. Fossem praticados por leigos, por adeptos do taoísmo ou monges budistas, os métodos de combate de mãos nuas se basearam fortemente nas técnicas meditativas e fisiológicas taoístas. Rotinas de treinamento como a do "Brocado de Doze Seções" – que foram integradas ao regime monástico em Shaolin – podem ter sua origem detectada nas escrituras canônicas do taoísmo.

Ao investir as artes marciais de um significado terapêutico e religioso, os criadores das técnicas de combate de mãos invocaram um amplo espectro de fontes, de enciclopédias taoístas e da literatura médica aos clássicos da filosofia chinesa que articularam a visão de mundo tradicional. Os próprios nomes de técnicas de combate, como *Taiji Quan* e *Bagua Zhang*, foram copiados da cosmologia chinesa, indicando as aspirações espirituais dos estilos. Em ambas as artes marciais, o praticante reenceta o processo de diferenciação cósmica – da unidade primordial, passando pela dinâmica combinada de *yin, yang* e os oito trigramas até o conjunto de fenômenos universais – apenas para reverter o curso da história, assim atingindo a união mística com o Supremo Absoluto (*Taiji*). Na medida em que essas técnicas de combate conscientemente expressam doutrinas, sua articulação pertence à história das ideias. Ainda que o agente das artes marciais seja o corpo, sua evolução, nesse sentido, diz respeito ao domínio da história intelectual.

A ampliação dos estilos de mãos livres do período Ming tardio para a condição de sistemas autoconscientes de pensamento foi provavelmente uma das razões para o aumento de sua popularidade. Monges de Shaolin do século XVII não voltaram sua atenção ao combate de mãos por sua efetividade militar. Em situações reais de batalha, o combate de mãos livres não era tão efetivo quanto as técnicas de bastão já praticadas anteriormente pelos monges, isso para não mencionar as diferenças diante de armas de corte ou de fogo. Com efeito, os monges de Shaolin eram provavelmente fascinados pelas oportunidades médicas, religiosas e filosóficas abertas pelas novas

GINÁSTICA   271

técnicas de mãos livres. A síntese das metas marciais, terapêuticas e religiosas foi a razão primária para a popularidade
do combate de mãos livres tanto em sua terra natal quanto no
moderno Ocidente.

Se o moderno combate de mãos livres não é apenas um
método de combate, mas um sistema de pensamento, não sur-
preende o fato de sua evolução ter sido parcialmente dina-
mizada por desenvolvimentos intelectuais. O sincretismo do
período Ming tardio forneceu uma fundação filosófica para a
integração entre o combate de mãos nuas e a ginástica *Daoyin*, permitindo que místicos taoístas explorassem artes marciais relacionadas ao budismo e fazendo com que os monges
de Shaolin estudassem a ginástica taoísta. Tendências intelectuais se somaram às convulsões políticas que contribuíram
para transformar as artes marciais. A conquista manchu voltou a atenção da elite letrada para as técnicas de combate das
massas iletradas. Assim que intelectuais de vanguarda começaram a praticar artes marciais populares, colocaram-nas em
uma linguagem sofisticada. A articulação do combate de mãos
em termos religiosos e terapêuticos se deveu, em larga medida,
à sua exposição aos membros da elite.

A transformação do combate de mãos livres no século
XVII foi acompanhada pela emergência de uma nova mitologia das artes marciais. Os monges de Shaolin gradativamente
aceitaram a lenda – surgida fora do mosteiro – de que suas
técnicas de combate haviam sido inventadas pelo patriarca do
budismo Chan, Bodhidharma. A lenda do santo budista evoluiu em conjunto com o mito de um imortal taoísta. Como as
artes marciais "externas" de Shaolin haviam sido atribuídas a
um mestre budista que reputadamente residira no monte Song,
uma escola "interna" foi creditada a um recluso taoísta que supostamente vivera no sagrado monte Wudang. As duas lendas
coincidiram para formar uma harmoniosa estrutura mitológica, e a perfeita simetria dessa construção foi provavelmente
a fonte de seu permanente apelo.

7. Suspeitos de Rebelião

Na primavera de 1679, Gu Yanwu (1613-1682) viajou ao Templo de Shaolin. O renomado historiador voltou sua atenção aos temas militares após a conquista manchu, que demonstrara à elite chinesa as fatais consequências de seu descuido com os temas relacionados à guerra e ao exército. A derrubada dos mandatários nativos Ming e o estabelecimento da dinastia alienígena Qing (1644-1911) promoveram uma onda de interesse em questões militares – da importância estratégica de diversas províncias às artes marciais populares. Ela despertou a curiosidade de Huang Zongxi acerca das técnicas "internas" de luta de Wang, e forneceu o argumento para a investigação de Gu Yanwu acerca das artes marciais "externas" de Shaolin. No mosteiro, Gu cuidadosamente examinou os registros históricos das atividades militares dos monges. Ele transcreveu as estelas Tang que registravam o heroico suporte monástico a Li Shimin, colocando-as como fonte para um ensaio sobre as atividades militares budistas[1].

---

1. Ver Gu Yanwu, *Jinshi wenzi ji*, 2.29b-30a, 3.34b-35b, e seu Shaolin seng bing, em *Rizhilu jishi*, 29.21a-22b. Gu produziu seu poema sobre o mosteiro na primavera de 1679 (Ver Qian Bangyan, *Gu Tinglin xiansheng nianpu*, p. 64a). Contudo, é possível que tenha visitado o mosteiro anteriormente.

A satisfação intelectual presente na visita de Gu se fez acompanhar por um propósito de sentido moral. Sua viagem de pesquisa foi motivada tanto por curiosidade intelectual como por sentimentos de lealdade para com a casa de Ming. Os monges de Shaolin eram famosos por seu infalível apoio ao antigo regime, pelo qual lutaram até seu amargo fim. Nas primeiras décadas de Qing o mosteiro foi visto por muitos como um símbolo da dinastia anterior. Nesse sentido, a viagem de Gu a Shaolin se assemelha às suas repetidas peregrinações às tumbas reais Ming – ele prestou seus respeitos nos sítios funerários situados ao norte de Beijing não menos do que seis vezes, e no mausoléu do fundador da dinastia, em Nanjing, não menos do que sete[2].

Contudo, mais de três décadas após a queda de Beijing, a desolação do mosteiro testemunhava o declínio de seus antigos apoiadores. Pertenciam ao passado os dias em que um oficial Ming declarara que o esplendor de Shaolin era excessivamente extravagante para a prática da meditação budista – o templo que Gu visitou estava em ruínas. Os salões nobres, antes ricamente decorados com preciosos presentes de doadores imperiais, haviam sido tomados pelo mato, e os sons do entrechoque de armas haviam silenciado. Onde outrora centenas de soldados Ming treinavam restava apenas um punhado de velhos monges se queixando aos convidados do mau tratamento dispensado pelas novas autoridades. Gu manifestou sua frustração em um poema que relacionou os destinos da nação e do mosteiro. Se apenas um novo príncipe de Qin (Li Shimin) pudesse ser encontrado, ambos os destinos poderiam ser transformados. Com o apoio do monge Huiyang, de Tang, ele poderia derrubar os agressores estrangeiros e restaurar o mosteiro em sua glória anterior:

A nobreza alcança o Pico Wuru[3],
Majestático se assenta o mosteiro de Shaolin.
Quando seus guerreiros caminhavam sobre a terra,
Famosos por seu heroísmo desde [a dinastia] Sui.

2. Ver W.S. Peterson, The Life of Ku Yen-wu (1613-1682), Parte II: Ku's Traveling After 1657, *Harvard Journal of Asiatic Studies*, p. 209, e L.C. Goodrich (org.), *Dictionary of Ming Biography*, v. 2, p. 422.

3. O pico Wuru está localizado atrás e ao norte do mosteiro.

SUSPEITOS DE REBELIÃO

Os Grandiosos edifícios se assemelhavam a um palácio imperial,
E as túnicas monásticas refletiam a riqueza dos trajes.
Os puros sons dos sinos budistas transpassavam os céus,
Lâmpadas Chan brilhavam sobre os picos de esmeralda.
[...]
Hoje, quão desolado parece,
Deserto e coberto pela erva
Das paredes rachadas emergem errantes abelhas
E em seus salões vazios faisões selvagens crocitam.
Eles me falaram sobre as duras novas ordens,
A terra dividida por oficiais corruptos.
As taxas aumentam mesmo sobre uma gleba monástica,
Não importando que dinastia a houvesse doado [aos monges].
Escassa a papa de arroz, os monges se vão,
Não mais do que um ou dois permanecem.
Todas as coisas se elevam e decaem,
Sua sorte depende do Céu.
Não existiria um herói
Para resolutamente restaurar o mosteiro de suas ruínas?
Estou enviando uma nota ao gosto de Huiyang:
Espere pela chegada de um príncipe Qing![4]

Gu acreditava que, depois de décadas de consolidação, a dinastia Qing poderia mesmo ser derrubada? Ou seu poema é mera fantasia – a expressão consciente de um desejo? É difícil responder a essa questão, que também pode ser colocada para outros escritos do historiador[5].

Contudo, ele claramente não coloca que uma insurreição Shaolin aconteceria. O poema não é uma descrição do que aconteceu, mas do que deveria acontecer, e não pode ser tomado como evidência de que os monges resistiram aos manchus.

A atitude de Gu, de não afirmar a rebelião dos monges, porém, não foi seguida por autores menos letrados. A tradição Qing glorificou os monges de Shaolin como rebeldes destemidos. Uma lenda muito difundida, originária do sul da China, atribuiu a fundação da Sociedade do Céu e da Terra (*Tiandihui* ou "Tríade", na literatura ocidental) a monges de Shaolin que

---

4. Gu Yanwu, Shaolin si, em *Gu Tinglin shi ji huizhu*, 6.1212-1216. Ver também o comentário de Xu Changqing em seu *Shaolin si yu Zhongguo wenhua*, p. 230-231.
5. Ver F. Wakeman, *Great Enterprise*, v. 2, p. 777-781.

haviam escapado à perseguição promovida pelo governo Qing. Após as forças imperiais terem incendiado o templo Shaolin, afirmava a lenda, um punhado de monges guerreiros conseguiu escapar para o sul, onde estabeleceram a sociedade secreta com o propósito de "derrubar Qing e restaurar Ming" (*fan Qing fu Ming*).

Durante o período Qing, a Sociedade do Céu e da Terra foi a maior e mais poderosa irmandade existente no sul da China. Alardeando uma ideologia abertamente antimanchu, a sociedade esteve engajada em ações de ajuda mútua e atividades criminais, que implicaram em repetidos confrontos armados com tropas estatais[6].

Seu mito de fundação sobrevive em várias versões datadas do século XIX, algumas das quais nos interrogatórios de integrantes capturados. Ignorando as inconsistências entre os vários relatos, a lenda pode ser resumida da seguinte maneira:

Durante o reinado do imperador Kangxi (de 1662 a 1722), os historicamente não identificáveis bárbaros Xi Lu derrotaram o exército Qing. Os corajosos monges do templo Shaolin [erroneamente situado, em algumas versões, na província de Gansu] vieram para resgatar o imperador. Depois de submeter os rebeldes, eles foram convidados à capital para receber postos no império, honraria de que declinaram expressando seu desejo de retornar à sua humilde vida monástica. Uma vez de volta ao templo, os heroicos guerreiros caíram presa de intrigas políticas. Forças do governo comandadas por oficiais traidores atearam fogo ao mosteiro, matando a maioria dos monges. Uns poucos clérigos conseguiram escapar para o sul, encontrando [em algumas versões] abrigo em um templo cujo nome se assemelha ao de Shaolin – Changlin. Firmando um juramento de lealdade com os clérigos locais, eles fundaram a Sociedade do Céu e da Terra. Um queimador mágico de incenso emergiu do mar, fornecendo o apoio divino à iniciativa. Nele estava gravada a mensagem: "Derrube Qing, restaure Ming"[7].

6. Sobre a Sociedade do Céu e da Terra, ver D. Ownby, *Brotherhoods and Secret Societies...*; D.H. Murray; Qin Baoqi, *The Origins of the Tiandihui*; e B.J. ter Haar, *Ritual and Mythology of the Chinese Triads*.

7. Ver D.H. Murray; Qin Baoqi, op. cit., p. 151-175, 197-228; B.J. ter Haar, op. cit., p. 368-388.

SUSPEITOS DE REBELIÃO

A aproximação da lenda pelos letrados foi feita de diferentes maneiras. Alguns procuraram pistas das origens históricas da sociedade no sul da China (relacionando nomes verificáveis presentes em diversas versões com informações colhidas em outras fontes); outros optaram pela análise de sua estrutura mítica; alguns observaram sua semelhança em relação a narrativas populares como *À Margem das Águas*; alguns, enfim, enfatizaram seus pontos em comum com a tradição messiânica das seitas milenaristas chinesas[8].

Independente da aproximação que se faça, porém, é claro que o pano de fundo folclórico e histórico mais próximo da lenda reside no sul da China. Dois exemplos são suficientes para afirmar isso. O tema do incêndio do mosteiro de Shaolin está claramente relacionado à tradição de Fujian relativa à conflagração de um templo local "Shaolin do Sul"[9], e o nome Changlin, mencionado em diversas versões, foi utilizado para designar um mosteiro histórico nessa província. Alguns intelectuais consideram essa a fonte do mito de fundação da irmandade[10]. Tendo em mente a origem sulista do mito da sociedade secreta, é possível afirmar sua relevância para a história do templo Shaolin em Henan? Em termos gerais, a lenda reflete a fama do mosteiro. Por volta do século XVIII, o templo

8. A conexão com *À Margem das Águas* é apontada por D.H. Murray; Qin Baoqi, op. cit., p. 169-172. Barend J. ter Haar analisa a lenda no contexto do paradigma messiânico do período imperial tardio.

9. Ver B.J. ter Haar, op. cit., p. 404-407. A resposta sobre a existência de um Templo Shaolin do Sul vai além do escopo deste trabalho. Atualmente, pelo menos três cidades de Fujian – Putian, Quanzhou e Fuqing – alardeiam o que seriam ruínas do Templo Shaolin do Sul. Esses anúncios foram examinados por Wen Yucheng e Zhou Weiliang. Ambos os letrados consideram a última hipótese a mais plausível. Um "claustro Shaolin" (*Shaolin yuan*) se situava na periferia a oeste do condado de Fuqing desde o período Song do Sul. Contudo, nem sua relação com o templo de Henan nem sua história militar são conhecidos. Ver Wen Yucheng, *Shaolin fanggu*, p. 374-385; Zhou Weiliang, *MingQing shiqi Shaolin wushu de lishi liubian*, p. 10-14; e o menos crítico *Fuqing Shaolin si*. A tese de Quanzhou é sustentada por Chen Sidong, *Xingyuan bigeng lu*, v. 1, p. 201-281, e em *Quanzhou Nan Shaolin si yanjiu*. A mais antiga história a celebrar o Templo Shaolin do Sul é provavelmente a obra do período Qing tardio *Shengchao ding sheng wannian qing* (Os Trípodes da Sagrada Dinastia Florescem, Verdes por Dez Mil Anos). Ver J.C. Hamm, *Paper Swordsmen*, p. 34-38, 56.

10. Ver Weng Tongwen, Kangxi chuye "yiWan weixing" jituan yudang jianli Tiandihui, *Thoughes Xueshu ju xiandai wentua congshu*, p. 433-449; e He Zhiqing, *Tiandihui qiyuan yanjiu*. Barend J. ter Haar contesta a hipótese de Changlin, op. cit., p. 407-416.

adquiriu proporções míticas na imaginação de guerreiros de toda a nação. Vimos, nos capítulos precedentes, que a conexão com Shaolin se tornou um pré-requisito nas hagiografias dos artistas marciais Qing. Criadores de novas técnicas de combate procuravam aumentar seu prestígio associando-se ao templo, e autores militares chegaram ao limite de falsificar escritos com o intuito de estabelecer um "pedigree" Shaolin. A lendária posição militar ocupada pelo templo – acompanhada por seu afamado apoio à dinastia Ming – fez dele um símbolo de opção política por irmandades anti-Qing como a Sociedade do Céu e da Terra. A "ancestralidade Shaolin" fortalecia a posição militar das sociedades e, ao mesmo tempo, as coloria com uma aura de fervorosa lealdade para com a casa de Ming.

Ainda que ateste a fama de Shaolin, o mito revela as precárias condições do templo sob o reinado Qing. Em termos claros, tal como se apresenta, a história é espúria: monges de Shaolin nunca lutaram em nome de Qing nem o mosteiro foi destruído pelos governantes manchus. Contudo, consciente ou inconscientemente, a lenda reflete as tensões que caracterizaram as relações do templo com o regime Qing. Seria surpreendente se a lenda acerca de uma rebelião em Shaolin tivesse circulado em um período no qual o mosteiro era famoso por seu leal serviço ao (e pelos benefícios recebidos do) Estado. Que o mito tenha sido criado durante um período de mútua suspeita é algo menos espantoso. O século XVII foi marcado por um agudo declínio das condições auspiciosas do mosteiro de Shaolin; nesse sentido, o mito de fundação da irmandade encontra condições históricas que lhe fornecem lógica.

O declínio teve início antes da conquista Qing. Como ocorreu com grande parte do aparato militar Ming, o mosteiro de Shaolin foi destruído por exércitos rebeldes que derrubaram a dinastia, pavimentando o caminho para a invasão pelos estrangeiros. Durante a década de 1630, monges de Shaolin foram regularmente mobilizados para as fracassadas campanhas governamentais contra as tropas de saqueadores de Li Zicheng (1605?-1645) e Zhang Xianzhong (1606?-1647). No início da década de 1640, a defesa da causa dinástica se tornou um sério problema para a sobrevivência do mosteiro. Em 1641, Li colocou seu exército de bandidos – inchado por centenas de milhares

SUSPEITOS DE REBELIÃO

de camponeses famintos – em marcha rumo a Henan. O governo perdeu o controle da província, que acabou saqueada por tropas desgarradas do próprio exército e também por senhores da guerra locais[11].

Nem Li nem os senhores locais nutriam qualquer simpatia pelos monges de Shaolin, que haviam dado expressivo apoio ao governo Ming. Eles arrasaram boa parte do mosteiro e assassinaram a maior parte dos monges. Por essa época – na primavera de 1644 –, quando os invasores manchus cruzaram a Grande Muralha, a força combatente de Shaolin já não existia.

A destruição do período Ming tardio foi seguida pela suspeita de Qing. A nova dinastia percebeu nos monges de Shaolin traços comportamentais de persistente lealdade aos antigos patrocinadores do mosteiro. Nessa época, quando a apreensão relativa à devoção de Shaolin aos predecessores Ming havia diminuído, novos temores – de acordo entre os monges e rebeldes sectários – passaram a ocupar a mente do governo. Na razão em que rebeliões camponesas motivadas pela pobreza explodiam nas planícies do norte da China, o mosteiro de Shaolin se tornou um alvo prioritário de investigações. O interesse do governo pelos monges provavelmente não foi injustificado. Shaolin se constituía como uma fluida comunidade da qual os clérigos não constituíam mais do que uma fração. Como membros do mundo itinerante dos "rios e lagos", os guerreiros de Shaolin estavam em contato com rebeldes em potencial. E, ainda que o próprio mosteiro jamais estivesse envolvido em uma rebelião, alguns de seus integrantes poderiam estar.

DESTRUIÇÃO NO PERÍODO MING TARDIO

A desolação revelada a Gu Yanwu no mosteiro de Shaolin também fora testemunhada por outros visitantes durante as primeiras décadas do governo Qing. "Após a queda, restou somente um

11. Para um inquérito mais amplo, ver W. Atwell, The T'aich'ang, T'iench'i, and Ch'ungchen Reigns, The Cambridge History of China, p. 621-637; R.G. Des Forges, Cultural Centrality and Political Change..., p. 204-311; e J.B. Parsons, Peasant Rebellions of the Late Ming Dynasty. Ver também F.W. Mote, Imperial China: 900-1800, p. 795-801.

280 O MOSTEIRO DE SHAOLIN

punhado de monges", lamentava Ye Feng (1623-1687). "Quem irá pregar o Darma aqui?"[12]

Entre 1640 e 1680, o mosteiro de Shaolin esteve deserto na maior parte do tempo. A maioria de seus monges havia partido, e quase todos os edifícios – dentre os quais os mais preciosos, que haviam passado por reformas – estavam ruindo. Zhang Siming visitou Shaolin em 1684:

> Quando cheguei ao templo, descobri que há muito tempo ele havia sido consumido pelo fogo dos finais-de-era (*jiehuo; kalpâgni*). O Salão do Darma estava coberto pelo mato e os discípulos se haviam dispersado. Suspirando longamente, deixei minhas pernas me guiarem para o oeste rumo ao Salão dos Mil Budas. Lá, vi montes de terra cobertos por espessos arbustos, vigas e telhas caídas expostas ao vento e à chuva. O monge Yunshi indicou-me o lugar, lamentando: "Este lugar costumava ser o salão do Mahâsattva [Guanyin] Vestido-de-Branco. Ele foi construído durante o reinado do imperador Xiaowen [reinado: 471-499], da dinastia Wei do Norte. Era uma construção grandiosa. Sujeito à sanha dos bandidos, acabou reduzido a esse estado![13]

O conceito budista de *kalpâgni* – o fogo cósmico que reduzirá o mundo a cinzas ao final de uma era – foi aplicado por Zhang Siming à devastação do mosteiro que acompanhou a queda da dinastia Ming. A mesma metáfora foi utilizada por Shen Quan (1624-1684), que, no entanto, guardou esperanças de que a herança do mosteiro não seria extinta:

> Eu ouvi dizer que o Templo Shaolin
> Muitas vezes enfrentou as cinzas do final-de-era.
> Estelas quebradas cobertas de musgo,
> Paredes devastadas expostas ao céu azul.
> [...]
> Espessos, os antigos ciprestes do mosteiro,
> Para sempre irão proteger seu divino espírito[14].

12. Ver Ye Feng, Shaolin si er shou, em *Shaolin si zhi, wuyanlü*, 12a-12b.
13. Chongjian ciyun an beiji (inscrição sobre a Reconstrução da Ermida das Nuvens da Compaixão), em *Shaolin si zhi, beiji*, 28b.
14. Ver Shen Quan, Shaolin si, em *Shaolin si zhi, wuyanlü*, 13a. Ver também as anotações de Xu Changqing em seu *Shaolin si yu Zhongguo wenhua*, p. 232.

SUSPEITOS DE REBELIÃO

O governador indicado pela dinastia Qing para Henan deixou um registro semelhante das péssimas condições do mosteiro
por volta da metade do século XVII; o tom empregado, porém,
é de menos simpatia. Wang Jie (cerca de 1620 a cerca de 1700)
aparentemente desdenhou os poucos e miseráveis monges que
permaneceram vivendo em meio às ruínas: "Hoje, o mosteiro
está caindo aos pedaços. Quando visitava uma ou duas de suas
arruinadas salas, ordenei aos noviços que demonstrassem suas
habilidades marciais. Sua apresentação não foi melhor que a
de mendigos, e não merecia ser vista". O governador segue seu
registro detalhando as circunstâncias sob as quais o mosteiro
fora destruído na década de 1640:

Durante o reinado de Chongzhen (1628-1643), o traidor Chuang
(Li Zicheng) pilhou como um tigre viciado. Bandidos da montanha
Liang Song[15] caíam como enxames, saqueando região após região.
Em Songyang [na face sul do monte Song][16] estava certo Li Jiyu
(? – 1647), que agitara dez mil homens e os estacionara no topo da
Montanha do "Forte Imperial" [o pico Shaoshi, sobre o mosteiro de
Shaolin]. Ele queimou e saqueou por toda parte, mas odiava particularmente os monges de Shaolin, que via como potenciais espinhos em seu flanco. Ele fingiu, portanto, e para atrair sua amizade
enviava dinheiro diariamente para o abade. Os monges acreditaram
nele e não ofereceram resistência.

Um dia, Li enviou uma mensagem aos monges na qual expres-
sava o desejo de comissionar a cerimônia de Suplicação aos Mil
Budas por seu aniversário. Todos os monges deveriam se preparar
para a sua chegada, purificando-se, queimando incenso e recitando
as escrituras. Então, liderando muitas centenas de homens em armaduras, Li entrou no mosteiro e cortou caminho para o Salão do
Sutra. Mal os monges haviam percutido os tambores e se prostrado
em oração, os bandidos sacaram suas espadas e os massacraram.
Os monges não estavam preparados, e acabaram reduzidos a um
único homem[17].

15. Aludindo aos foras-da-lei de Liangshan liderados por Song Jiang em *À Margem das Águas*.
16. Songyang era o cenário da renomada academia confucionista Songyang
shuyuan, do período Song do Norte.
17. *Wang Jie, Zhongzhou zazu*, 25.10b-11a. Stanley Henning chamou a atenção
para o relato de Wang em seu artigo Reflections on a Visit to the Shaolin Monastery, *Journal of Asian Martial Arts*, p. 96.

O registro de Wang é o único na história de Shaolin a sugerir tensão entre os deveres religiosos e sua vocação militar. De acordo com ele, Li Jiyu só conseguiu massacrar os monges porque eles estavam envolvidos em uma cerimônia budista. Ainda que os clérigos não tenham feito uma escolha consciente a favor de seu papel religioso em detrimento do militar – afinal, eles foram derrotados pelo senhor da guerra de Henan –, nesse caso as duas funções colidiram. A execução dos deveres rituais dificultou sua eficácia como guerreiros. Sua identidade de monges budistas colidiu com seu papel de soldados.

Li Jiyu, que massacrou os monges de Shaolin, emergiu em 1640 como um dos mais poderosos senhores da guerra da região norte de Henan. Como outros bandidos locais, ele tentou manter a própria independência, construindo alianças na mesma velocidade das mudanças da situação militar. Ele se aliou a Li Zicheng (em 1641), submeteu-se aos Ming, mas novamente entrou em conluio com Li (1643), entrou em choque com o próprio Li (1643), rendeu-se ao regime Ming sulista em Nanjing (verão de 1644) e, finalmente, se rendeu aos governantes Qing em dezembro de 1644. Os novos mandatários não confiavam nele e, três anos depois, o executaram[18] (a certa altura dos acontecimentos, incidentalmente, Li tornou-se amigo daquele que viria a ser o fundador do *Taiji Quan*, Chen Wangting)[19]. Sua decisão de eliminar os monges de Shaolin levou em conta tanto considerações táticas quanto o famoso apoio clerical ao regime Ming. Li estabeleceu sua base no topo do "Forte Imperial" do pico Shaoshi, que dominava a área do templo. Como observou Wang Jie, o líder bandido não podia permitir a presença de um "espinho em potencial" tão perto de si.

Se foi Li Jiyu o responsável pelo golpe final contra os monges de Shaolin no início da década de 1640, fato é que a essa

18. *Mingshi*, 152.6517; 273.7004; 277.7105; *Ming shi lu, Chongzhen reign*, 16.490, 16.506; *Qing shi gao*, 4.107; R.V. Des Forges, op. cit., p. 216, 285; F. Wakeman, op. cit., v. 1, p. 413, 510. Muitas fontes fornecem o ideograma errado para *yu zhai*, traduzido erroneamente como "Forte de Jade" ao invés de "Forte Imperial".

19. Após a execução de Li, um de seus lugares-tenentes, Jiang Fa, buscou refúgio junto à família de Chen. Jiang era conhecido por suas habilidades marciais; Ver Tang Hao; Gu Liuxin, *Taijiquan yanjiu*, p. 180. Compare, também, o registro do descendente de Chen Wangting, Chen Xin (1849-1929), em *Taijiquan pu*, p. 358.

SUSPEITOS DE REBELIÃO   283

altura a tropa monástica já havia sido dizimada. Ao longo de
toda a década precedente (1630), monges de Shaolin foram engajados nas mais fracassadas campanhas governamentais contra
grupos itinerantes de bandidos. Em 1635, os clérigos foram alis-
tados para treinar uma milícia local no condado de Shanzhou,
na região oeste de Henan. Eles foram capazes de obter pelo menos uma vitória antes de serem derrotados pelas tropas muito
mais numerosas do "Camarada Muçulmano" (*Lao Huihui*), Ma
Shouying, que era um dos aliados mais próximos de Li Zicheng[20]. Aproximadamente na mesma época, o *expert* na técnica Shaolin de bastão, Hongji – que havia sido o instrutor de
Cheng Zongyou –, foi morto em combate. Diz-se que ele:

lideriou suas tropas a uma vitória decisiva sobre os bandidos. Então,
perseguindo-os por uma ampla região, acabou por encontrar novos
contingentes de foras da lei. Suas tropas de apoio não chegaram,
mas até o fim ele não desejou recuar. Como os bandidos cresciam
em número, ele os enfrentou até a própria morte. Portanto, não
traiu sua herança [Shaolin][21].

A contribuição de Shaolin para as campanhas antibanditismo do período Ming tardio é atestada por uma estela erigida
cerca de três décadas mais tarde. Datando de 1677, a inscrição
evidencia os persistentes sentimentos de lealdade dos monges
para com o regime Ming, estabelecidos pelo abade do início
da dinastia, Ningran Liaogai (1335-1421)[22].

Na estela estão inscritos os nomes de cerca de setenta monges guerreiros (*wu seng*), que lutaram sob o comando do ministro Ming da Guerra, Yang Sichang (1588-1641). A maioria
desses combatentes era originária do mosteiro de Shaolin, porém alguns vinham de sua unidade subsidiária, o santuário
Yongtai. Yang assumiu pessoalmente o comando de campo da
campanha antibanditismo em 1639, apenas para ser derrotado
pelos exércitos rebeldes de Zhang Xianzhong e Li Zicheng em

20. Ver *Mingshi*, 292.7489-7490. Sobre Ma Shouying, ver M. Rossabi, Muslim and
    Central Asian Revolts, em J.D. Spence; J.E. Wills (orgs.), *From Ming to Ch'ing*,
    p. 170, 189.
21. Ver Wu Shu, *Shoubi lu*, p. 14. O incidente ocorreu durante o reinado de Chong-
    zhen (1628-1644), mas sua data exata não foi indicada.
22. Sobre Ningran Liaogai, ver Wen Yucheng, *Shaolin fanggu*, p. 276.

1641, quando cometeu suicídio[23]. Os monges devem ter lutado sob seu comando por volta de 1640.

A inscrição em Shaolin é significativa. Ao contrário dos grandes monumentos de pedra construídos durante os períodos Ming e Tang que registravam o suporte eclesiástico a essas dinastias, a estela de 1677 pode não ter tido o reconhecimento imperial. Em todo caso, as autoridades Qing teriam ficado irritadas com um memorial em homenagem aos leais guerreiros que lutaram por seus antecessores imperiais. O humilde epitáfio foi motivado, contudo, por um sincero desejo de registrar os nomes dos camaradas mortos. Seu autor, provavelmente também um monge guerreiro, não possuía uma educação refinada, como indica um erro ortográfico no nome do ministro, Si (思) ao invés de Si (嗣) (Fig. 38).

Ainda que o mosteiro de Shaolin tenha sido destruído antes de 1644, não é impossível que o avanço do exército manchu tenha provocado danos adicionais. Uma eventual pista – nada além disso – é fornecida por uma inscrição datada de 1653 que comemora a reconstrução do Pátio Universal Chan (*Shifang Chan Yuan*) do mosteiro. Localizado fora do próprio mosteiro, mas junto a seu portão principal, o Pátio Chan servira como local de hospedagem para peregrinos. Durante o período Ming, havia sido renovado pelo general (e especialista em bastão) Yu Dayou[24]. Então, na década de 1640, foi incendiado "pelo exército" (*bing*), como afirma a inscrição. A escolha do termo em detrimento dos usualmente aplicados para rebeldes (*zei* ou *kou*, ambos significando "bandidos") pode indicar que as tropas em questão eram manchus, as quais o autor discretamente evita nomear. Nesse caso, a dinastia Qing pode, com efeito, ter participado da devastação do mosteiro[25].

Concluindo esse ponto, podemos observar que o melancólico destino de Shaolin foi compartilhado por outros templos de Henan que se haviam aliado ao regime Ming e que acabaram se tornando alvo dos inimigos da dinastia. O complexo

23. Sobre a campanha de Yang, ver J.B. Parsons, op. cit., p. 68-83.
24. Ver Yu Dayou, Xinjian Shifang Chan yuan bei (Inscrição sobre a Renovação do Pátio Universal Chan, de 1577), em seu *Zhengqi tang ji*, 3.6a-7b. Ver também Wen Yucheng, *Shaolin fanggu*, p. 315.
25. A inscrição foi reproduzida fotograficamente em *Zhongguo Shaolin si*, p. 256.

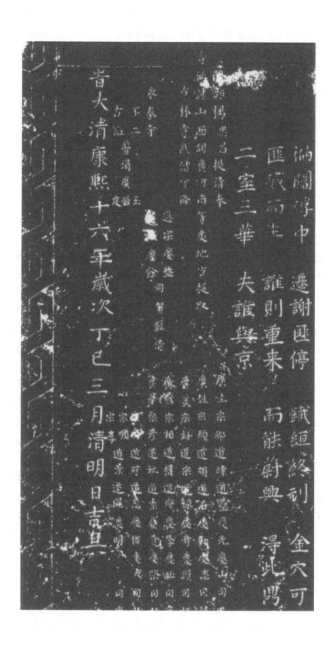

FIG. 38: *Detalhe de uma estela de Shaolin datada de 1667 que celebra os monges que lutaram sob o comando de Yang Sichong. Observe-se o erro ortográfico no nome do ministro.*

monástico situado no alto do monte Funiu, no sudoeste da província, foi igualmente destruído por exércitos itinerantes de bandidos[26]. Vimos, no capítulo 3, que seus monges ganharam fama por suas habilidades de combate. Tendo sido treinados no templo Shaolin, eram considerados a segunda força monástica (perdendo apenas para os próprios clérigos de Shaolin) por especialistas militares Ming.

A SUSPEITA DE QING

As autoridades Qing encontraram dificuldades em suas tentativas de indicar um abade para o mosteiro de Shaolin. Sua primeira escolha fora o monge Haikuan (1596-1666), que havia ocupado o posto durante os últimos anos do período Ming. Em 1646 ele foi procurado pelo ministro dos Ritos, mas declinou do convite alegando uma "doença na perna". O mais provável é que essa frouxa desculpa tenha servido para ocultar a recusa do monge de Shaolin em cooperar com o novo regime. Por volta de 1657, contudo, Haikuan mudou de opinião[27]. Dizendo-se "totalmente recuperado", reassumiu a liderança do mosteiro e a passou para seu discípulo Yongyu em 1661. Este ocupou o cargo por três anos até partir subitamente para Hebei, sem deixar herdeiro para o cargo. O mosteiro voltou a ficar sem um abade oficialmente indicado até 1999 – mais de trezentos anos depois –, quando Yongxin foi indicado para o cargo pelas autoridades comunistas[28].

Não sabemos por que Yongyu abandonou seu cargo, mas podemos conjecturar que a decisão foi devida às difíceis relações entre o poder Qing, das quais não temos outras indicações. Entre 1652 e 1654, os monges de Shaolin conduziram uma série de elaborados réquiens, os quais eram patrocinados por doadores oriundos de três condados de Henan: Dengfeng, Yanshi e Gongxian. Como Wen Yucheng sugeriu, as massas

26. Ver *Song xian zhi*, p. 837.
27. A série de eventos é descrita em um documento do Ministério dos Ritos datado de 1657, que foi incluído em *Shaolin si zhi*, *buzha*, 1a-2a. Ver também Wen Yucheng, *Shaolin fanggu*, p. 331-333, 343.
28. Ver Wen Yucheng, *Shaolin fanggu*, p. 337-338, 343.

SUSPEITOS DE REBELIÃO   287

eram provavelmente direcionadas aos ritos de salvação das almas das vítimas do cataclismo Ming-Qing[29].

Duas décadas e meia mais tarde, os monges ainda prestavam seus respeitos ao regime imperial anterior, como é eviden-
ciado pela estela de 1677 que honrava os monges de Shaolin
que haviam combatido sob o comando do ministro Ming da
Guerra, Yang Sichang.

Ao cultivar a memória do período Ming, os monges de Shaolin se queixavam amargamente do regime que lhe sucedeu. Gu
Yanwu registrou esses ressentimentos (que podem ter sido
exagerados, de acordo com suas próprias inclinações políticas):
"Eles me falam de novas ordens rigorosas, e da atribuição de terras a oficiais corruptos. E de taxas aplicadas mesmo sobre um
domínio eclesiástico, não importando a dinastia que o houvesse
doado". As reclamações não eram infundadas. Consideremos,
por exemplo, a indiferença do governador Qing que, na década
de 1650, havia comparado os monges de Shaolin a mendigos. O
fato de o mosteiro ter permanecido durante décadas em ruínas
é um indício de que as autoridades ainda o mantinham sob suspeita. Tivessem os mandatários Qing nutrido alguma simpatia
pelo mosteiro, não teriam permitido sua desintegração.

Por volta do final do século XVII, a suspeita mútua, que caracterizou as relações entre o mosteiro e o poder constituído,
gradualmente perdeu força. Na medida em que as memórias
da dinastia Ming se apagavam entre administradores e monges, as autoridades Qing decidiram reconhecer o significado
religioso do templo Shaolin. Em 1704, o imperador Kangxi
marcou a mudança de atitude da dinastia quando agraciou o
mosteiro com duas peças de sua própria caligrafia, que foram
prontamente gravadas no Salão dos Reis Celestiais (*Tianwang
Dian*) e no Salão do Buda (*Daxiong Dian*)[30].

Em 1735, o imperador Yongzheng aprovou um ambicioso
plano de restauro do mosteiro, cujo custo foi estimado em nove mil
taéis de prata. Finalmente, em 1750, o imperador Qianlong (reinado: 1736-1795) chamou para si as honras imperiais, visitando

29. As cerimônias foram registradas em uma estela de Shaolin datada de 1654
     que comemora sua conclusão; ver *Zhongguo Shaolin si, beike juan*, p. 257. Ver
     também Wen Yucheng, *Shaolin fanggu*, p. 332, 343.
30. Ver *Shaolin si zhi, chenhan*, 4b; e Wen Yucheng, *Shaolin fanggu*, p. 339.

288 O MOSTEIRO DE SHAOLIN

pessoalmente o templo e lá pernoitando. O soberano escreveu quatro poemas para a ocasião, celebrando o cenário do mosteiro e a tradição religiosa de seu patriarca indiano, Bodhidharma[31].

O século XVIII poderia ter inaugurado uma nova era nas relações entre o mosteiro e o regime, não fosse a apreensão oficial acerca de possíveis atividades militares dos monges. Ainda que respeitasse o legado cultural do Templo Shaolin, a dinastia permaneceu profundamente desconfiada de sua tradição marcial. Ao contrário dos oficiais Ming, que empregaram monges guerreiros em campos de batalha, as autoridades Qing jamais toleraram atividades militares de clérigos budistas. Os mesmos imperadores Qing que patrocinaram a restauração do templo se empenharam em suprimir sua prática marcial. Nós vimos, no capítulo 2, que o imperador Yongzheng tomou vantagem da renovação do templo para reforçar o controle governamental sobre o complexo. Ele ordenou a destruição dos santuários subsidiários de Shaolin, eliminando assim monges que "faziam o mal e criavam distúrbios"[32].

A demolição dos santuários situados nas imediações do mosteiro havia sido concebida para separar os monges de Shaolin da indisciplinada comunidade de artistas marciais itinerantes que eram encarados como potencialmente perigosos.

O sucessor de Yongzheng era igualmente desconfiado das atividades marciais dos monges. O imperador Qianlong, cuja inspiração poética havia sido despertada pelo cenário do mosteiro, ficou furioso quando, em 1775, o recém-empossado governador de Henan, Xu Ji (1732-1811), alistou monges de Shaolin para treinar suas tropas. Ele imediatamente proibiu o emprego de clérigos para esse fim. Um decreto imperial determinava que os monges deviam dedicar suas vidas a finalidades religiosas. Que um oficial os tivesse instigado a violar a lei budista pelo treinamento de tropas era algo absurdo:

Em razão de deixarem suas próprias famílias, os monges devem aderir estritamente aos regulamentos monásticos, cultivando as virtudes da harmonia e da paciência. Como poderiam praticar

31. Ver Wen Yucheng, *Shaolin fanggu*, p. 347-349.
32. *Shaolin si zhi, chenhan*, 5a. Em seu édito, o imperador não menciona as atividades militares dos monges, que, como sabemos por meio de um documento mais antigo, ele conhecia. Ver sua correspondência de 1726 com o governador de Henan, Tian Wenjing, em *Shizong Xian Huangdi zhupi yuzhi*, 9.9b.

técnicas violentas, demonstrando ferocidade e poder ostensivo? Há alguns oficiais em comando que ouviram falar [da fama de Shaolin] e têm buscado caminhos para imperceptivelmente desafiar nossas normas. Como podem perturbar a vocação dos monges, chamando-os a demonstrar e a vender suas habilidades militares? O fato de monges terem treinado seus soldados é algo que não apenas ultrapassa sua autoridade, como também os transforma em motivo de chacota. Como Xu Ji pode ser tão ignorante?[33]

Apesar de não querer receber os monges de Shaolin em suas fileiras, a dinastia temia que eles pudessem se juntar aos seus inimigos. Monges lutadores eram suspeitos de se associar a bandidos e, pior ainda, a rebeldes sectários. A ameaça de rebeliões inspiradas na religião estava fortemente presente nas mentes dos oficiais Qing, que pouco tempo antes haviam perseguido as seitas "heterodoxas". O quanto seu temor de revoltas de caráter messiânico era justificado é algo que vai além do escopo deste estudo. Estudos acadêmicos recentes sugerem que muitas das chamadas "Seitas do Lótus Branco" transformadas em alvo pelo Estado Ming não estavam, de fato, envolvidas com atividades de rebelião. Algumas delas, inclusive, podem ter pegado em armas por conta da perseguição pelo governo[34]. Seja como for, para nosso propósito a percepção do perigo iminente era mais intensa que suas incertas bases, e se provou prejudicial para a relação do Templo Shaolin com o regime. A seguir, apresentamos um alerta de Yaertu ao imperador Qianlong, datado de 1739, sobre a reunião entre monges de Shaolin e seitas "heterodoxas". O templo, explica o vice-ministro da Guerra, é um caldo de cultura para rebeldes:

Nas províncias sob nossa supervisão, como Huguang, Shandong, Henan e outras, o problema das "seitas heterodoxas" (*xiejiao*) é comum. As pessoas de Henan são particularmente ignorantes e facilmente influenciáveis. Os aldeões se agitam quando algum desocupado chega de fora. Tipos taoístas e budistas constroem o próprio nome como

33. Édito datado do reinado de Qianlong, quadragésimo ano, quinto mês, oitavo dia (15 de junho de 1775), em *Qianlong chao shangyu dang*, v. 7, p. 878.
34. Ver B.J. ter Haar, *White Lotus Teachings. On Late Imperial Religion and Rebellion*. Ver também S. Naquin, *Millenarian Rebellion* e *Shantung Rebellion*; J.W. Esherick, *The Origins of the Boxer Uprising*; S. Mann; P.A. Kuhn, Dynastic Decline and the Roots of Rebellion, *Cambridge History of China*.

290 O MOSTEIRO DE SHAOLIN

curandeiros, apregoando poderes de cura por meio de encantamentos e outras mágicas nefastas. Em outros casos, pretendem trazer boa sorte e afastar o risco de desastres queimando incenso e oferecendo sacrifícios para as Sete Estrelas; eles leem os Sutras e suplicam a Buda. Homens estúpidos e mulheres tolas são imediatamente incitados, por pessoas como essas, a se juntar às seitas heterodoxas.

As seitas heterodoxas são gradualmente passadas de uma única localidade para numerosas outras. Disseminadas em diversas áreas, atraem discípulos e, por fim, se espalham por todas as direções. Na razão em que são tão numerosos, promovem todo o tipo de mal. A reunião em gangues é motivo suficiente para um criminoso temerariamente conceber um plano ilícito e dar início a um desastre [...]

Além disso, a vigorosa juventude de Henan está acostumada à violência – boa parte dela estuda artes marciais. Por exemplo: sob o pretexto de ensinar artes marciais, os monges do Templo Shaolin recolheram párias inúteis. Tipos criminosos violentos estudam maus costumes de forma premeditada, e isso se torna algo comum. Sectários heterodoxos buscam esse tipo de criminosos e tentam convencê-los a se juntar às suas seitas, aumentando, com isso, seu próprio contingente[35].

A cautela das autoridades em relação ao mosteiro é comprovada por registros dos interrogatórios de suspeitos de rebelião. Em 1757, um monge budista chamado Xu Ji'an foi preso no condado de Anyi, na região sul de Shanxi, após um encontro com integrantes de uma seita. O azarado monge, que era muito pobre para adquirir um certificado de ordenação, havia sido itinerante por anos. De todos os monastérios pelos quais havia circulado, foi sua associação com Shaolin – cerca de vinte anos antes! – que chamou a atenção do interrogador. Além disso, uma pesquisa dos minguados pertences do clérigo revelou um documento relacionado a Shaolin que parecia suspeitamente sedicioso – seu bloco de notas continha o seguinte par de militantes versos: "Encarnado em Shaolin, seus poderem divinos se engrandecem; o benevolente repeliu o poderosíssimo exército Hong"[36].

35. Quarto ano de Qianlong, décimo mês, décimo nono dia (19 de novembro de 1739), em *Kang Yong Qian shiqi chengxiang renmin fankang douzheng ziliao*, v. 2, p. 619.

36. Reporte feito pelo magistrado do condado de Anyi e apenso ao memorial datado do vigésimo segundo ano de Qianlong, terceiro mês, vigésimo quarto dia (11 de maio de 1757), escrito pelo comissário de sal de Hedong, Na Jun; *Lufu zouzhe*, n. 166/juan 9015/hao 66.

SUSPEITOS DE REBELIÃO 291

O monge Xu contou a história – com a qual o magistrado não estava familiarizado – da divindade tutelar de Shaolin, Vajrapāni. Vimos no capítulo 4 que ao valoroso deus era creditada a vitória sobre os Turbantes Vermelhos (*Hongjin*), que ameaçaram o mosteiro. O clérigo explicou que havia copiado os versos durante sua estada no templo. Que eles tivessem permanecido entre seus pertences por mais de vinte anos era algo puramente acidental. Contudo, aquilo poderia significar, como suspeitou o magistrado, que para o monge Xu o espírito tutelar de Shaolin havia adquirido um significado escatológico. Se fosse esse o caso – nossa evidência não é suficiente para afirmar positiva ou negativamente –, o mito que havia fornecido aos monges uma desculpa para a violência estava funcionando de forma similar junto ao meio sectário. Grupos milenaristas Qing podem ter incorporado o guardião budista a seu panteão, imaginando-o como líder das tropas de Shaolin em uma guerra de redenção.

O temor de Qing era justificado? Afinal, monges de Shaolin ou afiliados ao mosteiro se juntavam à rebelião? É difícil responder a tais questões, na razão em que as fontes de que dispomos são provavelmente tendenciosas. Os relatórios oficiais são marcados pelo preconceito contra o mosteiro; e os monges, se estiveram envolvidos em uma insurgência, não registraram isso por escrito. Tendo esse problema metodológico em mente, nosso estudo etnográfico do mosteiro não dá suporte a esse receio dos governantes Qing. Vimos, no capítulo 2, que Shaolin se configurava como uma comunidade fluida, da qual os monges residentes constituíam uma pequena minoria.

A maioria dos graduados em Shaolin – leigos e clérigos – deixou o templo para seguir carreira militar itinerante, ao mesmo tempo em que seus confrades do mosteiro treinavam regularmente com forasteiros. Como um renomado centro de artes marciais, Shaolin atraiu incontáveis praticantes, que iam até lá para aprender novas técnicas, testar suas habilidades e encontrar velhos amigos. Era, portanto, extremamente difícil separar o mosteiro da comunidade marcial mais ampla que lhe era associada. Na medida em que os funcionários de Qing consideravam os artistas marciais populares perigosos, não lhes restava senão investigar o Templo Shaolin – a proteção contra a sociedade dos "rios e lagos" requeria a supervisão de seu eixo monástico.

A burocracia Qing estava plenamente informada acerca das redes sociais e profissionais que ligavam o mosteiro à comunidade marcial mais ampla. Na sequência da malsucedida Rebelião dos Oito Trigramas, de 1813, alguns revoltosos aparentemente encontraram refúgio na vizinhança de Shaolin. Respondendo ao urgente questionamento do imperador Jiaqing (reinado: 1796-1820) sobre o assunto, o governador Fang Shuchou elaborou a seguinte resposta acerca da associação entre os monges e os suspeitos: "O Templo Shaolin se situa no condado de Dengfeng, no sopé do monte Song. Remota e desolada, a área é um esconderijo apropriado. Se pessoas semelhantes àquelas com quem os monges estão familiarizados lá chegam, são bem recebidas e ganham abrigo"[37]. Por pertencer à mesma comunidade marcial, os monges de Shaolin poderiam albergar camaradas envolvidos com a rebelião.

O governo Qing não estava convencido, porém, de que o próprio templo Shaolin pudesse dar início a uma rebelião. O medo maior era de suas associações com rebeldes – fossem eles alunos itinerantes que se tivessem juntado à insurgência ou monges residentes que haviam decidido acoitar antigos colegas. Eis o porquê das repetidas tentativas governamentais de romper os laços entre o mosteiro e a comunidade marcial mais ampla. A seguir, temos um texto do magistrado do condado de Dengfeng, He Wei (período de maior atividade: 1830), alertando os monges de Shaolin para que não firmassem pactos com pessoas de fora:

Depois de os monges [...] terem lido nossas ordens e tomar consciência de seu conteúdo, puderam purificar seus corações e limpar suas mentes. Cada um deveria queimar incenso, cultivar o caminho e cantar os sutras, e também arar e semear a terra. Quanto aos vários tipos de leigos, os monges estão proibidos de com eles pactuar em segredo. Tampouco estão autorizados a interferir em assuntos externos, albergar criminosos e instigar arruaças. Se eles propositalmente desobedecerem, e [seus crimes] vierem a ser expostos, nós claramente os consideraremos de forma mais séria e os puniremos na medida de suas práticas. No que respeita às pessoas

37. Documento citado em Zhou Weiliang, *Ming-Qing shiqi Shaolin wushu*, p. 9. Ver também o memorial datado do vigésimo ano de Jiaqing, quinto mês, nono dia (10 de junho de 1815) produzido pelo governador geral de Zhili, Nayancheng (1764-1833), em *Na wenyi gong zouyi*, 40.2b.

SUSPEITOS DE REBELIÃO 293

leigas, elas não devem ser permitidas no mosteiro [...] fazendeiros arrendatários devem residir em outro lugar. Não lhes deve ser permitido viver próximo dos monges[38].

Longe de estar limitada aos círculos oficiais, a percepção de que os monges de Shaolin tinham relação com a comunidade à margem da lei estava disseminada na sociedade do período Qing tardio. O iconoclasta Liu Tieyun (1857-1909), ele próprio um aficionado pelas artes marciais, declarou, em 1904, que a arte de Shaolin há muito não existia em seu lugar de nascimento. O autor de *As Viagens de Lao Can* atribuiu o declínio monástico à sua associação com bandidos e criminosos. "O combate de mãos é, agora, uma arte perdida no Templo Shaolin", escreveu.

[Os estilos Shaolin] foram originalmente desenvolvidos para o uso dos monges, que praticavam visando desenvolver tenacidade e resistência [...] Quem poderia saber que, mais tarde, o Templo Shaolin viria a se tornar famoso? Forasteiros chegavam em número crescente para aprender, e diz-se que, entre aqueles que se tornaram mestres da arte, estão bandidos e sedutores de viúvas e suas filhas[39].

A suspeita dinástica acerca de sedição dos monges de Shaolin não impediu que alguns de seus funcionários manifestassem curiosidade a respeito de sua arte marcial. Em capítulos anteriores, apresentamos as histórias de dois administradores Qing que viajaram a Shaolin para conhecer suas renomadas técnicas de combate: o funcionário de baixo escalão Wang Zuyuan (cerca de 1820 – depois de 1882), que praticou as artes marciais de Shaolin, e o funcionário de alto escalão Lin Qing (1791-1846), que incluiu um relato a respeito delas em seu *Registro Ilustrado dos Vestígios da Vida de um Ganso na Neve*. Contudo, as relações entre o regime e o mosteiro eram tão tensas que, a fim de conseguir uma demonstração, ambos tiveram que convencer os clérigos acerca de sua sinceridade. Ao contrário dos predecessores Ming, a quem demonstravam sua arte sem rebuços, os monges de Shaolin do período Qing temiam que suas demonstrações pudessem ser usadas como evidência contra eles próprios. Lin Qinq teve trabalho para tranquilizá-los.

38. O alerta foi gravado em uma estela de Shaolin; ver capítulo 2.
39. Liu T'iehyün, *Travels of Lao Ts'na*, p. 73.

294   O MOSTEIRO DE SHAOLIN

Perguntei aos monges sobre seu método de combate de mãos, mas eles se recusaram a falar uma única palavra a respeito. Deixei claro que havia ouvido falar a respeito do Punho de Shaolin muito tempo antes, e que sabia que ele estava exclusivamente relacionado à guarda, pelos monges, dos regulamentos monásticos e do famoso templo. E que, portanto, eles não precisavam se cercar de tantos cuidados. O abade riu e concordou[40].

EPÍLOGO

Visitantes contemporâneos poderiam ficar perplexos ao imaginar as lamentáveis condições do mosteiro de Shaolin no século XIX. O atual mosteiro mostra uma vitalidade digna de seus melhores dias. Pavimentado com mármore e decorado com ouro, a cada ano recebe mais de um milhão de turistas de todo o mundo. O complexo é cercado por dúzias de escolas de artes marciais, onde dez mil aspirantes a atleta sonham em se tornar campeões chineses de arte marcial. Os turistas e os estudantes transformaram a economia do condado de Dengfeng, tendo convertido o templo em sua mais importante fonte de renda.

O poder econômico do mosteiro é comparável ao seu cacife político. Os atuais monges de Shaolin estão confortavelmente instalados sob as asas do regime, em uma situação semelhante à vivida por seus ancestrais Ming de cinco séculos antes. O abade do mosteiro, Yongxin, é atualmente membro do Congresso do Povo Chinês e vice-presidente da Associação Budista Chinesa. Sua influência política pode ser mensurada por sua capacidade de, no ano 2000, remover à força vinte mil pessoas que viviam em barracos ao redor do complexo religioso e devolvê-lo ao que ele e seus camaradas do governo consideravam a "antiga beleza" de Shaolin.

Os laços do templo com o regime também são evidenciados pela visita de dignitários internacionais às suas instalações. As delegações do presidente russo Vladimir Putin e do secretário de Estado dos Estados Unidos, Henry Kissinger, fizeram um *tour* pelo mosteiro, onde foram entretidos com demonstrações marciais e cerimoniosamente receberam espadas antigas.

40. Lin Qing, *Hong xue yinyuan tuji*, seção 1. Ver também o capítulo 5. A respeito de Wang, ver o capítulo 6.

SUSPEITOS DE REBELIÃO   295

Como o Templo Shaolin conseguiu emergir das cinzas da guerra civil, da ocupação japonesa e da Revolução Cultural para se tornar um centro internacional de prática desportiva? A resposta a tal questão está além do escopo deste livro, que não abrange a história do mosteiro no século xx. Contudo, algumas observações preliminares podem ser feitas, não mais, em verdade, que sugestões para uma futura pesquisa.

As Artes Nacionais (guoshu): O renascimento de Shaolin está relacionado a uma mudança fundamental de atitude do Estado em relação às artes marciais. Ao contrário da dinastia Qing, que suspeitava de associação entre artistas marciais e rebeldes, os governantes do século xx – fossem eles nacionalistas ou comunistas – consideravam essas artes como tesouro nacional. A partir do período republicano (1912-1948), as técnicas nacionais de combate foram anunciadas como meio para a reconstrução dos corpos e espíritos dos cidadãos chineses confrontados com a cultura física ocidental. O próprio nome – "Artes Nacionais" – atesta a incorporação das artes marciais no contexto da cultura nacional sancionada, como indicam as repetidas tentativas de incluí-las em eventos esportivos internacionais[41].

As artes marciais, evidentemente, se tornaram fonte de orgulho nacional. No momento em que finalizamos esta obra, ainda era incerta a participação das artes marciais chinesas na Olimpíada de Beijing (possivelmente, como esporte de demonstração*). É evidente, contudo, que os jogos estiveram fortemente presentes nas mentes dos administradores de Shaolin, que planejavam reabrir seu Templo Shaolin do Norte, situado na periferia de Beijing, ainda em 2008[42].

41. A.D. Morris, *Marrow of the Nation*, p. 185-229. Uma demonstração de artes marciais foi incluída nas Olimpíadas de 1936 em Berlim; idem, p. 179.
* As artes marciais chinesas (Wushu) não foram incluídas nas Olimpíadas de 2008, nem como esporte oficial, nem como esporte de exibição. Ainda assim, o governo chinês foi autorizado pelo Comitê Olímpico Internacional (coi) a promover um evento de Wushu paralelo às Olimpíadas. A competição foi realizada em Beijing no período de 21 a 24 de agosto de 2008 e reuniu 128 atletas de 43 países. A República Popular da China foi a grande campeã (oito medalhas de ouro), seguida pela Rússia (duas medalhas de ouro). O Brasil ficou na décima terceira colocação, com uma medalha de bronze. O esporte não foi incluído pelo coi nas Olimpíadas de Londres-2012 (N. da T.).
42. Mencionado já no período Yuan, o Templo Shaolin do Norte estava situado no monte Pan, a cerca de oitenta quilômetros a leste de Beijing; Wen Yucheng, *Shaolin fanggu*, p. 230-233.

A Mídia: Em Shaolin, a realidade imitou a ficção – o crescimento recente do mosteiro está diretamente relacionado à popularidade dos filmes e séries de tevê que lhe são dedicados. O sucesso internacional do gênero Kung-Fu está entre os mais impressionantes aspectos do cinema contemporâneo. Os filmes de Hong Kong – que exerceram significativa influência nas produções de Hollywood – desempenharam um papel fundamental para a difusão das artes marciais, tanto na China como no resto do mundo. A mídia moderna, com efeito, recriou a lenda de Shaolin para as plateias contemporâneas. Especialmente notável nesse contexto foi o *blockbuster Shaolin Temple* (O Templo de Shaolin), de 1982, filme estrelado por Li Lianjie (Jet Li) e rapidamente descrito no capítulo 2. Na esteira do sucesso do filme, milhares de aspirantes a atleta centraram sua atenção em Shaolin, dando início às escolas de artes marciais que surgiram em grande número ao redor do complexo monástico. O renascimento do templo está relacionado, portanto, ao florescimento do gênero de cinema Kung-Fu.

A Reforma Econômica: Enquanto a dinastia Ming promovia o poder militar de Shaolin, o regime comunista chinês aprecia seu significado econômico. Ainda que alguns de seus alunos tenham ingressado nas forças armadas da República Popular da China, o mosteiro é valorizado fundamentalmente como ativo financeiro. O espetacular sucesso do Templo Shaolin como atração turística e desportiva teve implicações muito significativas para a até então deprimida economia do condado de Dengfeng, o que resultou em um entusiástico apoio do governo. Tentativas governamentais de reviver outros centros de prática marcial – como os monastérios de Funiu, mencionados no capítulo 3 – tomaram o caso de Shaolin como exemplo. O renascimento do templo deve ser interpretado, portanto, nos termos das reformas econômicas que tão dramaticamente transformaram a vida das pessoas na China contemporânea.

8. Conclusão: História, Religião e Artes Marciais Chinesas

A história do templo Shaolin não é idêntica à da evolução das artes marciais chinesas. O mosteiro contribuiu de forma relevante para o desenvolvimento das artes marciais do período imperial tardio, tanto para as técnicas armadas quanto para as de mãos livres, e sua história militar reflete tendências que transformaram as artes marciais em geral. Todavia, a história das artes marciais é mais ampla que a do templo. As técnicas de combate com as quais temos familiaridade atualmente – como *Taiji Quan, Xingyi Quan* e *Shaolin Quan* – surgiram durante os séculos XVI e XVII em decorrência de uma combinação de fatores econômicos, religiosos e políticos que foram muito além do âmbito do mosteiro. Ao mesmo tempo, esses estilos de mãos nuas resgatam uma antiga tradição de ginástica que amadureceu séculos antes da fundação de Shaolin. O combate de mãos livres é, em alguns aspectos, o descendente remoto da ginástica *Daoyin*, que floresceu antes da chegada do budismo à China.

De um outro ângulo, a história do mosteiro de Shaolin envolve questões que, apesar de interessantes para a budologia, não são necessariamente pertinentes para o historiador das artes marciais: como puderam monges budistas ignorar um mandamento primário de sua fé, o relativo à proibição da violência? Alguns aspectos da "religião da compaixão" teriam sido interpretados segundo interesses exclusivamente militares? Tais questões são irrelevantes para técnicas marciais como *Taiji Quan, Xingyi Quan* e *Bagua Zhang*, que evoluíram em um meio não budista. Mesmo esses estilos, porém, estão intimamente relacionados com a religião, e seu vocabulário espiritual deriva, em grande medida, das tradições religiosas nativas. O contemporâneo combate de mãos foi construído a partir das ricas terminologias do taoísmo e da filosofia chinesa. Os estilos de mãos nuas integram as concepções da cultura acerca da imortalidade, com sua cosmologia do Supremo Absoluto (ou Supremo Pináculo), o *yin* e o *yang* e os chamados Oito Trigramas.

Pode ser útil, portanto, separar nossas principais descobertas: as relativas ao budismo e à violência, por um lado, e as que dizem respeito à história das artes marciais e sua relação com a religião nativa, por outro.

BUDISMO E VIOLÊNCIA

"Por todo o Extremo Oriente", escreveu Frederick Mote, "a religião budista da compaixão, que enxerga o ato de tomar uma vida qualquer como um grande mal, muitas vezes apelou a sociedades guerreiras"[1]. As circunstâncias sob as quais a fé nascida na Índia esteve envolvida com a violência – em culturas, períodos históricos e territórios – são indubitavelmente diversas entre si. Ainda assim, a tradição militar de Shaolin pode lançar alguma luz sobre outros aspectos do envolvimento budista com a marcialidade. Pelo menos alguns dos elementos que constituíram a história marcial do templo podem figurar – em diferentes combinações e graus diversos – em outros casos de violência monástica.

Dois fatores se destacaram na história primitiva do combate monástico em Shaolin: poder econômico e importância estratégica. Os vastos domínios do templo requeriam proteção militar, e sua posição estratégica – junto a uma estrada que levava à capital do império – acabou por envolver os monges em uma batalha

1. *Imperial China: 900-1800*, p. 81.

CONCLUSÃO: HISTÓRIA, RELIGIÃO E ARTES MARCIAIS CHINESAS 299

com consequências em escala nacional. A história militar do mosteiro foi, então, reflexo da riqueza institucional, assim como de sua proximidade geográfica com o eixo do poder político.

As duas razões iniciais para as atividades militares dos monges estiveram intimamente relacionadas a uma terceira: a sanção pelas autoridades políticas. Mesmo que não refletisse a real intenção do imperador Tang, a carta de agradecimento de Li Shimin mostrou ser um elemento dos mais relevantes na história do Templo Shaolin. Seu consentimento protegeu a atividade militar dos monges da intervenção das autoridades políticas; mesmo, pode-se afirmar, diante da ira dos governantes Qing um milênio mais tarde. Apesar de sua obstinada suspeita em relação aos clérigos, os oficiais Qing frearam o desejo de aniquilar o templo. Mais ainda: a aprovação do imperador autorizou os monges a se ocuparem de atividades militares. No contexto cultural chinês, uma sanção política podia enfraquecer uma proibição religiosa. Mesmo que não admitissem isso, os guerreiros de Shaolin claramente se baseavam no mandato do imperador para violar a prescrição religiosa relativa ao homicídio. A esse respeito, a interpretação feita por Li Lianjie (Jet Li) do imperador como autoridade religiosa foi fiel ao entendimento dos monges acerca do mandatário Tang. Em seu *blockbuster* de 1982, *O Templo de Shaolin*, Li atribuiu as transgressões da lei relativa à dieta a uma absolvição do imperador.

A autorização imperial vinha acompanhada de uma sanção divina. A história do Templo Shaolin revela ainda uma íntima conexão entre a violência no budismo e a veneração, nessa religião, de divindades violentas. A esse respeito, a tradição militar de Shaolin reflete a antiga contradição entre o budismo como filosofia ética e como religião salvacionista. Foi nesta última – no reino mitológico dos deuses marciais – que os monges de Shaolin encontraram uma justificativa para sua prática militar. Eles não apelaram aos sofisticados argumentos de pensadores budistas que afirmavam que, sob determinadas circunstâncias, o assassinato era perdoável. Ao invés disso, encontraram na constituição física musculosa de Vajrapāni uma contundente e tangível prova de que a religião da compaixão requeria proteção militar. A iconografia dos deuses militares não deixa dúvidas de que o próprio Buda havia autorizado a defesa armada de sua fé.

Ao invocar o poderio militar de Vajrapāni, os monges apelavam para encantamentos (mantras) e simbolismos de mão (mudrás). Isso nos leva a um aspecto da marcialidade budista que ainda não havíamos abordado: o papel do ritual tântrico na proteção do Estado. Mandatários medievais chineses – como governantes em toda a Ásia – comissionavam monges budistas para a realização de ritos que deveriam assegurar sua vitória em batalha. Mestres do tantrismo como Amoghavajra (705-774) conjuravam uma legião de divindades guerreiras que acompanhavam os exércitos Tang em suas campanhas militares. Dizia-se, por exemplo, que o Rei Celestial Vaiśravana (Pishamen) havia revelado seus poderes divinos e submetido os inimigos da dinastia[2].

Em seus 1500 anos de evolução, as artes marciais de Shaolin gradualmente absorveram outros aspectos da religião budista. Por volta do período Ming, os monges escolheram como sua arma fundamental um emblema budista: o bastão. Sua escolha estava provavelmente relacionada ao papel de tal elemento na vida monástica. Os regulamentos budistas instruíam os monges a carregar o bastão, que, por metonímia, passou a simbolizar seu proprietário religioso. A mesma arma foi adotada por monges guerreiros da ficção, como o heroico macaco Sun Wukong, protagonista de *Jornada para o Oeste*. A lenda do macaco divino se assemelha à do deus tutelar de Shaolin, Vajrapāni. Ambos os guerreiros budistas possuíam o mesmo bastão mágico que mudava de tamanho de acordo com a vontade de seu possuidor.

Aqueles que treinaram em um meio clerical passaram a encarar sua prática marcial como uma disciplina religiosa. Por volta do século XVI, discípulos leigos e clérigos distinguiam claramente a maestria de sua técnica de combate da maestria da mente que estava ligada à libertação. Artistas marciais como Cheng Zongyou expressavam os esforços da prática física e a

---

2. Ver P. Demiéville, Le Bouddhisme et la guerre, p. 375-376; M. Strickmann, *Mantras et mandarins*, p. 41; Chou Yi-Liang, Tantrism in China, *Harvard Journal of Asiatic Studies*, p. 305-306; e V. Hansen, Gods on Walls, em P.E. Buckley; P.N. Gregory (orgs.), *Religion and Society in Tang and Sung China*, pp. 80-83.

CONCLUSÃO: HISTÓRIA, RELIGIÃO E ARTES MARCIAIS CHINESAS   301

satisfação que a ela se seguia em termos budistas. De forma significativa, a associação entre prática marcial e libertação espiritual ultrapassou os muros do mosteiro. A poesia do período Ming tardio sugere que os praticantes de estilos diversos do de Shaolin algumas vezes investiam suas técnicas de um significado budista. Ao menos alguns artistas marciais empregaram o vocabulário da iluminação para descrever a maestria em suas respectivas artes.

RELIGIÃO E HISTÓRIA DAS ARTES MARCIAIS

O historiador das artes marciais é confrontado por um problema metodológico. Na medida em que as técnicas de combate de guerreiros individuais – distintas dos métodos de treinamento dos exércitos regulares – estava relacionada às massas iletradas, sua evolução pode ter escapado aos escritos da elite letrada. Enquanto o manejo estratégico de tropas – a chamada "arte da guerra" (*bingfa*) – era investigado por autores chineses em períodos tão recuados quanto Zhou, as humildes técnicas dos camponeses raramente foram consideradas dignas de documentação. Nossa história das artes marciais é, estritamente, uma crônica de dispersas referências literárias a tais práticas. Novos dados, decorrentes de descobertas arqueológicas ou revelações textuais, podem mudar nosso entendimento acerca da evolução das artes marciais.

Mantendo essa informação em mente, temos que as fontes disponíveis indicam que as tradições de combate de mãos experimentaram uma significativa transformação durante os períodos Ming tardio e Qing inicial. Tal desenvolvimento guarda dois aspectos. Primeiro: durante os séculos XVI e XVII, as técnicas *quan* de combate de mãos nuas cresceram em popularidade, tornando-se mais prevalentes do que em períodos anteriores. Os monges de Shaolin, que por décadas haviam treinado as artes do bastão, começaram a prestar atenção ao combate de mãos livres no século XVI. Segundo: os estilos de mãos livres com os quais estamos familiarizados atualmente – como *Taiji Quan*, *Xingyi Quan* e *Shaolin Quan* – podem ter sua origem traçada até o período transicional Ming-Qing. Nós vimos que sua emergência, no século XVII, foi acompanhada pela criação de uma nova mitologia para as artes marciais. Os novos estilos de mãos livres foram atribuídos a obscuros santos do budismo e do taoísmo, que supostamente os haviam criado séculos antes.

Assim, no caso de muitos artistas marciais do período Ming tardio – inclusive no dos monges de Shaolin –, a especialização em combate sem armas se seguiu à maestria em técnicas armadas. Novos estilos de mãos livres apareceram durante um período em que a manipulação de armas, incluindo as de fogo, experimentou grande desenvolvimento. O fato de o combate de mãos livres ter se seguido ao desenvolvimento da marcialidade armada contradiz não apenas a mitologia aceita das artes marciais (ela, da mesma forma, produto do século XVII), mas também o senso comum. O progresso natural da guerra, é de se admitir, deveria partir do menos perigoso para o mais perigoso, do combate de mãos livres à luta armada. Por que os monges de Shaolin, que haviam testado com sucesso suas armas em guerras, voltaram a atenção para as técnicas de mãos livres, não aplicáveis em batalha?

A resposta sugerida por este livro se assenta na própria contradição. O combate de mãos do período Ming tardio não foi, com efeito, criado para luta. Os estilos de mãos livres com os quais estamos familiarizados hoje em dia, não foram fundamentalmente projetados para a marcialidade, mas principalmente para a realização da saúde e da espiritualidade. Eles foram criados pela integração de técnicas respiratórias e ginástica – originalmente direcionados para objetivos terapêuticos e religiosos – na forma de combate desarmado. O resultado foi uma síntese de luta, cura e autocultivo religioso. Os monges de Shaolin não estudavam o combate de mãos livres por considerá-lo militarmente eficaz. Eles estavam impressionados, de fato, pelos benefícios terapêuticos e pelos horizontes religiosos dos novos estilos de mãos livres.

Ao transformar o combate de mãos em um sistema consciente de pensamento, artistas marciais do período imperial tardio se basearam em diversas fontes: manuais taoístas de ginástica, tratados médicos de acupuntura, interpretações cosmológicas do *Clássico das Mutações* e, em alguns casos, escrituras

CONCLUSÃO: HISTÓRIA, RELIGIÃO E ARTES MARCIAIS CHINESAS   303

budistas. O resultado foi um amálgama único de vocabulários fisiológico e espiritual. A começar pelo *Clássico da Transformação dos Tendões*, do século XVII, manuais de combate empregaram vários termos religiosos para articular seus objetivos espirituais. O imaginário da imortalidade taoísta, a cosmologia do "Supremo Absoluto" e o vocabulário da iluminação budista também foram utilizados para descrever a experiência mística do praticante.

Por que o período Ming tardio? Por que uma síntese de artes marciais foi criada nesse período? O século XVI testemunhou crescimento econômico e criatividade cultural, do aumento do comércio doméstico e internacional à extensão da educação às mulheres, do desenvolvimento da indústria editorial ao amadurecimento de novas formas de ficção e drama. A evolução do combate de mãos pode ser visto como outro indício da efervescência da sociedade do período Ming tardio. Mais especificamente, a integração da ginástica relacionada ao taoísmo no combate de mãos nuas está relacionada a um período de sincretismo religioso. Um clima de tolerância mútua permitiu aos praticantes de Shaolin explorarem a ginástica e os exercícios respiratórios que haviam adquirido matizes taoístas, ao mesmo tempo em que permitiu aos aficionados pelo *daoyin* estudar artes marciais relacionadas ao contexto budista. Tendências intelectuais foram aproximadas por traumas políticos como a conquista manchu de 1644, e convenceram os intelectuais acerca da necessidade de explorar as artes marciais populares. Como letrados treinados em técnicas de mãos livres, eles as reescreveram em uma linguagem filosófica. A configuração das artes marciais em um sistema consciente de pensamento foi, em grande parte, decorrente de sua prática por membros da elite.

O aspecto espiritual da teoria foi abraçado pelo cenário religioso de prática das artes marciais. Templos ofereciam aos artistas marciais o espaço público necessário para a demonstração de sua arte. Artistas marciais itinerantes residiam em santuários locais, onde os camponeses jovens eram treinados em combate. O papel do templo como local de prática militar nos direciona para um tópico que anteriormente nós apenas pontuamos: a integração das artes marciais no ritual de vida das vilas. Pesquisas futuras, históricas e antropológicas, irão sem dúvida lançar luz sobre as associações camponesas que combinavam funções militares, teatrais e religiosas. Estudos preliminares sobre organizações locais como as trupes de dança do leão e as milícias Song Jiang (assim batizadas depois do sucesso do herói de *À Margem das Águas*) revelaram que suas performances estavam inextricavelmente ligadas ao calendário litúrgico local. Os próprios nomes de algumas das tropas do período imperial tardio revelam sua autopercepção como entidades rituais; nas vilas do norte da China, congregações de artistas marciais da Flor de Ameixeira eram chamadas "Religião do Punho da Flor" (*Meihua quan jiao*)[3].

Isso não significa, contudo, que todos os artistas marciais estavam igualmente empenhados na perfeição espiritual. As tradições do combate de mãos livres são extremamente versáteis, permitindo diversas interpretações e ênfases. Enquanto alguns adeptos buscavam a salvação religiosa, outros estavam primeiramente interessados na eficiência em combate; enquanto alguns eram atraídos pelas performance corporal, outros buscavam o cultivo da própria mente. Vários praticantes descreviam os frutos de seu trabalho em diferentes termos.

O que este livro revela, os praticantes sempre souberam: a arte marcial chinesa é um sistema multifacetado de autocultivo físico e mental, que possui diversas aplicações, da saúde e bem-estar a performances teatrais, do esporte competitivo à evolução religiosa, da autodefesa à rebelião armada. Essa versatilidade é que contou para a vitalidade da tradição diante de dramáticas mudanças das condições sociais e políticas. A combinação única, nas artes marciais, de objetivos militares, terapêuticos e religiosos fez com que elas se tornassem igualmente atraentes para jovens e idosos, mulheres e homens, rebeldes e letrados, poderosos e necessitados em todo o mundo.

---

3. Ver Zhou Weiliang, *Zhongguo wushu shi*, p. 86-88. Ver também as incursões antropológicas de D.M. Amos, A Hong Kong Southern Praying Mantis Cult, *Journal of the Asian Martrial Arts*; e A.A. Boretz, Martial Gods and Magic Swords, *Journal of Popular Culture*.

Apêndice

Algumas Edições do Clássico da Transformação dos Tendões

A edição mais recente foi incluída em *Zhongguo chuantong yangsheng zhendian* 中國傳統養生珍典 (Clássicos Raros dos Métodos Chineses para Nutrição da Vida), editado por Ding Jihua 丁繼華 et al., Beijing: Renmin tiyu, 1998, p. 202-330.)

1. Início do período Qing, possivelmente séc. XVII, edição manuscrita. O pós-escrito de Zining daoren 紫凝道人 não é datado. O comentário Guardado na Biblioteca Antiguidades Narradas de Qian Zunwang pode indicar que o manuscrito pertenceu à biblioteca de Qian Ceng 錢曾 (estilo: Zunwang 尊王） (1629-1701), ainda que o livro não esteja listado no catálogo atual da mesma biblioteca. Cópia pertencente à National Central Library, de Taipei.

2. Edição manuscrita da dinastia Qing. O pós-escrito por Zining daoren não é datado. O prefácio do período Kangxi (1662-1722) é atribuído ao Recluso do Santuário das Nuvens (*Yuntan yinshi* 雲壇隱士), Wang Jingyang 汪景陽. Cópia pertencente à Shanghai Library.

3. Edição impressa do início do século XIX. A observância (à página 62a) do tabu relativo ao nome do imperador Min-ning 旻寧 a identifica como pertencente ao período de reinado de Daoguang (1821-1850). Os doze exercícios de Weituo, Oferecendo seu Porrete (mais tarde incorporados à obra *Exposição Ilustrada das Técnicas Internas*), foram incluídos, assim como o *Clássico da Limpeza da Medula* (*Xisui jing* 洗髓經). Apêndice do sr. Laizhang (*Laizhang shi* 來章氏). Cópia pertencente à Shanghai Library.

4. Edição impressa de 1875, intitulada *Preservando a Vida e o Clássico da Transformação dos Tendões* (*Weisheng Yijin jing* 衛生易筋經). A obra *Técnicas Essenciais de Preservação da Vida* (*Weisheng yaoshu* 衛生要術), de Pan Weiru (1858), foi aí incluída. Sobre essa edição – que não examinei –, ver Tang Hao, *Wo guo tiyu ziliao jieti*, p. 68-69; e Dudgeon, *Kung-fu or Medical Gymnastics*, p. 503-519.

5. Edição manuscrita de 1875. Reprodução fotográfica inti-tulada *O Clássico Ilustrado da Transformação dos Tendões* (*Huituben Yijin jing* 繪圖本易筋經), constante da série *Jingdian wuxue xilie* 經典武學系列. Taipei: Yiwen, 2000. O pós-escrito de Zining daoren não é datado.

6. Edição impressa de 1884, intitulada *O Significado do Clás-sico da Transformação dos Tendões* (*Yijin jing yi* 易筋經義), incluída no volume 34 dos *Livros Selecionados da Re-sidência das Folhas Varridas* (*Saoye shan fang* 埽葉山房). O pós-escrito de Zining daoren é datado do quarto ano de Tianqi 天啟, *jiazi* 甲子 (1624). A julgar por outro pós--escrito, essa edição se baseia em uma edição anterior (de 1825) cotejada por certo Zhu Wenlan 祝文瀾. Cópia per-tencente à Shanghai Library.

Glossário*

B

Baduan jin 八段錦
Bagua Zhang 八卦掌
Baigu shu 柏谷墅
Baigu zhuang 柏谷莊
Baima 白馬Templo
Baiyi dashi dian 白衣大士殿
bang 棒
bang yu gun yi ye 棒與棍一也
Baoben 報本 Templo
baobiao 保鏢
Baofang 豹房
baozhang 寶杖
Batuo 跋陀
Bawang quan 霸王拳
Beifang Pishamen Dafan Tianwang 北方毗沙門大梵天王
Benda 本大
Bengquan 崩拳
bian 變
Biandun 匾囤
Bianqun 匾囷
bianxing 變形
bing 兵

bingfa 兵法
bixi wusheng shenqi shou 鼻息無聲神氣守
bu 步
bu sha sheng 不殺生

C

Cao Zhiqing 曹志清
chan 禪
Changlin 長林
Changqiang fa xuan 長槍法選
changquan 長拳
changzhu sengtian 常住僧田
chan zhang 禪 杖
Chen Changxing 陳長興
Chen Jiru 陳繼儒
Chen Songquan 陳松泉
Chen Wangting 陳王庭
Chen Xin 陳鑫
Cheng Jingtao 程景陶
cheng qi di xian 乘其地險
Cheng Shao 程紹
Cheng Yinwan 程胤萬
Cheng Zhenru 程真如

---

* Autores e títulos incluídos entre os trabalhos citados não estão listados. Nomes de lugares e de pessoas disponíveis em trabalhos de referência foram igualmente omitidos.

Cheng Long 成龍
Chenjiagou 陳家溝
Chetang 徹堂
chifu yunqi 吃符運氣
chong shang 重上
"Chongxiu fatang beiming" 重修法堂碑銘
"Chongxiu Hengcuiting ji" 重修橫翠亭記
"Chong zhuang fo xiang bei" 重裝佛像碑
Chuansuo 穿梭
Chuzu an 初祖庵
ci 慈
ci yi yong yang 慈以勇養
"Cong jia xing Shaolin si" 從駕幸少林寺
cunshen 存神

D

Da Jiangjun 大將軍
Damo 達摩
Damo chushen chuandeng zhuan 達摩出身傳燈傳
Damo dashi zhi siqi 達磨大師知死期
Damo zhang 達摩杖
Damuqianlianmingjian jiumu bianwen 大目乾連冥間救母變文
dan 丹
Dandao fa xuan 單刀法選
dantian 丹田
Daochang 道場 Mosteiro
Daofu 道副
Daoji 道濟
Daoping 道平 (período de maior expressão: 756)
Daoping 道憑 (488–559)
daoyin 導引
Daoyin tu 導引圖
Daoyu 道育
Daxiong Dian 大雄殿
Dazhi 達智
Dengfeng 登封
dexin yingshou 得心應手
dian seng 顛僧
die 跌 (arremessar)
die 牒 (carta oficial)
Dizang pusa 地藏菩薩
Dongdu ji 東度記
Dongjia quan 董家拳
dongtian 洞天
Dou Jiande 竇建德

Du Guangting 杜光庭
Du Taishi 杜太師
duanda 短打
duanda sheng changquan 短打勝長拳
duanquan 短拳
dun 頓
Duowentian 多聞天
Duti 讀體
dutidian 都提點
duweina 都維那

E

E quan 囮拳
Emei 峨嵋 (Monte)
"Emei daoren quan ge" 峨嵋道人拳歌
Emei qiangfa 峨嵋槍法
Ershisi zun dedao luohan zhuan 二十四尊得道羅漢傳
Erwangzun 二王尊

F

fa 法
Facong 法聰
fan Qing fu Ming 反清復明
Fan Zhongxiu 樊鍾秀
Fang Shouchou 方受疇
fangbian 方便
fangtou seng 房頭僧
Fanjing Tang 翻經堂
Faru 法如
fashi 法師
feixi 飛錫
feng heshang 瘋和尚
Feng Mingqi 鳳鳴岐
Fenglin chanshi xingzhuang 風林禪師行狀
fengshan 封禪
Fenxing waigong jue 分行外功訣
Foguang 佛光
Fotuo 佛陀
fudi 福地
Funiu 伏牛 (Monte)
"Funiu shan Yunyan si ji" 伏牛山雲巖寺記

G

Gan Fengchi 甘鳳池
ganbang 桿棒
gangcha 綱叉
ge an jiu ye 各安舊業

GLOSSÁRIO

Ge Hong 葛洪
gejue 歌訣
Gong Nai 公鼐
gouqiang 鉤槍
Gu Shaolian 顧少連
guan 管
Guang'an 廣按
Guangong 關公
Guanyin 觀音
Guanyin dashi 觀音大士
Guijie 鬼節
Guikong lun 歸空論
Guiyi jun 歸義軍
gun 棍
gun fa 棍法
guoshu 國術
Guzhou 孤舟

H

Haikuan 海寬
Haiyang 海陽
He Wei 何為
Heng 恒 (pico sagrado do norte)
Heng 衡 (pico sagrado do sul)
Hengquan 橫拳
Hongji 洪紀
Hongjin 紅巾
Hongjun 紅軍
Hongquan 洪拳
Hongzhuan 洪轉
Hou Anguo 侯安國
Hou quan 猴拳
Hou Xingzhe 猴行者
Hu Wojiang 胡我江
Hu Zongxian 胡宗憲
Hua 華 (Monte)
Hua Heshang 花和尚
Hua Tuo 華佗
Huangjue 皇覺 Mosteiro
Huangting jing 黃庭經
Huanyuan 轘轅 (Monte)
Huanxiu Changrun 幻休常潤
Huanzhou 轘州
hufa 護法
Huian 慧安
Huiguang 慧光
Huike 慧可
Huiming 惠明
Huineng 慧能

Huiyang 惠瑒
Hulao 虎牢
hun 魂
huo fa wu ding shi 活法無定勢
Huo Yuanjia 霍元甲
huogun 火棍
Hushi Si Tianwang 護世四天王

J

Ji Jike 姬際可
jian 堅
Jiang Fa 蔣法
jianghu 江湖
jiansi 監寺
jiao 醮
Jiao Hong 焦竑
Jiapiluo shen 迦毘羅神
jiazi 架子
Jidian 濟顛
jiedao 戒刀
jiehuo 劫火
jijian 擊劍
Jin Yong 金庸
jing 精
jin'gang chu 金剛杵
Jin'gang (shen) 金剛神
jin'gang yecha 金剛夜叉
Jingchu changjian 荊楚長劍
jingluo 經絡
jingsi 靜思
jingtu 淨土
Jingzhu ji 景躅集
jinhuan xizhang 金環錫杖
jinhuan zhang 金環杖
Jinnaluo (wang) 緊那羅 (王)
Jinzhong zhao 金鐘罩
jiu li lüe guo, xin li wei fa 舊力略過,新力
    未發
jiurou heshang 酒肉和尚
Jixiandian shuyuan 集賢殿書院
juedi 角抵
Juezhang xin fa 蹶張心法
jun 郡
Jungong 俊公

K

kou 寇
Kou Qianzhi 寇謙之
kouchi 叩齒

koufen tian 口分田

L

Langlitaosha quan 浪裏淘沙拳
Lanling laoren 蘭陵老人
Lao Huihui 老回回
Laoan 老安
Laocan youji 老殘遊記
Lenamoti 勒那摩提
Li Anyuan 李安遠
Li Changyun 李昌運
Li Hanzhi 李罕之
Li Jing 李靖
Li Jiyu 李際遇
Li Kui 李逵
Li Lantian 李藍田
Li Lianjie 李連杰
Li Shannuo 李善諾
Li Shidao 李師道
Li Shimin 李世民
Li Yiyu 李亦畬
Li Yuan 李淵
Li Zhuyi 李竹逸
Li Zicheng 李自成
Lianfeng 蓮峰
Liang Yiquan 梁以全
lianqi 練氣
Liaoxin 了心
Libu shangshu 吏部尚書
Lidai ming hua ji 歷代名畫記
Lin Zhaoen 林兆恩
ling 令
Lingta 靈塔
Liu Baoshan 劉寶山
Liu Dechang 劉德長
Liu duanda 劉短打
Liu Wengchong 劉翁重
Liu Yanshi 劉言史
Liu Zongyuan 柳宗元
Liubu quan 六步拳
Liuhua zhen 六花陣
Lixue ting 立雪亭
Lizhengdian xiushuyuan 麗正殿修書院
Longchang 隆昌
Lü Dongbin 呂洞賓
Lu Junyi 盧俊義
Lu Shiyi 陸世儀
Lu Yin 盧寅
Lu Zhen 盧真

Lu Zhishen 魯智深
lun 輪
luohan 羅漢
Luohan dao 羅漢刀
Luoyi 洛邑
lushi 路勢

M

Ma Shouying 馬守應
maiyi 賣藝
Meihua quan 梅花拳
Meihua quan jiao 梅花拳教
Menglü tang qiangfa 夢綠堂槍法
Mian Zhang duanda 綿張短打
Milefo 彌勒佛
mingxin 冥心
Miquan 迷拳
Mizong quan 迷蹤拳 (Punho do Rastro Enganador)
Mizong quan 秘宗拳 (Punho Tântrico)
Mulian 目連

N

na 拿
Na Jun 那俊
Naluoyan shen hufa shiji 那羅延神護法示跡
Naluoyan (tian) 那羅延天
Nayancheng 那彥成
neidan 內丹
neigong 內功
Neijia 內家
"Neijing tu" 內經圖
neili 內力
neizhuang 內壯
Nezha 哪吒
ninggu 凝固
Ningran Gaigong 凝然改公
Ningran Liaogai 凝然了改
Niu Gao 牛皋
Nizong quan 猊猔拳

P

Pai gun 排棍
Pan Weiru 潘蔚如
Paoquan 炮拳
Pei Cui 裴漼
Pingcheng 平城
Piquan 劈拳

GLOSSÁRIO

Pishamen 毘沙門
po 魄
Poluomen Daoyin 婆羅門導引
Pucong 普從
Pudu 普度
Pu'en 普恩
Pujing 普靜
Putidamo taixi jue 菩提達磨胎息訣
Putiliuzhi 菩提留支
Puxian 普賢
Puzhao 普照

Q

qi 氣
Qianfo dian 千佛殿
qianqi neiyun 潛氣內運
qielan shen 伽藍神
Qigong 氣功
qihelan 耆賀濫
Qimen quan 奇門拳
Qin Wang 秦王
Qinggong 輕功
Qingqiang quan 擒鎗拳
Qiunabatuoluo 求那跋陀羅
Qiuran ke 虯髯客
quan 拳
Quan jing jieyao 拳經捷要
quan you wei shengxing hainei 拳猶未盛行海內
quanhui 拳會
quanjiao 拳教
Quanzhen 全真

R

Renjia duanda 任家短打
rou sheng gang 柔勝剛
Ruan Zutang 阮祖棠
ruo di qiang 弱敵強
Ruo jingcheng qidao, duo huo shen li ye 若精誠祈禱，多獲神力也
Ruyi jingu bang 如意金箍棒

S

sai 賽
(Sai) Jiantuo (塞) 捷馱
Sanjiao heyi 三教合一
Sanqi Yougong 三奇友公
sanmei 三昧
sansi 三司

seng bing 僧兵
Seng bing shou jie ji 僧兵首捷記
"Seng bing tan" 僧兵嘆
Seng Huike Damo xuemai lun 僧慧可達磨血脈論
Seng Putidamo cunxiang fa 僧菩提達磨存想法
Sengchou 僧稠
Sengjia huguo shi 僧伽護國史
Sengyan 僧彥
sengzheng 僧正
Sha Heshang 沙和尚
shang kaifu yitong da jiangjun 上開府儀同大將軍
shang zhuguo 上柱國
*shangzuo*上座
Shanhu 善護
Shaolin 少林
Shaolin nanzong 少林南宗
"Shaolin seng bing" 少林僧兵
Shaolin si bei 少林寺碑
Shaolin si duanda shen fa tong zong quan pu 少林寺短打身法統宗拳譜
Shaolin wushu jie 少林武術節
Shaolin yuan 少林院
Shaoshi 少室 (Monte)
Shaquan ge 沙拳歌
shen 身 (corpo)
shen 神 (espírito)
shen gun 神棍
Shen Quan 沈荃
Shengchao ding sheng wannian qing 聖朝鼎盛萬年青
shenli 神力
shengxian 聖賢
shengzhang 聲杖
Shensha shen 深沙神
shenzhi 神智
shi 勢
Shi Dian 石電 (*hao*: Jingyan 敬巖)
Shi Shangzhao 師尚詔.
Shi Xiaolong 釋小龍
Shi Yousan 石友三
Shiba Luohan shou 十八羅漢手
shiba wu 十八物
Shier duan jin 十二段錦
Shifang Chan Yuan 十方禪院
Shou shi chuan zhen 壽世傳真
shoubo 手搏

shouzhan 手戰
shouzhong 守中
shuinian 水碾
Sida ming shan 四大名山
Sima Chengzhen 司馬承禎
siping 四平
sizhu 寺主
Song 嵩(Monte)
Song Jiang 宋江
"Song yue Shaolin xin zao chu ku ji" 嵩嶽
　少林新造廚庫記
Songyang shuyuan 嵩陽書院
sui 髓
sujia dizi 俗家弟子
Sun Chuo 孫綽
Sun Tong 孫通 (estilo: Li Kuan 李寬)
Sun Wukong 孫悟空
Sunjia pigua quan 孫家披掛拳

T

Tai 泰 (Monte)
Taiji Quan 太極拳
Taiji tu 太極圖
Taishi 太室 (Monte)
taixi 胎息
"Taizong Wenhuang di yu shu" 太宗文皇
　帝御書
Talin 塔林
Tang Wang 唐王
Tanglang Quan 螳螂拳
Tanran Pinggong 坦然平公
Tanzong 曇宗
Tian Wenjing 田文鏡
Tiandihui 天地會
Tianlong babu 天龍八部
Tiantong 天童 Mosteiro
Tianwang Dian 天王殿
Tianyuan 天員
Tianzhu anmo 天竺按摩
tiebang 鐵棒
Tiebu shan 鐵布衫
Tiefo 鐵佛 Templo
Tongtian Dasheng 通天大聖
Tongzi bai guanyin shen quan 童子拜觀音
　神拳
tui 腿
tuna 吐納

W

Wan Biao 萬表 (*hao*: Luyuan 鹿園)
wan xing 萬行
Wan'an Shungong 萬庵順公
Wanbao quanshu 萬寶全書
Wang Junkuo 王君廓
Wang Lang 王朗
Wang Lun 王倫
Wang Renze 王仁則
Wang Shichong 王世充
Wang Shijun 王士俊
Wang Tang 王堂
Wang Zhengnan 王征南
Wanyong zhengzong 萬用正宗
Weisheng yaoshu 衛生要術
Weituo xian chu 韋馱獻杵
wen 文
Wen Xiangfeng 文翔鳳
Wenjia quan 溫家拳
Wenshu 文殊
Wenzai 文載
wogu 握固
wokou 倭寇
wu 武(termo identificador da marcialidade)
wu 塢 (forte)
Wu Hanying 武漢英
wu seng 武僧
Wu Song tuo kao 武松脫銬
Wu yue zhen xing shan tu 五嶽真形山圖
Wubai luohan 五百羅漢
wubian li 無邊力
wuchan 武禪
Wudang 武當(Monte)
Wuhu lan 五虎攔
"Wulang wei seng" 五郎為僧
Wuquan 五拳
wushang puti 無上菩提
Wutai 五臺 (Monte)
wuxia xiaoshuo 武俠小說
Wuyi 無依
Wuyue 五嶽

X

xi 膝
Xi Lu 西魯
xiake 俠客
xian 仙
xiang bing 鄉兵
xianglong bang 降龍棒

GLOSSÁRIO

xiangpu 相撲
xiangyao zhang 降妖杖
xiaoyao xue 笑腰穴
Xiasheng Milefo ta 下生彌勒佛塔
xiejiao 邪教
Xincheng 心誠
xinfa 心法
Xingyi Quan 形意拳
Xinyi Liuhe Quan 心意六合拳
xiong jing niao shen 熊經鳥伸
xiqiluo 隙棄羅
Xisui jing 洗髓經
Xiwu xu 習武序
xixi 錫錫
xizhang 錫杖
xu 虛
Xu Hongke 徐鴻客
Xu Ji 徐績
Xu Jian 徐堅
Xu Ji'an 徐濟庵
Xu Quanlai 徐全來
Xuanwu 玄武
Xuanzang 玄奘
xuedao 穴道
Xungong 訓公

Y

Yaertu 雅爾圖
Yan Qing 燕青
Yanfu 閻浮
Yang Bing 楊炳
Yang Kefa 楊可發
Yang Kun 揚坤
Yang Sichang 楊嗣昌
Yang Wulang 楊五郎
Yang Ye 楊業
Yang Youji 養由基
Yangjia qiang 楊家鎗
yangsheng 養生
Yanming 延明
Yanqing quan 燕青拳
Yanshi 偃師
yao 搖
Yaoshi 藥師
Ye Feng 葉封
ye heshang 野和尚
yecha 夜叉 (*yakṣa*)
yi 意
yi da yi jie 一打一揭

Yifeng 一峰
Yihe quan 義和拳
Yijing 易經
Yinfeng 隱峰
Yinshou 陰手
Yinshu 引書
yinxiang 印相
Yinyuan 隱元
yiren 異人
yitong da jiangjun 儀同大將軍
Yixing 一行
yong 勇
Yongtai 永泰
Yongxin 永信
Yongyu 永玉
"*You Tiantai shan fu*" 遊天台山賦
youji jiangjun 游擊將軍
Yu 虞 (Monte)
Yuan You 元繇
Yuanjing 圓淨
yuanqi 元氣
Yuanxian 元賢
Yuanzhou 贛州
Yue Fei 岳飛
Yuejia duanda 樂家短打
Yuekong 月空
yueya 月牙
Yulanpen 盂蘭盆
yunqi 運氣
Yunyan 雲巖 Templo
Yuzhai 御寨

Z

zan 讚
zei 賊
zengzhang shen li 增長身力
zhang 掌
Zhang Daoling 張道陵
Zhang Fei shen quan 張飛神拳
Zhang Luojiao 張洛焦
Zhang Sanfeng 張三丰(峰)
Zhang Siming 張思明
Zhang Songxi 張松溪
Zhang Xianzhong 張獻忠
Zhang Yanyuan 張彥遠
Zhang Yichao 張議潮
Zhang Yong 張永
Zhang Yongquan 張永銓
Zhang Yue 張說

Zhang Zhonglue 張仲略
Zhao Dongxi 趙冬曦
Zhao Taizu changquan 趙太祖長拳
Zhao Xiaozai 趙孝宰
zhen 振
Zhenbao 真寶
Zheng 鄭
Zhenhua 震華
Zhenwu 真武
Zhenyuan 真元
Zhicao 志操
Zhiyi 智顗
Zhongli Quan 鍾離權
zhongshu ling 中書令
Zhongyue miao 中嶽廟
Zhongyue si 中嶽寺
zhou 肘 (cotovelo)
zhou 咒 (feitiço)

Zhou Bin 周斌
Zhou Jiafu 周嘉福
Zhu Hong 袾宏
Zhufang Cangong 竺方參公
Zi ning daoren 紫凝道人
Zisheng 茲聖
Ziyong 子用
Zizai 自在
Zongchi 總持
Zongdai 宗岱
Zongheng 宗衡
Zongqing 宗擎
Zongxiang 宗想
Zou 鄒
Zuanquan 鑽拳
Zuduan 祖端
Zui baxian quan 醉八仙拳
Zui quan 醉拳

Bibliografia

Trabalhos Citados
Abreviações

SKQS   Wenyuange siku quanshu
T   Taishō shinshū daizōkyō
DZ   Schipper, Kristofer, ed. Concordance du Tao-tsang
ZZ   Dai Nihon zokuzōkyō
    (As edições do *Yijin jing* [*Clássico da Transformação dos Tendões*] estão listadas no Apêndice)

ACKER, William Reynolds Beal. *Some T'ang and pre-T'ang Texts on Chinese Paintings.* Leiden: Brill, 1974.

A' de 阿德. Funiu shan xing ji 伏牛山行記 (Registro de uma Expedição ao Monte Funiu), *Chanlu* 禪露 24, 2002.

_____. Jinnaluo wang kao 緊那羅王考 (Um Estudo sobre o Rei Jinnaluo). In: *Shaolin gongfu wenji.*

_____. Mingdai lamajiao yu Shaolin si 明代喇嘛教與少林寺 (Budismo Tibetano no Período Ming e o Mosteiro de Shaolin). In: *Shaolin gongfu wenji.*

_____. Qianfo dian ji bihua kao 千佛殿暨壁畫考 (O Salão dos Mil Budas, pintura mural). *Chanlu* 禪露 13, 1999.

ADOLPHSON, Mikael S. *The Teeth and Claws of the Buddha: Monastic Warriors and Sōhei in Japanese History.* Honolulu: University of Hawai'i Press, 2007.

AMOS, Daniel M. A Hong Kong Southern Praying Mantis Cult. *Journal of the Asian Martial Arts* 6, n. 4, 1997.

ANTONY, Robert J. *Like Froth Floating on the Sea: The World of Pirates and Seafarers in Late Imperial South China*. Berkeley: Institute of East Asian Studies, University of California, 2003 (China Research Monograph, 56).

APIDAMO jushe lun 阿毘達磨俱舍論 (*Abhidharmakośaśāstra*). Por Vasubandhu. Traduzido por Xuanzang 玄奘. T, n. 1558.

ATWELL, William. The T'ai-ch'ang, T'ien-ch'i, and Ch'ung-chen Reigns, 1620-1644. *The Cambridge History of China*. Cambridge: Cambridge University Press, 1988.

BEIJING lao Tianqiao 北京老天橋 (O Velho Distrito Tianqiao, de Beijing). Organizador geral Wang Lixing 王立行. Beijing: Wenjin, 1993.

BERLING, Judith A. *The Syncretic Religion of Lin Chao-en*. New York: Columbia University Press, 1980.

BIRCH, Cyril (trad.). The Curly-Bearded Hero. In: MINFORD, John; LAU, Joseph S. M. (orgs.). *Classical Chinese Literature: An Anthology of Translations*. New York: Columbia University Press, 2000.

BLOCH, Marc. *The Historian's Craft*. Trad. Peter Putnam. New York: Knopf, 1953.

BORETZ, Avron A. Martial Gods and Magic Swords: Identity, Myth, and Violence in Chinese Popular Religion. *Journal of Popular Culture* 29, n. 1, 1995.

BROOK, Timothy. *Praying for Power: Buddhism and the Formation of Gentry Society in Late-Ming China*. Cambridge, Mass.: Council on East Asian Studies, Harvard University, 1993 (Harvard-Yenching Institute Monograph Series, 38).

_____. Rethinking Syncretism: The Unity of the Three Teachings and their Joint Worship in Late-Imperial China. *Journal of Chinese Religions* 21, outono de 1993.

BUSWELL, Robert E. (org.). *Chinese Buddhist Apocrypha*. Honolulu: University of Hawai'i Press, 1990.

CAI Jiude 采九德. *Wobian shilüe* 倭變事略 (Síntese das Turbulências [provocadas pelos] Piratas). Prefácio de 1558. Organização Congshu jicheng. Shanghai: Shangwu, 1936.

CAMPANY, Robert Ford. *To Live as Long as Heaven and Earth: A Translation and Study of Ge Hong's Traditions of Divine Transcendents*. Berkeley: University of Califórnia Press, 2002.

CAO Shibang 曹仕邦. *Yiwei dujiang yu chi roubiancai – liangge zhuming Chanzong gushi de lishi tanjiu* 一葦渡江」與「喫肉邊菜」—兩個著名禪宗故事的歷史探究 ("Cruzando o Rio sobre um Caule" e "Consumindo Vegetais Cozidos com Carne": Uma Pesquisa de Duas Conhecidas Histórias Chan). *Zhonghua foxue xuebao* 中華佛學學報n. 13, 2005.

CHANG, Naizhou 萇乃周. *Chang Shi wuji shu* 萇氏武技書 (Os Escritos Marciais de Chang Naizhou). Organizado por Xu Zhen 徐震. 1932. Reimpressão. Taipei: Yiwen, 1996.

CHAOYE qian zai 朝野僉載 (Histórias Completas da Corte e das Pessoas). Atribuído a Zhang Zhuo 張鷟 (cerca de 660-741). Organização Congshu jicheng chubian. Beijing: Zhonghua, 1985.

CHASE, Kenneth. *Firearms: A Global History to 1700*. Cambridge: Cambridge University Press, 2003.

CHAVANNES, Edouard. *Le T'ai chan; essai de monographie d'um cult Chinoise*. Paris: Ernest Leroux, 1910.

CH'EN, Kenneth K. S. *Buddhism in China: A Historical Survey.* Princeton, N.J.: Princeton University Press, 1964.

CHEN, Li-li (trad.). *Master Tung's Western Chamber Romance.* Cambridge: Cambridge University Press, 1976.

CHEN, Nancy N. *Breathing Spaces: Qigong, Psychiatry, and Healing in China.* New York: Columbia University Press, 2003.

PENGCHENG, Chen; WU, Feng. The Eight-Section Brocade of General Yue Fei. *Kung Fu Tai Chi,* jan.-abr. 2004.

CHEN Pingyuan 陳平原. *Qiangu wenren xiake meng* 千古文人俠客夢 (O Antigo Sonho dos Letrados com Cavaleiros Errantes). 1992. Reimpressão. Taipei: Maitian, 1995.

CHEN Sidong 陳泗東. *Xingyuan bigeng lu* 幸園筆耕錄 (Uma Vida de Escrita em Xingyuan). 2 v. Quanzhou: Lujiang, 2003.

CHENG Dali 程大力. *Mingdai wushu* 明代武術 (Artes Marciais do Período Ming). In: *Zhongguo wushu baike quanshu.*

_____. *Qingdai wushu* 清代武術 (Artes Marciais do Período Qing). In: *Zhongguo wushu baike quanshu.*

_____. *Zhongguo wushu: lishi yu wenhua* 中國武術：歷史與文化 (As Artes Marciais Chinesas: História e Cultura). Chengdu: Sichuan daxue, 1995.

CHENG Zongyou 程宗猷 (Estilo: Chongdou 沖斗). *Shaolin gunfa chan zong* 少林棍法闡宗 (Exposição do Método Original de Bastão de Shaolin). In: CHENG Zongyou, *Gengyu shengji* 耕餘剩技 (Passatempos para Depois do Trabalho no Campo). Edição de 1621. Cópias na Beijing Library e na Shanghai Library. The *Shaolin gunfa chan zong* está disponível também em uma edição intitulada *Shaolin gun jue* 少林棍訣 (As Fórmulas de Bastão de Shaolin), que traz um falso prefácio atribuído ao antigo Yu Dayou 俞大猷 (1503-1579). Cópia na Naikaku Bunko Library.

_____. *She shi* 射史 (*História da Arte de Manusear o Arco e Flecha*). Edição de 1629. Cópia na Beijing Library.

CHIFENG *sui* 赤鳳髓 (A Medula da Fênix Vermelha). Prefácio de 1578. Compilado por Zhou Lüjing 周履靖. Edição Congshu jicheng. Shanghai: Shangwu, 1939.

CHINA *Statistical Yearbook 2000.* Compilado pelo National Bureau of Statistics, People's Republic of China. Beijing: China Statistics Press, 2000.

CHING, Gene. Battling to be Shaolin's best. *Kung Fu Tai Chi,* dez. 2003.

_____. Black Whirlwind Axes: The Legend of Li Kwei. *Kungfu Qigong,* ago. 2000.

_____. Bodhidharma's Legendary Fighting Cane. *Kungfu Qigong,* fev. 2002.

_____ [Chen Xing Hua]. How Jet Li Saved the Shaolin Temple. *Kungfu Qigong,* jan. 1999.

_____. In the Dragon's Den: Grandmaster Chen Tongshan and his Superstar Son, the Little Dragon, Shi Xiaolong. *Kung Fu Tai Chi,* dez. 2003.

_____. The "One" of the Top Ten: Shaolin Grandmaster Liang Yiquan. *Kung Fu Tai Chi,* dez. 2003.

_____. Shaolin Brothers Go West: Shi De Shan and Shi Xing Hao, Two Shaolin Temple Monks Begin Teaching in America. *Kungfu Qigong,* dez. 1999.

_____ [Chen Xing Hua]. Shaolin Temple's Prodigal Son: Monk Shi Yanming's Return to Shaolin after His Defection. *Kungfu Qigong,* primavera de 2000.

_____. Shaolin Temple Reincarnated. *Kung Fu Tai Chi,* jun. 2005.

_____. 13,000 Warriors of Taguo. *Kung Fu Tai Chi,* dez. 2003.

320   O MOSTEIRO DE SHAOLIN

_____. United Nations, Divided Shaolin. *Kung Fu Tai Chi*, dez. 2003.

_____. The World Heritage of Shaolin: Interview with Venerable Shi Yongxin, Abbot of Shaolin Temple. *Kung Fu Tai Chi*, dez. 2003.

CHING, Gene; OH, Gigi. Shaolin's Second Wave. *Kung Fu Tai Chi*, fev. 2004.

CHOU Yi-Liang. Tantrism in China. *Harvard Journal of Asiatic Studies* 8.3/4, mar. 1945.

CHU Renhuo 褚人獲. *Sui Tang yanyi* 隋唐演義 (Romance de Sui e Tang). Changsha: Yuelu, 1997.

CHUANFA baoji 傳法寶記 (Precioso Registro da Transmissão do Darma). Compilado por Du Fei 杜朏. T, n. 2838.

CHUANTONG Shaolin quan taolu jiaocheng 傳統少林拳套路教程 (Kung-Fu Shaolin Gong-fu: um Curso em Formas Tradicionais), 5 v. Organizado por Liu Haichao 劉海超. Zhengzhou: Henan keji, 1994-1997.

COLE, Alan. *It's All in the Framing: Desire and Innocence in Early Chan Narratives: A Close-Reading of the Biography of Chan Master Fa Ru*. Paper não publicado.

CROSS, F. L. (org.). *The Oxford Dictionary of the Christian Church*. London: Oxford University Press, 1958.

CUI Geng 崔耕. *Tang 'Qin wang gao Shaolin si jiao bei'kao* (Um Estudo da Inscrição da Carta do Príncipe Tang Qin ao Mosteiro de Shaolin) 唐《秦王告少林寺教碑》考. *Zhongyuan wenwu* 中原文物, 1983.3.

DAI NIHON zokuzōkyō 大日本續藏經 (A Grande Continuação Nipônica do Cânone Budista). 750 *ce*, in 150 cases. Kyoto: Zōkyō shoin, 1905-1912.

DAMO dashi xuemai lun 達磨大師血脈論 (A Teoria dos Vasos Sanguíneos do Grande Mestre Bodhidharma). Prefácio de Ren Zhe 任哲 (1153). Edição ZZ.

DAOCHENG 道誠. *Shishi yaolan* 釋氏要覽 (Elementos Essenciais do Budismo). Prefácio 1020. T, n. 2127.

DAOXUAN 道宣. *Xu Gaoseng zhuan* 續高僧專 (Continuação das Biografias de Monges Eminentes). T, n. 2060.

DAOYUAN 道原. *Jingde chuandeng lu* 景德傳燈錄 (Registro da Transmissão da Lâmpada do Período Jingde). T, n. 2076.

DA TANG da Cien si Sanzang fashi zhuan 大唐大慈恩寺三藏法事傳 (Biografia do Grande Mestre Tang da lei, Sanzang do Grande Mosteiro Cien). Por Huili 慧立 e Yancong 彥悰. T, n. 2053.

DA TANG Sanzang fashi qu jing shihua 大唐三藏法師取經詩話 (A Poética História do Mestre da Lei, Tripitaka do Grande [período] Tang pelas Escrituras). Beijing: Wenxue guji, 1955.

DARS, Jacques (trad.). *Au bord de l'eau*. Autores indicados: Shi Nai-an e Luo Guanzhong. 2 v. Paris: Gallimard, 1978.

DEAN, Kenneth. Lei Yu-sheng (Thunder Is Noisy) and Mu-lien in the Theatrical and Funerary Traditions of Fukien. In: JOHNSON, David (org.). *Ritual Opera, Operatic Ritual*.

DEDAO ticheng xizhang jing 得道梯橙錫杖經 (O Sutra do Alcance do Caminho através dos Degraus do Bastão com Anéis). T, n. 785.

DE GROOT, J. J. M. Buddhist Masses for the Dead at Amoy. In: *Actes du sixième congrès international des orientalistes*. Leiden: Brill, 1985.

DEMIÉVILLE, Paul. Le Bouddhisme et la guerre: post-scriptum à l'histoire des moines guerriers du Japon de G. Renondeau. Reimpresso em seu *Choix d'etudes Bouddhiques*. Leiden: E. J. Brill, 1973.

BIBLIOGRAFIA 321

DES FORGES, Roger V. *Cultural Centrality and Political Change in Chinese History: Northeast Henan in the Fall of the Ming.* Stanford: Stanford University Press, 2003.

DESPEUX, Catherine. Gymnastics: The Ancient Tradition. In: KOHN, Livia (org.). *Taoist Meditation and Longevity Techniques.* Ann Arbor, Mich.: Center for Chinese Studies 1989 (Michigan Monographs in Chinese Studies, v. 61).

_____. *La Moelle du phénix rouge: santé et longue vie dans la Chine du XVIe siècle.* Paris: Guy Trédaniel, 1988.

DONG Jieyuan 董解元. *Dong Jieyuan Xixiang* 董解元西廂 (A História da Ala Oeste, por Mestre Dong). Anotado por Tang Xianzu 湯顯祖. Edição Ming, reprodução fotográfica, Taiwan: Shangwu, 1970.

DUDBRIDGE, Glen. *The Hsi-yu chi: A Study of Antecedents to the Sixteenth-Century Chinese Novel.* Cambridge: Cambridge University Press, 1970.

_____. The Hsi-yu chi Monkey and the Fruits of the Last Ten Years. *Hanxue yanjiu* 漢學研究 6.1, jun. 1988.

DUDGEON, John. Kung-fu or Medical Gymnastics. *Journal of the Peking Oriental Society* 3, n. 4, 1995.

DUMOULIN, Heinrich. *Zen Buddhism: A History.* Traduzido por James W. Heisig; Paul Knitter. New York: Macmillan, 1988.

DU Mu 都穆. *Jin xie linlang* 金薤琳琅 (Gemas Caligráficas). Edição Ming (cópia na Beijing Library). Também uma edição SKQS.

_____. *You mingshan ji* 遊名山記 (Registro de Jornadas a Montanhas Famosas). Prefácio de 1515. In: *Baoyantang miji* 寶顏堂秘笈. Organizado por Chen Jiru 陳繼儒. Edição de 1606-1620. Cópia na Harvard-Yenching Library.

DUNHUANG bianwen ji 敦煌變文集 (Coleção de *bianwen* de Dunhuang). Organizado por Wang Chongmin 王重民. Beijing: Renmin wenxue, 1957.

DURAND-DASTÈS, Vincent. *Le Roman du maître de dhyâna: Bodhidharma et Ji-le-Fou dans le roman Chinois en langue vulgaire du XVIIe siècle.* Institut national des langues et civilisations orientales, 2000 (tese de doutorado).

ELLIOT, Allan J. A. [1995]. *Chinese Spirit Medium Cults in Singapore.* Taipei: Southern Materials Center, 1981.

ENCYCLOPEDIA Mikra'it (Enciclopédia Bíblica). 9 v. Jerusalém: Mosad Bialik, 1962.

ENGELHARDT, Ute. Longevity Techniques and Chinese Medicine. In: KOHN, Livia (org.). *Daoism Handbook.* Leiden: Brill, 2000.

ERLANG Shen suo Qitian Dasheng 二郎神鎖齊天大聖 (Erlang Shen Captura Qitian Dasheng). In: *Guben Yuan Ming Zaju*, v. 29.

ERSHISI shi jiaodian ben 二十四史校典本 (Edição Cotejada das "24 Histórias"). 241 v. Beijing: Zhonghua shuju, 1974.

ESHERICK, Joseph W. *The Origins of the Boxer Uprising.* Berkeley: University of California Press, 1987.

FANWANG jing 梵網經. (O Sutra da Rede de Brahma). T, n. 1484.

FAURE, Bernard. Bodhidharma as Textual and Religious Paradigm. *History of Religions* 25, n. 3, fev. 1986.

_____. *The Red Thread: Buddhist Approaches to Sexuality.* Princeton, N.J.: Princeton University, 1998.

_____. Relics and Flesh Bodies: The Creation of Ch'an Pilgrimage Sites. In: NAQUIN, Susan; CHÜN-FANG Yü (orgs.). *Pilgrims and Sacred Sites in China.* Berkeley: University of California Press, 1992.

322   O MOSTEIRO DE SHAOLIN

_____. *The Rhetoric of Immediacy: A Cultural Critique of Chan/Zen Buddhism*. Princeton, N.J.: Princeton University Press, 1991.

FAURE, Bernard (trad.) *Le Traité de Bodhidharma: Première anthologie du bouddhisme Chan*. Paris: Le Mail, 1986.

FAYUN 法雲. *Fanyi mingyi ji* 翻譯名義集 (Terminologia Budista Traduzida). Prefácio 1157. T, n. 2131.

FENG Menglong 馮夢龍. *Xingshi hengyan* 醒世恒言 (Palavras Constantes para Despertar). Taipei: Dingwen, 1978.

FENG Peihong 馮培紅. P. 3249 bei "jun ji can juan" yu Guiyi jun chuqi de sengbing wuzhuang P. 3249 背《軍籍殘卷》與歸義軍初期的僧兵武裝 (O "Documento Militar Danificado" no Verso de P. 3249 e as Tropas Armadas Monásticas nos Períodos Iniciais do "Retorno ao Exército da Aliança"). *Dunhuang yanjiu* 敦煌研究56, n. 2.

FENGSHEN yanyi 封神演義 (Investidura dos Deuses). Autor indicado, Xu Zhonglin 許仲琳. Organizado por Li Guoqing 李國慶. 2 v. Beijing: Beijing tushuguan, 2001.

FOGUANG da cidian 佛光大辭典 (O Grande Dicionário da Luz de Buda). Organizador geral Ci Yi 慈怡. 8 v. Gaoxiong: Foguang, 1988.

FOULK, T. Griffith. Sung Controversies Concerning the "Separate Transmission" of Ch'an. In: GREGORY, Peter N.; GETZ, Daniel A. (orgs.). *Buddhism in the Sung*. Honolulu: University of Hawai'i Press, 1999 (Kuroda Institute Studies in East Asian Buddhism, 13).

FRÉDÉRIC, Louis. *Les Dieux du Bouddhisme*. Paris: Flammarion, 2006.

FRENCH, Howard W. So Many Paths, Which Shaolin Is Real?. *The New York Times*, 10 fev. 2005.

FU Mei 傅梅. *Song shu* 嵩書 (O Livro da Montanha Song). Prefácio de 1612. Cópia na Naikaku Bunko library. Esses capítulos de *Song shu*, que são relevantes para a história do mosteiro de Shaolin, foram reimpressos com o título *Songshan Shaolin si ji zhi* 嵩山少林寺輯志 na série n. 2, v. 23-24, do *Zhongguo fo si shi zhi hui kan* 中國佛寺史志彙刊. Taipei: Mingwen, 1980.

FUNG Yu-Lan. *A History of Chinese Philosophy*. Trad. Derk Bodde. 2 v. Princeton, N.J.: Princeton University Press, 1953.

FUQING Shaolin si 福清少林寺 (O Templo Shaolin de Fuqing). Organizado por Fuqing Shaolin si Bianzuan Weiyuanhui 福清少林寺編纂委員會. Fuzhou: Fujiansheng ditu, 1996.

GAMSA, Mark. How a Republic of Chinese Red Beards Was Invented in Paris. *Modern Asian Studies* 36, n. 4, 2002.

GAO Lian 高濂. *Zunsheng bajian* 遵生八牋 (Oito Tratados sobre a Preservação da Vida). Edição de 1591. Reimpressão fotográfica no v. 61 do *Beijing tushuguan guji zhenben congkan* 北京圖書館古籍珍本叢刊 (Antigos Livros Raros da Coleção da Beijing Library). Beijing: Shumu wenxian, 1988.

GEISS, James. The Chia-ching Reign, 1522-1566. In: *The Cambridge History of China*, v. 7. Cambridge: Cambridge University Press, 1988.

GERNET, Jacques. *Buddhism in Chinese Society: An Economic History from the Fifth to the Tenth Centuries*. Trad. Franciscus Verellen. New York: Columbia University Press, 1995.

GETTY, Alice. *The Gods of Northern Buddhism: Their History, Iconography and Progressive Evolution through the Northern Buddhist Countries*. 1928. Reimpressão. New Delhi: Munshiram Manoharlal, 1978.

BIBLIOGRAFIA

GONG Pengcheng 龔鵬程. *Damo Yijin jing lunkao* 達摩易筋經論考 (Um Estudo do Yijin Jing de Bodhidharma). *Pumen xuebao* 普門學報 5, set. 2001.

GOODRICH, L. Carrington (org.). *Dictionary of Ming Biography 1368-1744.* 2 v. New York: Columbia University Press, 1976.

GOOSSAERT, Vincent. *L'Interdit du boeuf en Chine. Agriculture, éthique et sacrifice.* Paris: Collège de France, 2005 (Bibliothèque de l'institut des hautes études Chinoises, v. 36).

GRAFF, David A. *Medieval Chinese Warfare, 300-900.* London: Routledge, 2002.

GRANET, Marcel. *Danses et légendes de la Chine ancienne.* 1926. Reimpressão. Paris: Presses Universitaires de France, 1959.

GUANG hong ming ji 廣弘明集 (A Coleção Ampliada da Difusão do Darma e da Iluminação das Pessoas). Compilado por Daoxuan 道宣. T, n. 2103.

GUBEN Yuan Ming Zaju 孤本元明雜劇 (Edições Raras do *Zaju* de Yuan e Ming). Shanghai: Hanfenlou, 1941.

GU Liuxin 顧留馨 Wushu shishang de Gan Fengchi 武術史上的甘鳳池 (O Artista Marcial Histórico Gan Fengchi). In: *Zhongguo tiyushi cankao ziliao* 中國體育史參考資料 (Pesquisa de Materiais sobre a História da Educação Física Chinesa). Beijing: Renmin tiyu, 1958.

GUSHAN Yongjue heshang guanglu 鼓山永覺和尚廣錄 (Registro Compreensivo do Yongjue [Yuanxian] do Monte Gu). Organizado por Dao Pei 道霈. In: *Mingban Jiaxing Dazang jing* 明版嘉興大藏經 (Edição Jianxing do Período Ming do Cânone Budista). Edição Wanli. Reimpressão fotográfica. Taipei: Xinwenfeng, 1987.

GU Shiquan 谷世權. *Zhongguo tiyu shi* 中國體育史 (Uma História da Educação Física Chinesa). Beijing: Beijing tiyu xueyuan, 1989.

GU Yanwu 顧炎武. *Gu Tinglin shi ji huizhu* 顧亭林詩集彙注 (Poesia Reunida de Gu Yanwu com Anotações). Anotado por Wang Qucheng 王蘧常. Cotejado por Wu Piji 吳丕績. 2 v. Shanghai: Shanghai guji, 1983.

_____. *Jinshi wenzi ji* 金石文字記 (Registro de Escritos em Metal e Pedra). Edição SKQS.

_____. *Rizhilu jishi* 日知錄集釋 (Notas Reunidas sobre o Registro do Conhecimento Adquirido Dia a Dia). Organizado por Huang Rucheng 黃汝成. Edição de 1834. Reimpressão fotográfica. Shanghai: Shanghai guji, 1984.

GU Yingtai 谷應太. *Mingshi jishi benmo* 明史紀事本末 (Registro Completo da História Ming). 1658. Edição SKQS.

HAMM, John Christopher. *Paper Swordsmen: Jin Yong and the Modern Chinese Martial Arts Novel.* Honolulu: University of Hawai'i Press, 2005.

HANAN, Patrick. *The Chinese Short Story: Studies in Dating, Authorship, and Composition.* Cambridge, Mass.: Harvard University Press, 1973.

_____. *The Chinese Vernacular Story.* Cambridge, Mass.: Harvard University Press, 1981.

HANSEN, Valerie. *Changing Gods in Medieval China, 1127-1276.* Princeton, N.J.: Princeton University Press, 1990.

_____. Gods on Walls: A Case of Indian Influence on Chinese Lay Religion? In: BUCKLEY, Patrícia Ebrey; GREGORY, Peter N. (orgs.). *Religion and Society in T'ang and Sung China* Honolulu: University of Hawai'i Press, 1993.

HANSHU 漢書 (História do [Antigo Período] Han). Compilado por Ban Gu 班固. In: *Ershisi shi jiaodian ben.*

HANYU dacidian 漢語大詞典 (O Grande Dicionário da Língua Chinesa). Editado por Luo Zhufeng 羅竹風 et al. 13 v. Shanghai: Hanyu dacidian, 1991.

HAO Chunwen 郝春文. *Tang houqi Wudai Song chu Dunhuang seng ni de shehui shenghuo* 唐后期五代宋初敦煌僧尼的社會生活 (A Vida Social de Monges e Freiras em Dunhuang nos Períodos Tang Tardio, Cinco Dinastias e Song inicial). Beijing: Zhongguo shehui kexue, 1998.

HAO Qin 郝勤. Lun wushu wenhua yu zhongguo minjian mimi zongjiao de guanxi 論武術文化與中國民間秘密宗教的關係 (Sobre as Relações entre a Cultura das Artes Marciais e as Seitas Religiosas Populares Chinesas). In: *Zhongguo wushu yu chuantong wenhua* 中國武術與傳統文化 (Artes Marciais Chinesas e Cultura Tradicional). Beijing: Beijing tiyu, 1990.

HARPER, Donald J. *Early Chinese Medical Literature: The Mawangdui Medical Manuscripts*. London: Kegan Paul, 1998 (Sir Henry Wellcome Asian Series).

HARVEY, Peter. *An Introduction to Buddhist Ethics: Foundations, Values and Issues*. Cambridge: Cambridge University Press, 2000.

HE Liangchen 何良臣. *Zhenji* 陣紀 (Registros de Táticas Militares). Edição Congshu jicheng. Shanghai: Shangwu, 1939.

HENAN fu zhi 河南府志 (Almanaque da Prefeitura de Henan). Editado por Zhu Mingkui 朱明魁 e He Bairu 何柏如. Edição de 1661. Cópia da Shanghai Library.

HENNING, Stanley E. Reflections on a Visit to the Shaolin Monastery. *Journal of Asian Martial Arts* 7, n. 1, 1998.

HE Zehan 何澤翰. *Rulin waishi renwu benshi kaolüe* 儒林外史人物本事考略 (Estudo Inicial acerca da Origem dos Protagonistas na "História Não Oficial dos Letrados"). Shanghai: Gudian wenxue, 1957.

HE Zhiqing 赫治清. *Tiandihui qiyuan yanjiu* 天地會起源研究 (Pesquisa acerca das Origens do Tiandihui). Beijing: Shehui kexue wenxian, 1996.

HONG Mai 洪邁. *Yijian zhi* 夷堅志 (Histórias Ouvidas por Yijian). 8 v. Shanghai: Shangwu, 1936 (Edição Congshu jicheng chubian).

HUANG Baijia 黃白家. Neijia quanfa 內家拳法 (Método de Punhos da Escola Interna). In: *Zhaodai congshu bieji* 昭代叢書別集 (Segundo Fascículo dos Livros Recolhidos de uma Era Brilhante). Edição de 1876. Cópia na Harvard-Yenching Library.

HUANG Changlun 黃常倫. *Lüzong diyi daochang: Baohuashan Longchangsi* 律宗第一道場 —— 寶華山隆昌寺 (A Escola *Vinaya* à Frente do Templo: o Mosteiro Longchang no Monte Baohua). *Fayin* 法音165, n. 5, 1998.

HUANG Huajie 黃華節. *Guangong de renge yu shenge* 關公的人格與神格 (A Personalidade Humana e Divina de Guangong). Taipei: Shangwu yinshuguan, 1967.

HUANG, Ray. *1587 – A Year of No Significance: The Ming Dynasty in Decline*. New Haven, Conn.: Yale University Press, 1981.

HUANG Zhaohan 黃兆漢. *Mingdai daoshi Zhang Sanfeng kao* 明代道士張三丰考 (Um Estudo acerca do Mestre Taoísta do Período Ming Zhang Sanfeng). Taipei: Xuesheng shuju, 1988.

HUANG Zongxi 黃宗羲. *Nanlei wending* 南雷文定 (Escritos Selecionados por Huang Zongxi). Edição Congshu jicheng. Shanghai: Shangwu, 1936.

HUCKER, Charles O. Ming Government. In: *The Cambridge History of China*. Cambridge: Cambridge University Press, 1998.

BIBLIOGRAFIA

HUIJIAO 慧皎 (497–554). *Gaoseng zhuan* 高僧傳 (Biografia de Monges Eminentes). T, n. 2059.

HUMMEL, Arthur W. (org.). *Eminent Chinese of the Ch'ing Period (1644–1912).* 2 v. Washington: Library of Congress, 1943-1944.

HURVITZ, Leon (trad.). *Scripture of the Lotus Blossom of the Fine Dharma.* New York: Columbia University Press, 1976.

IRWIN, Richard Gregg. *The Evolution of a Chinese Novel: Shui-hu-chuan.* Cambridge, Mass.: Harvard University Press, 1953 (Harvard-Yenching Institute Studies, n. 10).

JAKES, Susan. Kicking the Habit. *Time* (Edição asiática), 19 nov. 2001.

JIAO Hong 焦竑 (1541-1620). *Guochao xianzheng lu* 國朝獻徵錄 (Registro dos Documentos de Nossa Dinastia). Edição de 1616. Reimpressão fotográfica em *Mingdai zhuanji congkan* 明代傳記叢刊 (Trabalhos Biográficos Recolhidos da Dinastia Ming). Taipei: Mingwen, 1991.

JING Rizhen 景日昣. *Shuo Song* 說嵩 (Acerca do Monte Song). Prefácio de 1721. Cópia na Harvard-Yenching Library.

JIN Ping Mei cihua 金瓶梅詞話 (A História Poética da Ameixa e do Vaso Dourado). 4 v. Hongkong: Mengmei guan, 1993.

JINSHU 晉書 (História da Dinastia Jin). Organizado por Fang Xuanling 房玄齡 et al. In: *Ershisi shi jiaodian ben.*

JIU Tang shu 舊唐書 (Antiga História da Dinastia Tang). Organizado por Liu Xu 劉昫 et al. In: *Ershisi shi jiaodian ben.*

JIZU shan zhi 雞足山志 (Almanaque do Monte Jizu). Por Qian Bangzuan 錢邦纂. Revisado por Fan Chengxun 范承勳. Edição de 1692. Reimpressão fotográfica na série n. 3, v. 1, de *Zhongguo fo si shi zhi hui kan.*

JOHNSON, David (org.). *Ritual Opera, Operatic Ritual: Mu-lien Rescues His Mother in Chinese Popular Culture.* Berkeley, Calif.: Institute of East Asian Studies Publications, 1989 (Publicações do Chinese Popular Culture Project 1).

KANGXI Dengfeng xian zhi 康熙登封縣志 (Almanaque do Condado de Dengfeng do Período de Kangxi, 1662-1722). Compilado por Jing Rizhen 景日昣 e Zhang Shenggao 張聖誥. Revisado por Shi Yizan 施奕簪 e Jiao Ruheng 焦如蘅. 1696. Edição revisada de 1745. Cópia da Beijing Library.

KANG Yong Qian shiqi chengxiang renmin fankang douzheng ziliao 康雍乾時期城鄉人民反抗斗爭資料 (Materiais sobre Rebeliões Populares Rurais, Urbanas e Conflitos dos Reinados de Kangxi, Yongzheng e Qianlong). Editado por Zhongguo renmin daxue qingshi yanjiusuo 中國人民大學清史研究所. 2 v. Beijing: Zhonghua, 1979.

KASH, David E. The Original Emperor's Long Fist System. *Kung Fu Tai Chi,* fev. 2004.

KATZ, Paul R. *Images of the Immortal: The Cult of Lü Dongbin at the Palace of Eternal Joy.* Honolulu: University of Hawai'i Press, 1999.

KEIRAN shûyô shû 溪嵐拾葉集 (Coleção de Folhas das Correntes da Montanha). Por Kôshû 光宗 (1276-1350). T, n. 2410.

KENT, Richard K. Depictions of the Guardians of the Law: Lohan Painting in China. In: WEIDNER, Marsha (org.). *Latter Days of the Law: Images of Chinese Buddhism 850-1850.* Lawrence, Kan.: Spencer Museum of Art, 1994.

KIESCHNICK, John. Buddhist Vegetarianism in China. In: STERCKX, Roel (org.). *Tripod and Palate: Food, Politics, and Religion in Traditional China.* New York: Palgrave Macmillan, 2005.

_____. *The Eminent Monk: Buddhist Ideals in Medieval Chinese Hagiography.* Honolulu: University of Hawai'i Press, 1997 (Kuroda Institute Studies in East Asian Buddhism, n. 10).

_____. *The Impact of Buddhism on Chinese Material Culture.* Princeton, N.J.: Princeton University Press, 2003.

KOHN, Livia (org.). *Daoism Handbook.* Leiden: Brill, 2000.

_____. *Taoist Meditation and Longevity Techniques.* Ann Arbor, Mich.: Center for Chinese Studies 1989 (Michigan Monographs in Chinese Studies, v. 61).

KROLL, Paul W. Body Gods and Inner Vision: The Scripture of the Yellow Court. In: LOPES, Donald S. (org.). *Religions of China in Practice.* Princeton, N.J.: Princeton University Press, 1996.

_____. Verses from on High: The Ascent of T'ai Shan. *T'oung Pao* LXIX, n. 4-5, 1983.

KUANG Wennan 曠文楠. Shaolin xiwu de faduan ji zaoqi Daojiao wushu 少林 習武的發端及早期道教武術 (A Origem da Prática Marcial em Shaolin e as Antigas Artes Marciais Taoístas). *Tiyu wenshi* 體育文史, n. 4, 1994.

KURIYAMA, Shigehisa. *The Expressiveness of the Body and the Divergence of Greek and Chinese Medicine.* New York: Zone Books, 1999.

LACHMAN, Charles. Why Did the Patriarch Cross the River? The Rushleaf Bodhidharma Reconsidered. *Asia Major* third series, 2, n. 2, 1993.

LAGERWEY, John. The Pilgrimage to Wu-tang Shan. In: NAQUIN, Susan; CHÜN-FANG Yü (orgs.). *Pilgrims and Sacred Sites in China.* Berkeley: University of California Press, 1992.

_____. *Taoist Ritual in Chinese Society and History.* New York: Macmillan, 1987.

_____. Wu Yüeh ch'un ch'iu. In: LOWE, Michael (org.). *Early Chinese Texts: A Bibliographical Guide.* Berkeley, Calif.: The Society for the Study of Early China/ Institute of East Asian Studies, 1993.

LAMOTTE, Étienne. Vajrapāni in India. Trad. Sara Boin-Webb. *Buddhist Studies Review* 20, n. 1, 2003.

LAU, D. C. (trad.). *Mencius.* London: Penguin Books, 1970.

_____. *Lao Tzu: Tao Te Ching.* Middlesex: Penguin Books, 1963.

LEE, Hon K. The Real Fists of Fury: The Artists and Artistry of Mizong Quan. *Kung Fu Tai Chi,* fev. 2004.

LEUNG, Chan Kai; TC Media. Wu Song Breaks Manacles. *Kungfu Qigong,* ago. 2002.

LÉVI-STRAUSS, Claude. *The Raw and the Cooked.* Trad. John e Doreen Weightman. New York: Harper and Row, 1964.

LIANGSHANBO Li. *Kui fu jing* 梁山泊李逵負荊 (Os Espinhos nos Ombros de Li Kui de Liangshanbo). In: ZANG Jinshu 臧晉叔 (org.). *Yuan qu xuan* 元曲選 (Coleção de Peças de Yuan). Beijing: Zhonghua, 1979.

LIN Boyuan 林伯原. *Tan Zhongguo wushu zai Mingdai de fazhan bianhua* 談中國武術在明代的發展變化 (Sobre a Evolução e Transformação das Artes Marciais Chinesas durante o Período Ming). In: *Zhonghua wushu luncong* 中華武術論叢 (Ensaios sobre Artes Marciais Chinesas). Beijing: Renmin tiyu, 1987.

_____. *Zhongguo tiyu shi* 中國體育史 (Uma História da Educação Física Chinesa). V. 1, *gudai* 古代 (Período Clássico). Beijing: Beijing tiyu xueyuan, 1987.

BIBLIOGRAFIA 327

LIN Qing 麟慶. *Hong xue yinyuan tuji* 鴻雪因緣圖記 (Registro Ilustrado dos Vestígios da Vida de um Ganso na Neve). 1849. Reimpressão fotográfica. Beijing: Beijing guji, 1984.

LING Tingkan 凌廷堪 (1757-1809). *Jiaolitang wenji* 校禮堂文集 (Prosa Recolhida da Investigação do Salão dos Ritos). Edição de 1812.

LITTLE, Stephen; EICHMAN, Shawn (orgs.). *Taoism and the Arts of China*. Chicago: Art Institute of Chicago, 2000.

LIU, James J. Y. *The Chinese Knight-Errant*. Chicago: The University of Chicago Press, 1967.

LIU Junxiang 劉峻驤. *Dongfang renti wenhua* 東方人體文化 (A Cultura do Corpo do Leste). Shanghai: Shanghai wenyi, 1996.

LIU T'ieh-yün (Liu E). *The Travels of Lao Ts'an*. Trad. Harold Shadick. Ithaca, N.Y.: Cornell University Press, 1952.

LUFU zouzhe 錄副奏摺 (Cópias de Referência [dos Arquivos do Grande Conselho]). Arquivados no Zhongguo diyi lishi dang'an guan 中國第一歷史檔案館 (Primeiro Arquivo Histórico da China), Beijing.

LUOHAN hua 羅漢畫 (Pinturas de Arhat). Editado por Guoli gugong bowuyuan bianji weiyuanhui. Taipei: Guoli gugong bowuyuan, 1990.

LUO Ye 羅燁. *Xinbian zuiweng tanlu* 新編醉翁談錄 (Novas Notas Editadas sobre o Velho Bêbado). Shanghai: Gudian wenxue, 1957.

LU Zhishen xishang huanghua yu 魯智深喜賞黃花峪 (Lu Zhishen Desfruta do Vale das Flores Amarelas). In: *Guben Yuan Ming zaju*.

MAIR, Victor H. *T'ang Transformation Texts*. Cambridge, Mass.: Council on East Asian Studies, Harvard University, 1989 (Harvard-Yenching Institute Monograph Series, 28).

_____. *Tun-huang Popular Narratives*. Cambridge: Cambridge University Press, 1983.

MA Litang 馬禮堂; SUN Yamin 孫亞民. *Xingyi shizu Ji Longfeng* 形意始祖姬龍峰 (O Fundador do *Xingyi*, Ji Longfeng). *Wulin* 武林 84, n. 9, 1988.

MA Mingda 馬明達. *Shuo jian cong gao* 說劍叢稿 (Esboços sobre a Espada). Lanzhou: Lanzhou daxue, 2000.

MANN, Susan; KUHN, Philip A. Dynastic Decline and the Roots of Rebellion. In: *Cambridge History of China*. Cambridge: Cambridge University Press, 1978.

MAO Yuanyi 茅元儀. *Wubei zhi* 武備志 (Tratado de Preparação Militar). Edição de 1621. Reimpressão fotográfica nos v. 27-36 de *Zhongguo bingshu jicheng*.

MASPERO, Henri. Methods of "Nourishing the Vital Principle" in the Ancient Taoist Religion. In: _____. *Taoism and Chinese Religion*. Trad. Frank A. Kierman. Amherst: University of Massachusetts, 1981.

MATHER, Richard B. The Mystical Ascent of the T'ient'ai Mountains: Sun Ch'o's "Yu-t'ien-t'ai-shan fu". *Monumenta Sérica*, n. 20, 1961.

MATSUDA Ryûchi 松田隆智. *Zhongguo wushu shilüe* 中國武術史略 (Uma Breve História das Artes Marciais Chinesas). Tradução do *Zusetsu Chûgoku bujutsu shi*. Taipei: Danqing tushu, 1986.

MAY, Herbert G.; METZGER, Bruce M. (orgs.). *The New Oxford Annotaded Bible With the Apocrypha*. New York: Oxford University Press, 1973.

MCRAE, John R. *The Northern School and the Formation of Early Ch'an Buddhism*. Honolulu: University of Hawai'i Press, 1986 (Kuroda Institute Studies in East Asian Buddhism, n. 3).

328   O MOSTEIRO DE SHAOLIN

THE METROPOLITAN *Museum of Art: Asia*. New York: Metropolitan Museum of Art, 1987.

MIAOFA *lianhua jing* 妙法蓮華經 (Escritura da Flor de Lótus do Fino Darma). Traduzido por Kumârajîva (344-413). T, n. 262.

MINGDAI *wokou shiliao* 明代倭寇史料 (Materiais sobre os Piratas do Período Ming). Editado por Zheng Liangsheng 鄭樑生. 5 v. Taipei: Wenshizhe, 1987.

MINGSHI 明史 (História de Ming). Compilado por Zhang Tingyu 張廷玉 et al. In: *Ershisi shi jiaodian ben*.

MING *shi lu* 明實錄 (Registros Autênticos de Ming). Edição manuscrita. Reimpressão fotográfica. 133 v. Taipei: Zhongyang yanjiuyuan, 1961-1966.

MIN'GUO *renwu da cidian* 民國人物大辭典 (Grande Dicionário das Biografias do Período Republicano). Organizador geral Xu Youchun 徐友春. Shijiazhuang: Hebei renmin, 1991.

MIURA, Kunio. The Revival of Qi: Qigong in Contemporary China. In: KOHN, Livia. *Taoist Meditation and Longevity Techniques*. Ann Arbor, Mich.: Center for Chinese Studies 1989 (Michigan Monographs in Chinese Studies, v. 61).

MOCHIZUKI Shinkô 望月信亨 (org.). *Bukkyô daijiten* 佛教大辭典 (Grande Dicionário do Budismo). 3. ed. 10 v. Kyoto: Sekai seiten kankô kyôkai, 1954-1971.

MONIER-WILLIAMS, Monier. *A Sanskrit-English Dictionary, Etymologically and Philologically Arranged With Special Reference to Cognate Indo-European Languages*. 1899. Reimpressão. Oxford: Clarendon Press, 1979.

MORRIS, Andrew D. *Marrow of the Nation: A History of Sport and Physical Culture in Republican China*. Berkeley: University of California Press, 2004.

MOTE, Frederick W. *Imperial China: 900-1800*. Cambridge, Mass.: Harvard University Press, 1999.

_____. The Rise of the Ming Dynasty, 1330-1367. In: *The Cambridge History of China*. Cambridge: Cambridge University Press, 1988.

MURRAY, Dian H.; QIN Baoqi. *The Origins of the Tiandihui: The Chinese Triads in Legend and History*. Stanford, Calif.: Stanford University Press, 1994.

NAKAMURA Hajime 中村元(ed.). *Bukkyôgo daijiten* 佛教語大辭典 (Grande Dicionário de Terminologia Budista). Tokyo: Tôkyô shoseki, 1981.

NAQUIN, Susan. *Millenarian Rebellion in China: The Eight Trigrams Uprising of 1813*. New Haven, Conn.: Yale University Press, 1976.

_____. *Peking Temples and City Life, 1400-1900*. Berkeley: University of Califórnia Press, 2000.

_____. *Shantung Rebellion: The Wang Lun Uprising of 1774*. New Haven, Conn.: Yale University Press, 1981.

NAQUIN, Susan; CHÜN-FANG Yü (orgs.). *Pilgrims and Sacred Sites in China*. Berkeley: University of California Press, 1992.

NA WENYI *gong zouyi* 那文毅公奏議 (Memoriais Recolhidos de Nayancheng). Edição de 1834.

NEEDHAM, Joseph; WANG Ling. *Science and Civilization in China*. V. 2, *History of Scientific Thought*. Cambridge: Cambridge University Press, 1956.

NEEDHAM, Joseph; LU Gwei-Djen. *Science and Civilization in China*. V. 5, parte II, *Spagyrical Discovery and Invention: Magisteries of Gold and Immortality*. Cambridge: Cambridge University Press, 1974.

BIBLIOGRAFIA 329

_____. *Science and Civilization in China*. V. 5, parte V, *Spagyrical Discovery and Invention: Physiological Alchemy*. Cambridge: Cambridge University Press, 1983.

NEEDHAM, Joseph; YATES, Robin D. S. *Science and Civilization in China*. V. 5, parte VI, *Military Technology: Missiles and Sieges*. Cambridge: Cambridge University Press, 1994.

NEIGONG tushuo 內功圖說 (Exposição Ilustrada das Técnicas Internas). Prefácio de Wang Zuyuan 王祖源. Edição de 1882 em *Tianrangge congshu* 天壤閣叢書 (Livros Selecionados do Salão do Céu e da Terra). Reimpressão fotográfica em *Congshu jicheng chubian* 叢書集成初編. Shanghai: Shangwu, 1936.

NIIDA Noboru 仁井田陞. *Tō Sō hōritsu bunsho no kenkyū* 唐 宋法律文書 の研究 (Estudo Crítico de Documentos Legais das Eras T'ang e Sung). Tokyo: Toōhō bunka gakuyin, 1937.

NINGBO fu zhi 寧波府志 (Almanaque da Prefeitura de Ningbo). 1735. Editado por Cao Bingren 曹秉仁. Edição de 1846. Reimpressão fotográfica. Taipei: Zhonghua congshu weiyuanhui, 1957.

OWNBY, David. *Brotherhoods and Secret Societies in Early and Mid-Qing China: The Formation of a Tradition*. Stanford, Calif.: Stanford University Press, 1996.

PALMER, David A. Modernity and Millenarianism in China: Qigong and the Birth of Falun Gong. *Asian Anthropology*, n. 2, 2003.

PARRINDER, Geoffrey. *Witchcraft*. Bristol: Penguin Books, 1958.

PARSONS, James Bunyan. *Peasant Rebellions of the Late Ming Dynasty*. 1970. Reimpressão. Ann Arbor, Mich.: Association for Asian Studies, 1993 (The Association for Asian Studies Monograph and Occasional Papers, n. 26).

PELLIOT, Paul. Notes sur quelques artistes des Six Dynasties et des T'ang. *T'oung Pao*, n. 22, 1923.

PERI, Noël. Le dieu Wei-t'ouo. *Bulletin de l'École Française d'Extrême-Orient* 16, n. 3 , 1916.

PETERSON, Willard J. The Life of Ku Yen-Wu (1613-1682). Partes 1-2. *Harvard Journal of Asiatic Studies* 28, 1968; 29, 1969.

PINGYAO zhuan 平妖傳 (Suprimindo a Revolta dos Demônios). Revisado e ampliado por Feng Menglong 馮夢龍 (1574-1646). Taipei: Shijie shuju, 1982.

POUSSIN, Louis de La Vallée (trad.). *L'Abhidharmakośa de Vasubandhu*. 1923. Reimpressão. 6 v. Bruxelles: Institut Belge des Hautes Études Chinoises, 1971 (Mélanges Chinois et Bouddhiques, v. XVI).

PREDAGIO, Fabrizio; SKAR, Lowell. Inner Alchemy (Neidan). In: KOHN, Livia (org.). *Daoism Handbook*. Leiden: Brill, 2000.

PRIP-MØLLER, J. *Chinese Buddhist Monasteries: Their Plan and Its Function As a Setting For Buddhist Monastic Life*. 1937. Reimpressão. Hong Kong: Hong Kong University Press, 1967.

PU Songling 蒲松齡. *Liaozhai zhiyi huijiao huizhu huiping ben* 聊齋志異會校 會注會評本 (Os Registros Completos, Cotejados e Anotados do Estranho, de Liaozhai). Organizado por Zhang Youhe 張友鶴. 2 v. Shanghai: Shanghai guji, 1986.

PUETT, Michael J. *To Become a God: Cosmology, Sacrifice, and Self-Divinization in Early China*. Cambridge, Mass.: Harvard University Asia Center, 2002 (Harvard-Yenching Institute Monograph Series, 57).

330   O MOSTEIRO DE SHAOLIN

QI Jiguang 戚繼光. *Jixiao xinshu: shiba juan ben* 紀效新書十八卷本 (Novo Tratado sobre Eficiência Militar: Edição em 18 Capítulos). Anotado por Cao Wenming 曹文明 e Lü Yingshi 呂穎慧. In: *Qi Jiguang yanjiu congshu* 戚繼光研究叢書 (Materiais Acadêmicos Recolhidos sobre Qi Jiguang). Beijing: Zhonghua, 2001.

_____. *Jixiao xinshu: shisi juan ben* 紀效新書十四卷本 (Novo Tratado sobre Eficiência Militar: Edição em 14 Capítulos). Anotado por Fan Zhongyi 范中義. In: *Qi Jiguang yanjiu congshu* 戚繼光研究叢書 (Materiais Acadêmicos Recolhidos sobre Qi Jiguang). Beijing: Zhonghua, 2001.

QIAN Bangyan 錢邦彥. *Gu Tinglin xiansheng nianpu* 顧亭林先生年譜 (Cronologia do Senhor Gu Yanwu). In: GU Yanwu 顧炎武. *Tianxia junguo libing shu* 天下郡國利病書 (Vantagens e Desvantagens das Províncias e Prefeitura do Império). Edição Congshu jicheng. Shanghai: Shangwu, 1936.

QIAN Ceng 錢曾 (1629–1701). *Pengcheng shijia shugutang tushu ji* 彭城世家述古堂圖書記 (Catálogo da Biblioteca da Família Shugu em Pengcheng). In: *Siku quanshu cunmu congshu* 四庫全書存目叢書 (Todos os Livros no Catálogo "Siku quanshu"), v. 277 da seção de História. Tainan: Zhuangyan, 1996.

_____. *Yeshiyuan cang shumu* 也是園藏書目 (Catálogo de Livros Guardados em Yeshiyuan). Edição Conshujicheng xubian. Taipei: Xinwenfeng, 1989.

QIANLONG chao shangyu dang 乾隆朝上諭檔 (Arquivo dos Editos Imperiais do Reinado de Qianlong). Organizado por Diyi lishi dang'anguan 第一歷史檔案館. 18 v. Beijing: Dang'an chubanshe, 1991.

QING bai lei chao 清稗類鈔 (Antologia Classificada de Anedotas Qing). Organizado por Xu Ke 徐珂. 13 v. Beijing: Zhonghua, 1986.

QINGPINGSHAN tang huaben 清平山堂話本 (Histórias Huaben do Salão Qingpingshan). Contadas por Hong Pian 洪楩. Organizado por Shi Changyu 石昌渝. Jiangsu: Jiangsu guji, 1990.

QING shi gao 清史稿 (Esboço da História de Qing). Organizado por Zhao Erxun 趙爾巽 (1844–1927) et al. 48 v. Beijing; Zhonghua, 1977.

QUAN jing, Quan fa beiyao 拳經拳法備要 (Clássico do Combate de Mãos, Coleção de Métodos de Combate de Mãos). Autores indicados como Zhang Kongzhao 張孔昭 (estilo: Hengqiu 橫秋) e Cao Huandou 曹煥斗 (estilo: Zaidong 在東). In: *Miaoyuan congshu* 邈園叢書 (Livros Compilados do Jardim Remoto). 1936. Reimpressão fotográfica. Edição Congshu jicheng xubian. Taipei: Xinwenfeng, 1988.

QUAN Tang shi 全唐詩 (Poesia Completa de Tang). 25 v. Beijing: Zhonghua, 1960.

QUAN Tang wen 全唐文 (Prosa Completa de Tang). Edição de 1814. Reimpressão fotográfica. 5 v. Shanghai: Shanghai guji, 1990.

QUANZHOU Nan Shaolinsi yanjiu 泉州南少林寺研究 (Pesquisa no Templo Shaolin do Sul de Quanzhou). Compilado por Quanzhou Nan Shaolinsi yanjiuhui 泉州南少林寺研究會. Hong Kong: Huaxing, 1993.

ROBERTS, Moss (trad.). *Three Kingdoms: A Historical Novel*. Atribuído a Luo Guanzhong. Berkeley: University of California Press, 1991.

ROBINET, Isabelle. Metamorphosis and Deliverance from the Corpse in Taoism. *History of Religions* 19, n. 1, 1979.

_____. Shangqing – Highest Clarity. In: KOHN, Livia (org.). *Daoism Handbook*. Leiden: Brill, 2000.

BIBLIOGRAFIA 331

_____. *Taoist Meditation: The Mao-Shan Tradition of Great Purity.* Trad. Julian F. Pas e Norman J. Girardot. Albany: State University of New York, 1993.

ROBINSON, David. *Bandits, Eunuchs, and the Son of Heaven: Rebellion and the Economy of Violence in Mid-Ming China.* Honolulu: University of Hawai'i Press, 2001.

ROSSABI, Morris. Muslim and Central Asian Revolts. In: SPENCE, Jonathan D.; WILLS, John E. (orgs.). *From Ming to Ch'ing: Conquest, Region, and Continuity in Seventeenth-Century China.* New Haven, Conn.: Yale University Press, 1979.

RUSSELL, Jeffrey Burton. *Witchcraft in the Middle Ages.* Ithaca, N.Y.: Cornell University Press, 1972.

SANGUO yanyi 三國演義 (Romance dos Três Reinos). Autor indicado: Luo Guanzhong 羅貫中. Beijing: Renmin wenxue, 1972.

SANGUO zhi 三國志 (História dos Três Reinos). Por Chen Shou 陳壽 (233–297). In: *Ershisi shi jiaodian ben.*

SANTAI Wanyong zhengzong 三台萬用正宗 (Santai [editor] Caminho Correto para Todos os Propósitos). Edição de 1599. Reimpressão fotográfica: SAKAI Tadao 酒井忠夫, Sakade Yoshihiro 坂出祥伸; Ogawa Yōichi 小川陽一 (orgs.). *Chūgoku nichiyō ruisho shūsei* 中國日用類書集成 (Coleção de Enciclopédias Chinesas para Uso Cotidiano). Tokyo: Kyūko, 2000.

SAWADA Mizuho 澤田瑞穗. Songokū shin 孫悟空神 (A Divindade Sun Wukong). 1979. Reimpressão em seu *Chūgoku no minkan shinkō* 中國民間信仰 (Crenças Populares Chinesas). Tokyo: Kōsaku sha, 1982.

SAWYER, Ralph D. (trad.). *The Seven Military Classics of Ancient China.* Boulder. Colo.: Westview Press, 1993.

SCHIPPER, Kristofer (org.). *Concordance du Tao-tsang: Titres des ouvrage.* Paris: Ecole Française d'Extrême-Orient, 1975 (Publications de l'Ecole Francaise d'Extrême-Orient, n. 102).

SCHOPEN, Gregory. Two Problems in the History of Indian Buddhism: The Layman/Monk Distinction and the Doctrines of the Transference of Merit. In: SCHOPEN, Gregory. *Bones, Stones, and Buddhist Monks: Collected Papers on the Archeology,Epigraphy, and Texts of Monastic Buddhism in India.* Honolulu: University of Hawai'i Press, 1997.

SEIDEL, Anna. Chronicle of Taoist Studies in the West 1950–1990. *Cahiers d'Extreme-Asie* 5, 1989-1990.

_____. A Taoist Immortal of the Ming Dynasty: Chang San-feng. In: BARY, William Theodore de (org.). *Self and Society in Ming Thought.* New York: Columbia University Press, 1970.

SHAHAR, Meir. *Crazy Ji: Chinese Religion and Popular Literature.* Cambridge, Mass.: Harvard University Asia Center, 1998 (Harvard-Yenching Institute Monograph Series, 48).

_____. The Lingyin si Monkey Disciples and the Origins of Sun Wukong. *Harvard Journal of Asiatic Studies* 52, n. 1, jun. 1992.

_____. Lucky Dog. *Free China Review* 41, n. 7, jul. de 1991.

SHANDONG jindaishi ziliao 山東近代史資料 (Materiais sobre a Moderna História de Shandong). Organizado por Zhongguoshi xuehui jinan fenhui 中國史學會濟南分會. 3 v. Ji'nan: Shandong renmin, 1957-1961.

SHANGDANG gu sai xiejuan shisi zhong jianzhu 上黨古賽寫卷十四種箋注 (Catorze Antigos Manuscritos *Sai* Anotados de Shangdang [Shanxi]).

Organizado por Yang Mengheng 楊孟衡. Minsu quyi congchu. Taipei: Shihezheng jijinhui, 2000.

SHANGHAI *lishi ditu ji* 上海歷史地圖集 (Atlas Histórico de Shanghai). Organizado por Zhou Zhenhe 周振鶴 et al. Shanghai: Shanghai renmin, 1999.

SHAOLIN *gongfu wenji* 少林功夫文集 (Estudos sobre as Artes Marciais de Shaolin). Editado por Yongxin 永信. 2 v. Henan: Shaolin shuju, 2003-2004.

SHAOLIN *quanshu mijue* 少林拳術秘訣 (Fórmulas Secretas do Método de Combate de Mãos de Shaolin). 1915. Reimpressão em *Shaolin si ziliao ji.*

SHAOLIN *si qianfodian bihua* 少林寺千佛殿壁畫 (A Pintura Mural do Salão dos Mil Budas no Mosteiro de Shaolin). Editado por Henan sheng gudai jianzhu baohu yanjiusuo 河南省古代建筑保護研究所. Zhengzhou: Henan meishu, 1986.

SHAOLIN *si shike yishu* 少林寺石刻藝術 (A Arte de Gravação em Pedra no Mosteiro de Shaolin). Organizado por Su Siyi 蘇思義 et al. Beijing: Wenwu, 1985.

SHAOLIN *si zhi* 少林 寺志 (História do Mosteiro de Shaolin). Prefácio de 1748. Compilado por Ye Feng 葉封 et al. Revisado por Shi Yizan 施奕簪 et al. (Cópia da Harvard-Yenching Library.)

SHAOLIN *si ziliao ji* 少林寺資料集 (Compilação de materiais sobre o mosteiro de Shaolin). Organizado por Wu Gu 無 谷 e Liu Zhixue 劉志學. Beijing: Shumu wenxian, 1982.

SHAOLIN *si ziliao ji xu bian* 少 林寺資料集續編 (Suplemento à Compilação de Materiais sobre o Mosteiro de Shaolin). Organizado por Wu Gu 無谷 e Yao Yuan 姚遠. Beijing: Shumu wenxian, 1984.

SHAPIRO, Sidney (trad.). *Outlaws of the Marsh.* Autores indicados: Shi Nai'an e Luo Guanzhong. 4 v. Beijing: Foreign Languages Press, 1988.

SHARF, Robert H. The Zen of Japanese Nationalism. In: LOPEZ, Donald S. (org.). *Curators of the Buddha: The Study of Buddhism Under Colonialism.* Chicago: The University of Chicago Press, 1995.

SHESHENG *zuanlu* 攝生纂錄 (Registros Selecionados da Proteção da Vida). DZ, 578.

SHIH, Robert (trad.). *Biographies des moines éminents (Kao seng tchouan) de Houei-Kiao.* Louvain: Université de Louvain, 1968 (Bibliothèque du Muséon, n. 54).

SHIZONG *Xian Huangdi zhupi yuzhi* 世宗憲皇帝硃批諭旨 (As Respostas de Cinábrio do Imperador Yongzheng a Memoriais Oficiais). Compilado em 1738. Edição SKQS.

SHOU-YU Liang; WEN-CHING Wu. *Kung Fu Elements: Wushu Training and Martia Arts Application Manual.* Organizado por Denise Breiter-Wu. East Providence, R.I.: Way of the Dragon, 2001.

SHUIHU *quanzhuan* 水滸全傳 (À Margem das Águas). 3 v. Beijing: Renmin wenxue, 1954. Reimpressão. 2 v. Taipei: Wannianqing shudian, 1979.

SHUNZHI *Dengfeng xian zhi* 順治登封縣志 (Almanaque do Condado de Dengfeng do Período Shunzhi 1644-1661). Compilado por Zhang Chaorui 張朝瑞 e Jiao Fuheng 焦復亨. Prefácio de 1652. Cópia da Beijing Library.

SIKU *da cidian* 四庫大辭典 (O Grande Dicionário de Bibliografia Chinesa). Organizado por Li Xueqin 李學勤 e Lü Wenyu 呂文郁. 2 v. Changchun: Jilin daxue, 1996.

SO, Kwan-wai (Su Chün-wei 蘇均煒). *Japanese Piracy in Ming China During the 16th Century.* East Lansing: Michigan State University Press, 1975.

BIBLIOGRAFIA

SONG shi 宋史 (História de Song). Organizado por Tuotuo 脫脫 (1313-1355) et al. In: *Ershisi shi jiaodian ben.*

SONG shu 宋 書 (História de [Liu] Song). Editado por Shen Yue 沈約 (441-513). In: *Ershisi shi jiaodian ben.*

SONG xian zhi 嵩縣志 (Almanaque do Condado de Song). Songxian: Henan renmin, 1990.

SONG yue wenxian congkan 嵩岳文獻叢刊 (Recolha de Escritos sobre o Monte Song). Organizado por Zhengzhou tushuguan bianji weiyuanhui 鄭州圖書館編輯委員會. 4 v. Zhengzhou: Zhongzhou guji, 2003.

SOPER, Alexander Coburn. *Literary Evidence for Early Buddhist Art in China.* Ascona: Artibus Asiae, 1959.

STEIN, Aurel. *Serinida: Detailed Report of Explorations in Central Asia and Westernmost China.* 5 v. Oxford: Oxford University Press, 1921.

STEIN, Rolf. The Guardian of the Gate: An Example of Buddhist Mythology from India to Japan. In: BONNEFOY, Yves (org.). *Asian Mythologies.* Trad. Gerald Honigsblum et al. Chicago: University of Chicago Press, 1993.

STRICKMANN, Michel. *Chinese Magical Medicine.* Organizado por Bernard Faure. Stanford, Calif.: Stanford University Press, 2002 (Asian Religions and Cultures).

_____. *Mantras et mandarins: Le Buddhism Tantrique en Chine.* Paris: Gallimard, 1996.

A STUDY *of the Hong Kong Martial Arts Film: The 4th Hong Kong International Film Festival* (*Xianggang gongfu dianying yanjiu* 香港功夫電影研究). Hong Kong: Urban Council, 1980.

TAIJIQUAN pu 太極拳譜 (Manuais de *Taiji Quan*). Por Wang Zongyue 王宗岳 et al. Cotejado por Shen Shou 沈壽. Zhonghua wushu wenku guji bu. Beijing: Renmin tiyu, 1991.

TAIPING guangji 太平廣記 (Registros Extensivos Compilados Durante o Período Taiping). Organizado por Li Fang 李昉 (925-996). Beijing: Renmin wenxue, 1959.

TAIPING huanyu ji 太平寰宇記 (Geografia do Mundo Compilada durante o Período Taiping). Organizado por Yue Shi 樂史 (período de maior expressão: 980). Edição de 1803. Reimpressão fotográfica. Taipei: Wenhai, 1963.

TAISHŌ shinshū daizōkyō 大正新脩大藏經 (O Grande Cânone Budista Compilado Durante o Período Taishō). 100 v. Tokyo: Taishô issaikyô kankôkai, 1924-1932.

TAKUAN Sōhō. *The Unfettered Mind: Writings of the Zen Master to the Sword Master.* Traduzido por William Scott Wilson. Tokyo: Kodansha International, 1986.

TANG Hao 唐豪. *Jiu Zhongguo tiyushi shang fuhui de Damo* 舊中國體育史上附會的達摩 (A Não Encontrada Associação entre Bodhidharma e a Antiga História da Educação Física Chinesa). Partes 1 e 2. In: *Zhongguo tiyushi cankao ziliao* 中國體育史參考資料 (Materiais de Pesquisa sobre a História da Educação Física Chinesa). Beijing: Renmin tiyu, 1958.

_____. *Neijia quan de yanjiu* 內家拳的研究 (Um Estudo acerca da Escola Interna de Punho). 1935. Reimpressão. Taipei: Hualian, 1971.

_____. *Shaolin quanshu mijue kaozheng* 少林拳術秘訣考証 (Pesquisa sobre o *Shaolin quanshu mijue*). Shanghai: Shanghai guoshu xiejinhui, 1941. Cópia da Shanghai Library.

_____. *Shaolin Wudang kao* 少林武當攷 (Pesquisa sobre Shaolin e Wudang). 1930. Reimpressão fotográfica. Hong Kong: Qilin tushu, 1968.

_____. *Songshan Shaolin chuanxi de he huiji de ticao* 嵩山少林傳習的和匯輯的體操 (Os Exercícios de Ginástica Transmitidos e Desenvolvidos no Mosteiro de Shaolin no Monte Song). In: *Zhongguo tiyushi cankao ziliao* 中國體育史參考資料 (Materiais de Pesquisa sobre a História da Educação Física Chinesa). Beijing: Renmin tiyu, 1958.

_____ [Nome do Estilo Fan Sheng 范生]. *Wo guo tiyu ziliao jieti* 我國體育資料解題 (Exposição de Fontes sobre a Educação Física de Nossa Nação). In: *Zhongguo tiyushi cankao ziliao* 中國體育史參考資料 (Materiais de Pesquisa sobre a História da Educação Física Chinesa). Beijing: Renmin tiyu, 1958.

TANG Hao 唐豪; Gu Liuxin 顧留馨. *Taijiquan yanjiu* 太極拳研究 (Pesquisa sobre o *Taijiquan*). 1964. Reimpressão. Hong Kong: Yixin, 1970.

TANG Hao 唐豪 et al. *Baduan jin* 八段錦 (O Brocado de Oito Seções). Beijing: Renmin tiyu, 1957.

TANG Hui Yao 唐 會要 (Regulamentos Essenciais de Tang). Compilado por Wang Pu 王溥 (922-982). 3 v. Beijing: Zhonghua, 1955.

TANG Shunzhi 唐順之. *Jingchuan xiansheng wenji* 荊川先生文集 (Recolha de Escritos do Senhor Jingchuan [Tang Shunzhi]). Edição Wanli. Reprodução fotográfica. Sibu congkan. Shanghai: Shangwu, 1922.

_____. *Wu bian* 武編 (Tratado sobre Assuntos Militares). Edição Wanli. Reimpressão fotográfica nos v. 13-14 do *Zhongguo bingshu jicheng*.

TEISER, Stephen F. *The Ghost Festival in Medieval China*. Princeton, N.J.: Princeton University Press, 1988.

TER HAAR, Barend J. Buddhist-Inspired Options: Aspects of Lay Religious Life in the Lower Yangzi from 1100 until 1340. *T'oung Pao* 87, n. 1-3, 2001.

_____. The Rise of the Guan Yu Cult: The Taoist Connection. In: MEYER, Jan A. M. de; ENGELFRIET, Peter M. *Linked Faiths: Essays on Chinese Religions and Traditional Culture in Honour of Kristofer Schipper*. Leiden: Brill, 2000 (Sinica Leidensia, v. XLVI).

_____. *Ritual and Mythology of the Chinese Triads: Creating an Ideology*. Leiden: Brill, 1998.

_____. *The White Lotus Teachings in Chinese Religious History*. Leiden: Brill, 1992.

TIANTAI shan quan zhi 天台山全志 (História Completa do Monte Tiantai). Editado por Zhang Lianyuan 張聯元. Edição de 1717.

TONAMI Mamoru. *The Shaolin Monastery Stele on Mount Song*. Traduzido e anotado por P. A. Herbert. Organizado por Antonino Forte. Italian School of East Asian Studies Epigraphical Series, n. 1. Kyoto: Italian School of East Asian Studies, 1990.

TONG, James W. *Disorder under Heaven: Collective Violence in the Ming Dynasty*. Stanford, Calif.: Stanford University Press, 1991.

TONGBAI shizhi 桐柏史志 (História do Templo da Paulownia). Organizado por Zhao Zilian 趙子廉. Tiantai: Tonbai guan, 1999.

TUOLUONI ji jing 陀羅尼集經 (Sutra dos Encantos Compostos). Compilado por Atikûja (Chinese: Adiquduo 阿地瞿多) (fl. 654). T, n. 901.

TWITCHETT, Dennis. Hsüan-Tsung (Reign 712-756). In: *The Cambridge History of China*. Cambridge: Cambridge University Press, 1979.

_____. Monastic Estates in T'ang China. *Asia Major* 5, n. 2, 1956.

VICTORIA, Brian (Daizen) A. *Zen at War*. New York: Weatherhill, 1997.

BIBLIOGRAFIA

335

WAKEMAN, Frederick. *The Great Enterprise: The Manchu Reconstruction of Imperial Order in Seventeenth-Century China*. 2 v. Berkeley: University of California Press, 1985.

WANG Chang 王昶 (1725-1806). *Jinshi cuibian* 金石萃编 (Coleção de Inscrições em Metal e Pedra). Edição de 1805.

WANG, David Teh-Yu. *Nei jing Tu*, a Daoist Diagram of the Internal Circulation of Man. *The Journal of the Walters Art Gallery* 49/50, 1991-1992.

WANG Jie 汪价. *Zhongzhou zazu* 中州雜俎 (Miscelânea de Henan). Edição manuscrita de Qing Dexingtang. Cópia da National Central Library, Taipei.

WANG Shifu 王實甫. *Xixiang ji* 西廂記 (A História da Ala Oeste). Anotado por Wang Jisi 王季思. Beijing: Zhonghua shuju, 1959.

WANG Shifu. *The Moon and the Zither: The Story of the Western Wing*. Editado e traduzido por Stephen H. West e Wilt L. Idema. Berkeley: University of California Press, 1991.

WANG Shixing 王士性. *Wuyue you cao* 五嶽遊草 (Esboço de Relato de Jornadas às Cinco Montanhas) Edição de 1593. Cópia da National Central Library, Taipei.

_____. *Yu zhi* 豫志 (Reporte de Henan). Edição Congshu jicheng. Shanghai: Shangwu, 1936.

WANG Shizhen 王世真 (1526-1590). *Yfanshan tang bieji* 弇山堂別集 (Outros Escritos de Wang Shizhen). Beijing: Zhonghua, 1985.

WARE, James R. (trad.). *Alchemy, Medicine, Religion in the China of A.D. 320: The N'ei P'ien of Ko Hung (Pao-p'u tzu)*. Cambridge, Mass.: MIT Press, 1966.

_____. Wei Shou on Buddhism, *T'oung Pao* 30, 1933.

WATSON, Burton (trad.). *The Complete Works of Chuang Tzu*. New York: Columbia University Press, 1968.

WECHSLER, Howard J. The Founding of the T'ang Dynasty: Kao-Tsu (Reign 618-26). In: *The Cambridge History of China*. Cambridge: Cambridge University Press, 1979.

_____. *Offerings of Jade and Silk: Ritual and Symbol in the Legitimation of the T'ang Dynasty*. New Haven, Conn.: Yale University Press, 1985.

_____. T'ai-Tsung (Reign 626-49) The Consolidator. In: *The Cambridge History of China*. Cambridge: Cambridge University Press, 1979.

WEINSTEIN, Stanley. *Buddhism Under the T'ang*. Cambridge: Cambridge University Press, 1987.

WEI shu 魏書 (História de Wei). Compilado por Wei Shou 魏收 (506-572). In: *Ershisi shi jiaodian ben*.

WELCH, Holmes. *The Practice of Chinese Buddhism, 1900-1950*. Cambridge, Mass.: Harvard University Press, 1967.

WELLER, Robert P. *Resistance, Chaos and Control in China: Taiping Rebels, Taiwanese Ghosts, and Tiananmen*. Seattle: University of Washington Press, 1994.

WELLS, Marnix. *Scholar Boxer: Chang Naizhou's Theory of Internal Martial Arts and the Evolution of Taijiquan*. Berkeley, Calif.: North Atlantic Books, 2005.

WENG Tongwen 翁同文. Kangxi chuye "yiWan weixing" jituan yudang jianli Tiandihui 康熙初葉「以萬為姓」集團餘黨建立天地會 (O Estabelecimento do Tiandihui pelos Remanescentes de Grupos que Possuíam o Sobrenome Wan no Período Inicial de Kangxi). In: *Zhonghua xueshu yu xiandai wenhua congshu* 中華學術與現代文化叢書 (Série de Aprendizado do Chinês e Civilização Moderna). Taipei: Huagang, 1977.

WEN *xuan* 文選 (Antologia Literária). Compilado por Xiao Tong 蕭統. 6 v. Shanghai: Shanghai guji: 1986.

WENYUANGE *Siku quanshu* 文淵閣四庫全書 (Todos os Livros do Tesouro Guardado no Salão Wenyuan). Edição manuscrita de 1782. Reimpressão fotográfica. 1500 v. Taiwan: Shangwu, 1983-1986.

WEN Yucheng 溫玉成. *Shaolin fanggu* 少林訪古 (Visitando o Passado no Mosteiro de Shaolin). Tianjin: Baihua wenyi, 1999.

WILE, Douglas. *Lost T'ai-chi Classics from the Late Ch'ing Dynasty*. Albany: State University of New York Press, 1996.

_____. *T'ai Chi's Ancestors: The Making of an Internal Art*. New City: Sweet Ch'i Press, 1999.

WU Cheng'en 吳承恩. *Xiyou ji* 西遊記 (Jornada para o Oeste). 2 v. Beijing: Zuojia, 1954.

WU Han 吳晗. *Zhu Yuanzhang zhuan* 朱元璋傳 (Biografia de Zhu Yuanzhang). Shanghai: Shenghuo dushu xinzhi sanlian shudian, 1949.

WU Huifang 吳蕙芳. *Wanbao quanshu: Ming Qing shiqi de minjian shenghuo shilu* 萬寶全書: 明清時期的民間生活實錄 (O Livro Completo da Miríade de Tesouros: Registros Verazes das Vidas das Pessoas Comuns durante o Período Ming-Qing). Taipei: Zhengzhi daxue, 2001 (Zhengzhi daxue shixue congshu, n. 6).

WU Jingzi 吳敬梓. *Rulin waishi* 儒林外史 (A História Não Oficial dos Letrados). Editado por Zhang Huijian 張慧劍. Beijing: Renmin, 1985.

WU *Liu xianzong quanji* 伍柳仙宗全集 (Ensinamentos Completos de Imortalidade de Wu e Liu). Editado por Deng Huiji 鄧徽績. Edição de 1897. Reimpressão fotográfica. Taipei: Zhenshanmei, 1962.

WU Pei-Yi. An Ambivalent Pilgrim to T'ai Shan in the Seventeenth Century. In: NAQUIN, Susan; CHÜN-FANG Yü (orgs.). *Pilgrims and Sacred Sites in China*. Berkeley: University of California Press, 1992.

WU Qiao 吳喬 (Outro nome: Wu Shu 吳殳). *Weilu shihua* 圍爐詩話 (Conversações Poéticas ao Redor do Fogo). Edição Congshu jicheng. 2 v. Shanghai: Shangwu, 1939.

WU Shouyang 伍守陽 (1563-1644). Xianfo hezong yulu 仙佛合宗語錄 (Falas Registradas da Tradição Comum do Taoísmo e do Budismo). In: *Wu Liu xianzong quanji*.

WU Shu 吳殳 (outro nome: Wu Qiao 吳喬). *Shoubi lu* 手臂錄 (Exercícios de Braço). Prefácio de 1678. Edição Congshu jicheng. Shanghai: Shangwu, 1939.

WU *Yue chunqiu zhuzi suoyin* 吳越春秋逐字索引 (Compilação, Palavra por Palavra, dos *Anais de Wu e Yue*). Editado por Liu Dianjue 劉殿爵 (D. C. Lau) et al. Hong Kong: Shangwu, 1993 (Xian Qin liang Han guji zhuzi suoyin congkan shibu, n. 5).

XIE Zhaozhe 謝肇淛. *Wu zazu* 五雜組 (Cinco Ofertas Diversas). Edição de 1618. Reimpressão fotográfica. Taipei: Xinxing 1971.

XIN *bian Shaolin si zhi* 新編少林寺志 (Nova Edição da História do Mosteiro de Shaolin). Editado por Dengfeng xianzhi bangongshi 登封縣志辦公室. Beijing: Zhongguo luyou, 1988.

XIN *Tang shu* 新唐書 (Nova História de Tang). Organizado por Ouyang Xiu 歐陽修 e Song Qi 松祁. In: *Ershisi shi jiaodian ben*.

XIUZHEN *shishu* 修真十書 (Dez Compilações sobre o Cultivo da Perfeição). DZ, 263.

BIBLIOGRAFIA

337

XUANJI *mishou xuedao quan jue* 玄機秘授穴道拳訣 (Transmissão Secreta de Pontos de Acupuntura das Fórmulas de Combate de Mãos de Xuanji). Prefácio de Zhang Ming'e 張鳴鶚. Shanghai: Guoji xueshe, 1927. Cópia da Shanghai Library.

XU Changqing 徐長青. *Shaolin si yu Zhongguo wenhua* 少林寺與中國文化 (O Mosteiro de Shaolin e a Cultura Chinesa). Zhengzhou: Zhongzhou guji, 1993.

XU Mengxin 徐夢莘 (1124-1205). *San chao bei meng huibian* 三朝北盟會編 (Recolha de Materiais sobre os Tratados do Norte dos Três Reinos). 1194. Edição SKQS.

XU Zhen 徐震 (Estilo: Zhedong 哲東). *Guoji lunlüe* 國技論略 (Sumário das Artes Marciais Chinesas). Edição de 1929. Reimpressão fotográfica em *Minguo congshu* 民國叢書 (Trabalhos Selecionados do Período Republicano). Shanghai: Shanghai shudian, 1989.

YAMPOLSKY, Philip (org. e trad.). *The Platform Sutra of the Sixth Patriarch.* New York: Columbia University Press, 1967.

YANG Hsüan-chih. *A Record of Buddhist Monasteries in Lo-yang.* Trad. Yi-t'ung Wang. Princeton. N.J.: Princeton University Press, 1984.

YANGJIA *jiang yanyi* 楊家將演義 (Romance dos Generais da Família Yang). 50 capítulos. Por Xiong Damu 熊大木 (período de maior expressão: 1550). Shanghai: Shanghai guji, 2000.

YANGJIA *jiang yanyi* 楊家將演義 (Romance dos Generais da Família Yang). 58 capítulos. Prefácio por Ji Zhenlun 紀振倫 (1606). Taipei: Sanmin shuju, 1998.

YANG Lizhi 楊立志. *Mingdai diwang yu Wudang daojiao guanli* 明代帝王與武當道教管理 (Imperadores Ming e a Administração do Taoísmo de Wudang). *Shijie zongjiao yanjiu* 世界宗教研究, n. 1, 1988.

YANG Tinghe 楊廷和 (1459-1529). *Yang Wenzhong san lu* 楊文忠三錄 (Três Registros Compilados de Yang Tinghe). Edição SKQS.

YANG Xuanzhi 楊衒之. *Luoyang qielan ji* 洛陽伽藍記 (Registro dos Mosteiros Budistas em Luoyang). Shanghai, Shanghai shudian, 2000.

YAO Tao-Chung. Quanzhen-Complete Perfection. In: KOHN, Livia (org.). *Daoism Handbook.* Leiden: Brill, 2000.

YIHEQUAN *yundong qiyuan tansuo* 義和拳運動起源探索 (Uma Exploração das Origens do Movimento dos Boxers). Editado por Lu Yao 路遙 et al. Ji'nan: Shandong daxue, 1990.

YIQIE *jing yinyi* 一切經音義 (Dicionário do Cânone Budista). Por Huilin 慧琳. T, n. 2128.

YU, Anthony (trad.). *The Journey to the West.* 4 v. Chicago: University of Chicago Press, 1977-1983.

YÜ, Chün-fang. Ming Buddhism. In: *The Cambridge History of China.* Cambridge: Cambridge University Press, 1998.

_____. *The Renewal of Buddhism in China: Chu-hung and the Late Ming Synthesis.* New York: Columbia University Press, 1981.

YU Dayou 俞大猷. *Jian jing* 劍經 (O Clássico da Espada). In: Yu Dayou, *Zhengqi tang yuji.*

_____. *Zhengqi tang ji* 正氣堂集 (Escritos Selecionados do Salão do Reto Espírito). Com duas sequências: *Zhengqi tang xuji* 續集 (Mais Escritos do Salão do Reto Espírito) e *Zhengqi tang yuji* 餘集 (Outros Escritos do Salão do Reto Espírito). Edição combinada 1841. Cópia da Harvard-Yenching Library.

338   O MOSTEIRO DE SHAOLIN

YU, Xue. *Buddhism, War, and Nationalism: Chinese Monks in the Struggle against Japanese Aggressions, 1931-1945*. New York: Routledge, 2005.

YUAN Hongdao 袁宏道. *Yuan Hongdao ji jian jiao* 袁宏道集箋校 (Uma Edição Anotada e Cotejada dos Escritos de Yuan Hongdao). Anotado por Qian Bocheng 錢伯城. 3 v. Shanghai: Shanghai guji, 1981.

YUAN Xingyun 袁行雲 (ed.). *Qingren shiji xulu* 清人詩集敘錄 (Pesquisa de Antologias Poéticas Qing). 3 v. Beijing: Xinhua, 1994.

YUNJI qiqian 雲笈七籤 (Sete Bilhetes de uma Bolsa Enevoada). Compilado por Zhang Junfang 張君房 (período de maior expressão: 1015). Edição do cânone taoísta Ming. Reimpressão fotográfica. Sibu congkan. Shanghai: Shangwu, 1929.

YUNYAN si 雲巖寺 (O Mosteiro de Yunyan). Organizado por Wu Jianshe 吳建設. Songxian, 1999.

YUN Youke 雲游客. *Jianghu congtan* 江湖叢談 (Compilações de Conversas sobre "Rios e Lagos"). Beijing: Zhongguo quyi, 1988.

ZAJU Xiyou ji 雜劇西遊記 (Jornada para o Oeste em estilo Zaju). Organizado por Shionoya On 鹽谷溫. Tokyo: Shibunkai, 1928.

ZANNING 贊寧. *Song Gaoseng zhuan* 宋高僧傳 (Biografias de Monges Eminentes, Compiladas durante o Período Song). T, n. 2061.

ZELIN, Madeleine. The Yung-Cheng Reign. In: *The Cambridge History of China*. Cambridge: Cambridge University Press, 2002.

ZENG Weihua 曾維華; Yan Yaozhong 嚴耀中. *Cong Shaolin si de ji fang bei ta mingwen kan Ming dai sengbing* 從少林寺的幾方碑塔銘文看明代僧兵 (Um Exame das Tropas Monásticas do Período Ming Feito com Base em Muitas Inscrições em Estelas e Estupas de Shaolin). *Shanghai shifan xueyuan xuebao (shehui kexue)* 上海師範學院學報(社會科學), n. 2, 1984.

ZENG Zao 曾慥 (período de maior expressão: 1131-1155). *Dao shu* 道樞 (O Eixo do Caminho). DZ, 1017.

ZENGAKU daijiten 禪學大辭典 (O Grande Dicionário de Estudos do Zen). Organizado por Zengaku Daijiten Hensanjo 禪學大辭典編纂所. 3 v. Tokyo: Taishûkan, 1978.

ZHANG Dai 張岱. *Langhuan wenji* 瑯嬛文集 (Escritos Compilados de um Reino Imortal). Shanghai: Shanghai zazhi, 1935.

ZHANG Nai 張鼐 (*jinshi* 1604). *Wusong jia yi wo bian zhi* 吳淞甲乙倭變志 (Registro da Sublevação Pirata de 1554-1555 em Wusong). *Shanghai zhang'gu congshu* 上海掌故叢書, n. 2. Shanghai: Zhonghua, 1936.

ZHANG Shutong 張叔通. *Sheshan xiao zhi, Ganshan zhi* 佘山小志干山志 (Uma História Curta do Monte She e uma História do Monte Gan). 1936. Reimpressão. Shanghai: Shanghaishi xinwen, 1994.

ZHAO Keyao 趙克堯; Xu Daoxun 許道勳. *Tang Taizong zhuan* 唐太宗傳 (Biografia do Imperador Tang Taizong). Beijing: Renmin, 1995.

ZHENG Ruoceng. 鄭若曾. *Jiangnan jing lüe* 江南經略 (A Estratégica Defesa da Região de Jiangnan). Prefácio de 1568. Edição SKQS.

ZHIPAN 志磐. *Fozu tongji* 佛祖統紀 (Registro das Linhagens de Budas e Patriarcas). T, n. 2035.

ZHONGGUO bingshu jicheng 中國兵書集成 (Coleção de Livros Chineses sobre a Arte da Guerra). 50 v. Beijing: Jiefangjun, 1987.

BIBLIOGRAFIA   339

zhongguo chuantong yangsheng zhendian 中國傳統養生珍典 (Clássicos Raros de Métodos Chineses Tradicionais para a Nutrição da Vida). Organizado por Ding Jihua 丁繼華 et al. Beijing: Renmin tiyu, 1998.

zhongguo fo si shi zhi huikan 中國佛寺史志彙刊 (Coleção de Histórias Budistas Chinesas do Templo) Séries n. 1-2, 80 v. Taipei: Mingwen, 1980. Série n. 3, 30 v. Taipei: Danqing tushu, 1985.

zhongguo gudai tiyu shi 中國古代體育史 (História da Educação Física Chinesa Tradicional). Organizado por Guojia tiwei tiyu wenshi gongzuo weiyuanhui 國家體委體育文史工作委員會. Beijing: Tiyu xueyuan, 1990.

zhongguo jindai tiyu shi 中國近代體育史 (História da Educação Física Chinesa Moderna). Organizado por Guojia tiwei tiyu wenshi gongzuo weiyuanhui 國家體委體育文史工作委員會. Beijing: Tiyu xueyuan, 1989.

zhongguo lidai guanzhi da cidian 中國歷代官制大辭典 (O Grande Dicionário da Burocracia Chinesa através das Eras). Organizado por Lü Zongli 呂宗力 et al. Beijing: Beijing chubanshe, 1994.

zhongguo Shaolin si, beike juan 中國少林寺 (O Mosteiro Chinês de Shaolin). Organizado por Yongxin 永信 et al. 3 v. Beijing: Zhonghua, 2003.

zhongguo wushu baike quanshu 中國武術百科全書 (A Enciclopédia Completa das Artes Marciais Chinesas). Beijing: Zhongguo dabaike quanshu, 1998.

zhonghua Daojiao da cidian 中華道教大辭典 (O Grande Dicionário do Taoísmo Chinês). Organizado por Hu Fuchen 胡孚琛 et al. Beijing: Zhongguo shehui kexue, 1995.

zhou shu 周書 (História de Zhou). Organizado por Linghu Defen 令狐德棻 (583-661). In: *Ershisi shi jiaodian ben*.

zhou Weiliang 周偉良. *Ming-Qing shiqi Shaolin wushu de lishi liubian* 明清時期少林武術的歷史流變 (A Evolução Histórica das Artes Marciais de Shaolin durante o Período Ming-Qing). In: *Shaolin gongfu wenji*.

_____. *Zhongguo wushu shi* 中國武術史 (História das Artes Marciais Chinesas). Beijing: Gaodeng jiaoyu, 2003.

zhou Zhongfu 周中孚 (1768–1831). *Zheng tang dushu ji* 鄭堂讀書記 (Estudos Bibliográficos do Salão da Solicitude). Beijing: Zhonghua: 1993.

zhu Guozhen 朱國禎 (1557–1632). *Yongchuang xiaopin* 湧幢小品 (Agitando as Ninharias do Pavilhão). Beijing: Zhonghua 1959.

zimmerman, Michael. A Māhānist Criticism of Ārthaśāstra: The Chapter on Royal Ethics in the Bodhisattva-gocaropāya-visaya-vikurvana-nirdeśa-sútra. In: *Annual Report of the International Research Institute for Advanced Buddhology at Soka University for the Academic Year 1999*. Tokyo, 2000.

_____. War. In: buswell, Robert E. et al. *Encyclopedia of Buddhism*. New York: Macmillan Reference, 2004.

zizhi tongjian 資治通鑑 (Espelho Compreensivo para Auxílio do Governo). Por Sima Guang 司馬光. 20 v. Beijing: Zhonghua, 1995.

zuixing shi 醉醒石 (A Pedra da Sobriedade). Shanghai: Shanghai guji, 1992.

Índice

À *Margem das Águas* 57-58, 69, 143, 162, 181, 252, 253, 254, 277, 281n, 304
A'de 124, 127
Acupuntura 173-174, 203, 224-226, 302
Alquimia interna 214, 229, 256
Ameixa no Vaso Dourado, A 76, 193
Amoghavajra 300
Anais de Wu e Yue 231
Arco (arma) 79
Arhats 16, 251;
   e bastões 131-132
Armas de fogo 201, 302
"arte da guerra" 301
Artes marciais, escolas 4-5
Artes marciais:
   e a conquista Ming (manchu) xxv, 264-265, 271, 273, 303;
   e a construção da nação xxv, 295;
   e a elite letrada xxv, 78-79, 88, 93, 108, 183-184, 202, 266-267, 271, 303;
   e a rebelião 182-183, 197;
   e acupuntura 173-174, 225, 302;
   e cosmologia 227-230, 270, 298, 302;
   e *daoyin* 202, 206, 209-210, 217-233, 269, 297;

   e divindades budistas 48-56, 71, 120-135, 161, 297-298;
   e o autocultivo budista xxi, 86, 114-117, 167, 300, 303;
   e o simbolismo budista de mãos 176;
   e os jogos olímpicos xxvi, 295;
   e os Oito Imortais Taoístas 176-178;
   e ritual 223-224, 303-304;
   e sincretismo 259-263, 271, 303;
   e taoísmo xxiii, 202, 217, 219, 223, 269-270, 298, 302-303;
   enciclopédias como fonte sobre xxv, 75, 188;
   transformação verificada nos períodos Ming tardio e Qing inicial xxii, 201, 217-233, 270-271, 301-302;
   metas religiosas das xix, xxiii, 186, 201, 217, 219, 254, 269-270, 301-304;
   metas terapêuticas das xix, xxiii, 186, 201-202, 204, 217-219, 225-226, 270-271, 301-304;
   mitologia das xxiii, 198, 253, 263-269;
   no Ocidente xix.
   templos como espaço público para a prática de 109-110, 118, 303;

Ver também Esgrima; Combate de mãos;
Lança; Bastão.

Artes Nacionais 295

Asaṅga 134

Assassinato compassivo 132-134

Avalokiteśvara (Guanyin) 53, 124, 128, 188,
193, 280

Baduan jin. Ver *Brocado em Oito Seções*

Bagua Zhang. Ver *Palma dos Oito Trigramas*

Baigu zhuang. Ver *Gleba do Vale do Cipreste*

Bastão com argolas 131, 142, 150-153;
de Sun Wukong 159-160

Bastão voador 157-158

Bastão:
como arma mágica 155-158;
como emblema do monge 150-153, 161.
300;
da lenda de Shaolin 120-135;
design crescente do 143-144;
do método de Shaolin 78-92, 205;
e os monges lutadores da ficção 135-148;
método de Yu Dayou de 89-93
no exército Ming 135-135, 191;
perspectiva comparativa sobre 155-156,
160;
terminologia do 137n;

Batuo 3, 17-18, 46

Bengala de Bodhidharma 257

Biandun 108-109

Bingfa. Ver "arte da guerra".

Bloch, Marc xxv, 60

Bodhidharma xxv, 60;
e a mitologia das artes marciais 267-
-270;
e o *Clássico da Transformação dos Tendões*
246-250
e taoísmo 256;
na ficção Ming 253;

Bodhiruci 18

Bodhisattva-bhûmi 134

Boxe. Ver Combate de mãos.

Boxers, Rebelião dos 182, 224

"Brocado de Doze Seções" 234-237, 270

"Brocado de Oito Seções" 237-238, 250

Budismo, demônios convertidos ao 51;
e a defesa nacional 103, 300;
e a proibição da violência xx, xxiv, 21-25,
99, 107, 149-150, 288.

e as artes marciais xx-xxi, 86, 113-117,
167, 300;
e as divindades marciais xxi, 48-56, 71,
120-135, 299-300, 302-303;
justificativa da violência no 71, 132-135,
298-301;
loucos sagrados 16, 69, 126;
regras dietéticas 60;
simbolismo de mãos do 53-55, 176, 300;
Ver também Chan.

"Camisa do Tecido de Ferro" 223

"Canção do Punho do Monge de Emei" 113,
166, 220

Canção dos Punhos de Sha 114

Cao Huandou 168, 171, 183, 185, 186, 219,
220, 226

Chan xix, 6-10, 80, 127, 143-144, 260, 275;
e o taoísmo 256;
e as artes marciais xx, 86, 114-115

Chan, Jackie. Ver Cheng Long.

Chang Naizhou 198, 220, 229;
sobre o *Clássico da Transformação dos
Tendões* 244-246

Changlin, mosteiro 276-277

Chen Wangting 195, 196, 214, 282

Cheng Dali 149

Cheng Long 178

Cheng Shao 103

Cheng Zhenru 93-94, 113

Cheng Zongyou 78-86, 88-96, 119, 143, 283;
e a lenda de Vajrapāni 121, 128
sobre budismo e artes marciais 91, 118-119,
167, 300-301;

Chifeng sui. Ver *A Medula da Fênix Vermelha*.

Ching, Gene 60

Chuzu an. Ver *Ermida do Primeiro Patriarca*.

"Cinco Picos Sagrados" 7

Clássico da Espada 89-92

Clássico da Limpeza da Medula 15, 247,
248, 250, 308

Clássico da Transformação dos Tendões 205,
219, 222, 225, 238-245, 269, 303;
e a lenda de Bodhidharma 246-259;
e o sincretismo 259-263
edições do 307-308;

Clássico das Mutações 227, 228, 302

Clássico do Combate de Mãos 167-187, 196,
200, 219, 226

ÍNDICE

"Coagulação Púrpura, Homem do Caminho" 239-242, 245, 246, 249, 250, 269; e sincretismo 259-260
Coletânea de Discursos sobre os Rios e Lagos 95
Combate de mãos:
Definição 165-166;
e Henan 197-198;
estilos do século XVII 196-200;
evolução em Shaolin XXII, 119, 165-187.
na literatura Ming 188-192;
o método de Qi Jiguang de 188-192;
Ver também Artes marciais.
Cosmologia 227-232, 270, 298, 302-303
"Couraça do Sino de Ouro" 223

Da Tang Sanzang fashi qu jing ji. Ver *Mestre da Lei, Tripitaka do Grande Tang Procura pelas Escrituras.*
Damo zhang. Ver Bengala de Bodhidharma.
Dança do leão 304
Daocheng 158
Daode jing 208
Daoji 16, 69, 126
Daoping 18
Daoyin tu. Ver *Ilustrações de Guiar e Empurrar.*
Daoyin 202, 205-217;
e a esgrima 232;
e a *Exposição Ilustrada das Técnicas Internas* 234-238;
e as artes marciais 206, 209-210, 217-233, 269, 297;
e o *Clássico da Transformação dos Tendões* 239;
e o ioga 256
Demiéville, Paul 132
"Deus das Areias Profundas" 144
Dicionário do Cânone Budista 53
Dinastia Ming, declínio militar da XXIV, 96;
e pirataria 96-101;
e Shaolin 101-105, 279-286
e tropas monásticas 106-117;
Dinastia Qing 65-68, 286-294, 299
Dinastia Sui 19, 23, 24, 26, 29, 30
Dinastia Tang 25-44, 71
Divindades marciais XXI, 48-56, 71, 120-135, 161, 299-300
e sacrifício de animais 70

"Dois Veneráveis Reis" 49
Dong Jieyuan 57, 141-142
Dou Jiande 27, 33
Drunken Master (O Mestre Bêbado) 178
Dudgeon, John 203
Duti 64-65

Emei daoren quan ge. Ver *Canção do Punho do Monge de Emei.*
Emei qiangfa. Ver *Método de Lança de Emei.*
Emei 94, 108, 109, 112-115, 166, 247
Epigrafia XXIV, 11, 12-15, 24, 25, 102, 121, 123, 172, 284. Ver também *Estela do Mosteiro de Shaolin.*
Ermida do Primeiro Patriarca 16
Erwangzun. Ver "Dois Veneráveis Reis".
Escola Interna (de Punho) 108, 198, 225, 263-269
Escritura da Corte Amarela 196, 214
Esgrima 230-233, 269
Espada 80, 230-231. Ver também Facão.
Espírito guardião 123-126, 131
Essência Budista 158
Estela do Mosteiro de Shaolin 25-44, 46. Ver também Epigrafia.
Estratégia da Defesa da Região de Jiangnan, A 97
Exercícios de Braço 88, 92, 113, 119
Exercícios respiratórios XXI, 203, 207-209, 214-219, 231-232, 234, 269, 303. Ver também Qi.
Exposição do Método Original do Bastão de Shaolin 78-86, 91-92, 121, 129, 143, 166
Exposição Ilustrada das Técnicas Internas 203-205, 219, 234-238

Facão 79, 136, 191
Facong 141-142
Falungong 216
Fan Zhongxiu 32
Fangtou seng. Ver Monges dos santuários subsidiários.
Fanyi mingyi ji. Ver *Terminologia Budista Traduzida.*
Faru 10
Faure, Bernard 9
Fayun 150, 152
Fearless (O Mestre das Almas) 180
Feixi.Ver Bastão voador.

Festival de Artes Marciais de Shaolin 5
Ficção de artes marciais 26, 94-95, 100, 221, 224. Ver também *À Margem das Águas*; *Generais da Família Yang*.
Fists of Fury (A Fúria do Dragão) 180
Floresta de Estupas 6, 102, 105
Força interna 185, 219
"Forte Imperial" 128-129, 281-282
Fotuo. Ver Batuo.
Fu Mei 5-6, 121, 128
Fundamentos do Clássico do Combate de Mãos 171, 188-192
Funiu 87, 100, 108, 115-117, 286, 296

Gan Fengchi 226, 245
Gaozu, Imperador. Ver Li Yuan.
Ge Hong 214, 230
Generais da Família Yang 112, 136, 148
Geng yu sheng ji. Ver *Técnicas para Prática Após o Cultivo da Terra*.
Ginástica. Ver *Daoyin*.
Gleba do Vale do Cipreste 28-31, 34-36, 38, 43, 70
Gouqiang. Ver Lança com gancho.
Gu Shaolian 42
Gu Yanwu xxv, 273, 279, 287
Guang'an 80, 94
Guangong 126, 143-144
Guanyin. Ver Avalokiteśvara.
Guerreiro Perfeito. Ver *Zhenwu*.
Guiyi jun. Ver *Retorno do Exército da Obediência*.
Guoshu. Ver *Artes Nacionais*.
Guṅabhadra 22
Guzhou 120

Haikuan 286
He Liangchen 87, 108, 191
He Wei 65-66, 292
"Herói Barbudo" 248-249
Hinduísmo 21
História da Ala Oeste (de Dong Jieyuan) 57, 141
História da Ala Oeste (de Wang Shifu) 141
História da Arte de Manusear o Arco e Flecha 79
História da Defesa Nacional Monástica 101
História intelectual 270
História Não Oficial dos Letrados 222, 244

Histórias Ouvidas por Yijian 237
Hong Mai 237
Hongji 80, 283
Hongjin. Ver *Turbantes Vermelhos*.
Hongzhuan 80, 89, 119
Hu Zongxian 98
Hua Tuo 207
Huang Baijia xxv, 78, 110, 219, 225, 263-268
Huang Zongxi xxv, 78, 108, 225, 263-267
Huangting jing. Ver *Escritura da Corte Amarela*.
Huian 10
Huiguang 18
Huike 10-12, 105, 246, 247, 249, 250
Huilin 53
Huiming 140-144, 148-149
Huineng 127
Huiyang 30, 32, 43, 247, 275
Huo Yuanjia 180

Icchântika 132
Ilustrações de Guiar e Puxar 206
Imortalidade 204, 210, 212, 215, 229-232, 261;
    e as artes marciais 298, 303;
    e o *Clássico da Transformação dos Tendões* 219, 242-244, 260, 269-270
Indra 49
Ioga 256

Jet Li. Ver Li Lianjie.
Ji Jike 197-198
Jian jing. Ver *Clássico da Espada*.
Jianghu congtan. Ver *Coletânea de Discursos sobre os Rios e Lagos*.
Jianghu. Ver Rios e Lagos.
Jiangnan jing lüe. Ver *A Defesa Estratégica da Região de Jiangnan*
Jiapiluo shen. Ver Kapila.
Jiaqing, Imperador 292
Jiedao. Ver Proibições da faca.
Jin Ping Mei. Ver *Ameixa no Vaso Dourado*.
Jin Yong 26
Jin'gang hen. Ver Vajrapāni.
Jin'gang. Ver Vajra.
Jingde Chuandeng lu. Ver *Registro da Transmissão da Lâmpada do Período Jing*
Jinnaluo. Ver Kimnara.
Jinzhong zhao. Ver "Couraça do Sino de Ouro".

Jixiao xinshu. Ver *Novo Tratado sobre Eficiência Militar*.

Jizu (Monte) 109

Jogos Olímpicos xxvi

Jornada para o Oeste 137, 140, 182, 193, 261

Kangxi, Imperador 276, 287

Kapila 70n

Kieschnick, John 152

Kimnara (Jinnaluo) 127-131, 139, 167. Ver também Narāyāna; Vajrapāni.

Kroll, Paul 215

Kung Fu Tai Chi 60

Kung-fu (filmes) 5, 296. Ver também *Drunken Master* (Mestre Bêbado); *Fearless* (Destemido); *Fists of Fury* (Punhos da Fúria); *Shaolin Temple* (O Templo Shaolin).

"Lamento sobre as Tropas Monásticas" 107

Lanças com gancho 77, 119

"Lança da Família Yang" 100

Lança 78-80, 88-89, 94, 100, 119, 136, 191, 197, 205, 228

Lee, Bruce XIV, XIX, 180

Lévi-Strauss, Claude 268

Li Jing 246, 249, 250, 252-254

Li Jiyu 281-282

Li Lantian 114-115

Li Lianjie XIX-XX, 59, 180, 296, 299

Li Shidao 23

Li Shimin 24-46, 59, 61, 70, 71, 76, 101, 273, 274, 299

Li Xiaolong. Ver Lee, Bruce.

Li Yuan 26

Li Zicheng 102, 116, 278, 281-283

Liang Yiquan 61

Lin Boyuan 218

Lin Qing 186-187, 293

Ling Tingkan 249

Liu Baoshan 61

Liu Dechang 93-94

Liu Tieyun 259, 293

Liu VI & Liu VII 102

Livro do Monte Song 6, 121

Livro do Puxar 206

Lokapâlas 48n, 70n 123

Loucos sagrados 16, 69, 126

Lü Dongbin 238

Lu Shiyi 88, 109

Lu Zhishen 57-58, 69, 112, 136, 142-145, 148, 149

Luohan. Ver Arhats.

Luoyang qielan ji. Ver *Registro dos Mosteiros Budistas em Lo-yang*.

Ma Mingda 112, 192

Ma Shouying 283

Manchu. Ver dinastia Qing.

Mao Yuany 81, 87

Maspero, Henri 208, 212

Massagem 210, 222, 225, 243

Matsuda Ryūchi 196

Medicina 173, 205-207, 224-227. Ver também Artes marciais, metas terapêuticas da.

Medula da Fênix Vermelha, A 210, 238, 249

Meihua quan. Ver *Punho da Flor de Ameixeira*.

Menglü tang qiangfa. Ver *Método para a Lança do Salão das Folhagens do Sonho*.

Mestre da Lei, Tripitaka do Grande Tang, Produz as Escrituras 140, 159

Método de Punhos da Escola Interna 219, 225, 266

Método de Lança de Emei 94, 113

Método para a Lança do Salão das Folhagens do Sonho 88-89

Milícias Song Jiang 304

Mitologia xxiii, 198, 253, 268-271, 302

Mizong quan 180-181

Monge Sha 144, 159

Monges dos santuários subsidiários 63-66

Monges lutadores:

e a condição de itinerante 94-95, 108-109, 118;

e a dieta carnívora 56-70, 142-143;

na ficção popular 135-148.

Ver também Tropas monásticas.

Mosteiro de Shaolin:

combate com bastão em xxiii, 78-92;

combate de mãos em xxii, 119, 165-187;

comunidade flutuante do xxvi, 60,

costumes dietéticos do 56-71;

destruição no século xvii do 279-286;

destruição no século xx do 32, 130-131;

divindades marciais em 48-56, 71, 120-135;

epigrafia como fonte para o xxiv, 11, 12-15, 24-25, 102, 121, 123, 172, 284;

Ermida do Primeiro Patriarca no 16; 94-95, 118, 279, 292;

  e a campanha antipirataria 9, 96-101;

  e a dinastia Ming xxi-xxii, 101-105, 117-118, 283-284;

  e a dinastia Qing xxi-xxii, 65-68, 278-279, 282-294, 299;

  e a dinastia Sui 19, 30-31, 36;

  e a dinastia Tang 25-44, 71;

  e a dinastia Wei do Norte 17-19;

  e Bodhidharma xix, 9-20, 245, 255-259;

  e o sincretismo 259-263, 271, 303;

  e o turismo 4-5, 116, 294-296;

  e os Turbantes Vermelhos 121-124;

  e taoísmo 202, 234-238;

  Floresta de Estupas do 6, 102, 105;

  localização estratégica do 20, 31, 70-71, 298-299;

  no período moderno xix, xxiv, 59-64, 294-296;

  nos Estados Unidos 61-62

  patrimônio medieval do xx-xxi;

  Sala de Tradução em 18;

Mosteiro do Pico Central 23

Mulian 156-160

Naluoyan (tian). Ver Narāyāna.

Naquin, Susan 109

Narāyāna 51, 53, 55, 120-127. Ver também Vajrapāni.

Needham, Joseph 208, 212, 214

Neidan. Ver Alquimia interna.

Neigong tushuo. Ver *Exposição Ilustrada das Técnicas Internas.*

Neijia (Quan). Ver Escola Interna.

Neijia quanfa. Ver *Método do Punho da Escola Interna.*

Neili. Ver Poder interno.

Niida Noboru 37

Niu Gao 250, 252, 254

Novo Tratado sobre Eficiência Militar 87, 188, 189, 192

O Ofício de Historiador 60

Oito Imortais 176-178, 231

Oito Trigramas, Palma dos 197, 227, 270;

  e a cosmologia 270, 298

Oito Trigramas, Rebelião dos 182, 197, 223, 292

Ópera ritual 131

Palmer, David 216

Pan Weiru 203

Pei Cui 29-32, 43

Pirataria 89, 93, 96-101, 188

Pishamen. Ver Vaiśravaÿa.

Primeira Vitória dos Exércitos Monásticos, A 97, 106

Príncipe de Qin 26, 33-36, 274

Punhal proibido 143

Pu'em 94, 113

Punho da Família Sha 114-115

Punho da Flor de Ameixeira 181-183, 197, 228, 304

Punho do Louva-a-Deus 198

Punho dos Oito Imortais Bêbados 176, 178

Punho Hong 170

Qi Jiguang 87, 96, 97, 135, 149, 171;

  sobre o combate de mãos 188-192

Qi xxi, 113, 173, 184-186, 207-210, 215-218, 229;

  e a *Exposição Ilustrada das Técnicas Internas* 239;

  e as artes marciais 219-224, 232, 269;

  e o *Clássico da Transformação dos Tendões* 242-244.

  Ver também *Daoyin.*

Qianlong, imperador 6, 67, 287-289

Qielan shen. Ver Espírito guardião.

Qigong 216, 217, 224 . Ver também *Daoyin.*

Qin Wang. Ver Príncipe de Qin.

Qiuran ke. Ver "Herói Barbudo".

Quan jing jieyao. Ver *Fundamentos do Clássico do Combate de Mãos.*

Quan jing, Quan fa beiyao. Ver *Clássico do Combate de Mãos.*

Quan. Ver Combate de mãos.

Ratnamati 18

Rebelião do Lótus Branco 226

Rebelião sectária xxii, xxvi, 67, 182-183, 197, 279, 289-291

Registro dos Mosteiros Budistas em Luoyang 10, 18

Registro da Transmissão da Lâmpada do Período Jing 11-12

Registros de Táticas Militares 87

Religião da Flor de Ameixeira 182, 197, 304

Retorno ao Exército da Aliança 24

"rios e lagos" 94-95, 109-110, 118, 279, 292

Ritual tântrico 176, 300. Ver também Simbolismo das mãos.

Ritual:

e as artes marciais 223-224, 303-304

e esgrima 230-231;

e taoísmo 215-216;

Rulin waishi. Ver *História Não Oficial dos Letrados.*

RZA 62

Sanqi Yougong 94, 103

Santuário Yongtai 283

Schopen, Gregory 25

Seidel, Anna 213

Seis Flores (Formação das) 115, 248 n, 253

Seitas "heterodoxas" 289-290. Ver também Rebelião sectária.

"Seitas do Lótus Branco" 289. Ver também Rebelião sectária.

Seng bing shou jie ji. Ver "A Primeira Vitória dos Exércitos Monásticos".

Sengbing tan. Ver "Lamento sobre as Tropas Monásticas".

Sengbing. Ver Tropas monásticas.

Sengchou 46-48, 49, 55, 56

Sengjia huguo shi. Ver *História da Defesa Nacional Monástica.*

Sha Heshang. Ver Monge Sha.

Shaolin do Sul 277

Shaolin gunfa chan zong. Ver *Exposição do Método Original de Bastão de Shaolin.*

Shaolin quanshu mijue, 170

Shaolin si bei. Ver "Estela do Mosteiro de Shaolin".

Shaolin Temple (O Templo de Shaolin) filme 59-61, 296, 299

Shaquan ge. Ver "Canção dos Punhos de Sha".

She shi. Ver *História da Arte de Manusear o Arco e Flecha.*

Shensha shen. Ver "Deus das Areias Profundas".

Shi Dian 88, 94, 109

Shi Shangzhao 12, 13, 104

Shi Xiaolong 5

Shi Yousan 32, 131

Shier duan jin. Ver "Brocado de Doze Seções".

Shishi yaolan. Ver *Essência Budista.*

Shoubi lu. Ver *Exercícios de Braço.*

Shoubo 233

Shuihu zhuan. Ver *À Margem das Águas.*

Sima Chengzhen 8, 230

Simbolismo das mãos 53, 55, 176, 300

Sincretismo 242, 259-261, 271, 303

Skanda 239

Sociedade do Céu e da Terra. Ver *Tiandihui.*

Song (monte) 7-10, 267, 282

Songshu. Ver *Livro do Monte Song, O.*

Strickmann, Michel, 51,176

Sun Tong 181

Sun Wukong 136-139, 148, 149, 182, 193;

e o bastão de argolas 159-160;

e o sincretismo Ming 261;

e Vajrapāni 139-140, 300

Supremo Pináculo(ou Absoluto) 227, 228, 270, 298, 303

"Sutra da Plataforma do Sexto Patriarca" 127

"Sutra do Lótus" 124, 127

"Sutra dos Encantos Compostos" 53, 55

Taiji Quan XX-XXIII, 195-196, 200, 201, 282, 302;

e cosmologia 227, 270, 298;

e *Daoyin* 209, 217-221;

e taoísmo 214-215, 298;

e Zhang Sanfeng 268

Taiji. Ver Supremo Pináculo.

Taizong, imperador. Ver Li Shimin.

Tang Hao XXII, 92, 123, 196, 197, 217, 234, 239

Tang Shunzhi 87, 113-114, 119, 166, 188, 191, 228

Tanzong 30, 32, 39, 43, 44, 46

Taoísmo:

e a esgrima 230-235;

e a *Exposição Ilustrada das Técnicas Internas* 234-238;

e as artes marciais XXI, 202, 217, 219, 229, 270, 294, 302-303;

e Bodhidharma 255-256n , 256-257;

e *Daoyin* 202, 210-217;

e o *Clássico da Transformação dos Tendões* 239-244

e o Monte Song 8;

os Oito Imortais do 176-178;

Técnicas Essenciais de Preservação da Vida
203, 234, 308

Técnicas para Prática Após o Cultivo da Terra
79

Templo das Escarpas Enevoadas 116

Templo Taoísta do Pico Central 8

Templo Shaolin do Norte 295

Templo Yunyan. Ver Templo das Escarpas Enevoadas.

Terminologia Budista Traduzida 150

Tiandihui 275-276

Tianwang. Ver Lokapalas.

Tianyuan 99-100,106, 120

Tiebu shan. Ver "Camisa do Tecido de Ferro".

Transmissão Secreta de Pontos de Acupuntura das Fórmulas de Combate de Mãos de Xuanji 168-178, 181, 183, 200, 219, 225, 226

Tratado de Preparação Militar 82, 87

Tratado sobre Assuntos Militares 87, 166, 188

Tríades 170, 275

Tropas locais 96

Tropas monásticas xxiv-xxv, 106-107. Ver também Monges lutadores; *Mudrâ* da pirataria; Simbolismo das mãos.

Tuoluon ji jing. Ver "Sutra dos Encantos Compostos".

Turbantes Vermelhos 77, 121-124, 291

Vaisravana 160, 253n, 300

Vajra 47-48, 49, 51, 53, 120, 121,124, 127, 161;
e o *Clássico da Transformação dos Tendões* 242-243, 248;
de Weituo 238

Vajrapāni 47-55, 76, 109, 176, 180, 187, 196, 255;
como progenitor do bastão de Shaolin 120-131, 161, 257;
e a justificativa para a violência 71, 132-135, 300;
e a religião sectária 291;
e Sun Wukong 139-140

Vasubandhu 22

Vegetarianismo 56-57;
não observância pelos monges combatentes do 56-57

Viagens de Lao Can 257-259, 293

Vishnu 51

Wan Biao 98, 120

Wang Jie 281-282

Wang Lang 198

Wang Lun 226

Wang Renze 28, 34

Wang Shichong 26-35, 70-71

Wang Shifu 141-142

Wang Shijun 63

Wang Shixing 65, 166

Wang Tang 102, 104

Wang Zhengnan 108, 110, 225-226, 265-266

Wang Zongyue 200, 228

Wang Zuyuan 219, 226, 234, 237, 238, 257, 293

Wei do Norte 18-19, 23

Weisheng yaoshu. Ver *Técnicas Essenciais da Preservação da Vida.*

Weituo 238-239, 257

Wen Yucheng 116, 286

Wendi, imperador 19, 30

Wenzai 121

Wile, Douglas 191,21, 229, 265, 266

Wokou. Ver Pirataria.

Wu bian. Ver *Tratado sobre Assuntos Militares.*

Wu Cheng'en 137

Wu Jingzi 222, 224, 245

Wu Qiao. Ver Wu Shu.

Wu Shu 79,87, 89, 92, 93, 96, 109, 113, 119, 132

Wu Yue chunqiu. Ver *Anais de Wu e Yue.*

Wu, imperatriz 6, 8, 19

Wubei zhi. Ver *Tratado da Preparação Militar.*

Wudang (monte) 264, 265, 267

Wudi, imperador Han 8

Wudi, imperador Liang 70

Wutai 57, 69, 100, 108, 110-112, 143, 148, 158

Wu-tang Clan 62

Wuyue. Ver Cinco Picos Sagrados.

Wuzong, imperador 24

Xiang bing. Ver Tropas locais.

Xiaowen, imperador 17, 18, 19, 20, 280

Xingyi Quan xxiii, 197, 200, 201, 209, 220, 229, 250, 269, 297, 301;
e cosmologia 227, 298;
e *Daoyin* 209, 219-220;
e taoísmo 229, 298;

ÍNDICE 349

e Zhang Sanfeng 268

Xisui Jing. Ver *Clássico da Limpeza da Medula*.

Xizhang. Ver Bastão de argolas.

Xu Hongke 248, 253

Xu Ji 283, 289

Xu Ji'an 290

Xuanji mishou xuedao quan jue. Ver *Transmissão Secreta de Pontos de Acupuntura das Fórmulas de Combate de Mãos de Xuanji*.

Xuanji 168, 172

Xuanzang 18, 20, 22, 37, 137

Xuanzong, imperador 29, 40, 41-42

Yaertu 67, 289

Yaksa 51, 85, 160

Yang Bing 182, 200, 228

Yang Lizh 177

Yang Sichang 188, 190

Yang Wulang (Yang Quinto) 112, 136, 148, 159

Yangsheng 205, 218, 232

Yanming 62

Yecha. Ver *Yaksa*.

Yijian zhi Ver *Histórias Ouvidas por Yijian*.

Yijin jing. Ver *Clássico da Transformação dos Tendões*.

Yijing. Ver *Clássico das Mutações*.

Yinfeng 107

Yinshu. Ver *Livro do Puxar*.

Yinyuan 158

Yiqie jing yinyi. Ver *Dicionário do Cânone Budista*.

Yongxin xx, 62-63, 286, 294

Yongzheng, imperador 63, 64, 65, 287, 288

Yu Dayou 92, 93, 96, 97, 132, 135, 136, 149, 284

Yuanjing 23

Yuanxian 107

Yue Fei 250, 252, 254

Yun Youke 95, 110

Yuzhai. Ver "Forte Imperial".

Zen. Ver Chan.

Zhang Kongzhao 68, 184, 185, 186

Zhang Sanfeng 198, 263, 264, 268

Zhang Xianzhong 278, 283

Zhang Yichao 24

Zhang Yong 104, 105

Zhang Yongquan 114, 115

Zhang Yue 40

Zhang Zhuo 46, 48, 51, 53, 55, 56, 57, 60

Zhao Taizu 166, 170, 171, 188, 194

Zhenbao 111

Zheng Ruoceng 97-100, 106, 108, 116, 119

Zhenhua 101

Zhenji. Ver *Registros de Táticas Militares*.

Zhenwu 264

Zhicao 30, 32, 43

Zhongli Quan 238

Zhongyue miao. Ver Templo Taoísta do Pico Central.

Zhongyue si. Ver Mosteiro do Pico Central.

Zhou Dunyi 228

Zhu Houzhao 104

Zhu Yijun 104

Zhu Yuanzhang 106

Zhuangzi 185n, 187n, 205, 206, 210

Zi ning daoren. Ver "Coagulação Púrpura Homem do Caminho".

Zisheng, imperatriz Dowager 104

Zongheng 239

Zuduan 53, 55, 124, 176

Zui quan. Ver *Drunken Master*.

Este livro foi impresso em São Paulo,
nas oficinas da Orgrafic Gráfica e Editora Ltda.
em abril de 2011, para a Editora Perspectiva s.a.